사회복지실천기술론

김 경 우 저

청목출판사

머리말

사회복지실천기술론의 교과과정은 사례를 제시하고 기법을 적용하는 경향을 고려해서 이론 위주의 학습방법보다 다양한 사례를 적용한 학습방법으로 현장활용에 적용하여야 한다.

이 교재의 전반적인 개요는 사회복지사 역할은 사회복지실천의 지식, 가치, 지혜, 윤리, 의무로부터 나와야 한다는 전제하에, 이를 위해 전문적 통합성의 특징을 반영하였으며, 실천 단계나 과정의 맥락을 고려하여 사회복지실천기술의 목적과 일치하도록 전개하였다. 즉 클라이언트와 사회복지사와의 전문적 관계에 대한 설명, 가장 밀접한 수준에서 클라이언트의 관점을 이해해야 하는 방법과 기술, 주관적인 경험과 감정을 인식하고 그 의미를 파악하도록 전개하였다. 타인을 존중하고 수용하며 의사소통하는 관계 맺는 법과 접근방법을 전문성있게 제시하고자 하였다. 사회복지실천기술은 사회복지실천 활동 수행 시 효과적으로 지식을 이용하고 적용할 수 있게 해주는 능력이나 방법, 즉 대인관계기술, 면접기술, 집단지도기술, 의사소통기술, 기록기술, 평가 및 종결기술 등으로 구성되어 있다. 또한 사회복지사의 개입대상에 따라 미시, 중도, 거시적 개입수준으로 분류하여 학습하도록 하였다. 실천모델에서는 개인, 가족, 집단실천기술 등 각 체계의 기능을 향상시키기 위한 사회복지사의 실천에 필요한 구체적인 기술에 대해 학습하고 이러한 실천기술을 직접적인 임상실습을 통해 연습하고 이해하도록 하였다.

미시적 수준으로서 개인, 가족, 친구와 같이 개별 클라이언트 차원에서의 문제해결을 위한 개입, 중도적 수준으로서 조직, 공식적 집단의 문제해결을 위한 개입, 거시적 수준으로 지역사회, 사회의 문제해결을 위한 개입, 전문가 차원의 개입기술을 구분하여 제공하고자 하였다.

사회복지실천의 기본정신으로서는 인간의 개인존중, 개별화에 의한 존엄성 인정, 인간의 자기 결정권에 의한 자발성 존중, 인간의 기회 균등권에 의한 평등과 자기실현, 상호부조에 의한 사회연대에 의한 가치관 확립에 있다.

또한 개인 및 집단실천모델로서 정신역동모델, 심리사회모델, 인지행동모델, 과제중심모델, 문제해결모델, 임파워먼트모델, 위기개입모델, 가족사회복지실천, 지역사회복지실천, 집단사회복지 실천기법의 개입과정을 제시하였다. 이에 지식, 가치, 기술, 지혜에 필요한 학생들의 연구과제를 사전에 조사하고 예습하여 자율적인 참여 학습을 운영할 수 있도록 교과과정이 구성되어 있다.

집필 후에 나타나는 부족함과 영역의 오류에 대해서는 아직도 저자가 학문에 대해 불완전하고 부족함에 후회스러움을 반성하게 하는 부분이다. 이 부분에 대해서는 창의적인 사고와 열린 마음으로 계속 노력할 것을 약속드린다. 학자 및 전문가 제위께서 바라는 폭넓은 지식과 기술 그리고 다양한 학문으로서의 접근이 보다 심오한 발전을 가져올 수 있도록 독자 제현과 전문가 여러분의 질타와 채찍을 부탁드린다. 마지막으로 촉박한 일정에도 지속적인 관심과 애정으로 출판에 대한 열정과 의지를 보여주신 청목출판사 사장님과 담당이사님 그리고 편집위원 여러분의 노고에 깊은 감사의 마음을 전한다.

2011. 8.
남한산성에서
저자 씀

차 례

1 chapter

사회복지실천기술의 개관

<선행학습>

1. 직접개입기술을 사용하는 실천은 [ ]수준의 실천이다.
2. Green Wood가 제시하는 전문직의 공통된 특성은 체계적 이론, 전문적인 권위, 윤리강령, 전문적인 문화 그리고 [ ]이다.
3. 중범위수준의 실천은 Ct에게 직접적인 영향을 미치는 가족이나 학급 또는 [ ] 과 같은 체계를 변화시키는 것이다.
4. 중산층 부인들로 구성된 우애방문원을 활용한 빈민층을 교화하기 위한 활동기관은?

제 1 절 사회복지실천기술의 지식과 기술

1. 사회복지실천기술의 의의

사회복지에서 추구하는 궁극적인 목적을 달성하기 위하여 실제 현장에서 사회복지사들이 필요로 하는 실천적이고 구체적인 기술에 대하여 학습하는 과목이다.

학자들에 의하면 Johnson은 관심과 욕구에 맞춰 지식과 가치를 행동으로 전환하는 사회복지실천의 구성요소로서 특정목표나 활동을 향한 복잡한 행위체제라고 하였다.

Morales & Sheafor는 지식과 개입 기법을 효과적으로 사용할 수 있는 능력이라고 하였다.

Cournoyer는 ① 사회복지실천의 지식, 가치, 윤리, 의무로부터 나와야 한다. ② 사회복지사에 필요한 핵심적 자질과 일치해야 한다. ③ 전문적 통합성의 특징을 반영해야 한다. ④ 실천의 단계나 과정의 맥락을 고려할 때 사회복지실천 목적과 일치하는 것이어야 한다.

Richmond에 의하면 "개인 대 개인 및 인간관계환경 간에 적응하는 능력을 갖도록 성격을 발달시키는 과정이다"라고 하였다.

미국 사회복지협회의 개념은 다음과 같다.

① 개인과 집단과 환경간에 불균형 상태가 일어났을 때 문제를 정확히 발견하여 그 정도를 경감시키거나 해결할 수 있도록 도와주는 일이다.
② 개인 또는 집단과 환경 간의 상호작용과정에서 발생할 수 있는 잠재적인 문제를 확인함으로써 양자간에 불균형 상태가 발생하는 것을 사전에 예방하는 것이다.
③ 개인과 집단과 지역사회 내의 잠재력을 찾아내고 확인하며 이를 강화하는 것이다.

Pincus와 Minahan은 사람과 자원간의 연결과 상호관계라고 정의하였고 최초로 사회복지 실천이 전문직이라고 강조하였다. 사회복지실천기술이란 사회복지실천 활동 수행 시 효과적으로 지식을 이용하고 적용할 수 있게 해주는 능력이나 방법(대인관계기술, 면접기술, 집단지도기술, 의사소통기술, 평가 및 종결기술 등)을 일컫는다.

사회복지실천기술의 정의는 아래의 4가지 특성을 가진 인지적이고 행동적인 행위라고 보았다.

① 사회복지실천의 지식, 가치, 윤리, 의무로부터 나와야 하며,

② 사회복지사에 필요한 핵심적 자질과 일치해야 하며,
③ 전문적 통합성의 특징을 반영해야 하며,
④ 실천의 단계나 과정의 맥락을 고려할 때 사회복지실천 목적과 일치하여야 한다.

여기서 사회복지는 인간의 복지를 증진시키기 위해 사회적·경제적 문제를 해결하고자 하는 사회의 조직화된 노력으로 사회적으로 평안하고 만족한 상태이다.

따라서 욕구가 충족되는 상태는 주관적, 시대성, 문화와 장소에 따라 욕구의 수준과 종류의 다양하며, 사회복지의 대상과 영역에 따라 연령, 상황, 집단의 특성 등에 따라 매우 다양하다. 궁극적 목적은 사람들의 well-being 충족시켜 주기 위함이며 대상은 사회적 취약 계층(소외, 약자)과 예방적인 차원에서 모든 사람, 그리고 꼭 필수적인 욕구(essential need)와 잔여적 개념(minimum line)의 대상이다. 사회복지의 실천방법은 직접적 미시적 방법으로 Case Work, Group Work, 지역사회조직, 상담, 직접적 서비스 실천, 재가복지가 있고 간접적인 거시적 방법으로는 행정, 정책, 조사, 원조, 치료, 정보제공, 정책결정, 서비스의 전달 등이 있다.

사회복지실천기술은 훈련받은 사람에 의하여 책임성과 질서 있는 방법으로 사회적인 제반문제들에 접근하는 전문적인 실천활동으로 다양한 사회적 욕구(Social need)를 지닌 사람들로 하여금 사회복지사(Social Worker)를 만나 사회변화(Social change)의 과정(Process)을 경험하게 함으로써 그들의 욕구를 충족시켜주는 방법(method)의 총체를 말한다.

여기서 사회복지사의 실천기술에서 사회복지사의 전문적 지식과 기술은 실천지식의 차원이다. 실천지식(Social Work Knowledge)은 실천에 영향을 주는 구체성의 정도에 따라 패러다임, 시각, 이론, 모델 등의 형태로 구분되며, 기능적으로 분류된 이들 지식은 세계관이나 사회문제에 관한 인식의 틀을 구성하는 것으로부터 구체적인 실천기술의 선택에 이르기까지 각기 다른 수준에서 실천에 영향을 미친다. 여기서 패러다임(Paradigm)은 추상성을 내포하는 고차원적 상태로 이는 추상적인 수준의 개념적 틀로서 세계관과 현실에 대한 인식의 방향을 결정한다. 사회주도적인 패러다임은 학문의 인식론적 변화나 역사적 흐름, 사회 분위기, 사상적 조류, 정치적 사건 등에 영향받는다. 실천의 패러다임도 의료적 개념으로부터 생태적 개념까지 다양한 흐름 반영, 자본주의 사회의 개인주의적 가치와 1차대전 이후의 사회적 욕구를 반영하면서 주요 패러다임으로 자리 잡았던 전통적인 실천 패러다임은 진단과 치료의 개념을 중심으로 실천과정을 인식하고 1960년대 이후, 환경적 요인에 대한 관심과 탈상황적인 심리치료적 접근에 대한 한계로 인해 인간과 환경 사이의 적응적 관계를 중심으로 한 생태적 개념의 패러다임이 구성되었다. 이는 복합적인 문제를 가진 도시빈민가족이나 아동, 노인의 복합적인 문제에 대한 인식의 틀을 넓혀주었으나 기존의 사회질서 속에서 갈등적인 사회관계를 간과하는 한계를 극복하지 못하였다. 1980년대 이후에는 정치적 사회적 권리를 강조하는 소비자중심의 패러다임이 등장하여 실천 분야에서 영향력을 높여주고 있다.

관점 또는 시각(perspective)은 개념적 준거틀(conceptual framework)로서, 관심영역과 가치, 대상들을 규정하는 사고체계. 사실천의 관점은 사회복지의 다양한 이데올로기적인 스펙트럼을 반영하면서 보수주의적인 관점으로부터 급진적 관점까지 다양하게 구성되어 있다. 관점을 이분법적으로 단순히 나누어 볼 수는 없으나 개인과 사회에 관한 기본적인 생각과 가치의 차이를 반영하고 있기 때문에 관점들 간에 상호배타적인 경우가 많다. 가치개입적인 실천에서는 특히 개인의 적응과 사회변화라는 목표간에 균형을 유지하는 것이 중요하다.

관점·시각은 개념적 준거틀로서, 관심영역과 가치, 대상들을 규정하는 사고체계이다. 사회복지실천의 관점은 사회복지의 다양한 스펙트럼을 반영하면서 보수주의적인 관점으로부터 급진적 관점까지 다양하게 구성된다.

이론은 특정현상을 설명하기 위한 가설이나 개념, 의미의 집합체이다. 현실을 구조화하고 객관화하는 과정 속에서 추상적수준의 관점은 한 단계의 구체적 이론이 된다. 사회복지실천 이론은 기능적 사고를 대표하는 정신역동론으로부터 인지행동론, 학습이론, 의사소통이론이나 최근의 임파워먼트이론과 담론이론에 이르기까지 다양하다. 이는 사회복지실천이 역사적으로 개인의 적응과 사회변화 속에서 각기 필요한 이론을 선택하며 발전한 배경과 관련된다.

사회복지실천의 전문적 지식은 사회복지실천의 지식기반으로서 사회복지 실천은 과학(science)과 예술(art)의 조화에 있다.

첫째, 사회복지실천의 과학적 기반, 즉 과학적 지식의 원천에 있다.

사회복지실천이 목적으로 하는 사회적 기능향상과 사회 정의 실현을 위해서 사회복지사가 사회적 조건과 문제, 사회정책과 프로그램, 사회현상, 사회복지전문직, 다양한 실천이론과 관련된 지식을 이해하여야 실천 활동에 적절히 적용할 수 있다.

사회복지실천이 자선이나 박애, 개인적인 차원에서의 선행이 아니라 전문영역으로서 기능하기 위해서는 실천에서 활용되는 방법들이 과학성을 갖추어야 한다.

① 생태학, 행동과학, 문화과학 ② 생물학, 유전학, 행태과학 ③ 생태과학 ④ 행동과학

사회복지사는 전문적 지식과 적절한 전문적 기술을 사용해야 클라이언트를 도울 수 있다고 생각한다. 그러나 지식에 기초한 사회복지사의 전략과 클라이언트의 결정이 맞지 않을 때, 돕고자 하는 사회복지사의 능력이 심각한 한계에 부딪힌다. 사회복지사는 클라이언트가 선택한 목적을 가장 잘 성취할 수 있는 전략을 알고 있을 수 있으나, 클라이언트가 다른 방법을 선호하는 데도 사회복지사가 알고 있는 더 효율적인 전략을 실행한다는 것이 윤리적인가, 클라이언트가 적은 지식과 무지로 인해서 자기에게 이익이 되지 못하는 결정을 내렸다고 해서 사회복지사가 자신의 지식과 통찰력에 의해서 제안된 전략에 준하여 실행을 할 수 있는가 등의 윤리적 질문들이 생길 수 있다

사회복지실천이 효과적으로 이루어지기 위해서는 과학적 지식 등이 뒷받침되는 과학과 함께 예술성 또한 수반되어야 한다.

① 실천지혜

클라이언트가 있는 곳에서 시작하라. 클라이언트 집단을 다루는 데 있어 정서적 문제를 탐색하기 전에 그들의 구체적인 욕구를 충족시키는 것이 중요하며 그리고 실천 경험에 의해 형성된 전문가 행위 패턴이 중요하다.

② 개인적 경험

다른 사회복지사들의 경험과 사회복지사 자신의 인생 경험에 근거한다.

사회복지사가 클라이언트와 유사한 개인적 경험이 있을 때, 자기 노출(사회복지 면접과정에서 사회복지사가 클라이언트에게 자신에 대한 정보, 개인의 가치관, 또는 행동 등을 드러내는 것)의 문제가 중요하다.

③ 역사와 현재의 사건

사회복지사는 사회정책과 사회권력의 변화에 관해 아는 것이 중요하며, 역사문서 · 전문 정책 서적 · 대중매체가 이런 정보의 원천이 중요하다.

둘째, 사회복지실천의 예술적 기반에 있다.

예술성이란 "능숙한 수행을 하는 데 필요한 특수한 기술로 학습만으로는 배울 수 없는 직관적 인 능력을 발휘해야 하는 것"(American Heritage Dictionarry, 1978. s.v. 'art')으로 구성요소들로써는 동정(자비로움, 열정적인)과 인간의 고통에 직면할 수 있는 용기, 의미 있고 생산적인 원조관계를 수립할 수 있는 능력, 변화에 대한 장벽을 극복하는 창의성, 변화과정에 에너지와 희망을 불어넣는 능력, 건전한 판단력, 적합한 개인적 가치들, 그리고 효과적인 전문가 스타일을 형성하는 것 등을 들 수 있다.

① 감정이입적인 의사소통 능력 ② 진실성 ③ 동정심(compassion)과 개인적 용기(courage) ④ 전문적인 관계(professional relationship) ⑤ 창조성(creativity) ⑥ 희망적 기대 (hopefulness)와 에너지(energy) ⑦ 판단(judgment) ⑧ 개인적인 가치(personal values) ⑨ 전문가 스타일(professional style)

동정이란 다른 사람과 함께 괴로워하는 것을 의미하는 동시에 비탄에 빠졌거나 괴로움을 겪는 사람들의 고통에 하나가 되거나 몰입하려는 의지를 말하고 용기는 단순히 대담무쌍한 감각을 말하는 것이 아니라, 그보다는 일상적으로 발생하는 인간의 고통과 혼란, 그리고 흔히 인간의 부정적이고 파괴적인 행동에 대해서도 직면할 수 있는 것을 의미한다.

전문적인 관계(professional relationship)는 지속성이 없고 원조관계, 일방적인 관계로서 사회복지사가 클라이언트를 돕는 관계이다. 이를 위해서는 신뢰감을 형성해야 한다. 사회복지사가 다른 사람을 이해하고 싶다면 먼저 그 사람의 사고, 신념, 생활 경험 속으로 들어가야 한다. 그러나 그것이 가능하려면 먼저, 자신의 가치, 태도 그리고 판단을 먼저 제쳐놓아야 한다. 이렇게 다른 사람의 관점을 받아들이는 능력이 감정이입이다.

클라이언트의 정서적 측면에 개입하는 사회복지사의 심리적 특성 또는 능력 다양한 활동이나 개입이 효과적이기 위해서 기본적인 지식과 이론, 기술 등을 상황이나 클라이언트 특성에 맞게 적절히 선택하여 적용해야 한다. 이 때 클라이언트를 충분히 이해하고 공감하며 원조관계를 형성하고 유지하여, 변화과정에 수반되는 저항이나 양가감정을 다룰 수 있어야 한다.

2. 사회복지사의 전문적 지식

사회복지사의 전문적 지식은 인간행동과 사회환경, 사회정책과 서비스, 사회복지실천방법, 그리고 조사연구 등이 있다.

① 인간행동과 사회환경

인간행동과 사회환경은 개인이 생활하는 사회체계(가족, 집단, 조직, 지역사회) 영역에 대한 인간의 생태로 심리 및 사회적 발달에 관한 지식이다. 여기에는 개인의 인생과업에서 강조되는 인간의 성장과 발달에 관한 지식, 개인 발달시기에 관련된 욕구와 자원에 관한 지식 그리고 물리적, 정서적 자원을 포함하는 요인에 관한 지식을 다룬다.

② 사회복지정책과 서비스

사회복지정책과 서비스는 사회경제적 정의의 원칙에서 정책, 정책형성과정, 그리고 사회정책분석에 영향을 미치는 정치적, 조직적 과정에 대한 지식으로 정부나 사적 영역의 대인서비스체계에 대한 계획을 세우는 데 필요한 요인들을 구체하화는 지식이다.

③ 사회복지실천방법

사회복지실천방법은 클라이언트의 사회기능을 향상시키는 전문적 목표와 신념을 성취하는 지식이다.

효과적인 실천을 위한 네 가지 영역의 관계된 개입수준은 다음과 같다.

첫째, 미시(micro)수준의 실천으로 개인, 부부, 가족을 포함하는 클라이언트체계에 대한 일 대 일 접촉을 통한 직접 서비스 전달, 클라이언트의 문제해결 향상 및 자원획득의 지원이 초점이다. 마이크로 기술은 대인관계기술(온화함, 공감, 진실성), 면접기술(문제해결 지향)로서 미시적 수준에서 개인, 가족, 친구와 같이 개별 클라이언트 차원에서의 문제해결을 위한 개입으로 조력자(상담), 중개자·옹호자(자원관리), 교사(교육)로서 개입한다.

둘째, 중범위(mezzo)수준의 실천이다. 가족보다는 덜 밀접하게 관련된 대인관계, 조직과 기관의 대표들 사이보다는 더 의미있는 관계, 자조집단이나 치료집단의 구성원 관계를 포함한 학교나 직장, 이웃에서의 동료간의 관계에 개입, 내부상호작용이나 기관 사이의 연결망 강화, 교육담당

메조(mezzo) 기술은 집단역동성의 이해(규칙과 기대형성, 리더선출, 권한 분배형식), 마이크로 기술을 집단에 적용하는 기술로서 중도적 수준은 조직, 공식적 집단의 문제해결을 위한 개입으로 촉진자(상담), 중재자(자원관리), 훈련가(교육)로서 개입한다.

셋째, 거시적(macro)수준의 실천이다. 사회계획과 지역사회조직 과정을 포함하며, 사회문제를 다루기 위해 행동체계를 원조하는 개입, 지역사회문제해결, 사회불평등 축소, 계획가, 행동가, 아웃리치의 역할, 정책수립과 프로그램의 개발, 사회연대활동, 홍보, 교육활동에 있다.

서비스 직접전달과 거리가 멀다. 매크로(macro) 기술은 주민조직기술, 지역사회 지도자 및 정책결정자에게 접근하는 기술, 자금동원 기술 등의 개입이 요구된다. 거시적 수준은 지역사회, 사회의 문제해결을 위한 개입으로 계획가, 행동가, 아웃리치(현장개입가)의 역할을 한다.

이와 같이 사회복지사의 개입수준과 사회복지사의 역할은 사회복지사의 개입대상에 따라 미시, 중도, 거시적 개입수준으로 분류된다.

넷째, 전문가적 수준으로 이론적, 실천적으로 전문직과 서비스의 개혁을 이루기 위한 활동에 있다. 전문가 차원의 개입은 사회복지전문가 집단의 문제해결을 위한 개입으로 동료, 촉매자, 연구자 · 학자의 역할을 한다.

④ 조사 및 연구에 관한 지식

실천을 위한 지식을 형성하고 실천영역의 서비스 전달을 평가하기 위한 과학적 분석적 이해와 설명을 제공하고 정보를 실천에 활용할 수 있는 검증능력이 필요하다.

실천의 원칙(Biestek, 1957)은 다음과 같다.

① 개별화로 모든 개개인은 독특하다.
② 의도적인 감정표현 : 의도적으로, 클라이언트가 감정을 표현하도록 도와야 한다.
③ 통제된 정서적 관여 : 클라이언트의 감정흐름에 휩쓸려서는 안 된다.
④ 수용 : 클라이언트에 대한 편견 등을 갖지 않고 있는 그대로 받아들여야 한다.
⑤ 비심판적 태도
⑥ 자기결정권
⑦ 비밀보장

사회복지 실천의 과정은 다음과 같다.

① 실천 과정에 따라, 초기, 중기, 종결(Perlman)로 구분된다.
② 문제의 성격에 따라, 조사, 진단, 치료단계(Hollis)의 과정이 있다.
③ 인간의 논리적 사고구조에 따라, 관여-사정/평가-행동단계(Compton & Galaway 실천의 접근방법들은 다음과 같다.
ⓐ 개인을 중심으로 하는 심리사회적 접근, client 중심 접근, 인지행동, 행동수정, 과제중심 등이 있다.
ⓑ 가족을 중심으로 하는 가족치료(전략적, 구조적, 단기)
ⓒ 집단을 중심으로 하는 집단사회사업
ⓓ 지역을 중심으로 하는 사례관리

그 외 권한부여, 문제해결, 4체계모델 등의 모델이 있다.

사회복지실천을 위한 구체적 지식으로 미국사회복지사협회(NASW, 1981)는 효과적 사회복지실천을 위한 구체적 지식을 다음과 같이 요구하였다.

① 지역사회자원과 서비스에 관한 지식
② 기본적 사회·경제·정치이론에 관한 지식
③ 연방정부와 주정부의 기본적 사회복지서비스 프로그램과 목적에 관한 지식
④ 지역사회조직 이론과 보건 및 복지서비스의 개발에 관한 지식
⑤ 개별사회사업실천과 집단사회사업실천의 이론과 기법에 관한 지식
⑥ 사회의 다양한 인종, 민족, 문화집단의 가치와 삶의 방식 그리고 현재의 삶과 관련한 쟁점에 관한 지식
⑦ 실천에 적절한 전문적·과학적 조사연구에 관한 지식
⑧ 사회계획의 개념과 기법에 관한 지식
⑨ 지도감독의 개념과 이론 및 사회복지실천의 전문적 지도감독에 관한 지식
⑩ 인사관리의 개념과 이론에 관한 지식
⑪ 사회학 및 심리학의 통계연구방법과 다양한 연구방법과 기법에 관한 지식
⑫ 조직 및 사회체계의 이론과 행동 및 변화를 촉진하는 방법에 관한 지식
⑬ 지역사회조직의 이론과 기법에 관한 지식
⑭ 인간의 성장과 발달, 가족과 사회의 상호작용이론에 관한 지식
⑮ 소집단이론과 행동역학에 관한 지식

제2절 사회복지 실천현장의 특성

사회복지 실천의 장(場)이란 사회복지실천이 이루어지는 곳을 의미하며, 사회복지 실천 현장을 말한다. 사회복지실천 현장은 단지 장소만을 뜻하는 게 아니라 실천이 행해지는 장(setting), 문제(problem), 대상집단(client)을 모두 아우르는

포괄적 개념이다.

좁은 의미의 사회복지실천 현장으로는 사회복지서비스를 직접적 또는 간접적으로 제공하는 장이며 사회복지 서비스가 이루어지는 구체적인 장소로 사회복지서비스를 직·간접적으로 클라이언트에게 제공하는 사회복지기관, 종합사회복지관, 장애인복지관 등을 말한다.

넓은 의미의 사회복지실천 현장은 사회복지실천이 이루어지는 분야(field) 혹은 서비스의 초점이 되는 문제, 대상집단 등을 모두 포함하는 개념이다.

단순히 물리적인 공간이나 장소만을 이야기하는 것이 아니라 실천의 모든 분야, 사회복지서비스를 제공하기 위해 직·간접적으로 관련되는 모든 분야이다.

실천분야를 기준으로 분류하는 경우 대상별, 영역별, 혹은 장소별 등으로 구분된다.

대상별 구분은 아동, 청소년, 노인, 여성, 장애인 등이며, 영역별 구분은 약물남용, 의료, 보건, 정신보건 등이고 장소별 분류는 병원, 학교, 교도소 등이 있다.

1. 사회복지실천 현장분류

사회복지 실천 현장의 분류는 다음과 같다.

첫째, 서비스영역에 따른 분류이다.

가족서비스 영역, 아동·청소년서비스 영역, 장애인서비스 영역, 노인서비스 영역, 의료서비스 영역, 정신건강서비스 영역, 산업복지서비스 영역, 교정사회복지 영역, 학교사회복지서비스 영역, 군대사회복지서비스 영역 그리고 정부의 공공사회복지서비스 영역

둘째, 사회복지 실천현장을 공급주체에 따른 분류이다.

공공부문, 비공식적 부문, 민간비영리부분, 그리고 민간 영리부문

셋째, 사회복지 실천 현장으로 분류하면 주요 현장, 관련 현장, 찾아야 할 현장으로 분류한다.

사회복지실천현장을 공급주체에 따른 분류를 공공부문, 비공식적 부문, 민간비영리부분, 그리고 민간 영리부문으로 구분할 때, 사회복지 실천의 주체가 비공식부문일 때 비공식적 부문이란 가족 등을 중심으로 하는 1차 집단을 의미한다. 가족, 친구, 지연, 지역사회 등에 의한 보호를 말하며, 과거 농경사회에서의 사회복지서비스 공급주체이고 현재에도 아동 양육, 노인보호는 가족이 역할을 담당한다.

공공부문이란 사회복지 실천 주체로서 중앙정부 및 지방자치단체가 주요한 공공부문이다.

중앙정부란 사회복지실천 주체로서 정부의 주요부처는 보건복지부(2010년 이전에는 보건복지가족부)이고 기타 관련부처로는 문화체육관광부, 행정안전부, 고용노동부, 교육과학기술부, 법무부, 경찰청, 청소년보호위원회 등이 있고, 중앙정부의 조직은 새 정부의 조직개편이 있을 때마다 부처 간 통폐합, 부처 명칭변경, 부처신설 등 변화가 있어 왔다. 중앙정부는 사회복지 관련 정책을 세우고, 이를 실행 관리감독의 역할을 한다.

지방자치단체란 사회복지실천의 지역별 중간 감독기관으로서 특별시 · 광역시인 광역자치단체와 시 · 군 · 구의 지방자치단체로서 이들도 사회복지실천의 주요주체가 되며, 사회복지서비스를 실천하고 기관과 시설을 감독하거나 재정을 지원한다.

여기서 민간비영리 부문은 정부가 아닌 민간이 운영한다는 측면에서 공공부분과 구별 영리를 추구하지 않는 다는 측면에서 민간 기업과도 구별된다. 종교 혹은 개인적 신념에 의해 자발성에 기초한 서비스 공급주체로 공공부분과 함께 사회복지실천 주체로서 역할을 수행한다. 다양한 사회복지법인 및 기업복지재단이 운영하는 기관과 시설을 의미한다.

민간 영리 부문은 복지 서비스도 시장에서 공급하는 형태를 취하고 있다. 다양한 욕구를 지닌 클라이언트들에게 요구와 구매력에 맞는 서비스 공급주체 실버타운, 유로노인요양시설 등이 있다.

주요현장이란 사회복지사업법의 규정에 의한 사회복지서비스를 제공하는 사회복지기관 및 시설을 의미한다.

클라이언트에게 주어지는 서비스의 형태를 기준으로 행정기관, 이용시설, 생활시설로 구분된다.

① 행정기관

첫째, 보건복지부와 시·도에 근무하는 사회복지사로서, 주로 산하기관의 업무를 지도와 감독에 따르는 행정업무에 치중.

둘째, 시·군·구에 근무하는 사회복지사는 사회복지 전문요원도 있지만 특별히 여성복지 상담원과 아동복지 지도원들도 있으며, 윤락행위등 방지법과 아동복지법 에 의해 채용도 된다.

셋째, 읍·면·동사무소의 사회복지전문요원은 국민기초생활보장법과 관련하고 있는 업무를 중심으로 활동.

넷째, 사회복지단체로는 법정단체로서 한국사회복지협의회, 사회복지공동모금회, 한국사회복지사협회, 각 사회복지시설연합회 등이 있으며, 이들은 전국적 지부 지회를 갖고 있다.

② 이용시설

사회복지실천 현장으로서의 이용시설은 지역사회에 거주하는 클라이언트를 중심으로 서비스를 제공하는 곳이다.

여기는 사회복지관은 지역사회주민의 사회복지 향상에 종합적인 서비스를 제공하며, 아동상담소는 아동복지관과 함께 아동보지 시설 중 유일한 이용시설이고, 노인복지관은 경로당, 노인교실, 노인휴양소 등과 같이 명시되어 있고, 전문적인 사회복지서비스를 제공하는 곳이다.

장애인복지관은 종합복지관 형태와 유형별 종별복지관으로 운영되며, 이용시설 수용시설이 명칭보다 재활시설과 입소시설로 구분되고 있다.

모부자복지법에 의한 모자복지시설, 영·유아보육시설로는 국공립, 민간보육, 직장보육, 가정보육시설이 있다.

기타 정신보건 기관·시설, 성폭력 피해상담소, 자활후견기관, 아동학대상담소, 아동복지관 등 현장에서의 이용시설은 모든 유형의 클라이언트가 관련, 유아부터 노인까지 모든 대상층을 포괄하고 있어 다양한 형태의 서비스가 필요하다.

③ 생활시설

사회복지실천 현장에서 수용시설은 클라이언트가 개인적으로 활동을 할 수 없는 경우로 부양가족의 능력이 부족하여 주거를 포함하여 제반 사회복지서비스를 제공하는 것을 목적으로 한다. 아동복지시설로는 아동양육시설, 아동직업훈련시설, 아동보호치료시설, 아동단기보호시설 등이 있다.

노인복지생활시설에서 노인주거복지시설로는 양로시설, 실비양로시설, 유로양로시설, 실비노인주택, 유로노인복지주택이 있고, 노인의료복지시설로는 노인요양시설, 실비노인요양시설, 노인전문요양시설, 유로노인전문요양시설 등이 있다.

장애인복지시설로는 정신지체장애인시설, 여성복지시설로는 모부자보호시설, 미혼모시설, 선도보호시설, 성폭력피해자보호시설 등이 있다.

정신보건시설로는 정신요양원, 사회복귀시설이 있으며, 생활시설의 주 대상은 요보호아동, 여성, 노인, 장애인이고, 중증이나 장애로 거동이 불편하고 경제적으로 빈곤한 경우이다.

2. 관련 현장

관련 현장은 다음과 같다.

① 고용노동부

노동부 산하의 사회복지실천 관련기관으로는 장애인고용촉진공단, 근로복지공단, 인력은행, 고령자취업알선센터 등 클라이언트의 취업정보, 재활상담, 재활교육, 직업상담 등을 맡고 있다.

② 문화체육관광부

문화체육관광부산하 사회복지실천 현장은 청소년단체와 청소년수련시설 그리고 청소년연구기관을 들 수 있다.

청소년 수련시설로는 생활권수련시설, 자연권수련시설, 유스호스텔 등이 있다.

③ 사회단체

주요한 사회복지단체로 참여연대, 청소년폭력예방재단, 한국마약퇴치운동본부,

한국YMCA전국연맹, 한국YWCA, 한국여성의 전화, 한국노인의 전화, 흥사단, 우리민족서로돕기운동본부, 아름다운 재단, 기타 종교단체 등이 있다. 이들 사회단체는 복지기관과 시설을 정부로부터 위탁받아 운영하기도 한다.

찾아야 할 현장은 다음과 같다.

① 학교사회복지

학교사회복지는 학교의 교육기능과 목적을 달성하도록 도와주는 사회복지실천의 전문분야로 사회문제로 대두되는 학교폭력, 성폭력, 청소년비행과 범죄 예방과 대책마련에 밀접한 관계가 있으며 정부와 교육인적자원부, 지방교육청은 학교사회복지의 제도화에 지원이 요구되고 있다.

② 교정기관과 시설

교정기관과 시설은 법무부의 교정국과 보호국 산하의 기관과 시설을 모두 포함한 지방교정청과 교도소 등과 소년원, 보호관찰소 등의 보호시설 등이 주요 사회복지 실천 현장이 되어야 한다.

비행청소년과 범죄인의 재활을 위해 사회복지사는 전문기술을 토대로 개입 하거나 행정업무에 참여하여야 한다. 또 다른 현장 분류들로는 기관의 기능과 목적에 따른 분류에 따른 1차 현장과 2차현장이 있다.

1차현장은 기관의 주된 기능과 목적이 사회복지서비스를 제공하는 것이다. 일반적으로 사회복지사를 중심으로 직접적인 활동을 하는 현장들이다. 예를 들어 지역사회종합복지관, 노인복지관, 여러 복귀시설 등이 있다.

2차 현장은 기관의 일차적 기능은 따로 있으면서 필요에 의해 사회복지 서비스를 제공하는 경우이다. 사회복지서비스가 그 기관의 목표달성과 서비스의 효과성에 미치는 영향이 긍정적으로 인정되어 부분적으로 사회복지실천이 수행되는 실천현장이다. 예를 들어 학교, 병원, 기업, 의료기관, 보육시설, 동사무소 등이 있다.

주거서비스 제공에 따른 시설 차이로는 첫째, 생활시설인데 이는 주거서비스를 포함한 사회복지서비스를 제공하는 기관을 말한다. 예를 들어, 장애인 생활시설, 보육원, 청소년 쉼터, 치매요양센터, 그룹 홈 등이 있다.

이용시설로 주거설비는 제공되지 않는다. 자신의 집에 거주하면서 클라이언트를 대상으로 사회복지서비스를 제공하는 기관을 말한다. 에를 들어 재가복지센터, 장애인복지관, 청소년 상담센터, 치매주간보호센터 등이 있다.

사회복지의 현장은 사회복지의 주체와 매우 밀접한 관계를 맺고 있다. 즉, 일선에서 사회복지 서비스를 제공하는 사회복지사는 정부, 사회복지법인, 기타 관련 단체에서 일하는 경우가 많기 때문이다. 사회복지의 현장을 주체와 나누어서 살펴보려고 하는 것은 현행법으로 사회복지 서비스를 제공하는 곳은 어디이고, 그 곳에서 사회복지사는 얼마나 주도적인 역할을 수행하고 있느냐를 점검하기 위해서이다.

사회복지의 현장은 우선 '사회복지사업법'과 관련 법령에 의해서 규정된 곳에서 찾을 수 있다. 사회복지 서비스는 국민의 생존권을 보장하기 위한 국가의 복지서비스, 사회적으로 불우한 환경에 놓여 있는 빈민, 아동, 노인, 장애인, 모자, 영유아, 여성 등에 대한 현금·현물급여, 상담과 같은 정서적 원조 등을 포괄한다.

사회복지의 현장은 초기에는 요보호 아동, 노인, 장애인 등을 위한 생활시설(수용보호시설)에서 가정에서 도움을 필요로 하는 시민을 위한 이용시설로, 그리고 무료시설에서 실비와 유료시설로 확장되어 왔다. 현재 법적으로 사회복지 서비스가 제공되는 주요 사회복지시설은 다음과 같다.

〈표 1-1〉 사회복지 서비스 관련법과 사회복지시설

법률	입법년월일	주요복지시설
국민기초생활	1999. 9. 7	보장기관(이 법에서 보장시설이라 함은 제7조에 규정된 급여(생계, 보장법 주거, 의료, 교육, 해산, 장제급여)를 행하는 사회복지사업법에 의한 사회복지시설로서 대통령령이 정하는 시설)
아동복지법	1999.11. 27	아동복지시설(아동양육시설, 아동일시보호시설, 아동보호치료시설 아동직업훈련시설, 자립지원시설, 아동단기보호시설, 아동상담소, 아동전용시설, 아동복지관, 종합아동복지시설) 아동복지시설은 고유업무 외에도 다음과 같은 사업을 할 수 있음(아동가정지원사업, 아동주간보호사업, 아동전문상담사업, 학대아동보호사업, 공동생활가정사업, 방과후 아동지도사업)
노인복지법	1997.8.22	노인복지시설(노인주거복지시설-양노시설, 실비양노시설, 유료양로시설; 노인의료복지시설-요양시설, 실비요양시설, 유료요양시설, 노인전문요양시설; 노인여가복지시설; 재가노인복지시설)
장애인복지법	1999.3.31	장애인복지시설(장애인재활시설, 장애인요양시설, 장애인유료복지

		시설, 장애인이용시설, 장애인직업재활시설, 점자도서관, 점서 및 녹음서 출판시설)
모자복지법	1989.4.1.	모자복지시설(모자보호시설, 모자자립시설, 미혼모시설, 일시보호시설, 부녀복지관, 부녀상담소)
윤락행위등 방지법	1995.1.5	복지시설(일시보호소, 선도보호시설, 자립자활시설) 및 여성복지 상담소
영유아보육법	1991.1.14	보육시설(국·공립보육시설, 민간보육시설, 직장보육시설, 가정보육시설)
정신보건법	1995.12.30	정신보건시설(정신의료기관-정신병원, 정신과의원, 병원급 이상의 의료기관에 설치된 정신과, 정신요양병원; 정신질환자사회복귀시설-정신질환자생활훈련시설, 정신질환자작업훈련시설)
성폭력특별법	1993.12.17	성폭력피해상담소, 성폭력피해자보호시설
가정폭력 방지법	1997.12.31	가정폭력관련상담소, 가정폭력피해자보호시설
장애인 차별금지 및 권리구제 등에 관한 법률	2007.4.10 제정	장애인의 완전한 사회참여와 평등권 실현을 통하여 인간으로서의 존엄과 가치를 구현함을 목적으로 한다.
노인장기요양 보험법	2008.7.1 시행	보편적 제도 - 장기요양이 필요한 65세 이상 노인 및 치매 등 노인성 질환을 가진 64세 이하의 국민
장애인 연금제도	2010.7.1 시행	'장애인연금법'은 18세 이상 중증장애인(장애등급이 1급과 2급 그리고 3급 중복장애인) 중 대통령령으로 정하는 소득·재산 기준 이하인 자에게 매월 9~15만원의 기초급여와 부가급여를 지급하기 위한 법률.
기타 사회복지시설 부랑인선도시설, (종합)사회복지관, 사회복지상담시설, 사회복지공동모금회, 입양알선기관 등		

사회복지사업법에 의한 모든 사회복지시설은 사회복지를 구현하는 곳이지만, 사회복지사가 전문적으로 사회복지 서비스를 제공하느냐는 복지시설별로 상당한 차이가 있다. 사회복지사가 운영책임자나 핵심적인 직원으로 주도적인 역할을 하느냐 여부에 따라서 사회복지사가 주도하는 기관, 기관의 특정 업무를 사회복지사가 전문적으로 수행하는 기관, 그리고 사회복지사가 부분적으로 개입하는 기관으로 나누어 볼 수 있다.

사회복지사가 주도하는 대표적인 기관은 아동복지시설, 노인복지시설, 장애인복지시설, 모자복지시설, 그리고 종합사회복지관 등 사회복지시설이다. 이러한 시설은 대체로 운영책임자의 조건으로 사회복지사의 자격을 요구하고 있고, 사회복지사가 보육사, 간호사, 보육교사, 유아교사, 평생교육사 등 다른 전문가를 지휘하는 역할을 수행한다.

사회복지사가 기관의 특정 업무를 전문적으로 수행하는 기관은 읍·면·동사무소의 사회복지전담공무원, 행정기관의 사회복지 관련 공무원, 종합병원의 의료사회사업가, 정신보건기관의 정신보건사회복지사 등을 들 수 있다. 이들은 법령에 의해서 사회복지사로서 해당된 전문적 역할을 수행한다.

사회복지사가 부분적으로 개입하는 기관으로는 영유아보육시설, 직업보도시설, 성·가정폭력상담소와 피해자보호시설, 청소년수련시설 등이다. 사회복지사가 주도적인 역할을 하는 경우도 있지만, 유치원교사, 보육교사, 직업훈련교사, 성·가정폭력상담원, 청소년지도사 등 다른 전문성을 가진 사람들이 주도적인 역할을 경우가 많다. 사회복지사업법에 규정되어 있지는 않지만, 기업의 복지재단, 시민사회단체의 사회복지담당자도 사회복지사가 선호되지만, 사회복지사의 임용이 제도화되어 있지는 않다.

사회복지실천 현장의 분석틀은 다음과 같다.

① 실천분야 특성을 이해하는 분석틀(Kamerman)
- 개입의 초점(대상, 문제, 현장) - 이전의 역사적 대응방식 - 관련 법규와 정책
- 전달체계와 프로그램 - 개입방법과 실무자의 유형 - 연구 평가 및 성과
- 주요 이슈, 동향 및 쟁점

② 사회복지 실천으로서의 기관을 이해하는 요소
- 기관의 목적과 가치 - 기관의 구조 - 재정을 포함한 기관의 자원
- 기관의 업무방식 - 직원 - 클라이언트 - 운영위원회나 이사회, 자문위원회
- 환경적 혹은 물리적 상황 - 서비스의 내용과 기술 - 공식적 구조와 권력체계

③ 사회복지현장의 분류 (Bartlett)
서비스체계(정책, 프로그램, 정부, NGO·NPO)에 의한 분류와 서비스제공의

주체에 의한 분류로 구분된다.

〈표 1-2〉 서비스제공의 주체

구분	공공기관	민간기관
특성	관료적, 위계질서에 의해 통제적	자율성, 융통성, 담당업무 중심으로 권한이 분산
재정	정부지원으로 운영	기부금, 후원금, 재단전입금, 공동모금회의 지원과 프로젝트 사업비, 기타 서비스 이용료로 운영
운영	정부규정, 지침에 의해 지도감독	기관의 규정과 내규에 의해 정책결정이 이뤄지며, 이사회에서 기관의 운영을 책임
유형	행정체계, 집행체계	협의체, 사회복지법인, 재단, 사단법인, 종교단체, 시민사회단체기관, 사회서비스 기관

④ 서비스전달의 유형(행정기관 · 서비스기관)

행정기관 : 서비스 전달체계상의 문제점 개선, 행정업무와 기관간의 연계 조정 담당(중앙, 광역, 기초, 읍면동의 사회복지 담당)

서비스기관 : 직접서비스 제공을 담당, 실천영역에 따른 구분(Kahn: 사회화와 발달을 위한 서비스, 치료나 원조 및 재활을 위한 서비스, 서비스 연결이나 정보, 조언을 제공하는 서비스), 주거서비스 제공여부에 따른 구분(생활시설, 이용시설) 대상이나 문제영역에 따라 분야 구분(아동복지, 노인복지, 여성 및 가족복지, 장애인복지, 의료 및 보건분야 등)

한국사회복지협의회(1983) : 사회복지관련 정책의 건의, 사회복지기관간의 협력 및 조정, 지식 및 기술 제공, 지도자 양성, 국가간 교류

⑤ 대상의 문제(빈곤, 학대, 물질남용, 비행, 가족갈등, 노숙 등)

⑥ 클라이언트 집단(아동, 청소년, 노인, 여성, 장애인, 난민 등)

⑦ 사용되는 지식, 가치, 기술의 형태(시각의 차별성, 접근방법이나 모델)

제3절 사회복지사의 역할과 활동

1. 사회복지사의 역할과 활동

1) 사회복지사의 분류별 역할

① Federico : 중개자, 옹호자, 평가자, 교사, 동기부여자, 행동변화가, 자문상담자, 지역사회 기획가, 보호자, 자료관리자, 행정가

② Zastrow : 기능하는 사람, 중개인, 클라이언트를 옹호하는 사람, 클라이언트의 권능을 신장하는 사람, 사회운동가이며 행정가, 중재인, 협상하는 사람, 가르치는 사람, 제안자 또는 주창자, 조사연구자, 집단촉진자 등

③ Siporin : 상담가, 충고자, 기능케 하는 자, 노련한 문제 해결 자, 분쟁해결 조정자, 중개인 의뢰자, 촉진자, 중재자, 토의리더, 안내자, 자원자, 조정자, 행정가, 사업경영자, 자문하는 사람 등

④ 세퍼 : 중개인 옹호자, 교사, 상담가, 사례관리자, 업무전문가, 직원개발자, 행정가, 사회변화 대행자, 전문가 등

(1) 직접서비스 제공자

사회복지사는 클라이언트와 직접 대면하여 서비스를 제공한다.

① 개인적인 개별사회사업 또는 상담 ② 부부, 가족치료

③ 집단활동 서비스(치료집단, 자조집단) ④ 정보의 교육자 혹은 배포자

(2) 체계와 연결하는 역할

① 중개자 ② 사례관리자 ③ 중재자 · 심판자 ④ 클라이언트 옹호자

(3) 체계유지 및 강화역할

① 조직분석가 ② 촉진자 ③ 팀 성원 ④ 자문가

(4) 연구자 · 조사 활용자

(5) 체계개발 역할

① 프로그램 개발자 ② 기획가 ③ 정책과 절차 개발자 ④ 옹호자

2) 사회복지사의 일반적 역할

(1) 아웃리치 워커

욕구를 확인하기 위하여 지역사회로 찾아나가 서비스 기관에 의뢰한다.

(2) 브로커

이용 가능한 서비스를 알고 필요로 하는 서비스를 확인하여 적절한 서비스를 제공한다.

(3) 대변자

클라이언트들이 거절당했을 때 서비스를 제공받을 수 있도록 돕고, 더 많은 욕구를 가진 사람들을 도울 수 있게 서비스를 확장하도록 돕는다.

(4) 평가자

욕구와 자원을 평가하고, 욕구를 충족시키기 위한 대안들을 마련하고 결정을 한다.

(5) 교사

사실과 기술을 가르친다.

(6) 동원자

새로운 서비스를 개발하도록 돕는다.

(7) 행동변화자

클라이언트의 특정한 행동을 변화시킨다.

(8) 자문가

서비스를 더욱 효과적으로 제공할 수 있도록 다른 전문가들과 함께 일한다.

(9) 지역사회 계획가

지역사회의 사회복지 욕구 충족을 위하여 지역사회집단 계획을 효과적으로 한다.

(10) 보호제공자

사람들이 문제를 충분히 해결할 수 없고, 자신의 욕구를 충족시킬 수 없을 때 지지적 서비스를 제공한다.

(11) 자료관리자

의사결정에 필요한 자료를 수집하고 분석한다.

(12) 행정가

서비스 프로그램을 계획하고 이행하는 데 필요한 활동을 수행한다.

2. 사회복지실천기술의 활용

사회복지사의 이론적 기반은 다음과 같다.

(1) 관찰 : 사회복지사들이 보는 것과 주의해야 하는 것을 말해준다.

(2) 서술 : 관찰을 정리하고 조직화할 수 있는 개념적 용어와 준거틀을 제공한다.

(3) 설명 : 상이한 관찰들이 어떻게 연결될 수 있는가를 제시하며, 한 사건과 다른 사건간의 가능한 인과관계를 설명한다.

(4) 예측 : 다음에 일어날 수 있는 것을 예상할 수 있다.

(5) 중재 또는 개입 : 변화를 가져오기 위하여 수행해야 하는 것을 제시한다.

〈표 1-3〉 사회복지 실천 수준별 사회복지사의 역할

구분	Miley 외	Federico	Sheafor 외	Zastrow
미시적 차원의 역할(개인 · 가족)	• 조성자(문제파악 및 문제해결능력강화, 전문적 관계형성기술 필요) • 중개자(자원과 정보, 서비스 연결, 사례관리) • 옹호자(권리 확보 및 정책변화유도) • 교사(정보, 적응지술지도, 의사소통 및 대인실천기술 필요)	서비스제공자 행동변화유발자 촉진자 중개자 교사	상담가 · 임상가 사례관리자 중개자 옹호자 교사	조성자 집단촉진자 중개자 옹호자 교육가
중간범위차원의 역할(집단 · 조직)	• 촉진자(구성원 상호작용, 정보교환, 연결망 강화) • 중재자(의사소통의 갈등 해소, 중립적 입장, 상대방 이해) • 훈련가(전문가적 계발을 위한 교육훈련 담당)	행정가 자문가	행정가 업무량관리자 직원개발자	중재자 협상가 조정가

거시적 차원 역할(지역사회 · 사회)	• 계획가(욕구파악 및 서비스 개발, 목표설정 및 정책계획) • 행동가(사회적 불평등인식, 기본권리의 행사, 대중의 지원활성화) • 현장개입가(대상자의 적절한 서비스지원을 위한 지역사회 활동, 홍보와 교육으로 접근성 향상)	계획가 현장개입가	사회변화 대행자	주창자 행동가
전문가차원의 역할(전문가집단)	• 동료(전문가로서의 윤리 준수, 동료지지) • 촉매자(타전문직과의 협조, 전문조직을 통한 국가적, 국제적 활동) • 연구자/학자(이론발전, 자료기록 관리, 효과성 평가)	자료관리자 평가자	전문가	연설가 연구자

프리들랜더(Freidlander)의 사회복지 실천분류 : 직접적서비스, 간접적서비스, 지원적 서비스

3. 사회복지사의 개입기술

1) 조언기술

조언기술은 클라이언트가 해야 할 것을 추천하거나 제안하는 기술로서 조언기술은 개입의 초기단계에서 사회복지사가 클라이언트를 대상으로 클라이언트의 문제를 명확하게 파악할 수 있도록 돕거나 문제해결을 위한 해결책을 파악할 수 있도록 돕는데 활용된다.

유의할 점은 단순하게 조언을 해 주는 것으로 끝나는 것이 아니라 사회복지사가 조언을 하게 되는 배경이나 논리적 근거를 분명히 제시하여야 하며, 신중하고 제한적으로 사용해야 한다. 따라서 정확한 내용을 가지고 조언해야 하며, 알고 있는 것과 알지 못하는 것을 분명하고 솔직하게 말하는 것이 필요하다.

지침은 클라이언트의 입장에서 조언을 받을 때의 느낌을 먼저 생각해 본다. 조언은 치료에서보다는 의뢰, 중개, 또는 옹호할 때 주로 사용한다. 클라이언트가

조언을 원치 않으면 제공하지 않는다. "만약 내가 당신이라면 ○○○ 이렇게 할 수도 있을 것이다." 혹은 "일반적으로 사람들은 ○○○할 것이다"라고 표현하여 클라이언트에게 있어서 선택의 여지가 있도록 한다. 사회복지사에게 책임을 지우는 조정적인(manipulative) 클라이언트에 대해서는 조언을 하는 것에 매우 주의해야 한다.

2) 정보제공기술

정보제공기술은 사회복지사가 클라이언트에게 의사결정이나 과업수행에 필요한 정보를 제공하는 것을 말하며, 사회복지사는 가능한 최신정보를 많이 알고 있어야 한다. 클라이언트에게 정확한 정보를 제공하고 이를 충분히 이해했는지 확인하는 것이 필요하다.

지침은 다음과 같다.

① 사회복지사가 말하고자 하는 정보를 (클라이언트가) 분명하게 알도록 한다.
② 제공하려는 정보가 클라이언트의 문제와 관련이 있음을 분명히 한다.
③ 클라이언트가 소화할 수 있는 분량의 정보를 제공하여 클라이언트가 혼돈하지 않도록 한다.
④ 클라이언트의 교육 수준 및 어휘능력에 맞게 정보를 제공한다.
⑤ 클라이언트의 문화적 배경을 고려하여 정보를 제공한다.
⑥ 제공하려는 정보를 클라이언트가 수용할 의지가 있는지 확인하고 이에 따라 세심하게 정보를 제공한다.

3) 설명기술

설명기술은 클라이언트에게 특정 사건이나 상황에 대해 분명하게 이해할 수 있도록 돕거나 상황을 해석해 주는 것으로 사회복지사는 설명을 통해 다양한 생각과 감정, 사건의 원인과 문제의 본질, 그리고 이들의 상호 연관성 등을 클라이언트가 잘 이해할 수 있도록 도와준다.

구분은 예를 들어 설명하는 방법, 실제 시범을 보이는 방법, 말로써 설명하는 것으로 이는 해석적인 설명, 기술적인 설명, 논리적인 이치의 설명 등이 있다.

지침은 다음과 같다.

① 클라이언트의 생각과 감정을 민감하게 고려할 필요가 있다.

② 흥미롭게 그리고 분명하고 잘 구조화된 방식으로 설명한다.

③ 학습과 이해를 최대한 향상할 수 있는 방법으로 설명하는 것이 좋다.

4) 지지기술

지지기술은 도움 제공하기, 뒤에서 응원해 주기, 유지하도록 하기, 확인 및 재확인하기, 안내하기, 격려하기, 돌보기, 염려와 애정을 표현하기 등이 포함된다.

지지기술의 종류는 다음과 같다.

① 정서적 지지는 사회적 지원망이다.

클라이언트가 심리적 고통이나 스트레스 혹은 위기를 경험할 때 누군가에게 의지하려는 욕구를 보이게 되며 이에 대해 사회복지사 반응하는 것이다.

② 격려기술이다.

초기단계 격려하기: 면담을 활성화하기 위해 사용되는 것, 즉 클라이언트가 자신의 문제 상황이나 어려움을 이야기할 때 사회복지사가 경청하고 있음을 나타내기 위해 사용하는 최소한의 격려이다.

중간단계 격려하기 : 클라이언트가 특정한 행동이나 경험, 혹은 생각으로부터 벗어나도록 하거나, 어떤 방향으로 행동을 취할 수 있도록 도움을 주는 것이다.

장점은 이 기술을 통해 클라이언트는 자신의 행동이나 사고, 감정에 대해 사회복지사로부터 인정을 받기 때문에 자신감을 가질 수 있고, 일부 위험한 행동을 중단하거나 긍정적인 행동을 취하는 계기가 될 수 있다.

유의할 점은 클라이언트의 의존감을 지속시킬 수 있으며 클라이언트의 자기결정권을 침해할 것이라는 우려를 낳기도 한다.

③ 인정하기 기술

클라이언트가 어떤 행동을 취하거나 벗어난 이후에 이에 대해 긍정적인 평가를 내려 주는 것이다.

장점은 클라이언트가 자신의 결정이나 독자적인 행동을 취하는 데 자신감이 결여되어 있을 때 사용하면 효과적이다. 클라이언트에게 듣기 좋으라고 한다든지 과장된 표현으로 하지 않아야 한다.

4. 사회복지 실천 영역별 사회복지사의 역할

공공기관에서의 사회복지사의 역할은 다음과 같다.

〈표 1-4〉 공공기관에서의 사회복지사역할

<table>
<tr><th rowspan="2">인력유형</th><th rowspan="2">근거법</th><th colspan="4">주요업무내용</th></tr>
<tr><th>미시</th><th>중범위</th><th>거시</th><th>전문가</th></tr>
<tr><td>사회복지직 공무원</td><td>국민기초 생활보장법</td><td rowspan="6">조성자 및 중개자 (수급자 및 요보호대상자에 대한 서비스제공 및 자원연계)
옹호자 및 교사 (권익보호 및 정보제공)

그러나 공무원 신분상 자격요건에 적합한 수혜자에게 자원제공의 역할로 한정)</td><td rowspan="6">촉진자 (서비스 전달체계상의 문제점 개선, 조직내 기능이나 연결망 강화)

그러나 행정체계의 경직성과 업무과다로 역할 수행에 장애</td><td rowspan="6">계획가나 현장 개입가 (홍보 및 교육 활동, 프로그램개발)

그러나 업무과다로 새로운 프로그램의 개발이 제한적)</td><td rowspan="6">연구자・학자 (주민의 욕구와 실태, 만족도에 대한 조사업무)

그러나 정보교류의 기회부족과 비전공자의 높은 비율로 전문성 미비</td></tr>
<tr><td>아동복지 지도원</td><td>아동복지법</td></tr>
<tr><td>노인복지 상담원</td><td>노인복지법</td></tr>
<tr><td>장애인복지 지도원</td><td>장애인 복지법</td></tr>
<tr><td>모자복지 상담원</td><td>모자복지법</td></tr>
<tr><td>여성복지 상담원</td><td>여성복지법</td></tr>
</table>

민간 기관에서의 사회복지사의 역할은 다음과 같다.

〈표 1-5〉 민간 기관에서의 사회복지사의 역할

<table>
<tr><th>구분</th><th></th><th>미시</th><th>중범위</th><th>거시</th><th>전문가</th></tr>
<tr><td rowspan="2">주거별</td><td>생활 시설</td><td>조성자 (욕구와 서비스와 활동의 체계적 관리)
중개자(프로그램개발 및 자원 확보)</td><td>촉진자(시설운영규정마련 및 행정기관과의 협조)</td><td>계획가
행동가</td><td></td></tr>
<tr><td>이용시설(지역</td><td>조성자 및 중개자(서비스와 프로그램 제공, 물품과</td><td>촉진자(프로그램의 관리방안과 운영구</td><td>계획가와 현장 개입가(문제해</td><td>촉매자</td></tr>
</table>

	복지관 등)	후원금 전달, 타기관과의 연계) 교사(교육프로그램 제공)	조개선으로 조직의 기능강화) 중재자(연계와 공동사업으로 지역복지 네트워크 구축) 훈련가(직원교육과 수퍼비전, 인적자원의 개발)	결을 위한 주민참여와 공동체의식 증대, 지역사회인식 개선 및 사회행동)	
분야별	아동복지	조성자, 중개자, 사례관리자, 정서적 지원자, 교사			전문가
	청소년복지	상담가 조성자 정서적 지지자	옹호자,	계획가 행동가 현장개입가	
	노인복지	조성자(정서적 안정) 교사, 중개자		현장개입가	전문가
	여성복지	조성자, 중개자, 교사	옹호자	행동가	
	장애인복지 및 의료보건	조성자, 중개자	옹호자	행동가 현장개입가	
	소득보장·생활보장	조성자(정서적지지 및 상담), 중개자(자원연결)	중재자, 촉진자, 옹호자	행동가	
세팅별	학교사회사업	조성자 중개자		실천모델 개발	전문가
	의료사회사업	조성자, 상담가, 중개자 교사	옹호자 미흡	행동가, 현장개입가의 역할미비	전문가, 연구자, 학자
	교정복지	조성자, 중개자	제도적 옹호자		

5. 실천현장의 변화

첫째, 사회체계이론의 도입(1960년대 후반)이다.

전통적 실천방법론(개별, 집단, 지역사회 사회사업 등)이 아닌 환경 속의 다양한 사회체계와의 상호작용을 의미하는 '상황 속의 인간'의 개념 도입시기이다.

둘째, 통합적 사회복지실천(1970년대 이후)이다.

생활시설중심에서 지역사회 이용시설 중심(지역사회복지관 증가), 기관중심에서 클라이언트 중심, 통합적 서비스, 케이스매니지먼트의 역할 강조, 미시 중간 거시적 차원의 균형있는 역할 수행시기이다.

셋째, 사회복지사 제도 변화이다.

- 사회복지사업종사자 자격제도(사회복지사업법, 1970)
- 사회복지사 자격제도(1983)
- 국가시험에 의한 자격증 부여 사회복지사(1998)

넷째, 사회복지사 자격증 종류는 다음과 같다.

- 사회복지사 1,2,3급
- 임상사회복지사(1996) → 전문사회복지사(1998) → 정신보건전문요원
- 정신보건사회복지사(1996)
- 1급 사회복지사자격시험제도 실시(2003)
- 사회복지사 등의 처우 및 지위향상을 위한 법시행령제정안(2011. 7. 22 입법예고)
-사회복지공제회 설립(2012. 1. 1)

제4절 사회복지실천의 발달과정

1. 자선조직협회(1869)

① 18세기 영국에서는 산업화와 도시화에 따라 발생한 도시 빈민문제의 해결을 위한 다양한 자선단체가 등장하였다.

② 이들의 활동이 문제 해결 및 완화에 도움이 되었으나, 중복된 구제의 제공 혹은 필요 대상자의 소외 등과 같은 다양한 문제도 야기되었다.

③ 게다가 한정된 자원의 배분 문제가 등장함에 따라

④ 이에 따라 1869년 민간기관의 활동을 조정하기 위한 자선조직협회가 결성되어 활동하게 되었다.

⑤ 자선조직협회는 중산층 부인들로 구성된 우애방문원을 활용하여 빈민층 교화를 위한 활동을 하였으며, 빈민 조사 및 등록 등을 통한 조직간 활동의 조정과 협력을 추구하였다.

2. 인보관 운동(settlement house movement)

① 1884년 영국에 최초의 인보관인 Toynbee Hall이 세워졌고, 1898년 대표적 인보관인 Hul-House가 미국 시카고에 설립되었다.

② 지역 사회 내 빈민들을 지역 내 함께 거주시키면서, 환경의 개선과 함께 빈민들을 도덕적으로 교화하려는 활동이 이루어졌다.

③ 인보관 운동 참여자들은 주택개선, 공중보건 향상, 고용주들의 빈민 착취 방지를 위한 활동 등의 사회문제에 대한 해결을 강조하였다.

④ 또한 다양한 직업 기술훈련, 교육 및 환경개선운동 등 빈민들의 자립환경 구축을 위한 집단적 노력을 실천하였으며, 이들의 자생력 강화를 위한 성인 교육도 실시하였다.

⑤ 인보관운동은 오늘날의 집단사회사업, 사회행동 및 지역사회조직활동의 원조로 평가되고 있다.

3. 전문교육기관 등장(1898)

① 자선조직협회의 활동이 점차 전문화, 조직화되어 감에 따라 봉사자 교육 및 조직, 관리 과정에서 일정한 기준과 지침서가 요구됨에 따라 전문적 교육의 필요성이 대두되었다.

② Richmond의 활약으로 1898년 미국 최초의 사회복지 전문인력 양성과정이 설립되었고, 이는 뉴욕사회복지대학으로 발전하였다.

③ 1919년에는 미국 내 사회복지 대학이 17개로 늘었고, 1920년대에 들어서는 대학원의 석사과정이 생겨나기 시작했다.

4. 정신분석의 영향(1920년대)

① 1920년대 인간의 성격 발달과 문제행동을 체계적으로 설명하는 프로이트(Freud)의 이론이전 유럽을 강타했다.

② 이러한 이론은, 환경의 변화를 통한 인간의 성장, 발달 및 변화와 적응을 강조하던 초기 사회복지 실천가들을 매료시켰다.

③ 따라서 사회복지 실천의 초점도 환경에서 개인 내부문제로 옮겨가기 시작하여, 이후 30여 년 간 사회복지 실천은 개인의 내적인 문제와 변화에 초점이 맞추어졌다.

5. 진단주의와 기능주의의 갈등

① 1930년대 프로이트 이론을 중심으로 한 진단주의학파와 Rank를 중심으로 한 기능주의 학파사이의 논쟁이 1950년대까지 지속되었다.

② 진단주의는 병리를 강조하며, 기능주의는 환경의 요구에 부응하지 못하는 개인의 역기능적 능력에 강조를 두었다.

③ 개인의 내부에 잠재한, 건전 성장을 위한 의지(will)를 강조하는 기능주의의 영향으로 진단주의는 프로이트의 개인 내적 진단 경향에서 다소 벗어나, 환경속의 개인"을 이해하는 방향으로 변화되었다.

6. 집단사회사업의 등장(1930년대)

① 집단사회사업이 사회복지실천에 도입된 것은 1930년대이다.

② 1935년 전국사회복지대회에 집단사회사업부분이 등장하였고, 1936년 집단사회사업연구회가 발족하였으며, 1946년 미국 집단사회사업 협회로 발전된다.

③ 아동, 정신장애인 등과 같은 대상층에 대해, 유사한 문제를 경험하고 있는 사람들을 돕기 위한 방법으로 활발히 도입되기 시작하여, 1960년대에 이르러서는 가족에 대한 개입에도 집단사회사업이 활용되기 시작하였다.

7. 다양한 실천모델 등장

① 1960년대에 이르러, 대공황 등의 여파로 개인에 초점을 둔 사회복지 실천이 근본적 문제해결을 이루기에는 부적절하다는 인식의 영향으로, 사회복지 실천의 개입방향이 사회변화 및 사회적 개입으로 회귀하기 시작하였다.

② 1970년대 생태체계이론의 등장과 함께 환경과 인간을 함께 이해하는 관점에서 다양한 실천 모델이 등장하였다.

③ 1980년대에는 NASW를 중심으로 공통적인 지식기반, 실천방법, 실천 현장, 가치와 기술 등에 대한 합의를 도출하려는 노력을 통해 통합방법론과 일반사회사업실천이 등장하게 된다.

연습문제

1. 사회복지 실천의 과정에 대하여 기술하시오.

2. 실천의 접근방법들에 대하여 기술하시오.

3. 전문사회복지사(1998)와 정신보건사회복지사(1996)에 대하여 설명하시오.

4. 공공기관 및 민간기관에서의 사회복지사의 역할은 무엇인가.

5. 진단주의와 기능주의의 대하여 설명하시오.

[선행학습 정답] : 1. 미시적　2. 사회적 승인　3. 또래집단　4. 자선조직협회

2
chapter

사회복지실천 가치와 윤리

〈선행학습〉

1. 로웬버그와 돌고프의 윤리워칙 준거틀을 채우시오.
   윤리원칙1. (1)
   윤리원칙2. (2)
   윤리원칙3. 자율과 자유의 원칙
   윤리원칙4. 최소해악의 원칙
   윤리원칙5. 삶의 질의 원칙
   윤리원칙6. 사생활보호와 비밀보장의 원칙
   윤리원칙7. (3)
2. 윤리강령은 [㉠]을 외부의 규정으로부터 보호해 주고 전문직의 사명이나 방법론과 관련된 규범수립의 기준을 제시한다.
3. 리머(Reamer, 1989)의 윤리적 결정지침에서 개인의 복지에 대한 기본적인 권리는 다른 사람의 사생활, 자유, 자기결정에 대한 권리에 우선한다. 따라서 아이들이 의료적인 치료를 받을 수 있는 권리와 욕구인 [㉡]은 부모가 종교적 신념으로 치료를 중지할 권리인 [㉢]에 우선한다.

제 1 절 사회복지실천의 가치

Zastrow에 의하면 사회복지실천의 가치는 인간 존엄성과 개인의 독특함 존중, 자기 결정권에 대한 클라이언트의 권리 존중, 비밀보장, 기타 사항으로 ① 잔여적 대책이 아닌 제도적 대책 지향 ② 클라이언트와 전문적 관계 형성 및 유지 ③ 사회적, 경제적 정의 추구 ④ 서비스의 사회적 책임성 지향 등의 가치를 바탕으로 한 사회복지 실천은 언제나 윤리적 문제와의 배치, 혹은 두 가지 이상의 가치 갈등에 의해 딜레마에 봉착하는 경우가 많다.

가치와 윤리는 그 시대 그 사회 그 문화의 가치관과 윤리관에서 시작된다. 사회복지사, 의학, 법학, 언론학, 약학, 간호학 등 인간과 관련된 모든 전문직의 가치는 사회적 가치를 갖는다. 전문직은 사회적 가치를 실현한다는 인정과 인가를 받는다. 기존 가치에 반하는 가치표방도 한다. 사회복지사는 소외계층의 대변자이기에 가치와 윤리는 매우 중요하다

가치의 개념으로 가치는 믿음, 신념과 같은 것으로 다수의 구성원이 좋거나 바람직하다고 여기는 것으로 적합한 행동에 대한 지침을 말한다.

가치란 세계가 어떠해야 하며, 사람들이 어떻게 행동해야 하며, 최적의 생활환경은 어떠해야 하는지의 신념으로서 가치는 지식, 기술과 함께 사회복지실천의 3대 축으로 사회복지실천이 추구해야 하는 방향성을 제시해 준다.

사회복지를 언급함에 있어서 가치개념은 매우 중요한 의미를 갖는데, 그것은 사회복지의 실천이 가치를 기반으로 동기화되거나 기능화되기 때문이다. 일반적으로 가치란 '인간에 관하여 그리고 인간을 다루는 적절한 방법에 대하여 전문직이 갖는 신념'을 의미하고 있다. H. Bartlett에 의하면 '가치는 선(good)이며 바람직한(desirable)' 것이다. 가치는 질적인 판단이며 경험적으로 증명되는 것은 아니다. 가치는 정서를 가지며 사회복지의 전문가들이 지향해야 할 목적이나 목표를 제시해 준다. 가치의 진수는 무엇이 보다 나은 것인가와 관련이 있다'라고 제시하였다. 사회복지에서 가장 기본적인 가치는 인간에 대한 확고한 신념이며 신뢰이다. 모든 인간을 가치적 존재로서 인정하는 데에서 사회복지의 실천서비스가

제공되어지는 것이다. 특히, 클라이언트는 각종의 문제들을 안고 있다. 또한 때로는 공격적 행동이나 일탈행동, 부정직, 불성실, 자기 파괴적 행동 등으로 하나의 가치적 인간으로 수용하거나 자기결정의 권리를 인정하기란 용이한 일이 아닌 듯한 착각을 일으키기도 한다. 인간의 본성을 악의 존재로 보아야 할 것인가 하는 의문이 생겨날 수도 있는 것이다. 그러나 아무리 좋은 종자도 가시덤불에서는 올바로 생장할 수 없는 것과 마찬가지로 인간이 생존해 나가기 위해서는 생존에 적절한 물리적·정신적·사회적 제반 환경이나 상황이 갖추어져야 하는 것이다. 여기에 사회복지가 인간을 가치적 존재로 받아들여야 하는 타당성을 확신케 한다. 사회복지사는 윤리적 결정을 내려야 하는 다양한 상황에 직면하게 되고, 여러 가지 가치갈등 문제를 겪게 된다.

이러한 사회복지실천에서의 가치 갈등 유형을 살펴보면 다음과 같다.

1. 가치 갈등 유형

① 가치의 상충

사회복지사가 두개 또는 그 이상의 경쟁적 가치와 직면했을 때 윤리적 딜레마에 빠진다. 이 두 가치는 모든 사회복지사들이 깊이 인정하는 가치이지만 두 가치 모두를 존중할 수 없는 상황에서 발생하게 된다.

② 의무의 상충

사회복지사는 기관에 대한 의무와 클라이언트에 대한 의무 사이에서 갈등상황에 놓인다. 사회복지사는 자신이 속한 기관의 정책을 따라야 한다. 그러나 기관의 목표가 클라이언트의 이익과는 갈등상황이면 윤리적 딜레마에 직면하게 된다.

③ 클라이언트체계의 다중성

복합적인 문제를 가진 경우 누구의 이익을 최대한으로 지킬 것인가에 대한 윤리적 딜레마에 빠지게 된다.

④ 결과의 모호성

사회복지사가 내린 윤리적 결정의 장기적인 효과성이 모호할 때 사회복지사는 선택의 딜레마에 직면하게 된다.

⑤ 힘 또는 권력의 불균형

사회복지사와 클라이언트의 힘 또는 권력의 관계가 평등하지 못할 경우 사회복지사는 윤리적 딜레마에 빠지게 된다.

가치의 상충에 대한 가치갈등으로, 전문적 가치와 개인적 가치의 상충에 대한 가치갈등에 대해 고찰하면 다음과 같다. 사회복지의 전문적 가치와 사회복지사의 개인적 가치가 상충하는 경우에 윤리적 딜레마는 야기된다. 사회복지 실천현장에서 채택도고 있는 공식적 정책이나 오랜 동안 적용되어 온 비공식적 정책이 사회복지사의 신념과 상충하는 경우이다.

인간의 동기나 감정은 복잡하고, 객관적 사실은 항상 알 수 있는 것은 아니며, 완전한 지식은 결여되어 있기 마련이다. 그렇기 때문에 사회복지사의 개인적 가치는 윤리적 결정에 의식적으로나 무의식적으로 영향을 미치게 되는데, 윤리적 딜레마 상황에 대해 특히 사회복지사의 깊은 정서적 관여가 있을 때는 객관적이며 명확한 사고를 하는 것이 어렵다. 사회복지사가 개인적 가치의 영향을 자각하지 못하고 있다가 결과가 역기능적으로 판명된 후에야 자각을 하게 되는 경우는 대체로 개인적 가치가 전문적 가치를 대신했던 경우라고 할 수 있다.

2. 사회복지실천의 주요가치분류

1) 상대적 중요성에 따른 가치 분류

궁극적 가치는 가장 추상적이고 다수에 의해 가장 쉽게 동의 얻을 수 있는 내용의 가치이로서 자유, 인간의 존엄성, 정의 등을 들 수 있다. 차등적 가치는 사람에 따라 찬반이 가능한 가치로 특수하고 단기적인 목표를 제시하는 중간 수준의 가치로서 보건 의료 서비스, 치료를 거부할 수 있는 환자의 권리를 들 수 있다. 수단적(도구적) 가치는 목적을 위해 요구되는 수단들을 명확하게 하는 것들로서 자기결정, 비밀보장, 고지된 동의 등을 들 수 있다.

2) 차원에 따른 가치 분류

개인적 가치는 종교적 문화적 가치의 영향에 따른 각 개인에의 환경에 따라 다르게 형성될 수 있다. 사회적 가치는 개인적 가치에 영향을 미치며 시대의 변화에 따라 변하는 특성을 지니고 있으며, 그 사회의 일반화된 정서적 공감대를 반영하는 것으로 역사적으로 형성되었으며 경험에서 이루어진 가치이다. 기관의 가치는 각 사회복지기관은 역할 기능에 따라 고유한 가치를 갖는 것으로 기관의 가치는 종종 클라이언트의 가치와 갈등 야기하기도 한다.

3) 사회복지 실천의 본질적 가치

(1) 인간 존엄성 존중

인간을 존엄한 존재로 보는 가치로, 클라이언트의 개별화, 자기결정권, 비밀보장을 존중하는 것으로 사회복지사의 직업적인 윤리의 토대가 되었다.

(2) 배분적 사회정의

사회적 책임성과 참여를 중시하며, 개인과 사회의 문제는 사회환경의 역기능적 영향에 의해 발생하는 것이기 때문에 사회적 자원을 공평하게 배분해 주어야 한다는 정의이다. 인간적인 삶을 영위하기 위해서는 최소한 사회적 자원이 필요하다고 믿기 때문에 사회복지사는 여러 사람에게 기본적인 사회자원을 공평하게 배분시켜 주어야 한다고 믿는 가치이다.

4) 실천가치에 우선하는 전문직 가치(Levy, 1973)

첫째, 사람 우선가치는 사람에 대한 바람직한 생각으로 사람 자체에 대해 전문직이 갖추어야 할 기본적 가치관이다. 개인의 가치와 존엄성, 개인의 건설적인 변화에 대한 능력과 욕구, 상호 책임성, 공통적인 인간의 욕구, 개인의 독특성에 대해 인정하는 가치이며, 클라이언트 하나를 개별화된 인간으로 보고 능력을 인정해 주며, 권한을 인정해 주는 가치관으로 사람 우선은 사회복지실천의 기본철학이다.

둘째, 결과우선가치는 인간을 위한 바람직한 결과로 사람에 대해 서비스를 제공했을 때 초래하는 결과에 대한 가치관이다. 사회가 개인의 발전을 위해 사회참여에 대한 기회를 동등하게 제공한다는 사회적 책임에 대한 믿음으로 사회전반에 관한 문제를 해결하거나 미연에 방지해야 할 사회적 책임에 대한 가치이다.

셋째, 수단우선가치는 인간을 다루는 바람직한 도구로 서비스를 수행하는 방법 및 수단과 도구에 대한 가치관이며 사람은 존경과 존엄으로 다루어져야 하며, 자기결정의 권리를 갖는 독특한 개인으로 인정되어야 한다는 믿음이다. 서비스를 수행하는 방법과 수단, 도구가 인간에 대한 존엄이 우선한다는 것으로 모든 결정과정에서 클라이언트의 자율성이 보장된다.

제 2 절 사회복지실천 가치의 발달

1. 리머(Reamer, 1999)의 4단계 발달

제1단계: 19세기 말

전문적 사회복지 실천의 태동기로서 구제활동과 빈곤에 대한 대응이 중요한 임무이며, 전문직이나 실무자의 도덕성이나 윤리보다 클라이언트의 도덕성에 초점을 둔다. 도덕적으로 교화시키는 것을 최고의 가치로 여겼지만, 인간의 기본적 권리에 대한 가치는 미흡한 실정이다. 당시 원조활동의 기반은 간섭적 온정주의(paternalism)로서 간섭적 온정주의는 미국사회복지활동 초창기 대표적 윤리관으로 이 당시 사회복지의 사명은 건전하지 못한 도덕성을 가진 클라이언트를 계몽, 교화시켜 바람직한 도덕성을 가진 사람으로 바꾸는 데 있었다.

빈민, 부랑자, 무직자 등 당시 문제의 집단은 자신의 도덕성이 결여된 존재라 보고 이들을 올바른 삶의 방향으로 돌리기 위해서는 간섭적이며 권위주의적 방법을 사용하였다.

당시 사회복지 활동가들은 자신들에게 빈자들의 삶에 직접 개입할 수 있는 권리와 의무가 동시에 부여되었다고 하는 소명의식을 공유하고 있었다.

제2단계: 20세기 초

인보관운동의 시작 및 진보의 시기로 사회복지사의 목적과 가치지향이 빈곤자의 도덕성에서, 빈곤과 관련된 광범위한 사회문제 개선의 요구로 변화하였다. 진보주의와 함께 빈곤자의 도덕성 결여보다 빈곤발생의 사회구조 문제에 중점을 두었으며 사회의 불공평함에 빈곤의 문제가 있음을 인식하는 사회가치의 변화를 주장하였다.

제3단계: 1940년대 말 ~1950년초

도덕적 차원에 대한 관심이 집중된 시기로 클라이언트 중심 가치체계에서 전문직과 전문가의 가치체계로 변화되었다.

제4단계: 1960년대 이후

사회적 평등, 인권, 복지권, 차별, 억압 등의 가치를 사회복지실천에 접목시킨 시기로 1960년대 전미사회복지사협회의(NASW)는 첫 윤리강령을 공식 채택하였고, 사회복지 가치와 윤리에 대한 관심이 증폭하는 계기되었고 1976년 레비의 사회복지 윤리학(Social work ethics) 출간으로 가치와 윤리에 대한 관심이 확산되었으며, 리머, 로웬버그, 달고프 등이 많은 저작물을 통해 윤리와 관련된 이슈들이 등장하였다.

한국의 경우는 1992 한국사회복지사협회가 윤리강령을 제정공포하고 시대에 맞는 세분화된 작업 진행이 필요하였다.

2. 사회복지 전문직의 가치

사회복지 전문직이 인지해야 할 가치는 다음과 같다.

① 모든 인간은 자신의 삶의 문제를 다루고 잠재적인 능력을 개발하는데 필요한 자원을 소유할 가치가 있다.

② 사회복지실천의 기본 토대는 삶 속에 있는 문제를 발견하고, 문제를 일으키

고 규정하는 환경적 요소에 주목하는 것이다.

③ 클라이언트가 필요로 하는 자원을 획득하고 도와 줄 책임이 있다.

④ 이 가치를 실행하기 위해서는 지역사회의 자원을 활용하는 지식과 기술을 획득하여야 한다.

⑤ 사회복지사는 인간의 욕구를 효과적으로 충족시킬 정책과 프로그램을 개발하고 실행하려는 의지와 책임이 필요하다.

모든 인간은 고유의 가치와 존엄성이 있다.

(1) 수용

클라이언트가 개인의 문제를 사회복지사와 공유한다는 위험을 무릅쓰고 감정을 표현하기 전에, 먼저 자신이 수용되었음을 느끼게 해야 하고, 사회복지사의 선의와 돕고자 하는 의지를 경험하게 해야 한다.

(2) 판단유보

사회복지사 역할은 판단하는 것이 아니라 그들의 어려움을 스스로 해결하고 찾도록 도와주는 것으로 지속적인 존중과 수용은 클라이언트가 건전한 정신건강을 형성하는 데 필수적인 자존감을 획득하도록 도와준다.

판단유보라는 것은 불법적 비도덕적 학대 착취 무책임한 행동을 묵인하거나 승인하는 것은 아니다.

사회복지사는 그 자신의 가치와 윤리강령이 있으며 아동유기, 강간, 난폭한 범죄와 같은 행동은 거부한다. 전문직으로서의 사회복지 실천과 개인으로서의 사회복지사는 사람들이 사회의 법칙에 따라 살도록 도와 줄 책임이 있다.

(3) 개방성

사회복지사가 개방성과 수용 능력을 증대시키려 할 때, 자신과 확연히 다른 믿음 생활양식, 행동방식을 가진 사람과 협조하는 것이 도움이 된다.

클라이언트의 독특성을 경험할 때 자신을 풍부하게 하는 기회로 간주하는 것이 좋다. 가치와 윤리의 구분은 다음과 같다.

가치	윤리
믿음, 신념 같은 것	무엇이 맞고 옳은가
무엇이 좋고 바람직한가	어떤 행동의 옳고 그름에 대한 판단
방향제시	행동의 원칙이나 지침 제공
구체적 실천을 지시하기보다 일반적으로 선호하는 더 폭넓은 사회의 가치를 반영	가치에서 나오기 때문에 가치와 조화
믿음	판단

1) 윤리강령과 사회복지사 윤리강령

(1) 윤리강령

전문직이 윤리적 실천을 수행하기 위해 지침을 규정으로 정해 놓은 틀로서 전문직을 외부의 규정으로부터 보호해 주고, 전문직의 사명이나 방법론과 관련된 규범을 수립하는 기준을 제시한다.

(2) 사회복지사윤리강령

사회복지사 윤리강령은 사회복지사가 행동하는데 지침이 되도록 고안한 것으로 사회복지사 윤리강령은 사회복지 가치 기준에 맞는 실천을 하였는가에 대한 행동기준 및 판단기준이 된다.

(3) 윤리 강령 전문

사회복지사는 인본주의 · 평등주의 사상에 기초하여, 모든 인간의 존엄성과 가치를 존중하고 천부의 자유권과 생존권의 보장활동에 헌신한다. 특히 사회적 · 경제적 약자들의 편에 서서 사회정의와 평등 · 자유와 민주주의 가치를 실현하는데 앞장선다. 또한 도움을 필요로 하는 사람들의 사회적 지위와 기능을 향상시키기 위해 저들과 함께 일하며, 사회제도 개선과 관련된 제반 활동에 주도적으로 참여한다. 사회복지사는 개인의 주체성과 자기결정권을 보장하는 데 최선을 다하고, 어떠한 여건에서도 개인이 부당하게 희생되는 일이 없도록 한다. 이러한 사명을 실천하기 위하여 전문적 지식과 기술을 개발하고, 사회적 가치를 실현하는 전문가로서의 능력과 품위를 유지하기 위해 노력한다. 이에 우리는 클라이언트 · 동료 · 기관 그리고, 지역사회 및 전체사회와 관련된 사회복지사의 행위와 활동을 판단 · 평가하며 인도하는 윤리기준을 다음과 같이 선언하고 이를 준수할 것을 다짐한다.

2) 사회복지사의 일반적 윤리 기준

(1) 전문가로서의 자세

① 사회복지사는 전문가로서의 품위와 자질을 유지하고, 자신이 맡고 있는 업무에 대해 책임을 진다.

② 사회복지사는 클라이언트의 종교 · 인종 · 성 · 연령 · 국적 · 결혼상태 · 성 취향 · 경제적 지위 · 정치적 신념 · 정신, 신체적 장애 · 기타 개인적 선호, 특징, 조건, 지위를 이유로 차별대우를 하지 않는다.

③ 사회복지사는 전문가로서 성실하고 공정하게 업무를 수행하며, 이 과정에서 어떠한 부당한 압력에도 타협하지 않는다.

④ 사회복지사는 사회정의 실현과 클라이언트의 복지증진에 헌신하며, 이를 위한 환경 조성을 국가와 사회에 요구해야 한다.

⑤ 사회복지사는 전문적 가치와 판단에 따라 업무를 수행함에 있어, 기관내외로부터 부당한 간섭이나 압력을 받지 않는다.

⑥ 사회복지사는 자신의 이익을 위해 사회복지 전문직의 가치와 권위를 훼손해서는 안 된다.

⑦ 사회복지사는 한국사회복지사협회 등 전문가단체 활동에 적극 참여하여, 사회정의 실현과 사회복지사의 권익옹호를 위해 노력해야 한다.

(2) 전문성 개발을 위한 노력

① 사회복지사는 클라이언트에게 최상의 서비스를 제공하기 위해, 지식과 기술을 개발하는 데 최선을 다하며 이를 활용하고 전파할 책임이 있다.

② 클라이언트를 대상으로 연구하는 사회복지사는 저들의 권리를 보장하기 위해, 자발적이고 고지된 동의를 얻어야 한다.

③ 연구과정에서 얻은 정보는 비밀보장의 원칙에서 다루어져야 하고, 이 과정에서 클라이언트는 신체적, 정신적 불편이나 위험 · 위해 등으로부터 보호되어야

한다.

④ 사회복지사는 전문성을 개발하기 위해 노력하되, 이를 이유로 서비스의 제공을 소홀히 해서는 안 된다.

⑤ 사회복지사는 한국사회복지사협회 등이 실시하는 제반 교육에 적극 참여하여야 한다.

(3) 경제적 이득에 대한 태도

① 사회복지사는 클라이언트의 지불 능력에 상관없이 서비스를 제공해야 하며, 이를 이유로 차별대우를 해서는 안 된다.

② 사회복지사는 필요한 경우에 제공된 서비스에 대해, 공정하고 합리적으로 이용료를 책정해야 한다.

③ 사회복지사는 업무와 관련하여 정당하지 않은 방법으로 경제적 이득을 취하여서는 안 된다.

3) 클라이언트에 대한 윤리기준

(1) 클라이언트와의 관계

① 사회복지사는 클라이언트의 권익 옹호를 최우선의 가치로 삼고 행동한다.

② 사회복지사는 클라이언트에 대하여 인간으로서의 존엄성을 존중해야 하며, 전문적 기술과 능력을 최대한 발휘한다.

③ 사회복지사는 클라이언트가 자기결정권을 최대한 행사할 수 있도록 도와야 하며, 저들의 이익을 최대한 대변해야 한다.

④ 사회복지사는 클라이언트의 사생활을 존중하고 보호하며, 직무 수행과정에서 얻은 정보에 대해 철저하게 비밀을 유지해야 한다.

⑤ 사회복지사는 클라이언트가 받는 서비스의 범위와 내용에 대해, 정확하고 충분한 정보를 제공함으로써 알권리를 인정하고 존중해야 한다.

⑥ 사회복지사는 문서·사진·컴퓨터 파일 등의 형태로 된 클라이언트의 정보에 대해 비밀보장의 한계·정보를 얻어야 하는 목적 및 활용에 대해 구체적으로 알려야 하며, 정보 공개시에는 동의를 얻어야 한다.

⑦ 사회복지사는 개인적 이익을 위해 클라이언트와의 전문적 관계를 이용하여

서는 안 된다.

⑧ 사회복지사는 어떠한 상황에서도 클라이언트와 부적절한 성적 관계를 가져서는 안 된다.

⑨ 사회복지사는 사회복지 증진을 위한 환경조성에 클라이언트를 동반자로 인정하고 함께 일해야 한다.

(2) 전문성 개발을 위한 노력

① 사회복지사는 클라이언트에게 최상의 서비스를 제공하기 위해, 지식과 기술을 개발하는 데 최선을 다하며 이를 활용하고 전파할 책임이 있다.

② 클라이언트를 대상으로 연구하는 사회복지사는 저들의 권리를 보장하기 위해, 자발적이고 고지된 동의를 얻어야 한다.

③ 연구과정에서 얻은 정보는 비밀보장의 원칙에서 다루어져야 하고, 이 과정에서 클라이언트는 신체적, 정신적 불편이나 위험・위해 등으로부터 보호되어야 한다.

④ 사회복지사는 전문성을 개발하기 위해 노력하되, 이를 이유로 서비스의 제공을 소홀히 해서는 안 된다.

⑤ 사회복지사는 한국사회복지사협회 등이 실시하는 제반 교육에 적극 참여하여야 한다.

(3) 동료

① 사회복지사는 존중과 신뢰로서 동료를 대하며, 전문가로서의 지위와 인격을 훼손하는 언행을 하지 않는다.

② 사회복지사는 사회복지 전문직의 이익과 권익을 증진시키기 위해 동료와 협력해야 한다.

③ 사회복지사는 동료의 윤리적이고 전문적인 행위를 촉진시켜야 하며, 이에 반하는 경우에는 제반 법률규정이나 윤리기준에 따라 대처해야 한다.

④ 사회복지사가 전문적인 판단과 실천이 미흡하여 문제를 야기시켰을 때에는, 적절한 조치를 취하여 클라이언트의 이익을 보호해야 한다.

⑤ 사회복지사는 전문직 내 다른 구성원이 행한 비윤리적 행위에 대해, 제반 법률 규정이나 윤리기준에 따라 조치를 취해야 한다.

⑥ 사회복지사는 동료 및 타 전문직 동료의 직무가치와 내용을 인정·이해하며, 상호간에 민주적인 직무관계를 이루도록 노력해야 한다.

(3) 수퍼바이저

① 수퍼바이저는 개인적인 이익의 추구를 위해 자신의 지위를 이용해서는 안 된다.

② 수퍼바이저는 전문적 기준에 의해 공정하게 책임을 수행하며, 사회복지사·수련생 및 실습생에 대한 평가는 수퍼바이저들과 공유해야 한다.

③ 사회복지사는 수퍼바이저의 전문적 지도와 조언을 존중해야 하며, 수퍼바이저는 사회복지사의 전문적 업무수행을 도와야 한다.

④ 수퍼바이저는 사회복지사, 수련생 및 실습생에 대해 인격적·성적으로 수치심을 주는 행위를 해서는 안 된다.

(4) 사회에 대한 윤리기준

① 사회복지사는 인권존중과 인간평등을 위해 헌신해야 하며, 사회적 약자를 옹호하고 대변하는 일을 주도해야 한다.

② 사회복지사는 필요한 사회서비스를 개발하기 위한 사회정책의 수립, 발전 입법, 집행에 적극적으로 참여하고 지원해야 한다.

③ 사회복지사는 사회 환경을 개선하고 사회정의를 증진시키기 위한 사회정책의 수립, 발전, 입법, 집행을 요구하고 옹호해야 한다.

④ 사회복지사는 자신이 일하는 지역사회의 문제를 이해하고, 그것을 해결하는 일에 적극적으로 참여해야 한다.

4) 기관에 대한 윤리기준

(1) 기관에 대한 윤리기준

① 사회복지사는 기관의 정책과 사업목표의 달성·서비스의 효율성과 효과성의 증진을 위해 노력함으로써, 클라이언트에게 이익이 되도록 해야 한다.

② 사회복지사는 기관의 부당한 정책이나 요구에 대하여, 전문직의 가치와 지식을 근거로 이에 대응하고 즉시 사회복지윤리위원회에 보고해야 한다.

③ 사회복지사는 소속기관 활동에 적극 참여함으로써, 기관의 성장발전을 위해 노력해야 한다.

(2) 사회복지윤리위원회의 구성과 운영

① 한국사회복지사협회는 사회복지윤리위원회를 구성하여, 사회복지윤리실천의 질적인 향상을 도모하여야 한다.

② 사회복지윤리위원회는 윤리강령을 위배하거나 침해하는 행위를 접수받아, 공식적인 절차를 통해 대처하여야 한다.

③ 사회복지사는 한국사회복사협회의 윤리적 권고와 결정을 존중하여야 한다.

제3절 윤리적 갈등

사회복지의 발전은 민주주의의 발전과 더불어 성장하고 있다. 사회 전반에 대한 시민참여가 확대되고 기업의 사회적 기여, 국가복지정책의 확대 등으로 다양한 자원이 사회복지 실천현장에 유입되고 있다. 사회복지 욕구 또한 다양해지고 복잡해져 가면서 이에 대응하는 사회복지사의 역할과 위상 또한 높아지고 있다. 이에 따라 사회복지현장이 보다 투명하게 운영되고 서비스 이용자의 권익을 우선 보장되어야 하는 사회적 요구가 강해지고 있다.

더구나 사회복지서비스가 시설중심으로 생산되었던 것에 비해 지불능력을 갖춘 이용자에게 맞춤 서비스를 제공해야 하므로 이용자를 중심으로 변화되고 있다. 이는 사회복지현장이 이전에 경험하지 못한 문제에 당면하게 되고 사회복지사의 책임성, 윤리성이 내부뿐만 아니라 외부로부터 강조되고 있다.

최근 언론을 통해 사회복지현장에서 발생하는 비리사건을 자주 접하게 된다. 같은 시간 때 각종 경제적 범죄에 대한 내용도 같이 방영되지만 유독 지탄을 받는 기사는 사회복지현장이 되고 있다. 두 사건을 동일선상에서 비교하는 것은 성격에 맞지 않을 수도 있지만 사건에 대한 여론은 '없는 사람들을 등치는..'이란 도덕성에 질책을 더하고 있는 것이다.

또 하나, 주요 기사 중 하나가 자살사건이다. '생계를 비난하여 죽은 지 며칠 만에 발견' 등의 기사가 나면 해당지역 사회복지사들은 긴장을 하게 된다. 직접적인 관계가 없더라도 어김없이 비난의 대상이 되는 것이 현실이다.

이 시간에 사회복지실천 현장의 윤리적 문제를 다루고자 할 때, 사회복지 계에서 벌어지는 일련의 비리, 인권유린 사건에서 지나칠 수 없다. 비록 일부에 국한되는 문제일 수도 있겠지만 더 이상 이러한 윤리적인 문제가 발생하지 않아야 한다는 각성을 염두에 둔 것이라 본다. 따라서 사회복지 현장에서 경험하는 윤리적인 문제에 관하여 논함에 있어 임상적 내용과 더불어 사회문제로 부각되어 사회복지현장의 쇄신이 요구되어지는 부분도 고찰되어야 한다.

사회복지실천현장에서 윤리의 의미는 다음과 같다.

윤리란 인간의 행위를 규제하는 구체적인 행동지침이다. 즉 윤리적인 가치가 대립되는 상황에서 어떤 가치를 우선시해서 행동을 결정하는 기준이 되는 것이 윤리지침이다. 윤리지침이 제시하는 각각의 가치는 어느 하나라도 소홀히 할 수 없는 것이다. 윤리지침은 당위성을 바탕으로 하는 가치 함축적인 판단이며, 외부로부터 구체화된 것이 아니라, 인간 내면적인 가치체계 속에 잠재해 있으며, 시대에 따른 가치관의 변화를 반영하는 등 세 가지 특성을 지닌다.

이러한 윤리지침은 첫째, 바람직한 목표를 달성하기 위하여 지켜야 할 규범적 기준이다. 둘째, 개인의 존엄성 또는 사회 전반적인 정의를 실현한다는 사명과 목표를 지향해야 한 가치와 당위 등으로 볼 수 있다. 셋째, 윤리지침은 인간으로서 마땅히 그리고 스스로 준수해야 할 행동규범으로서 올바른 판단과 선택, 행위에 필요한 능력을 말한다.

한국사회복지사협회에서 '사회복지사 윤리강령'이 마련되어 있지만 학교 수업시간외 이 내용을 현장에서 되새겨볼 기회가 얼마나 있느냐는 것이다. 실천영역에서 윤리강령을 기준삼아 접근하고자 하는 노력 또한 얼마나 되는지, 윤리적인 문제가 발생할 때 상식이나 기관장의 방침에 따라 무비판적으로 접근하고 있지는 않았는지 고려해야 한다.

사회복지사에게 윤리는 가치와 실무(행동) 사이에서 끊임없이 균형을 맞추어

가는 기준점이 된다. 기업인은 생산물과 서비스를 유통함에 있어 때로는 기업윤리가 배제된 상태에서 이윤을 최상의 위치에 둘 수 있지만 사회복지사는 사회복지 가치, 행동(기술) 사이에 윤리적 요소를 배제할 수 없다. 사회복지사가 만나는 대상이 사회·경제적 약자로 스스로 윤리적이거나 사회복지사의 행동에 윤리적 문제를 제기할 입장에 되지 못한다. 이는 사회복지사가 스스로 윤리적이지 못하면 이용자에게 직접적인 영향을 주게 된다.

전문가 집단에서 윤리강령은 조직의 기본 가치를 제시하고 구성원에게 목표의식을 심어주는 중요한 지표가 되는 것이다. 사회복지 가치(윤리)는 시대적 요구에 반응하고 지속가능한 업무수행에 가장 중요한 기준이 된다는 것에 부정할 사람을 없을 것이다.

그럼에도 윤리강령이 각성된 상태로 현장에서 받아들고 있다고는 볼 수 없을 것이다.

사회복지 실천현장에서 윤리 또는 그 기준은 어떤 의미일까?

사회복지 실천은 '사회복지서비스 욕구가 있는 사람에게 최선의 서비스를 제공하는 것'일 것이다. 사회복지 윤리는 이 과정에서 직간접으로 개입하는 사회복지사로 하여금 이상적 방향성과 실천적 당위성을 제시해 준다.

우리 윤리강령의 전문을 보면 사회복지사의 사명을 인본주의와 평등주의 사상에 기초하고, 사회적 경제적 약자의 편에서, 사회적 지위와 기능을 향상시키고, 주체성과 자기결정권을 보장하는 데 최선을 다해야 한다고 기술하고 세부적인 기준을 선언하고 있다.

이는 사회복지사가 어떻게 현장에 임해야 하는지, 의욕을 잃고 소진된 상태에서, 중요한 결정을 해야 할 시기에 기준이 될 수 있다. 물론 윤리강령이 현장에서 이루어지는 모든 과업에 적용될 수 없을지라도 사회복지사로 하여금 최선의 선택을 할 수 있도록 안내 한다고 볼 수 있다.

비록 윤리강령이 절대불변의 진리가 아니라 하더라도 실천현장에서 상황마다 윤리적 판단을 내리는 유일한 근간이 됨은 틀림없다. 이는 어느 협회, 법인, 기관에 소속되었더라도 지켜내야 할 사회복지사라는 전문직의 명예와 관련되어 있다.

실천현장의 윤리적 환경은 다음과 같다.

현장에서 사회복지 윤리를 어떻게 인식하고 있고 적용되고 있는가?

매일 서비스 이용자를 상담하고 중요한 결정을 내리는 과정이 사회복지사의 일상이다. 결재과정에서 슈퍼비전을 받고 최종 기관장의 승인을 받는 과정도 윤리적 판단을 떠나서 이루어질 수 없을 것이다. 서비스제공에 필요한 물품을 구입하는 과정만 해도 스스로 꼭 필요한 지, 누구를 위해 구입하는지를 판단하게 되고 상급자도 마찬가지 제한된 자원에 대한 효율, 효과를 따지고 기관의 방침 또한 따지게 된다. 그럼에도 이 과정에 있는 사회복지사가 사회복지사 윤리강령을 우선 판단기준으로 삼고 있는지 의문이다. 개인적 가치관이나 경험적 상식으로 판단함에 따라 발생하는 문제는 없는지 살펴볼 필요가 있다.

하나의 문제에 접근함에 있어 사회복지사간의 갈등이 발생하고 과정 또한 바람직하지 않은 방향으로 추진되는 경우가 발생한다. 때로는 기관장의 독특한 가치관이나 경험적 슈퍼비전은 일반화하기 어려운 경우가 있다. 실제 한 기관의 특성이 기관장이 누구냐에 따라 좌우되는 현실에서 일부 바람직하지 못한 가치판단으로 기관이나 지역사회에 도움이 되지 못하는 결과를 초래하기도 한다. 또한 집단 이기주의로 인해 의도적으로 윤리강령을 비켜가는 경우도 없지 않다.

복지넷 등 '장소리'에 올라온 글의 상당부분이 시설장 또는 법인이라는 상부조직에 대한 불만, 고발로 이루어져 있고 내용 또한 사회복지 윤리강령에 위배되는 내용이다. 단편적으로 기관장이나 법인이 바람직하지 못한 판단을 하고 있다고 이야기할 수는 없으나 조직 구성원이 가치판단 기준을 공유할 수만 있어도 비난의 대상이 되는 것을 예방할 수 있을 것이다.

현장에서 사회복지사 윤리강령을 단일기준으로 삼는다면, 실제 윤리강령의 범위를 벗어나 가치판단을 해야 하는 경우는 거의 없을 것이다. 다만 특정 사안에 대해 적용해석해야 할 경우도 있겠지만 이 범위를 벗어나지 않는다. 결국 실천현장에서 개별 사회복지사 뿐만 아니라 기관의 운영 방침이 일부분에서 부각될 수는 있지만 윤리강령을 벗어날 수는 없을 것이다.

윤리적 갈등이란 사회복지사가 전문가로서 지켜야하는 윤리적 의무와 책무가 서로 충돌함에 따라 어떠한 실천행동을 선택하는 것이 올바른 것인가 판단하기 어려운 상태이다.

1. 가치 갈등의 유형

사회복지실천 현장에서 당면하는 윤리적 갈등의 유형에 대하여 논하면 다음과 같다. 실천현장에서 당면하는 윤리적 갈등 상황을 4가지로 분류해 보았다. 이는 현장에서 가장 민감한 사항으로 사회적 지탄의 대상이 되는 문제이기에 사회복지사로 하여금 자성적 쇄신이 요구되는 부분이다.

1) 경제적 이득과 관련된 윤리적 갈등

사회복지현장에서 금전적인 문제는 가장 치명적이다. 사회복지 실천이 곧 개인의 이득을 떠나 사회적 약자에 대한 헌신으로 여겨지는 일반적 시각에서 금전적 문제는 다른 어떤 부분보다 주목을 받을 수밖에 없다.

사회복지서비스를 제공하는 데 필요한 경비는 세금으로 이루어진 보조금과 선의의 기부자로부터 충당하고 있다. 이에 내외부에서 투명한 경영, 합리적 지출을 요구받는 것은 당연한 일이고 우리의 우선되는 책무가 되어야 한다. 그럼에도 사회복지사 개인 이득을 취하거나 기관 운영 경비를 충당하기 위해 변칙적인 예산 운영과 이에 따른 갈등이 존재한다.

이 문제는 각종 비리사건의 원인이 되고 있는 사회복지예산 운영과 관련되어 윤리적인 문제이다. 특정 개인의 금전적 이득을 취하는 행위는 아니더라도 예산의 목적 외 사용 또는 변칙 사용에 따라 윤리적 판단을 요구받는 경우가 발생한다. 지정을 원하지 않는 후원금이지만 기부자와 상담에서 어려운 결단으로 '좋은 일에 쓰기'를 부탁받았을 때, 지출에 있어 상사로 부터 목적 외 사업에 사용하기를 요구받고 갈등하는 경우도 있다. 그 외 예산 지출 후 기부형태로 되돌려 받아 예산외 편성한 금액, 기부물품을 사회복지사가 개인적으로 사용하는 등에서 윤리적 갈등을 하는 경우도 있다.

개인적 이득을 취하는 것은 윤리적으로 용납될 수 없는 문제이지만 실무에서 이용자와 금전적인 문제는 가끔 접할 수 있는 부분이다. 대가를 바라거나 계획적인 금전적 취득은 어떠한 경우에도 비난을 받아 마땅하며 아량의 범위를 벗어난다. 하지만 경제적 이득과 관련되어 윤리적 갈등을 일으키는 것 중에 우리나라 정서와 관련되어 있는 것이 있다. 어떤 할머니는 사회복지사가 방문할 때마다 과일을 꺼내 놓으신다. 그러다 명절이 되면 양말 한 켤레와 봉투를 건네기도 하는데 사회복지사의 거절에 몹시 섭섭해 한다. 이 경우 관계에서 문제의 소지가 있었다고 치더라도 당면문제 해결에 단순한 거절만으로 문제해결이 되지 않는다. 슈퍼비전 과정에서 윤리적인 원칙만 제시한다면 할머니와 관계는 소원해질 수밖에 없을 것이다. 이럴 경우 할머니 명의로 기부되거나 생필품을 구입해서 전해드리는 정도로 윤리적 갈등을 벗어날 수 있지만 윤리적인 갈등의 소지를 안고 있다.

경제적 이득과 관련되어서는 시민참여 확대, 시설운영자의 높은 도덕성 등으로 대부분의 시설에서 투명하게 운영되고 있지만 가끔 언론에서 비리문제로 기사화될 경우 사회복지사가 받는 도덕적 상처는 다른 어떤 전문가 집단보다 집단적 상처로 남을 가능성이 높은 것이 우리의 현실이다.

2) 이용자 인권과 관련된 윤리적 갈등

현장에서 이용자의 인권에 대한 고민은 내부적 비판보다 외부로부터 강제되는 것이 현실이다. 이는 사회복지사라는 전문가 집단에서 인권의식을 더 높게 가져야 함에도 스스로의 인권에 대한 주장이 약한 사회적 약자를 상대로 선도적인 역할을 수행하지 못한 것에 대한 자책이 앞설 수밖에 없다.

이용자의 인권과 관련된 갈등은 인권에 대한 인식부족에서 발생하는 경우가 대부분이다. 공급자 중심으로 서비스가 제공되어 불필요한 서비스를 마지못해 수용하거나 서비스 신청자를 대상으로 면담과정에서 필요 이상의 정보를 요구하고 이를 동의 없이 업무에 활용하거나 외부로 유출하기도 한다. 또한 기부자가 원한다면 이용자의 가정을 방문하는 것도 당연시한다. 이 경우 이용자는 기부자 방문을 거절하고 싶어도 쉽게 싫다는 표현을 하지 못한다.

무엇보다 서비스 이용자에 대한 방임, 학대의 문제는 더 이상 사회복지기관에서 자행되지 말아야 할 중요한 문제이다. 이용자를 대상으로 상습적인 성추행,

학대, 방치 등은 사회복지사로서 자질에 근본적인 의문이 제기된다. 사회복지서비스가 인간을 대상으로 하기에 금전적 문제보다 더 강한 윤리적 기준이 적용되어야 함에도 간과되는 경향이 없지 않다.

반인권적인 행동은 도움을 요청하는 이용자에 대한 편견과 공급자 중심 사고에서 원인을 찾아볼 수 있다. 알코올 중독자나 끊임없이 요구하는 이용자의 방문에 선입견을 가지고 상담을 거부하거나 함부로 대하거나 무료 이용자라고 하여 본인 의사에 반하여 사업변경, 종결 등 이용을 제한하는 경우, 이용자 상담에서 취득한 정보를 대수롭지 않게 사적 대화에서 거론하여 당사자에게 피해를 주는 경우 등 개인의 고유한 가치가 무시되는 경우도 있다.

3) 포괄적 책임과 관련된 윤리적 갈등

포괄적 책임이라 함은 사회복지사는 이용자의 모든 요구에 응답해야 한다거나 현장에서 일어나는 모든 도의적 책임이 사회복지사에 있다는 강박에서 일어난다. 서비스 관할지역에서 돌봐줄 사람이 없이 사망한지 몇 개월이 지나 발견된 사건이 발생하면 지역 내 사회복지기관의 잘잘못을 가리는 일에 언론은 주저하지 않는다. 기관마다 재가복지서비스를 제공하는 부서에서는 이를 가장 경계하며 과하다 싶을 정도로 집중하고 있는 실정이다.

사회복지기관 중 일부(지역사회복지관)는 서비스 대상이나 내용에 대한 구체적인 한계가 없다. 정부지원과 민간 기부금에 의존하는 상황에서 이러한 지역 여론에 민감해질 수밖에 없고 사업계획을 벗어나 사회복지사에게 대응을 요구할 수밖에 없다. 그렇다면 사회복지사가 지역에서 일어나는 모든 사회문제에 대응할 여력이 있느냐는 것이다. 또한 사회복지사가 어느 수준까지 이용자의 문제에 개입해야 하느냐에 대한 문제이다.

본인은 서비스를 거부하고 있으나 방치할 경우 위급한 상황이 예상될 때, 응급실에 실려 간 독거노인에 대해 병원 측에서 지불보증을 사회복지사에게 요구할 때, 이웃에게 상당한 문제를 일으키고 있는 가정에 대해 사회복지사의 개입을 강력하게 요구하는 주민과 개입을 강하게 거부하는 가정 등의 사례에서 우리 기관의 방침에 따라 개입이 불가능하다고 하여 이후 일어나는 문제에 대해 자유로울 수 없는 상황이 발생한다.

4) 개인적 가치와 관련된 윤리적 갈등

개인적 가치(종교적 가치, 경험적 신념, 이론적 지식)와 사회복지 윤리는 대부분 큰 차이를 보이지 않을 수 있다. 이는 보편적 가치로 이해되는 수준이기에 그렇다. 그럼에도 개인적 가치와 기관의 운영방침 사이에서 갈등하는 사회복지사도 상당수 존재한다. 이직의 사유 중 상당부분이 직장 동료 간의 갈등, 즉 사고(가치관)의 차이에서 갈등하고 있기도 하다.

개인적 가치와 관련되어 사회적 지탄의 사례는 사회복지시설을 사적 재산으로 여기는 문제일 것이다. 개인 자산을 출연하여 사회복지시설을 설치하거나 정부지원을 받지 않는다고 해서 사적 이익의 수단으로 활용하는 경우, 개인의 독특한 가치관(종교, 문화, 다단계 영업 등)을 이용자에게 강요하는 경우 등에 침묵하는 것이 과연 윤리적인가

사회복지사는 독실한 가톨릭 신자이다. 청소년을 담당하고 있어 상담 중에 임신한 사실을 알게 되었다. 이 청소년은 학교 성적이 좋은 여학생이며 남자친구는 책임질 수 없다고 하고 부모님께는 알릴 수 없는 상황으로 스스로 낙태를 생각하고 있다고 한다. 이 경우 낙태를 반대하는 자신의 신념과 낙태를 선택하고 자신의 일상으로 돌아가고 싶다는 청소년 사이에서 어떤 윤리적 결정이 바람직한 것인가

또 하나의 사례로 사회복지사로서 30년 가까이 현장 경험이 있는 기관장은 독특한 자신만의 가치관을 가지고 있다. 그에게 슈퍼비전을 받을 때마다 사회복지사는 불만을 가지게 된다. 문제를 바라보는 시각에서 큰 차이를 보이고 있다. 그러다 사회복지사의 역량을 키워주기 위해 스스로 문제를 해결하도록 지지를 해주었으나 변화를 보이지 않는다. 몇 차례 슈퍼비전을 주었지만 받아들이지 않는다. 하지만 두 사람 모두 사회복지윤리강령에 따른다고 하지만 서로 달리 해석하고 있다.

그 외 가치갈등의 유형은 다음과 같다.

① 두 개 또는 그 이상의 경쟁적 가치와 직면했을 때 윤리적 딜레마가 생김
② 기관의 의무와 클라이언트에 대한 의무 사이에 갈등이 생김
③ 클라이언트 체계의 다중성
④ 윤리적 결정의 효과가 모호할 때
⑤ 사회복지사와 클라이언트의 관계가 평등하지 않아서 생기는 윤리적 딜레마

2. 갈등 3가지 범주.

1) 직접적인 개입활동과 관련된 윤리적 갈등

사회복지사는 개인, 가족, 집단을 대상으로 직접적인 개입실천 수행과정에서 여러 가지 윤리적 갈등과 직면한다. 사회복지사가 지켜야 하는 윤리적 의무나 원칙 가운데 이와 같은 범주에 속하는 것으로 대표적인 것이 비밀보장, 클라이언트의 자기결정, 온정주의, 진실의 의무 등이 있다. 여기서 윤리적 가치나 의무들을 어느 정도까지 보장하여야 하는가라는 형태의 갈등구조를 지닌다.

2) 사회복지정책 및 프로그램 차원의 갈등

사회복지정책 및 프로그램을 기획하고 실행해 나가는 과정에서 발생하는 것으로 간접적인 사회복지실천 활동으로 분류되는 영역에서 제기된다.

분배문제를 들 수 있는데 제한된 자원을 누구에게 어떻게 얼마만큼 배분하는 것이 정당한 것인가 결정하는 윤리기준의 문제점이 될 수 있다.

3) 사회복지조직체 및 동료사회복지사와 관련된 윤리적 갈등

사회복지조직체 및 동료 사회복지사 사이에 관련된 것으로 한 조직체의 일원, 즉 고용된 사람으로서의 사회복지사가 겪을 수 있는 갈등이다. 조직체계에 소속되어 있어서 조직체계에는 이윤이지만 클라이언트에게는 불리한 갈등이라든지 내부 고발자 경우가 그러하다.

3. 윤리적 딜레마와 결정근거

1) 클라이언트의 자기결정권

클라이언트가 스스로 선택하고 결정할 수 있도록 클라이언트의 권리와 욕구를 인정 하는 사회복지 윤리원칙으로, 클라이언트가 선택하는데 필요한 정보를 얻고 선택한 결과를 이해하도록 하는 사회 복지사 역할까지 포함한다. 사회복지사 자신의 입장을 근거하여 강요할 수 없고 클라이언트가 스스로 최선이라 고 생각하는 것을 선택할 권리이다. 그리고 자기결정 원칙은 온정주의에 의해 클라이언트의 바람을 제한하거나 자유를 방해하는 결과를 가져오기도 하기에 이와 서로 맞물리기도 한다.

2) 클라이언트의 비밀보장

사회복지사는 클라이언트에게 정직하게 실천내용을 클라이언트의 동의 없이는 클라이언트의 정보를 누설하지 않는다는 윤리원칙으로 신원, 명백하게 말로써 표현하는 것, 전문가 의견, 기록된 기록 등의 보장을 말한다.

① 클라이언트가 자학이나 타인을 해칠 위험이 있을 경우
② 아동이나 노인학대가 일어났을 경우
③ 전문가적 입장이기에 밝힐 수 있을 경우
④ 법정에서 정보공개를 명령 받았을 경우

3) 진실을 말할 의무

① 정직하게 실천내용을 보고할 책임이 있다
② 제한된 서비스, 클라이언트나 그 주위에 미칠 영향에 대해 예상되는 비용이라든지 클라이언트가 충분히 알고 있어야 함을 의미한다.

4) 기타

① 제한된 자원의 공정한 분배 ② 상충되는 의무와 기대 ③ 클라이언트 이익과 사회복지사 이익 ④ 전문적 동료 사이에서의 갈등 ⑤ 규칙과 정책 위배시 ⑥ 개인적 가치와 전문적 가치에서의 상충 ⑦ 종교적 상충의 기반에 두어야 한다.

4. 윤리적 갈등의 대처 방안

1) 리이머의 윤리적 지침(Reamer, 1989)

① 삶, 건강, 복지, 생활필수품에 대한 권리는 부, 교육, 여가와 같은 추가적인 재화에 대한 기회 및 비밀에 대한 권리에 우선한다.

② 개인의 복지에 대한 권리는 다른 사람의 사생활, 자유 혹은 자기결정에 대한 권리에 우선한다. 따라서 아이들이 의료적인 치료를 받을 권리와 욕구는 부모가 종교적 신념으로 치료를 중지할 권리에 우선한다.

③ 자기결정권은 기본적 복지권에 우선한다. 이 원칙은 클라이언트가 관련지식을 참고하여 자발적으로 결정했다는 것이 인정되고 그들의 결정으로 인해 다른 사람의 복지를 위협하지 않는 조건으로 받아들여질 수 있다.

④ 복지에 대한 권리는 법, 정책, 조직의 질서를 반복할 수도 있다. 어떤 정책이 클라이언트나 사회복지사의 복지에 해를 주거나 부당할 때 법, 정책, 혹은 절차를 어기는 것은 정당화될 수도 있다.

2) 로웬버그와 돌거프의 윤리원칙(의사결정원칙)

① 생명보호의 원칙 ② 평등 및 불평등의 원칙 ③ 자율과 자유의 원칙 ④ 최소 해악의 원칙 ⑤ 삶의 질의 원칙 ⑥ 사생활과 비밀보장의 원칙 ⑦ 진실과 사실을 성실히 알릴 원칙을 말한다.

5. 윤리적 딜레마 분석모델

윤리적 딜레마의 단계별 해결은 다음과 같다.

1단계 : 사례 이면의 사실과 사례의 세부 사항에 대한 수집, 평가
2단계 : 실천에 대한 고려와 윤리적 요소의 구분
3단계 : 가치갈등에 대한 확인
4단계 : 사례에 영향을 미치는 윤리강령 원칙들의 확인
5단계 : 가능한 행동양식 결정
6단계 : 어떤 의미가 우선적인지 평가하고 행동의 선택을 정당화함
7단계 : 해결과 반성

사회복지 윤리강령이 사회복지사로서 마땅히 지켜야 할 유일한 기준이라면 현장에서 일어나는 비윤리적 행위가 사회문제로 이어지지 않도록 예방할 책임 있는 기구와 역할이 강조되어야 하겠다. 이에 앞서 실천현장마다 구성원이 윤리강령을 공감할 수 있도록 재학습하고 무엇보다 기관장의 운영방침이 윤리강령을 토대로 선언될 수 있는 노력이 필요할 것이다

연습문제

1. 사회복지실천 가치의 발달에서 리머(Reamer, 1999)의 4단계 발달에 대하여 설명하시오.

2. 사회복지 전문직의 가치에 대하여 설명하시오.

3. 가치갈등의 유형에 대하여 설명하시오.

4. 청소년 10대 미혼모의 학습권에 대해 설명하시오.

5. 낙태죄와 안락사, 간통죄의 윤리적 갈등에 대하여 설명하시오.

[선행학습 정답] : 1. (1) 생명보호의 원칙 (2) 평등 및 불평등의 원칙 (3) 성실의 원칙, 진실성과 완전공개의 원칙
2. ㉠ 전문직
3. ㉡ 개인의 복지권 ㉢ 타인의 자기결정권

3 chapter

의사소통기술

〈선행학습〉

1. 나를 주어로 해서 상대방의 행동에 대한 자신의 생각이나 감정을 표현하는 대화방법은?
2. 사회복지사가 클라이언트가 하는 말을 주의깊게 듣는 것뿐만 아니라 클라이언트의 비언어적 제스처나 자세를 관찰하는 기술은?
3. 사회복지사가 사회복지실천에서 중요한 어떤 부분을 강조하거나 집중시킬 때 사용하는 표현적 의사소통기술은?
4. 사회복지사가 대화도중 자신의 생각과 감정, 삶의 경험을 밝히는 것으로 사회복지사가 자신의 감정이나 경험을 표현하는 것은?

제 1 절 기본적인 의사소통기술

의사소통이란 목적지향이든 아니든 한 사람이 다른 사람에게 자신의 정보를 전달하는 과정이다. 의사소통은 한 사람이 다른 사람의 언어적, 비언어적 행동에 의미를 부여할 때 이루어진다. 의사소통이란 목적을 가지고 있든 아니든 한 사람

즉 송신자, 전달자로 다른 사람 수신자에게 자신의 정보인 메시지를 전달하는 과정이다.

언어적 의사소통은 구어, 문어, 수어 들을 사용하는 의사소통이고 비언어적 의사소통은 음성의 고저, 얼굴표정, 팔과 손의 동작, 신체 자세, 옷차림과 외모, 움직임 등의 소통을 말한다.

의사소통기술에는 공감, 온화함, 진실성이 강조되고 간접적인 서비스를 제공하는 사회복지사에게는 정확성, 명확성, 그리고 목적지향적인 기술이 더욱 필요하다.

사회복지사가 클라이언트와이 관계를 형성하고 그들에게 전달하는 메시지의 유형은 전문적 상호작용의 목적에 따라 결정된다. 직접적인 서비스를 제공하는 사회복지사는 원조과정에 긍정적인 영향을 미치는 관계를 발달시키려고 한다.

의사소통은 다음과 같은 경우에 문제가 일어날 수 있다.

① 스스로 이야기하도록 두기보다는 대신 이야기할 때 ② 편견이나 고정관념을 가지고 듣고 말하게 될 때 ③ 다른 사람이 말하려는 것을 경청하지 않고 이해할 시간을 갖지 않을 때 ④ 자신이 실제로 믿고 느끼는 것을 다른 사람이 인정하지 않을까봐 말하지 않으려 할 때 이야기 하지 않을 때 ⑤ 자신이 생각하고 느끼는 것을 다른 사람이 이미 알고 있을 것 같아 이야기 하지 않을 때 ⑥ 솔직하고 개방적으로 이야기하는 것을 두려워할 때 ⑦ 지시하기, 위협하기, 설교하기, 심판하기, 비난하기, 또는 비위맞추기로 의사소통을 억압하거나 무력하게 할 때 ⑧ 낮은 자긍심으로 인해 말할 것도 없고, 이야기를 들어 줄 사람도 없다고 생각할 때 의사소통은 문제가 발생할 수 있다.

보통 사람들은 의사소통을 한다고 하면 대부분 말을 하거나 글로 표현하는 것이 의사소통의 전부라고 생각하는 경향이 있다. 또한 말이나 글이 가장 효과적인 의사소통의 수단이라고 생각하는 것은 물론이다. 그런데 사람들의 생각보다 의사소통의 수단은 매우 다양하다.

사람들이 다른 사람에게 자신의 의사를 전달하는 방법은 단순히 말로 한다거나 글로 전하는 것 이외에도 매우 다양한 수많은 방법들이 있다. 말로 생각을 전달하기도 하고, 글을 써서 자신의 의사를 표현하기도 하고, 얼굴표정으로 느낌을 나타나기도 하고, 눈빛으로 감정을 전달하려고 하고, 행동으로 반응하기도 한다. 또한 그림으로, 음악으로, 몸동작으로, 시적인 표현으로 자신의 의사를 표현하고 소통하려고 한다.

이렇듯 생각보다 다양한 수단이 의사소통에 동원되기도 하는데 의사소통의 방법을 크게 언어적 의사소통과 비언어적 의사소통으로 나눌 수 있다.

언어적 의사소통은 말이나 글을 주요 수단으로 의사소통을 하는 것을 의미하며 일반적으로 생각하는 의사소통은 바로 언어적 의사소통이라고 하고 비언어적 의사소통은 언어적 의사소통을 제외한 나머지 수단으로 의사소통을 하는 것을 의미한다.

얼핏 생각하면 언어적 의사소통이 의사소통의 대부분을 차지하고 있다고 여겨지고 비언어적 의사소통은 언어적 의사소통의 부수적이고 보완적인 것으로 의사소통과정에서 아주 적은 부분밖에 되지 않는다고 여겨질 수도 있다. 그런데 생각해 보면 말이나 글은 인간이 아주 먼 옛날부터 살아오면서 발전시켜온 의사소통 수단 중에서 가장 최근에 발전시킨 방법이라고 할 수 있다. 언어의 사용과 발달은 인류의 발전과 함께 발전되어 왔으니 그나마 오래됐다고 할 수 있지만 글이라는 것은 소위 인류의 문명이 발생하고 나서도 한참이 지나서야 통용되기 시작했다. 아직도 글이라는 문명의 수단을 가지고 있지 않은 사람들이 존재한다는 사실만으로도 인류의 역사과정중에서 얼마 되지 않았다는 것을 말해 준다.

그에 비해 비언어적 의사소통은 우리가 자연세계에서 원시생활을 해오던 시기부터 사용하던 가장 기본적인 의사소통의 수단이라고 봐야할 것입니다. 그래서 지금도 말이 전혀 통하지 않아도 상대방의 행동이나 표정을 통해, 소위 말하는 바디랭귀지만으로도 어지간한 의사소통이 가능한 것을 이런 이유 때문일 것이다.

비언어적 의사소통은 우리가 일상에서 아주 자연스럽게 행하는 경우가 대부분이다. 의식을 하지 못한다고 말하는 것이 더 정확할 것이다. 사람들은 다른 사람들과 의사소통을 할 때 상대의 얼굴표정, 상대방과 시선 맞추기, 몸 움직임과 자세, 신체적 접촉, 상대와 마주하고 있는 거리나 공간, 말하는 어조, 목소리 톤 등을 통하여 자신의 감정과 느낌, 생각을 전달한다. 이런 행동들은 우리가 아주 아무렇지도 않게 무의식적으로 행하는 것들인데 어느 것 하나 가볍게 여길만한 수단들은 없다는 것이다. 이런 수단들이 비언어적 의사소통의 방법들이다.

특히 우리나라는 이러한 비언어적 의사소통의 활용이나 중요성을 강조하는 문화를 가지고 있다. 이심전심의 마음을 중요시 한다는 것이 바로 비언어적 의사소통으로 의사전달이 이루어진다는 뜻하는 것이고 이를 통한 인간관계가 매우 중요한 부분이라는 뜻일 것입니다. 알아서 눈치껏 상대방의 마음을 이해하는 능력은 우리 사회에서는 매우 중요한 재능 중에 하나라고 말할 수 있고 눈치 없는 사람은 재능이나 센스도 없는 사람이라고 평가하는 경향도 있다. 그래서 눈치 없는 사람이라는 소리를 들을 경우 매우 불쾌하게 여기는 이유는 여기에 있다고 할 수 있다.

언어적 의사소통은 의사소통하는 과정에서 자신의 의지대로 생각이나 감정을 조절하기가 쉽다. 내가 생각하는 대로 말하고 내가 표현하고 싶은 것만 드러내면 되기 때문에 의식적으로 자신의 속마음을 숨기고자 한다면 상대는 그 내용을 알아내기가 쉽지 않다. 그렇지만 비언어적 의사소통은 자신도 모르는 무의식적인 상황에서 자연스럽게 표현되는 경우가 대부분이기 때문에 자신의 행동을 의도적으로 통제하는 것이 무척이나 어렵다. 화가 났을 때 표정관리가 쉽지 않다는 것을 아마도 대부분의 사람들은 경험을 해보았을 것이다.

이러한 이유 때문에 어찌 보면 다른 사람과 의사소통하면서 상대의 진짜 속마음을 알기위한 정보는 언어적인 것에서 얻기보다는 비언어적인 것을 통해 얻는 것이 더 정확한 정보라고 봐도 큰 문제는 없을 것이다.

1. 언어적 의사소통

의사소통시 자세는 다음과 같다.

첫째, 모든 인간은 독특하며 따라서 누구나 독특한 방법으로 사건을 인식, 경험, 상호교환한다는 것을 이해해야 한다.

둘째, 남들이 이해하기 쉬운 방법으로 생각을 조직하고 메시지를 전달하려는 의지를 가져야 한다.

셋째, 말하고 있는 사람에게 주의를 기울여 듣고자 하는 의지가 필요하다.

넷째, 자기 자신의 사고와 감정, 행동에 책임을 지려는 의지가 필요하다.

수신자로서 자세는 다음과 같다.

첫째, 말하는 것을 멈추고 들으며, 메시지 전달자를 편안하게 해주고 전달자의 불안을 줄이기 위해 노력한다.

둘째, 주의를 집중하고, 말이나 행동을 통해 당신이 듣고 싶어 한다는 것을 보여주어야 한다.

셋째, 말하는 사람을 참을성 있게 대하고 말을 끊지 않아야 한다.

넷째, 듣는 자신이 더 잘 이해하기 위해서, 혹은 전달자가 자신의 메시지를 명확히 전하도록 돕기 위해서 질문을 한다.

다섯째, 감정을 통제하고, 의사소통에 장애를 일으킬 수 있는 비판이나 논쟁을 하지 않는다.

전달자로서 자세는 다음과 같다.

첫째, 명확하고 단순한 용어를 사용하며, 분명하고 너무 빠르지 않게 말한다.

둘째, 적절한 시선이나 몸짓을 사용하며, 전달하고자 하는 메시지 내용과 몸짓이 일치해야 한다.

셋째, 너무 많은 정보로 수신자를 입도하지 않으며, 길고 복잡한 메시지는 몇 개의 문장으로 나누어 보다 쉽게 이해될 수 있도록 한다.

넷째, 수신자가 잘 이해했는가를 확인하기 위해 수신자에게 질문이나 코멘트 등 을 하도록 요구한다.

1) 훌륭한 의사소통

복지실천에서 의사소통, 특히 언어적 의사소통은 핵심적인 것으로 훌륭한 의사소통을 하기 위해서는 다음과 같은 태도를 가져야 한다.

① 모든 인간은 독특한 방법으로 사건을 인식하고, 경험하고, 상호교환 한다는 것을 이해한다. 그러므로 의사소통에 있어서 어느 정도의 오해는 예상해야 하고

이러한 문제를 줄여 나가려는 자세 ② 남들이 이해하기 쉬운 방법으로 사고를 조직하고 메시지를 전달하려는 의지 ③ 남들이 말하는 것을 들을 수 있도록 자신의 방어를 줄이는 의지이다.

2) 효과적인 의사소통 기술

첫째, 메시지를 계획하는 기술이다.

어느 정도의 시간을 메시지 전달에 사용할 수 있는가?

내가 전달하고자 하는 메시지의 핵심내용은 무엇인가?

나의 메시지 중 어느 부분이 오해의 소지가 있거나 혼란스럽지 않을 것인가?

나의 메시지를 상대방이 잘 이해하고 받아들일 수 있도록 어떻게 조직할 것인가?

나의 메시지를 받은 사람이 언제, 어디에서 관심을 가장 잘 기울일 것인가?

둘째, 자신을 소개하는 기술이다.

자신을 누구인지, 원하는 메시지나 정보의 교환에서 역할이나 책임이 무엇인지 간단히 묘사한다. 소속, 지위, 직무, 역할 등을 소개한다.

셋째, 의사소통의 목적을 설명하는 기술이다. 전달자가 메시지를 전달하는 이유를 언급하는 것으로 이를 통해 수신자가 메시지를 적절한 맥락에서 파악할 수 있도록 한다.

넷째, 비언어적 의사소통을 염두에 두는 기술이다. 대화 도중 수신자가 전달자의 메시지에 동의하고 있지 않다는 것을 비언어적인 의사소통을 통해 표현할 때 전달자는 이것을 알아채고 반응을 하는 것이다.

다섯째, 메시지 수신을 확인하는 기술이다.

송신자의 메시지를 수신자가 완전히 그리고 정확하게 받아들였는지 확인하기 위해서 다양한 질문과 탐색을 하는 것이다.

여섯째, 자신의 메시지 수신을 확인하는 기술이다.

수신자 자신이 메시지를 받았고, 전달자가 의도한 것을 잘 이해했다는 사실을 확인하기 위해 전달자에게 질문이나 탐색을 하는 것이다.

일곱째, 단어의 의미를 확인하는 기술이다.

의사소통을 하는 사람들이 주요 단어들을 같은 의미로 생각하고 있는지 확인하는 것이다.

2. 비언어적 의사소통

첫째, 시선접촉이다.

눈은 사람의 감정에 대해 많은 것을 전달한다. 의사소통에 참여하고 있는지의 여부를 알려주고, 민감하게 반응하고 있는지, 이해를 하고 있는지를 나타내기도 한다. 지나치게 응시하거나 뚫어지게 쳐다볼 경우 무례하거나, 화가 난 것으로 받아들여질 수 있으므로 조심해야 한다.

둘째, 목소리의 어조이다.

목소리는 감정을 반영하게 된다. 크고 힘이 있는 어조는 공격성이나 자신감이 약하고 잘 들리지 않는 어조는 철회나 두려움 혹은 자신이 없으며, 단조로운 어조는 흥미를 잃도록 한다.

셋째, 얼굴 표정이다.

미소, 고개를 끄덕이거나 흔들기, 입을 우물거리기, 인상을 쓰는 것 등의 표정을 통하여 메시지를 전하는 것이다. 표정관리에 대하여 알아보자.

넷째, 팔과 다리의 동작이다.

팔짱을 끼거나 다리를 꼬는 경우는 상대에게 방어적인 태도를 나타내며, 팔과 손이 몸의 가장자리에 있을 경우 개방적인 태도를 나타낸다. 주먹을 쥔 경우는 분노나 불안의 표시를 나타내고, 다리를 떠는 경우나 안정 부절 못하는 경우는 불안이나 신경질적인 태도를 나타낸다. 그리고 옷차림과 외모는 환경이나 장소에 따른 적절한 복장, 머리 모양이 필요하다.

3. 나-전달법

나-전달법은 '나'를 주어로 해서 상대방의 행동에 대한 자신의 생각이나 감정을 표현하는 대화 방법이다. 반대로 '너-전달법'은 '너'를 주어로 해서 말하는 대화 방법이다. 나-전달법은 아동을 비난하거나 위협하지 않고 부모의 현재 느낌,

생각, 바람 등을 솔직하고 진지하게 전달할 수 있게 도울 수 있다. 누구나 자신의 행동을 결정하고 주도하고 싶어 하기 때문에 아무리 부모라도 명령하고 훈계하면 아동은 듣기 싫어하고 반감을 갖기도 한다. 부모가 나-전달법을 사용해 대화하면 아동은 책임감을 느끼고 자신이 상황을 변화시키기 위해 할 수 있는 일들을 생각해 볼 수 있다. 예를 들어 어떤 상황에서 아이가 거짓말을 계속할 때,

너-전달법은 다음과 같다.

너는 왜 허구한 날 거짓말만 하니?
도대체 넌 어떻게 된 애니? 다른 친구들 좀 본받아라.
얼굴색 하나 안 변하고 거짓말을 하다니 넌 싹수가 노랗구나.

나-전달법은 다음과 같다.

선생님이나 다른 친구들에게 자꾸 거짓말을 하니? 널 믿을 수가 없게 될까 봐 엄마는 걱정이다. 다음부터는 정직하게 얘기해 주면 좋겠어.

너-전달법보다 나-전달법으로 말할 때에 상대가 비난을 받지 않고 책임감을 느끼게 할 수 있다. 즉, 아동의 행동을 비난하지 않고 부모의 진실한 마음과 감정을 드러내기 때문에 아동은 부모가 자기의 도움이 필요하다는 것을 깨닫게 되어 방어적이 되지 않고 책임감을 느끼게 되는 것이다. 아동이 자발적으로 자기의 행동을 변화시키도록 하기 위해서는 문제가 정확히 무엇인지를 알 필요가 있다. 그러기 위해서는 세 가지의 정보가 필요하다.

첫째, 문제를 유발하는 아동의 행동은 무엇인가?
둘째, 그 행동이 당신에게 어떤 영향을 끼치는가?
셋째, 당신은 그 결과에 대해 어떤 느낌을 갖는가?

앞의 예에서 문제행동은 아동의 거짓말이었고, 그것 때문에 부모가 실망하고 화가 났다. 그리고 마지막으로 아동에게 훈계를 하기보다는 부드럽게 부모의 바람과 기대를 표현했다. 이렇게 나-전달법을 사용하면 아동과의 관계도 좋아질 뿐 아니라 아동이 부모의 말을 잘 따르게 된다.

예를 들어 "야! 너 제발 그러지 좀 마!", "넌 정말 짜증나", "너는 왜 그러니?"

여기서 '나'-전달법은이란 ?

네가 하니까, 나는 해, "네가 나에게 화를 내니까 나도 기분이 나빠졌어." "네가 약속 시간에 늦게 와서 나는 기다리다가 화가 났어." 화난 상태에서 화를 내지도 않고, 또 내 감정을 무시하지도 않으면서 필요한 말만 한다는 것이 쉽지 않다. 때때로 우리는 화가 나거나 두려움을 느낄 때, 다른 사람에게 욕을 하고 싶고, 나무라고 싶기도 한다. 하지만 이렇게 하면, 상황이 더 나빠질 수 있다. 이럴 때, '나-전달법'을 활용하는 방법을 연습하다 보면

내가 원하는 주장적 표현을 자연스럽게 익히게 될 것이다.

우리가 자신의 감정을 표현하는 방법에는 여러 가지가 있다.

우선, 말이나 글로 표현하는 방법이 있고, 얼굴 표정이나, 태도, 행동 등 다양한 방법이 있다. 그 중에서 말로 표현하는 방법은 말하는 나 자신 뿐 아니라 듣는 사람에 따라 그 내용이 많이 달라지게 된다. 때로는 내 의도와 상관없이 전혀 다른 뜻이 전달되거나 혹은 상대방이 내 말로 인해 상처를 받는 경우도 많다. 그만큼 어떻게 '말' 하느냐는 매우 중요한 것이다. 그래서 다른 사람의 감정을 상하게 하지 않으면서, 나의 감정을 잘 전달할 수 있는 말하기 방법을 배워야 한다. 상대방의 기분을 해치지 않으면서 나의 주장을 전하는 좋은 표현 방법 중에 '나-전달법(I-message)'이라는 말하기 방법이 있다. 방법은 이야기할 때에 '나'를 주어로 해서 이야기 하는 것이다. 우리가 화가 날 때 말하는 내용을 들어보면, '너'를 주어로 하는 '너-전달법(You-message)'으로 이야기하는 경우가 많다.

제 2 절 공감적 의사소통기술

클라이언트가 경험하고 있는 문제나 상황 혹은 상황 때문에 느끼는 감정을, 마치 사회복지사 같이 경험하고 있듯이 공감하는 것으로 클라이언트는 자신이 이

해와 존경을 받고 있으며, 수용되고 있음을 느끼게 된다. 예를 들면 미소를 짓거나 웃고 있는 클라이언트를 보며 "혜민씨, 오늘은 즐거워 보이네요? 무슨 좋은 일이 있으신 것 같군요?" 등을 말한다.

3가지 공감 기술로는 첫째, 클라이언트의 감정에 도달하기로 클라이언트의 신발 속으로 들어가 보는 것, 즉 클라이언트의 입장에서 감정을 경험해 보는 것이다.

둘째, 클라이언트의 감정을 이해했음을 보여주기이다. 이는 클라이언트의 말이나 느낌에 대한 불신 혹은 그와 비슷한 반응이 아니라, '몸짓, 표현 등과 같은 방법을 통해 클라이언트가 표현하고 있는 감정을 이해하였음을 보여 주는 것이다.

셋째, 클라이언트의 감정을 언어로 표현하기이다. 이는 클라이언트의 감정을 이해했음을 언어로 표현함으로써 공감을 나타낸다.

1) 적극적 경청 기술

경청기술이란 사회복지사가 클라이언트가 하는 말을 주의 깊게 듣는 것 뿐 아니라, 클라이언트의 비언어적 제스처나 자세를 관찰하고, 클라이언트가 자유로이 표현할 수 있도록 적극 격려하고, 사회복지사와 클라이언트 양자 사이에 내용을 기억하는 것을 포함한다.

적극적 경청 기술이란 (경청기술에 더하여 사회복지사가 클라이언트의 메시지를 정확하게 받아들여 이해하고 있음을 끊임없이 클라이언트에게 전달해 줌으로써, 클라이언트가 자신의 의사가 정확히 이해되어지고 있다는 생각을 갖도록 하는 행위까지 포함한다.

기본적 경청기술은 다음과 같다.

① 가급적이면 최대한 수용적이고, 직관적이며, 공감하도록 함

② 눈 맞춤을 유지함

③ 개방적이고 주의를 기울이는 몸 자세를 취함

④ 비언어적 형태의 의사소통 방법에 주의를 기울이고, 이러한 형태의 의사소통이 주는 의미를 파악하다.

⑤ 의사소통의 한 방법으로 침묵을 허용하고 활용할 수 있도록 함

⑥ 적절한 신체적 거리를 유지함

⑦ 사회복지사 자신이 보일 수 있는 산만한 행동과 매너리즘에 빠져있는 행동을 인식하고 주의함

⑧ 모호하고 혼돈스러운 언급을 피함

⑨ 면담장소와 일반적인 물리적 환경의 중요성을 인식하고 간섭하거나 산만해질 가능성을 최소화하도록 한다.

면담의 전반적인 분위기, 특히 의사소통이 되고 있지 않은 분위기에 민감해지도록 하며, 면담에서 정서적인 내용을 경청하면서 이에 적절한 질문을 하고, 가능할 때 마다 적절한 피드백을 제공한다. 민감한 문제나 고통스러운 주제와 관련하여 목소리 톤에 주의를 기울이고 예상하거나, 편견, 혹은 낙인을 찍는 일을 피하며 선부른 판단이나 평가를 내리는 것을 피하도록 한다.

경청기술의 단계는 다음과 같다.

첫째, 1단계는 주의를 끄는 초대의 단계로 클라이언트가 편안한 마음으로 말할 수 있는 분위기를 조성하는 것이다.

둘째, 2단계는 경청의 단계로 클라이언트의 말을 듣고, 관찰하고, 격려하고 기억하는 과정이다.

셋째, 3단계는 반영의 단계로 클라이언트의 진술에 대해 주기적으로 해석하는 것이다.

2) 내용의 반영 기술

사회복지사가 클라이언트가 말한 메시지나 정보에 대해 이해하였다는 것을 나타내기 위한 감정이입기술로서, 클라이언트가 말한 내용을 부연하거나 다시 정확하게 표현하는 것이다.

방법은 첫째, 클라이언트의 말 속에 담긴 주된 생각을 재 진술하여야 하며, 둘째, 클라이언트의 말의 의미에 덧붙이거나 의미를 바꾸지 않아야 하고, 셋째, 클라이언트의 말을 앵무새처럼 따라 하지 않아야 한다.

효과는 다음과 같다.

첫째, 사회복지사가 클라이언트의 이야기를 경청하고 이해하는 노력을 보여

준다.

둘째, 클라이언트와 사회복지사 사이의 신뢰관계를 형성하는 데 도움이 된다.

셋째, 클라이언트의 이야기를 잘 이해했는지 점검하는 기회를 준다.

넷째, 클라이언트가 자신의 생각을 구체화시켜 볼 수 있는 기회를 제공한다.

3) 감정의 반영 기술

클라이언트가 표현한 감정을 사회복지사가 정확하게 이해하고, 이를 공감하며 이해했다는 반응을 보이는 것이다. 모든 형태의 감정 즉 기쁨, 슬픔, 우울함, 외로움 등에 반응할 때 사용할 수 있으며, 그 대상자가 누구든지 활용할 수 있다.

첫째, 적절한 표현방식으로 클라이언트가 느끼는 감정을 명확하고 간결하게 요약할 것

둘째, 혼재된 감정을 반영해 줄 것

셋째, 클라이언트의 말을 그대로 되풀이하지 않을 것

넷째, 현재 시제를 사용하면서 현재 감정에 초점을 둘 것

다섯째, 몇 가지 표현 구절만을 계속하여 사용하지 말고 폭넓은 표현방식을 사용할 것이다.

효과는 첫째, 클라이언트가 자신이 느끼는 것을 깨닫는 기회를 가지게 된다.

둘째, 클라이언트가 자신의 감정을 받아들이고 살펴보게 된다.

셋째, 클라이언트가 경험하고 있는 것을 상담자가 이해하고 있다는 것을 보여주게 된다.

넷째, 사회복지사와 클라이언트 사이에 탄탄한 관계형성이 이루어진다.

감정의 반영기술의 주의할 점은 다음과 같다.

첫째, 클라이언트의 이야기의 정서적 부분에 주의를 기울일 것

둘째, 클라이언트의 행동에 주의로 자세 어조 행동에 주의를 기울이는 것

셋째, 감정을 적절히 표현하기 위해 감정과 관련된 광범위한 단어를 사용할 것

넷째, 클라이언트의 감정 전부를 파악할 것 등이다.

제 3 절 표현적 의사소통기술

1. 표현적 의사소통기술

표현적 의사소통기술은 지식 · 감정 · 인식 · 기대 · 판단 · 가설 등을 가지고 표현하는 기술이다.

1) 초점화

초점화(focusing)는 사회복지사가 사회복지실천에서 중요한 어떤 부분을 강조하거나 집중시킬 때 사용하는 표현적인 의사소통 기술로서 방법은 직접적인 질문, 비평, 암시 등을 말한다.

초점화 지침으로서는 첫째, 클라이언트 자신이 가장 중요하다고 느끼는 문제나 문제의 일부를 선택하도록 도울 것 둘째, 사회복지사의 판단에서 도움이 가장 필요하다고 생각하는 문제를 선택할 것 셋째, 너무 많은 질문을 동시에 제기하지 않도록 할 것 등이다.

2) 부분화

초점화를 통하여 문제의 일반적인 영역이 명백해졌지만 문제가 너무 복잡하고 클 때 이를 해결하기 위해 문제의 범위를 좁히는 문제를 여러 개의 작은 부분으로 나누어 초점을 모으는 것을 말한다.

부분화의 기준은 첫째 긴급성으로 사회복지사와 클라이언트가 생각하기에 명백하고 직접적인 부분으로서 가장 먼저 다루어야 할 부분이다. 둘째, 대표성으로 보다 큰 문제에 밀접하게 관련된 부분이다. 셋째, 처리가능성이다. 두려움이나 방어가 작용하더라도 클라이언트가 처리할 수 있는 부분으로서 기대되는 부분이다.

3) 정보공유

사회복지사가 지역사회의 환경 가운데서 이용할 수 있는 자원들로서 프로그램이나 서비스에 대한 정보를 클라이언트에게 알려주는 것으로 클라이언트가 정보를 발견하도록 교육하고 장려하는 일이다. 주의할 점은 사회복지사는 자신이 가진 정보를 공유하는데 있어서 사실과 의견을 분명히 구분해야 하고 클라이언트가 자유롭게 받아들이거나 거절할 수 있는 여건에서 자료나 정보를 전달해야 한다.

4) 자기노출

사회복지사가 대화도중 자신의 생각과 감정, 삶의 경험을 밝히는 것으로 사회복지사가 대화도중 자신의 감정이나 경험들을 적절하게 노출할 때 클라이언트는 사회복지사를 진실하고 진솔한 인간으로 인식하며, 신뢰감과 상호이해를 증진시킬 수 있을 것이다.

지침으로 사회복지사는 자신의 노출이 클라이언트의 문제해결을 위한 목표나 목적과 관련이 있는지 또 클라이언트에게 도움이 될 것인지 스스로 자문하며 사용해야 한다. 부적절하게 사용하게 된다면 클라이언트가 사회복지사의 정서적 안정이나 전문적 능력에 대해 의문을 가질 수 있으며, 이 경우 오히려 전문가로서의 신뢰감을 주는데 방해가 될 수 있다. 그리고 클라이언트를 사회복지사의 감정이나 행동의 원인으로 인정하도록 하지 않아야 한다.

5) 재구성하기

클라이언트들이 새롭고 다른 방식으로 자신의 문제나 상황을 보도록 도와주는 것으로 그 효과로 이러한 기술은 종종 부정적인 상황에서도 긍정적인 면을 발견하도록 도와주기도 하고 재구성 과정은 클라이언트들의 많은 문제와 상황들을 여러 가지 관점에서 볼 수 있도록 한다.

6) 직면대응(대결)

클라이언트의 말과 행동 사이에 불일치나 모순을 직접적으로 지적하는 기술로 다른 사람들을 공격하거나 비판할 때 쓰는 기술이 아니라 그들의 행동이 역기능적으로 되거나 언어적 메시지와 비언어적 메시지가 일치하지 않을 때 이용하는 기술이다. 그 지침은 대응의 사용은 클라이언트가 자신의 모습을 바라볼 수 있도록 격려하는 차원에서 사용 하여야 바람직하다. 그 대응을 사용할 때는 클라이언트의 생각, 행동, 감정 등을 신중하게 살펴야 하며, 분명한 불일치나 모순이 있을 시 사용하여야 한다.

7) 부연설명기술

클라이언트가 한 말 가운데 핵심적인 내용을 반복하여 말하는 것으로 그 효과는 사회복지사가 클라이언트에게서 들은 내용과 의미를 확인하기 위한 것으로 사회복지사는 이를 자신의 말과 생각으로 정리하는 기회가 된다. 또한 클라이언트가 똑같은 내용을 사회복지사의 말과 생각을 통해 다시 듣게 됨으로써 자신의 말과 문제를 새로운 관점에서 들을 수 있는 기회를 갖게 된다. 이 기술을 사용할 때 클라이언트는 사회복지사의 부연설명을 수용하거나, 확인해 주거나 수정 혹은 변경할 수 있다. 그러나 주의할 점은 부연설명이 비하적인 단순한 흉내 내기가 아니며, 이미 이야기된 주제에 대해 약간 달리 표현될 때나 부적절하게 표현될 때 클라이언트는 자신이 잘못 말하거나, 사회복지사가 잘못 이해하고 있는 것으로 의심할 수 있다. 그리고 클라이언트가 말하지 않은 것을 마치 말한 것처럼 전달할 위험성을 조심해야 함을 유의해야 한다.

2. 효과적인 의사소통 방법

훌륭한 코치는 효과적인 의사소통을 통하여 만들어진다고 해도 과언은 아니다. 코치가 선수를 동기화시킬 때, 선수와 함께 목표를 설정할 때, 또 배우거나 가르칠 때, 문제를 해결할 때, 다른 사람의 감정을 이해하려고 할 때 의사소통을 통하여 이루어진다. 이러한 사실은 왜 코치가 운동에 관한 전문적인 지식 못지않게 효과적인 의사소통 기술을 갖는 것이 중요한가 하는 이유가 된다.

효과적인 언어의사소통은 적극적인 청취와 질문과 표현 독려를 통해 이루어진다. 적극적 청취는 다음과 같다.

(1) 바꾸어 말하기

바꾸어 말하기란 상대방이 방금 이야기했다고 생각하는 것을 자신의 단어로 진술하는 것을 의미한다. 누군가가 중요한 것을 말할 때마다 바꾸어 말하기를 해야 한다. 그렇게 노력한다면 다음의 다섯 가지 이익을 얻게 될 것이다.

① 사람들은 그들의 감정을 들어준 데 대해 깊이 감사할 것이다

② 바꾸어 말하기는 분노가 격화되는 것을 막아주고 위기를 완화시켜 준다.

③ 바꾸어 말하기는 오해를 막아준다. 잘못된 가정이나 잘못된 오해가 그 순간 수정된다.

④ 바꾸어 말하기는 대화의 내용을 기억하는 데 도움을 준다.

⑤ 바꾸어 말하기를 할 때 비교, 판단, 연습, 비난, 조언, 공상 등을 하는 것이 훨씬 힘들어진다는 것을 발견하게 된다. 사실 바꾸어 말하기는 대부분의 청취 장애물에 대한 해결책이다.

(2) 명료화하기

명료화는 종종 바꾸어 말하기와 동시에 이루어진다. 명료화는 더욱 선명한 윤곽을 잡을 때까지 질문을 하는 것을 의미한다. 명료화는 청취의 초점을 뚜렷하게 해주기 때문에 애매한 일반화를 하지 않고 더 많은 것을 듣게 한다.

(3) 피드백

적극적인 청취는 피드백에 달려 있다. 지금까지는 바꾸어 말하기와 명료화를 통해서 들은 것을 이해했다. 이제는 당신의 반응에 대해 이야기할 차례이다. 판단을 내리지 않으면서도 자신의 생각이나 느낌, 감각을 공유할 수 있다. 피드백은 '비난'이나 '확인'을 하기 위해 반응하는 것이 아니라 자신의 내부에서 일어난 것을 공유하는 것이다.

피드백은 또한 상대방으로 하여금 의사소통의 효과를 이해하도록 도와준다. 그것은 잘못이나 오해를 수정할 수 있는 기회를 제공한다. 또한 피드백은 상대방이 자신의 신선하고 가치 있는 시각을 얻게 하는 기회를 주기도 한다.

피드백을 제공하는 데에는 세 가지의 중요한 규칙이 있다. 즉, 피드백은 즉각

적이고, 정직하고, 지지적이어야 한다. 즉각적이라는 것은 의사소통을 완전히 이해하자마자 즉 바꾸어 말하기와 명료화하기를 한 후 피드백을 주는 것을 의미한다.

존 가드너는 내게 리더십의 다목적 수단을 하나 말하라고 한다면, 의사소통을 꼽겠다고 하였다. 의사소통이 이뤄지지 않으면 다른 사람들을 효과적으로 이끌 수 없다.

팀과 소통할 때 3가지 기준을 실천하여야 하는 데 첫째, 일관되게 하라 우유부단한 리더보다 더 팀원들을 좌절케 하는 것은 없다. 둘째, 분명하게 하라 당신이 무엇을 원하는지 알지 못하면 실행할 수 없다. 셋째, 자신의 총명함으로 사람들을 현혹시키지 말라. 단순하고 솔직하게 하라. 넷째, 정중하게 하라. 사람은 어느 직위에 있든, 어떤 이력을 가지고 있든 모두 존중받아야 한다. 만일 당신이 사람들에게 공손하면, 조직 전체의 분위기를 이끌 수 있을 것이다.

의사소통에서 당신이 범할 수 있는 최대 실수는 설득력 있는 의사소통에서 당신이 범할 수 있는 최대 실수는 상대방의 견해와 감정 표현에 최우선 순위를 두는 것이다.

사람들이 진정으로 원하는 것은 자기 말을 들어주고 자기를 존중해 주며, 이해해 주는 것이다. 당신이 자기 말을 이해하고 있다고 느끼는 순간, 사람들은 당신의 견해를 이해하려는 동기를 부여 받는다"

연습문제

1. 효과적인 의사소통의 기술에 대하여 논의 하시오

2. 비언어적 의사소통의 기술에 대하여 설명하시오.

3. 나-전달법에 대하여 설명하시오.

4. 의사소통에 있어서 스토리텔링에 대하여 예를 들어 설명하시오.

5. 공감적 의사소통기술에 있어 감정의 반영 기술 및 경청기술에 대하여 설명하시오.

[선행학습 정답] : 1. 나-전달법 2.적극적 경청기술 3. 초점화 4. 자기노출

4
chapter

개인대상 사회복지실천기술

〈선행학습〉

1. Perlman은 개인이 사회인으로서의 기능을 수행함에 수반되는 여러 가지 문제를 보다 효과적으로 해결하기 위해 복지관에서 활용하는 과정이란?
2. 관계론의 7대원칙이란?
   개별화, 의도적인 감정표현, 통제된 정서적 관여, 수용, 비판적 태도, 자기결정 외 [㉠]
3. 우리가 생활하면서 겪는 일상적 정서를 이해하는 연습으로 클라이언트가 사회복지사에게 메시지 속에 숨어 있는 감정을 예리하게 파악한 후 적절히 반응하는 연습을 하는 훈련은?

제 1 절 개인대상 사회복지실천기술의 의의

1. 개인대상 사회복지실천의 의의

Pincus와 Minahan은 사회복지실천기술을 사람과 자원간의 연결과 상호관계라고 정의하였고 최초로 사회복지 실천이 전문직이라고 강조하였다.

사회복지실천기술은 사회복지실천 활동수행 시 효과적으로 지식을 이용하고 적용할 수 있게 해주는 능력이나 방법으로 여기서는 대인관계기술, 면접기술, 집단지도기술, 의사소통기술, 평가 및 종결기술 등을 말하며, 다음과 같이 4가지 특성을 가진 인지적이고 행동적인 행위로 보고 있다.

첫째, 사회복지실천의 지식, 가치, 윤리, 의무로부터 나와야 하며, 둘째, 사회복지사에 필요한 핵심적 자질과 일치해야 하며, 셋째, 전문적 통합성의 특징을 반영해야 하며, 넷째, 실천의 단계나 과정의 맥락을 고려할 때 사회복지실천 목적과 일치하여야 한다.

이러한 실천에서의 사회복지사의 개입수준과 사회복지사의 역할은 다음과 같다.

사회복지사의 개입대상에 따라 미시, 중도, 거시적 개입수준으로 분류할 수 있으며 첫째, 미시적 수준(micro)으로는 개인, 가족, 친구와 같이 다양한 개별 클라이언트 차원에서의 문제해결을 위한 개입으로 클라이언트와 1:1로 접촉하면서 직접서비스를 전달한다. 마이크로 기술로는 대인관계기술(온화함, 공감, 진실성), 면접기술(문제해결 지향), 조력자로서의 상담관리, 중개자·옹호자(자원관리)로서의 자원관리, 교사로서의 교육관리 등을 들 수 있다.

둘째, 중도적 수준(mezzo)으로는 조직, 공식적 집단의 문제해결을 위한 개입으로 대인관계, 조직과 기관의 대표들 사이보다는 더 의미있는 관계이다. 자조집단이나 치료집단의 구성원 관계를 포함한 학교나 직장, 이웃에서의 동료간의 관계에 개입한다. 메조 기술로서 집단역동성의 이해(규칙과 기대형성, 리더선출, 권한분배 형식), 마이크로 기술을 집단에 적용하는 기술 촉진자(상담), 중재자(자원관리), 훈련가(교육)로서의 역할을 수행한다.

셋째, 거시적 수준(macro)으로서 지역사회, 사회의 문제해결을 위한 개입으로서 서비스 직접전달과 거리가 멀다. 사회계획, 지역사회조직 과정을 포함하는 매크로 기술로서 주민조직기술, 지역사회 지도자 및 정책결정자에게 접근하는 기술, 자금동원 기술 등으로 계획가, 행동가, 아웃리치 즉 현장개입가, 현장 활동가로서의 역할을 수행한다.

넷째, 전문가 차원의 개입이다. 이는 사회복지전문가 집단의 문제해결을 위한 개입으로 동료, 촉매자, 연구자, 학자로서의 역할을 수행한다.

사회복지 전문직의 특징은 다음과 같다.

① 전문적 조직의 활용 ② 공적 서비스에의 신념 ③ 자기규율 ④ 직업의식 ⑤ 전문적인 자율성 ⑥ 특수한 이론적 토대에 기반을 두고 있다.

사회복지 실천의 방법을 크게 두 가지로 구분할 수 있다. 하나는 사회복지실천의 대상이나 방법에 따라 개인개별대상의 실천, 가족대상의 실천, 집단대상의 실천, 지역사회대상의 실천으로 구분되고, 다른 하나는 사회복지실천의 범위나 내용에 따라 미시적 수준, 중간수준, 거시적 수준으로 구분된다.

사회복지실천 방법은 전통적으로 개별사회사업, 집단사회사업, 지역사회사업(조직)이라고 분류되어 왔다. 최근에는 개인, 집단, 지역사회를 구분하지 않고 접근하는 통합적인 방법이 강조되고 있지만, 사회복지실천의 방법의 복지대상자의 규모에 따라 구분될 필요가 있다. 역사적으로 볼 때, 위의 세 가지 실천 방법은 나름대로 다른 배경에서 생성되어 발전되었고, 현장에서 사회복지서비스를 제공하는 사회복지사도 자신의 기술수준과 성향에 의해 개입하는 방법을 달리할 수 있기 때문이다.

개별사회사업의 초기적 모습은 자선조직협회의 우애방문활동에서 찾을 수 있지만, 리치몬드는 사회진단(1917)에 의해서 그 기초가 확립되었다고 볼 수 있다. 초기 개별사회사업은 복지대상자의 문제는 개인과 환경간의 조정을 통해서 해결될 수 있다는 시각에 바탕을 두었는데, 점차 사회의 중요성을 강조하는 심리사회적 모델로 발전되었다.

개별사회사업은 일 대 일 관계를 기반으로 개인적이고 사회적인 문제들을 해결할 수 있도록 돕는데 그 목적이 있다. 개별사회사업에는 개인이 사회에 적응할 수 있도록 돕는 것과 개인의 특수한 욕구에 따라 사회적 서비스를 받을 수 있도록 돕는 것이 포함된다. 개별사회사업의 목적은 개인의 사회관계에 있어서 보다 나은 적응과 개인의 성격발달, 개인에게 있어서 중요한 변화, 현실적 한계와 가능한 자원을 고려하고 개인과 개인의 상황에 있는 역량을 이용하는 변화를 들고 있다. 개별사회사업 고유의 본질적 목적은 개인과 그의 환경 전체의 전부 또는 일부와의 보다 나은 또는 조화로운 적응에 대해 바람직한 개인의 능력이나 지역사회의 자원을 활용할 수 있게 하는 것이다. 그러나 1950년대 이후 사회복지실천체계는 인간의 존엄성과 사회정의의 실현을 통해 개인의 최적의 삶의 질을 보장하려는 기본목적을 중심으로 구성하고 있다. 특히 개인의 문제를 사회적 환경과의 관련성속에서 삶의 문제로 이해하고 다양한 수준에 체계적으로 개입할 것을 강조하는 통합적 접근이 등장하면서 인간과 환경간의 상호적인 변화를 가능하게 하는 개입방법에 관심을 갖게 되었다.

따라서 개인대상의 사회복지실천 혹은 개별사회사업은 개인의 인격존중을 전제로 한 전문적인 대인관계의 기반 위에서, 클라이언트가 직면하고 있는 문제 상황을 분석하고 검토하여, 클라이언트의 생활상의 욕구를 충족시켜 나가는 전문적인 방법이다.

이와 같이 개인수준의 사회복지실천은 개인의 인간존엄성을 전제로 한 전문적인 대인관계의 기반위에 클라이언트가 직면하고 있는 문제상황을 분석 검토하여 클라이언트의 욕구를 충족시켜 나가기 위한 전문적인 방법으로 예방보다 치료에 중점을 둔다. 개인과 일 대 일의 관계를 통해 이루어지는 접근방법을 개별지도 또는 개별사회사업이라고도 한다.

Richmond는 개별사회사업이란 "개별적 의식적으로 개인과 그의 사회환경간의 조정을 통하여 그 사람의 인격을 발달시키는 과정이다".라고 하였다.

Bower는 개별사회사업이란 "클라이언트와 그가 속한 환경의 전체 또는 일부분에서 보다 나은 적응을 해 나가도록 개인이 가진 능력과 지역사회의 자원을 적절히 동원하기 위하여 인간관계학의 지식과 대인관계의 기술을 활용하는 예술이다".라고 하였다.

Perlman은 개별사회사업이란 개인이 사회인으로서의 기능을 수행함에 수반되는 여러 가지 문제를 보다 효과적으로 해결하기 위해 복지관에서 활용하는 과정으로 보고 있다.

따라서 개인대상의 실천으로서 사회복지실천대상의 개별사회사업은 다음과 같다.

① 개별사회사업의 대상은 문제를 가진 사람이다.
② 개별사회사업의 주체는 문제에 대한 과학적 지식과 전문적 기술을 가진 전문가이다.
③ 방법은 대상에 따라 달라지는 개별적인 것(case by case)이다.
④ 개별사회사업은 성격의 성장, 발달과 환경에의 적응을 다루는 의식적인 노력이다.
⑤ 개별사회사업은 사회복지사와 클라이언트 사이의 인간관계를 중요시하는 협동적인 활동이다.
⑥ 예방보다는 치료적인 입장에서 문제 해결 및 재조정을 중요시 한다.
⑦ 클라이언트의 주체성을 인정한 측면적 도움이다.

개인대상 사회복지실천의 목적 및 특징은 다음과 같다.

개별사회사업은 일대일 관계를 기반으로 개인적이고 사회적인 문제들을 해결할 수 있도록 돕는데 그 목적이 있으며 개별사회사업은 개인이 사회에 적응할 수 있도록 돕는 것과, 개인의 특수한 욕구에 따라 필요한 서비스를 받을 수 있도록 돕는 것이 포함된다.

사회복지사의 개입을 필요로 하는 조건은 다음과 같다.

① 연령이나 발달적 단계에 따른 변화
② 영양 · 건강 · 정신건강
③ 발달장애 · 장애상태
④ 적응능력
⑤ 성격 · 자아개념
⑥ 생활경험 · 생활양식
⑦ 경제적 조건

개인대상 사회복지실천의 특징은 다음과 같다.

첫째, 1인의 클라이언트가 갖는 문제에 초점을 두고 클라이언트와의 개별화된 원조과정을 진행하는 특징을 지닌다. 개인의 존엄성과 자기결정권을 강조하는 사회복지실천의 기본적 가치가 개별 클라이언트와의 협력적인 문제해결과정 속에 반영되어 클라이언트의 선택권을 중요시하며, 개인의 개별적인 욕구와 특성, 상황에 알맞은 방법과 전략을 활용하도록 한다.

둘째, 클라이언트와 사회복지사와의 전문적인 관계를 강조한다. 사회복지사가 클라이언트와의 일 대 일 관계 속에서 관계형성과 의사소통의 기술을 도구로 활용하여 클라이언트의 문제해결과정에 개입하는 특징을 가지는 전문적인 관계를 강조한다.

셋째, 개인의 문제해결을 위해 다양한 개입모델을 활용한다.

심리학, 사회학 등 이론을 적용시킨 다양한 실천모델 즉 심리사회모델, 행동주의모델, 과제중심모델, 문제해결 모델 등을 활용하여 개인의 변화 또는 개인과 환경의 상호작용을 변화시키기 위해 노력한다.

① 개별사회사업의 대상은 문제를 가진 개인이다.
② 개별사회사업의 주체는 문제에 대한 과학적 지식과 전문적 기술을 가진 전문가이다.
③ 그 방법은 대상에 따라 달라지는 개별적인 것이다.
④ 개별사회사업은 성격의 성장, 발달과 환경에의 적응을 다루는 의식적인 노력이다.
⑤ 개별사회사업은 사회복지사와 클라이언트간 인간관계를 중요시하는 협동적인 활동이다.
⑥ 개별사회사업은 과정이며 예술이다.
⑦ 예방보다는 치료적 입장에서 문제해결 및 재조정을 중요시한다.
⑧ 개인과 그의 사회환경과의 상호작용을 중요시하는 개인의 내면 강화와 환경조정을 한다.
⑨ 클라이언트의 주체성을 인정한 측면적 도움이다.
⑩ 기관의 기능을 중시한다.

2. 개인대상 사회복지실천의 구성요소

1) 사람

일상생활의 사회적 측면이나 정서적 측면에 있어서 도움을 필요로 하는 개인을 가리킨다. 클라이언트는 어떤 도움을 필요로 하는 사람으로 개별사회사업 관계가 형성되어 어떤 도움의 단계에 들어간 대상자, 즉 도움을 신청한 신청자(applicant)이다. 실제적 클라이언트는 현재 도움을 필요로 하고 있거나 도움을 받고 있는 사람이다. 잠재적 클라이언트는 현재는 별 문제가 없어 도움이 필요 없거나, 문제가 있어도 여러 가지 이유에서 도움을 요청하지 않는 사람을 말한다.

클라이언트 유형은 다음과 같다.

① 비자발적인 클라이언트

비자발적인 클라이언트란 사회복지사 및 기관과 접촉하도록 강요받은 클라이언트와의 활동관계로 전문적인 도움을 받도록 강제로 맡겨진 개인을 뜻한다.

② 비접근성 클라이언트

사회적으로 고립되고 두려워하여 미디지 못하고 참여를 꺼리는 클라이언트와의 활동 관계로 심각한 정신질환이나 혹은 대인관계를 피하는 사람들과의 만남이기에 가장 초점을 두어야 할 것이 불신을 제거하는 일이다.

③ 약물 의존적 클라이언트

가정불화, 부모-자녀 갈등, 배우자 학대, 아동방임 및 학대, 자살, 경제적 문제, 범죄, 자동차 사고 등과 같은 문제와 관련된 알코올과 약물남용은 치료받을 가능성을 증가시키는 방식으로 클라이언트와의 관계를 맺는다.

④ 조종적 클라이언트

때로는 자신이 원하던 것을 얻는 방법으로 다른 사람을 조종하려고 하는 클라이언트에 대해 적절하게 반응해야만 법적이고 윤리적인 어려움에 빠지지 않는다.

⑤ 위험한 클라이언트

교정 세팅과 아동 보호 서비스 등에서 활동하는 사회복지사는 잠재적으로 폭력적인 클라이언트에 대해 상황에 내재된 위험을 감소시키는 방식으로 접촉해야 한다.

2) 문제

개인의 바람직한 생활에 지장을 주거나 방해가 되는 충족되지 못한 욕구불만으로 경제적, 의료적, 오락적인 것이나 또는 그 개인이 사회적 역할을 수행함에 있어서 비효율적이거나 방해가 되는 긴장 즉 심리적, 사회적, 신체적인 조건 같은 것들이다.

3) 장소

문제를 가진 개인이 도움을 받기 위해 찾아오는 사회시설 또는 여러 종류의 사회복지기관을 말하며 이 기관의 기본적인 성격은 물질적 원조, 환경의 조성이나 조정, 상담이나 심리적 도움을 주는 사회복지의 기능을 수행하는 장소이다.

4) 과정

사회복지사와 클라이언트 사이의 전문직업적 대인관계를 매개로 하여 도와주는 문제 해결의 과정을 말하며 이 과정에서의 대인관계는 문제 해결에 유익하도록 전문적으로 확립된 관계이며, 사회복지사의 지식과 기술에 의해 의식적으로 조작되어지는 대인관계이다.

3. 개인 대상 사회복지실천과정

1) 초기단계

첫째, 클라이언트의 긴장과 불안을 해소시킨다.

둘째, 신뢰 분위기가 조성될 때 클라이언트는 기관과의 첫 경험에서 이해와 도움을 받고 있다는 것을 느끼게 된다.

셋째, 사회복지사가 객관성과 치료적 의향이 담겨 있는 수용과 일관성 있게 반응하고 행동하는 것은 클라이언트가 두려움에 대한 방어의 장벽을 낮추는데 도움이 된다.

넷째, 사회복지기관에 가지고 오는 대부분의 문제들은 복잡하게 얽혀 있고 클라이언트의 감정이 개입되어 있어 문제를 올바르게 보지 못하고 문제의 전체를 말할 수 없는 경우가 있다 이때 사회복지사는 예리한 경청자로서 뿐만 아니라 클라이언트가 초점과 방향을 가지고 그 자신과 문제에 관하여 이야기 하도록 적극적으로 도와야 한다.

다섯째, 클라이언트가 이야기하는 도중에 말이 막혀 어떤 말을 계속해야 할지 몰라 당황하는 경우가 있다. 이 때 사회복지사는 이야기를 중단하기 직전에 클라이언트가 사용한 말이나 이야기를 반복해 줌으로써 클라이언트의 표현을 돕게 된다.

(1) 준비단계의 기술

① 초기 접촉 이전에 기관이나 사회복지사에게 주어진 정보를 검토하고 점검하는 기술로서 불완전한 정보로 클라이언트에 대한 선입견을 갖게 할 가능성도 크기 때문에 기초적인 자료로서 제한적으로 활용할 필요가 있다.

② 초기 면접자나 의뢰인, 이전에 사례를 담당했던 직원 등으로부터 클라이언트와 문제상황인데 이는 문제의 특성, 심각성, 위급성, 활용가능한 자원 등에 관해 알아보는 기술이 필요하며, 사회복지 자원 네트워크 활용에 있다.

③ 클라이언트와 첫 만남 이전에 슈퍼바이저나 동료로부터 조언을 구하는 기술이다.

④ 면접준비로는 방해요소 차단, 면접장소, 시간, 분위기, 외모 등을 들 수 있다.

⑤ 예상되는 클라이언트의 문제와 상황에 대해 공감적 이해가 필요하다. 서비스를 찾게 된 배경이나 클라이언트의 동기, 초기에 느낄 수 있는 클라이언트의 생각이나 감정, 관련된 문제에 대해 클라이언트의 입장에서 생각하는 기술이 필요하다.

⑥ 효과적인 면접을 위해 사회복지사는 클라이언트와 만나기 이전부터 면접의 목적이나 동기, 방향성, 예상되는 결과, 전문가의 역할, 질문의 내용, 과정 등에 관한 임시 계획을 세우게 된다.

(2) 초기단계와 탐색단계의 기술

초기단계(Beginning Phase)는 만남이 긍정적이며 생산적이라는 확신이 들도록 하는 기술이 필요하다. 소개, 만남의 목적이나 방향이 설정되고, 클라이언트의 기대가 확인되고, 기관의 정책이나, 규정, 윤리적 원칙들에 대한 검토가 이루어짐으로써 클라이언트는 서비스가 제공되는 맥락을 이해하고 참여할 수 있다. 초기단계에서 서비스 제공 가능여부 확인, 관계 형성, 정보수집과 문제 사정, 개입목표, 계약 등이 있다.

탐색단계(Exploring Phase)는 클라이언트의 사고나 감정, 서비스를 요청하게 된 주요관심사나 상황 등에 대해 클라이언트가 공유할 수 있도록 격려하는 기술이 필요하며, 이러한 과정 속에서 필요한 정보를 수집하고 클라이언트의 문제·상황에 대한 보다 많은 이해가 가능하게 된다. 탐색단계에서 활용할 수 있는 기술은 탐색, 명확화, 반영, 세분화, 이해와 공감 등이 있다.

2) 중간단계

(1) 조사

조사의 목적은 클라이언트를 효과적으로 돕기 위하여 문제와 문제를 가진 클라이언트를 보다 잘 이해하는 것이다. 조사의 내용에는 촉진적 요인, 과거의 처리내용, 개인과 환경간의 상호작용, 사회적 기능의 중요한 과정 등 객관적인 자료나 정보에 부가하여 클라이언트의 주관적인 사실에 관한 인식과 파악이 포함되어야 한다.

(2) 사정

사정의 목적은 사회복지사가 취급하고 있는 상황을 이해하고, 개별화하며, 특수한 상황 속에 관련된 요인들을 확인하고 분석하는 데 도움을 받고자 하는 것이다.

(3) 개입

개입단계는 사정, 계획, 행동 계약과 관련된 이전 단계의 활동을 행동으로 변형한 것이다.

① 사정단계의 기술

개인과 문제, 상황과의 연관성에 대한 이해를 구한다.

첫째, 기술적 정보를 정리하는 것 : 클라이언트의 상황을 이해하고 실천과정에 대한 개입의 초점과 방향을 구체화함으로써 클라이언트에 관해 수집된 자료에 대한 체계적인 이해가 가능하도록 하는 기술

둘째, 임시적인 사정들을 구성하는 것 : 문제정의, 클라이언트체계를 결정, 개입과정에 참여하게 되는 체계들을 명확히 하고, 변화목표를 설정, 변화결과를 예측하고 변화과정에 발생할 수 있는 위험요소나 장애요소, 자원이나 강점을 찾아보고, 문제해결에 활용될 수 있는 전략을 살펴볼 수 있다(양식이나 도구를 활용하는 기술도 필요).

② 계약단계의 기술

클라이언트의 상황과 관련된 문제들에 대한 사정을 기초로 구체적인 목표와 개입 프로그램, 방법 등에 대한 실행과 평가계획을 세우고 합의하는 데 필요한 기술을 요구한다. 문제를 구체화하고, 목표를 설정하고, 효과적인 접근방법을 개발하며, 단계적 행동방법을 구상하고, 평가계획을 세우는 실천기술을 필요로 한다.

③ 개입단계의 기술

문제해결을 위한 접근시 필요한 실천과정의 기술, 문제해결이나 적응, 성장 발달을 위한 클라이언트의 능력을 향상시키고 회복시키는 기술, 사회적 기능을 향상시킬 수 있는 자원, 서비스, 기회 등을 제공할 수 있는 지역사회체계로 사람들을 연결시키는 기술, 사회적 정의에 입각하여 권리를 잃어버리고 소외된 약자들이 기회를 얻고 되찾을 수 있도록 그들과 함께 효과적 개입을 하는 기술, 자원과 서비스, 기회 등을 제공 할 수 있는 지역사회체계에의 효과적인 기능을 향상시키는 기술, 클라이언트나 소비자의 욕구에 반응적인 새로운 서비스의 개발이나 기존의 지역사회서비스 및 자원체계의 개선과 향상을 위해 개입하는 기술이 포함된다. 구체적인 기술은 모델링(Modeling), 인지적 재구조화(cognitive restructuring), 연습(rehearsal) 등의 상담기술이나 조언(advising), 교육(educating) 등

의 기술이 포함된다.

중기단계는 목표 달성을 위해 클라이언트와 클라이언트 주변환경에 변화를 유발하는 개입과 중간 점검이다.

3) 종결단계

종결 단계에서는 클라이언트의 문제가 개선되어 지속적으로 건설적인 변화가 있을 수 있다고 사회복지사와 클라이언트가 동의했을 때, 개입이 종료되는 것을 의미한다.

평가와 종결단계의 기술은 실천의 효과성을 평가함으로서 서비스를 제공받는 사람들과 서비스 전달체계, 사회에 대해 책임을 진다는 측면에서 전문가에게 매우 중요한 실천기술이다.

평가단계는 목적달성을 위해 진행해 온 지금까지의 과정을 다양한 평가방법을 통해 검토하게 된다. 과정에 관한 검토와 최종평가를 통해 함께 진행과정을 돌아보고 앞으로의 방향에 대한 논의

종결단계는 최종평가와 함께 원조관계를 끝내는 데 대한 클라이언트와의 종결소감을 공유하는 것이 중요하며, 종결이 된 후 종결기록을 남기는 것이 필요하다.

종결단계는 종결에 따른 감정 다루기와 개입전반에 대한 평가, 사후관리를 말한다.

제 2 절 개입과 실천기술

예를 들어 치료적 상담의 경우에 클라이언트가 변화하도록 돕거나, 사회적 환경이 보다 클라이언트의 필요에 맞도록 변화를 돕는 것을 목적으로 하는 방법이다. 따라서 사회복지사는 개인 수준에서의 클라이언트의 문제를 해결하기 위해 치료적 상담기술 혹은 면담기술을 활용할 수 있어야 한다.

1. 개인의 변화를 돕는 기술

사회복지실천에서 상담을 통해 추구하는 것은 개인의 변화이며, 이 개인의 변화는 인지영역, 행동적 영역, 정서적 영역으로 나눌 수 있다. 여기서는 감정의 표현을 촉진하는 것과 자기 인식의 확장을 통한 개인의 변화, 인지 수정을 통한 개인의 변화, 행동 체험을 통한 개인의 변화에 대해 살펴보면 다음과 같다.

① 감정의 표현 촉진과 자기 인식의 확장을 통한 개인의 변화

우울과 불안, 분노와 적개심, 열등감 및 수치감 등으로 인해 대인관계나 사회적인 역할 수행에 어려움을 느끼는 클라이언트의 경우 정서가 주된 문제가 됨. 이러한 정서문제에 개입하려면 감정을 촉진하여 감정의 정화와 함께 자신에 대한 이해를 확장하도록 도움으로써 변화를 가져올 수 있다.

방법은 클라이언트에게 숨겨진 감정을 표현하도록 독려함. 이때 사회복지사는 공감적 경청과 반응, 의도적인 감정표현 등을 통해 클라이언트가 감정을 표현하도록 도와준다. Rogers는 의사소통에 있어서 감정을 표현하도록 도와주는 것이 전문가의 중요한 역할이라고 하며, 사회복지사의 진실한 의사소통은 클라이언트를 평가하지 않고, 이해하며, 경청하려고 할 때 형성되므로, 상대방의 입장에서 상대방이 표현한 사고나 태도를 통해 느낌을 반영해 나가는 것이 중요하다.

② 인지적 수정을 통한 개인의 변화

인지상담이론에 의하면 인간의 심리적 문제나 대인관계의 문제는 인간이 자신이나 세상에 대해 갖고 있는 잘못된 전제나 신념 때문이라고 봄. 따라서 인지이론에 의한 상담의 목표는 클라이언트에게 문제를 일으키는 잘못된 전제나 신념을 인식하도록 함으로써 개인의 변화를 모색하는 방법이다. 이러한 방법이 인지수정을 통한 개인의 변화를 추구하는 방법이다. 사회복지사가 클라이언트에게 인지수정을 하도록 하기 위해 사용하는 방법은, 잘못된 믿음에 의한 왜곡된 사고(잘못된 사고)를 사회복지사가 논박하거나 교육하는 인지적 기법과 인지적 과제를 부여하는 지시적인 방법 등이 있다.

첫째, 논박은 논리성에 기반을 둔 논박은 클라이언트가 가지고 있는 생각의 비논리적인 면을 지적하는 경우로서 클라이언트가 '나는 반드시 ~해야 한다', '절대적으로', '완전히', '해야만 한다' 등이 대화의 저변에 깔려 있을 때 비논리적임을 논박한다.

둘째, 현실성에 기반을 둔 논박은 클라이언트가 가진 생각이 현실적으로 일어날 수 없음을 지적하는 것이다.

예를 들어 "만약 이일이 이루어지지 않으면 하늘이 무너지고 말 것입니다"라고 할 경우 "만약에 우리 뜻대로 되지 않는다고 하늘이 무너진다면 도대체 이 세상은 어떻게 되지요"라고 논박하는 경우이다.

셋째, 실용성에 기반을 둔 논박은 클라이언트가 염려하는 비합리적인 신념들이 실제로 자신에게 어떤 도움이 되는지를 지적하고자 하는 것이다.

예를 들면 "당신이 절대적으로 남에게 사랑을 받아야 한다"고 하는 절대적인 바람이 실제적으로는 클라이언트에게 도움이 되지 않고 부담이 되고 있음을 느끼도록 해 주는 것이다.

인지적 과제란 클라이언트로 하여금 일상생활에서 자신의 비합리적인 신념을 찾아 목록을 만들어 오도록 하고, 그 목록에 있는 내용을 스스로 논박해 보고 합리적인 생각으로 바꾸도록 하는 방법이다. 세상에는 다양한 종류의 사람들이 있다. 무자비한 사람도 있고, 이타적인 사람도 꽤 많다. 만약 나를 포함하여 사람들이 이타적이고자 노력한다면 세상은 보다 좋은 곳이 될 것이다. 경쟁에서 지는 것은 끔찍한 충격이다. 이기면 기분이 좋지만 승자가 있으면 항상 패자도 있기 마련이다. 승리할 때뿐 아니라 패배할 때도 얻는 것이 있다. 일반적인 잘못된 신념과 바람직한 신념의 예를 들 수 있다.

행동체험을 통한 개인의 변화로 인간의 행동 들 중에서 반복적으로 나타나면서 문제를 일으키는 것을 행동 체험을 통해 변화를 모색해 보는 방법이다.

사람들 앞에 나서서 발표를 하거나 의견을 제시할 때 자신감이 없어 얼굴을 자주 붉히는 클라이언트가 있다면, 사회복지사는 클라이언트와 함께 발표할 자료를 미리 요약해 보고 실제 발표하는 것처럼 연습을 여러 차례 거치면서 '잘하고 있다'거나 '잘 할 수 있다'라고 하면서 자신감을 불어 넣어 주며 실제로 사람들

앞에서 얼굴을 붉히지 않고 연습 때 했던 것처럼 발표를 잘 할 수 있을 것이다.

2. 관계 변화를 돕는 기술 : 나-전달법의 사용

사회복지실천에서 만나게 되는 많은 클라이언트는 관계의 문제 때문에 사회적 욕구가 충족되지 않아 고통을 느끼는 경우가 많음. 그리고 이러한 관계문제는 주로 가족, 동료, 친구, 직장 등 클라이언트가 속한 체계에서 다른 사람들과의 상호작용에서의 문제이며, 이러한 문제를 해결하는 방법 가운데 하나는 의사소통을 효과적으로 하도록 돕는 것이다.

'나-전달법'의 사용의 의사소통의 효과적인 기술 가운데 하나로 '나-전달법(I-Message)'이 있는데 '나-전달법'은 상대방의 행동으로 인해 나 자신이 어떻게 느끼고 있는지를 객관적으로 전달하는 것이다. '나-전달법'은 단순히 상대방의 행동에 대한 나의 느낌을 설명하는 것이므로 내가 중심이 되어 나의 느낌을 말하는 것이며 상대방을 탓하지 않는 것이다.

'너-전달법(You-Message)'은 상대방을 탓하고 비난하면서 상대방이 잘못하고 있다고 말하는 것으로 상대방을 말로 공격하게 되는 것이다.

'나-전달법'의 예: 부모의 일을 방해하고 있는 자녀가 있다고 가정할 때, 부모를 방해하는- 아이의 행동 그 자체보다는 행동의 결과에 대해 중점을 두는 것으로 예를 들면 철수가 새 옷을 입고 나가서 모래놀이를 하면 옷에 흙이 묻거든. 그러면 엄마는 속이 상해. 왜냐하면 엄마가 또 빨래를 해야 하기 때문이야" 같은 방법이다.

'나 전달법'의 구성요소는 나에게 문제를 소유하도록 하는, 즉 나를 괴롭히는 상대방의 행동은 무엇인가? 수용할 수 없는 상대방의 행동에 대해 비난하거나 비평하지 않으면서, 또 화도 내지 않고 단순히 행동상황을 서술하는 내용이다.

상대방의 그 행동이 나에게 어떤 영향을 끼치고 있는가? 즉, 상대방의 행동이 나에게 미치는 구체적인 영향이 무엇인지 간결하게 서술한다.

내가 그 행동의 결과에 대해 어떻게 느끼고(감정) 있는가? 상대방의 행동이나 그 행동이 미칠 구체적인 영향에 대해 나의 감정 또는 느낌이 어떤지를 서술한다. 예를 들면 "아빠 지금 전화를 받고 있는데, 영민이가 큰소리로 떠들면 (행동), 아빠는 짜증이 난단다(감정). 왜냐하면, 저쪽 편에서 무슨 말을 하는지 알아들을 수가 없기 때문이다.(구체적인 영향)

'나-전달법'의 공식은 다음과 같다.

① 네가 ~ 하면(행동서술)

② 나는 ~ 라고 느낀다(느낌 서술)

③ 왜냐하면 ~(결과서술)

'나-전달법'의 장점은 자아개념을 상실하지 않도록 하고, 상대방이 스스로 문제해결의 책임을 지도록 유도하며, 아울러 상대방에게 개방적인 의사소통기법을 터득하게 하고, 상대방에게 적극적인 경청을 하도록 하며 서로 솔직한 감정이입이 가능하도록 한다.

효과적인 메시지 전달법은 다음과 같다.

첫째, 교육은 교수자를 통해서 교육내용, 메시지 등을 학습자를 통해 이루어진다. 지금까지의 교육은 교수자의 일방적 교육방식이 주류를 이루었으며, 교수자의 일방적인 지식전달에 불과하다. 지금까지의 교육은 매체가 발달하지 않았던 시기의 방법이다. 여기서 가배와 배가의 만남 즉 가르치면서 배우는 사람과 배우면서 가르치는 사람의 만남이 중요하며 쌍방향 교육방식이 필요하다.

둘째, 강의법이다. 강의법의 장점은 다음과 같다.

① 지식이나 정보를 체계적으로 전달, 제공할 수 있어 지식의 양과 질이 높다.

② 한 사람의 교수자가 여러 명의 학습자에게 동시에 강의하므로 지식 전달의 경제성이 높다.

③ 귀로 듣고 손으로 쓰는 능력(요약법, 정리법)을 배울 수 있다.

④ 사실 전달에 효과적이다.

단점으로는

① 학습자가 현재 어떤 상황(수준, 성향 등)인지 일일이 고려하기가 힘들다.

② 학습자는 수동적으로 들어야 하므로 능동적 참여의 기회가 힘들다.

③ 교수자의 능력과 지식에 의존하게 된다.

셋째, 강의법의 기술이다.

① 말로써 설명하기에 어려운 부분은 시청각 자료를 사용하여 효과적으로 전달할 수 있다.
② 학습자의 수준을 고려하고 난이도를 조절해야 한다.
③ 집중력이 떨어지지 않도록 적절한 유머를 섞어가며 강의한다.
④ 학습자의 반응과 분위기에 따라 강의 속도를 조절한다.
⑤ 적절한 질문을 통해 학습자의 주의를 환기한다.
⑥ 자기 자신을 매체로 생각하고 스스로를 활용한다.

넷째, 메시지 전달시 주의할 점이다.

① 명쾌해야 한다.
② 구체적이어야 한다.
③ 감정에 호소하는 것도 효과적이다.
④ 교수자가 매체가 되어 노력과 수고를 아끼지 않아야 한다.

제 3 절 직접실천 원조과정

사회복지실천 과정론은 첫째, 사정으로 욕구와 문제의 규명, 욕구와 문제에 대해서 이해하고 해결과 해결수단 결정을 위한 정보확인 그리고 정보의 수집과 분석에 있으며 계획, 행동, 평가, 종결 등의 과정을 거친다.

개별사회사업은 사회복지사가 개인을 원조하는 것으로 사회복지사로서 사람을 대하는 태도를 몸에 익힐 필요가 있다. 개인상담과 비교했을 때 인간에 대한 이해를 바탕으로 한다는 점이고, 다른 점은 개인 및 환경에 대한 이중초점에 근거하여 개입을 한다는 것이다.

사정기술을 익히기 위해 상담분야에 대한 공부가 필요하며, 클라이언트 개인의 욕구와 기대를 파악하는 방법이 무엇인지 그리고 클라이언트가 요청하는 도움과 문제의 근본이 무엇인지를 정확하게 이해하는 것이 중요하다.

1. 초기단계

직접실천 원조과정에서 초기단계는 탐색, 계약, 사정, 계획 등의 과정을 말한다.

1) 자료수집과 문제탐색

클라이언트의 문제를 탐색하는 과정은 클라이언트 개인, 문제, 그리고 계약을 의뢰하는 데 영향을 주는 환경요인들에 대한 포괄적인 자료를 수집하는 것이다.

많은 클라이언트들이 비자발적으로 오게 된다. 사회복지사는 접수형태나 그들을 계약하러 오게 한 환경에 대한 자원으로부터 정보를 얻을 것이다. 사회복지사는 클라이언트 자신이 시작한 계약에 대해 미친 동기는 어떤 것인지, 외부의 힘에 대해 반응하는 동기는 어느 정도인지 결정하도록 할 수 있다.

2) 라포 수립과 동기강화

계약을 성공적으로 수립하는 것은 사회복지사가 돕고자 하는 의도에서 클라이언트의 위협을 줄이고 신뢰하면서 라포를 수립하는 것을 의미한다.

3) 문제사정 및 체계와 관련된 자원확인

① 무엇을 사정해야 하는가? ② 관심사와 욕구를 찾아라 ③ 관심사와 욕구의 본질을 파악하라. ④ 생태체계에서 강점과 자원을 찾아라. ⑤ 정보를 선택하고 수집하라. ⑥ 이용가능한 정보를 분석하라

4) 목표설정과 계약

계약을 통해 원조과정을 명확하게 하고, 클라이언트에게 실제 그들이 무엇을 기대하고 기대받을 수 있는지 명확하게 하기 때문이다.

5) 의뢰

의뢰이유에 대한 서로의 의견을 조정하거나 협상하며 제공할 수 있는 자원을 알아보고 활용한다.

2. 중간단계 : 실행과 목표성취

직접실천 원조과정에서 중간단계는 실행과 목표성취 단계이다.

1) 진행과정 조정의 필요성

① 변화전략과 개입방법의 효과성을 평가하기 위해
② 목표를 달성하고자 하는 클라이언트의 노력을 지도하기 위해
③ 진행과정 혹은 진행과정의 불충분함에 대한 클라이언트의 반응을 파악하기 위해
④ 목표달성에 집중하고 진행과정을 평가하기 위해

2) 개입방법의 검토와 선택

문제와 과제를 검토하고, 실제 장애물의 규명과 해결 그리고 문제의 초점화로 과제계획을 검토한다.

3. 종결단계

종결단계는 종료, 계획 유지 전략, 평가 등의 단계이다.
① 개인과 집단의 목표가 만족스럽게 달성되었을 때 이를 평가하고 종결계획을 세운다.
② 원조관계의 종결을 성공적으로 달성한다.
클라이언트의 심리적인 스트레스를 최소화하면서 종결하기 위해서는 Ct.의 감정적 반응과 기술을 파악하는 것이 필요하다.

Felix Biestek은 1957년 자신의 저서 『개별사회사업 관계』(*The casework Relationship*)에서 개별사회사업 관계란 "개별사회사업 사회복지사와 클라이언트 간에 이루어지는 태도와 감정에 대한 역동적 상호작용으로 클라이언트가 자신과 환경 사이에서 더 잘 적응할 수 있도록 돕는 목적을 갖고 있는 것"이라고 하였다.

4. 관계론 7대 원칙

1) 개별화

개별화라는 것은 각 클라이언트의 독특한 자질을 알고 이해하는 일이며, 각 개인을 도와줌에 있어서 상이한 원리나 방법을 활용하는 것이다. 인간은 개인이어야 하며, 불특정한 인간으로서가 아니라 개별적 차이를 지닌 특정한 인간으로서 처우되어야 한다는 입장이다.

2) 의도적인 감정표현

이것은 자기감정 특히 부정적 감정을 자유로이 표현하려는 클라이언트 욕구에 대한 인식에서 출발한다. 사회복지사는 의도적으로 경청하여야 하며, 그의 감정표현을 낙담시키거나 비난하지 말아야 하고, 치료상 필요할 경우에는 자극을 주고 격려도 해주어야 한다.

3) 통제된 정서적 관여

클라이언트와의 면접은 주로 정서적인 면에 관계되고 있기 때문에 사회복지사는 클라이언트에게 자기감정을 말로써 표명하도록 권고해야 한다고 했다. 사회복지사는 이들 감정에 호응하기 위해 정서적으로 관여하게 되는데, 이 관여는 통제되어지는 것으로서 케이스의 총체적 목적에 따라, 클라이언트의 욕구의 변화에 따라, 또는 사회복지사의 전진적 · 진단적 사고에 따라서 그 방향이 설명되어야 한다는 것이다.

참고로 면접의 목적은 ① 정보수집 면접 ② 진단적 의사결정 면접 ③ 치료적 면접 등이 있고, 면접방법은 주목행동, 질문기법, 관찰기술, 격려 · 부연 · 요약, 감정의 반영, 의미의 반영, 초점화 기법, 영향기술 등이 있다.

4) 수용

수용이란 사회복지사가 클라이언트의 있는 그대로를 이해하고 다루어 나가는 하나의 행동원칙이다. 이 때에는 클라이언트의 존엄성과 그 인격의 가치에 대한 관념을 유지해 나가야 한다. 그러나 수용은 정상적인 길에서 벗어나 태도나 행동을 시인한다는 것은 아니다. 수용의 대상은 선한 것이 아니라 있는 그대로의 참된 것이다.

5) 비판단적 태도

이것은 사회복지사의 기능이 문제 혹은 욕구발생의 원인에 대해서 클라이언트가 잘못이 있나 없나 혹은 그에게 어느 정도 책임이 있느냐의 여부를 말하지 않는다는 것을 뜻한다. 그러나 클라이언트의 태도나 행동에 대한 평가적인 판단은 하고 있어야 한다.

6) 자기결정

자기결정 원칙이란 개별지도 과정에서 클라이언트는 스스로 선택하고 결정을 내릴 수 있는 자유로운 권리와 욕구를 갖고 있다는 점을 인식하는 것을 말한다. 그러나 클라이언트의 자기결정권은 클라이언트의 능력, 법률 및 도덕의 한계 또는 사회복지기관의 활동범위 등에 따라 제한을 받게 된다.

7) 비밀보장

비밀보장은 클라이언트의 기본적 요구이므로 사회복지사는 이에 응할 책임이 있다. 때론 클라이언트의 비밀은 그 기관 내에서나 다른 기관 전문직원에게 밝혀야 할 경우가 있는데, 이 때에는 모든 직원에게 비밀보장의 의무가 확대 적용된다. 그 이외 전문적인 원조관계 형성 기술로 신뢰형성을 위한 기술을 습득해야 한다. 이 모든 것이 의사소통을 통하여 이루어진다고 해도 과언이 아니다.

(1) 의사소통 기술

사회복지사가 가지고 있는 클라이언트의 삶에 대한 진지한 관심, 클라이언트의 문제해결을 돕고자 하는 의도, 클라이언트가 처한 상황에 대한 이해 등이 클라이언트에게 정확히 전달될 때 원만한 원조관계가 형성하게 된다.

따라서 사회복지사는 클라이언트의 언어와 행동을 정확히 파악할 수 있는 의사소통기술뿐만 아니라 자신의 생각과 의도를 클라이언트에게 정확히 전달할 수 있는 언어 및 비언어적 표현능력과 기술을 갖추어야 한다.

지금까지 많은 문헌에서 제시된 원조관계 형성에 필수적인 요소는 감정이입적 의사소통, 무조건적 긍정적 존중, 온화함, 진솔성 등이다.

(2) 관심기울이기

관심의 전달은 대인간의 상호작용을 강화·촉진시키는데 크게 도움이 되기 때문에 특히 상담의 시작 단계에 있어서는 필요불가결하다고 볼 수 있다.

관심기울이기를 나타내는 기본적인 행동으로는 ① 좋은 자세, ② 온화한 시선의 접촉, ③ 상냥한 얼굴 표정과 음색, 그리고 ④ 즉각적인 언어 및 비언어적 반응 등이 있다. 이와 같은 관심기울이기 행동은 내담자에게 상담자의 관심과 존경을 전달하는 데 많은 도움을 주기 때문에 내담자와 상담자 간에 상호작용을 강화해 줄 뿐 아니라 성공적인 상담관계 형성과 발달에도 크게 이바지한다.

(3) 감정이입적 의사소통

사회복지사는 클라이언트의 감정, 태도, 생각, 가치, 기준, 경험 등을 온전히 이해하는 능력뿐만 아니라 자신이 그 모든 것을 이해하고 공감하게 되었다는 것을 클라이언트에게 정확히 전달할 수 있는 능력까지도 갖춰야 하는 것이다. 전자는 감수성의 차원이고 후자는 의사소통의 차원이다.

공감적으로 의사소통하는 첫 단계는 바로 내담자 자신이 당면하고 있는 문제에 대해서 스스로 어떻게 느끼는지에 대해서 이야기하는 내용을 주의 깊게 들어주는 것이다. 두 번째 단계는 내담자의 감정과 그가 처한 상황을 대표해줄 만한 적절한 말을 생각하는 것이다. 세 번째 단계는 내담자의 감정과 그의 상황을 잘 이해하고 있다는 말을 그에게 해주는 것이다. 이러한 공감적 의사소통이 성공하기 위해서는 내담자가 이야기하고 있는 동안 그의 말에 귀를 기울여야 한다. 그러나 그에게 어떻게 반응할까를 생각하느라고 시간을 허비해서는 안 된다.

공감연습의 기본적인 반응은 ~하기 때문에(느낌과 관련된 경험이나 행동) 또는 ~하게 느끼는구나(내담자의 현재 정서를 그대로 표현) 등의 표현이다.

(4) 감수성차원의 감수성훈련

감수성 훈련을 위한 첫 번째 단계는 우리가 생활하면서 겪는 일상적 정서를 이해하는 연습을 하는 것이다. 이를 위해 일상생활에서 경험하는 일과 감정의 종류를 최대한 생각해 본다(기쁨, 불안, 흥분, 걱정, 절망, 좌절 등 감정에 이름을 붙여 느껴본다). 다음으로 이러한 감정을 어떤 종류의 언어로 어떻게 표현할 수 있는지 또는 표현될 수 있는지 생각하고 연습해 본다.

감수성 훈련의 두 번째 단계는 클라이언트가 사회복지사에게 보내는 메시지 속에 숨어 있는 감정을 예리하게 파악한 후 적절히 반응하는 연습을 하는 것이다. 클라이언트가 어떤 느낌을, 어느 정도, 어떤 단어를 사용하여 표현하고 있는가를 살핀 후 클라이언트가 자신의 상황을 묘사하기 위해 사용하는 단어들과 같은 의미를 가진 단어를 가급적 클라이언트가 사용하는 어휘 범위 내에서 찾아낸다. 다음에는 그 단어를 사용하여 클라이언트의 감정 상태를 사회복지사의 입을 통해 표현한다.

감정이입적 의사소통 훈련의 수준은 다음과 같다.

수준 1. 클라이언트가 나타내는 두드러진 감정도 알아차리지 못함. 부적절하고 거친 반응을 보임. 대화의 주제를 상황에 맞지 않게 멋대로 바꿈. 논쟁을 벌이거나 조급한 충고 또는 해결책을 제시함. 눈빛, 자세, 몸짓 등의 비언어적 반응이 클라이언트의 기분과 상황에 맞지 않음.

수준 2. 클라이언트가 전하는 표면적인 언어표현은 이해하나 거기에 담긴 감정은 놓침. 메시지 속에 숨어 있는 실체는 파악하지 못함. 감정 파악이 부정확하거나 부분적으로 이해를 함.

수준 3. 클라이언트의 언어표현 속에 담긴 사실과 표면적 감정상태를 비교적 정확히 파악하고, 그에 대해 언어적·비언어적으로 적절히 반응함. 하지만 언어 표현 속에 숨겨진 감정은 잘 파악하지 못함. 클라이언트가 말로 표현하지 않은 감정을 잘 집어 내지 못함.

수준 4. 클라이언트의 말에 숨겨진 내면의 감정, 숨겨진 문제양상을 집어냄. 클라이언트가 정확히 표현하지 못한 미묘한 기분, 미묘하게 포장되거나 가려진 감정, 몸짓이나 표정의 의미, 특정 행동의 목적 등을 찾아냄.

수준 5. 클라이언트의 감정의 순간순간 흐름을 미묘한 수준까지 파악함. 표면적인 감정은 물론 내면적 감정의 흐름의 강도와 폭 등을 충분히 파악함

(5) 무조건적 존중

무조건적 존중은 클라이언트가 현재 가지고 있는 모든 것을 무조건적인 시각으로 보면서 존중하는 것이다. 이는 사회복지사의 판단기준을 가지고 클라이언트를 대하고 생각하며 느끼는 것이 아니라, 클라이언트로부터 클라이언트의 인생, 생각, 가치 상황 등에 대해 배우려는 자세를 갖고 대화를 이끌어 가는 것이다.

(6) 온화함

사회복지사가 클라이언트에게 보이는 다정하고 편안한 태도에서 온화함이 나타난다. 클라이언트를 대할 때 사회복지사들은 정다운 웃음과 부드러운 말씨, 상냥한 태도, 자연스러운 몸짓 등이 조화를 이룰 수 있도록 노력해야 한다.

(7) 진솔성

이는 자기 자신의 모습을 아무런 가식이나 방어 없이 있는 그대로 클라이언트에게 내보이는 등 진실하고 솔직한 자기 자신의 노출에 해당한다. 여기서 생각해 보아야 할 것은 전문적 원조관계를 긍정적으로 형성하여 클라이언트의 성장과 그의 문제해결을 돕기 위해 사회복지사가 진솔해져야 한다는 것이지, 클라이언트와의 공동협력관계를 해치면서까지 자신이 진실한 사람이라거나 솔직한 사람이라는 것을 내보이기 위해 노력하라는 것은 아니라는 것이다.

(8) 적극적 경청

적극적 경청의 요령은 ① 클라이언트가 표면적으로 나타내는 말뿐만 아니라

그 이면에 숨겨져 있는 감정까지도 세심하게 살핀다. ② 분명하고, 침착하며, 흥미를 나타내는 어조를 구사한다. ③ 관심과 열린 마음을 갖고 클라이언트의 말을 잘 듣고 있다는 것을 나타내는 몸짓(표정, 눈빛, 고개를 끄덕이는 일)을 적절히 사용한다. ④ 클라이언트가 한 말 중에서 불분명하거나 추가적인 정보가 필요하면 적절한 질문을 한다. ⑤ 무엇을 주장하거나 의견제시를 위한 말보다는 클라이언트를 보다 잘 이해하기 위한 말을 한다.

(9) 내용 반영하기

클라이언트가 말한 내용을 부연하고 다시 클라이언트에게 표현하는 것을 의미한다.

(10) 감정 반영하기

클라이언트가 표현한 감정을 사회복지사가 이해하고 반응하는 것을 의미한다.

(11) 직면하기

내담자가 자신의 문제를 실질적으로 해결할 수 있기 위해서는 자기가 직접 행동으로 실행해야 한다. 맞닥뜨림은 바로 이러한 실행을 돕기 위한 기법이다. 맞닥뜨림에는 ① 경험적인 것과 ② 교훈적인 것의 두 가지가 있다. 경험적 맞닥뜨림은 상담자가 내담자의 개인적인 경험에서 나타나는 불일치의 경우 ㉠ 말한 내용의 전후가 불일치하거나, ㉡ 행동과 말이 상반되거나, ㉢ 내담자의 경험과 상담자가 그를 경험하는 내용이 다른 경우 등을 솔직히 지적해 주는 것이다. 그리고 교훈적인 맞닥뜨림은 바람직하지 못한 내담자의 행동을 지적하거나 내담자가 가지고 있는 잘못된 정보를 고쳐주는 등 내담자의 부적절한 행동에 사회적 통제를 행사할 때 쓰는 기법이다. 상담자는 내담자의 바람직하지 못한 행동의 변화를 돕기 위하여 맞닥뜨림의 기술을 적절히 활용할 수 있어야 한다.

(12) 명료화

명료화는 내담자의 말 중에서 생략되어 있거나 모호한 점을 내담자가 확실히 알 수 있도록 상담자가 도움을 주는 방법을 말한다. 명료화는 내담자가 말하고자 하는 의미를 상담자가 생각하고 이를 다시 내담자에게 말해주거나, 분명하게 해

주도록 요청하는 것이다. 이는 우리가 내담자 반응의 구체화라고 하는 과정에 해당한다. 구체적이고 명료한 반응을 얻기 위해서는 구체적으로 답할 수 있도록 질문해야 한다.

(13) 질문기술

클라이언트의 자기탐색을 돕는 질문하기는 반영적 고찰(self-reflection)을 자극하는 한 방법이 된다. 그리고 해석기술은 사회복지사가 적시에 적절한 방식으로 해석을 제공함으로써 클라이언트는 자신의 문제상황을 잘 이해할 수 있게 된다. 사회복지사는 해석을 제공하기 위한 정보와 이론적 근거를 충분히 검토한 후 언제, 어떤 방법으로 해석을 제공할 것인지 결정하는 것이 중요하다.

(14) 자아존중감 향상

자아존중감의 경우 자기암시보다는 실제적인 근거를 바탕으로 향상시킬 필요가 있다. 자존감의 근거가 타인에 의한 평가에 비중이 있는지, 스스로의 평가에 비중이 있는지 살펴본다. 이를 바탕으로 자아존중감 수준을 어떻게 변화시킬 수 있을지 구체적인 계획을 세워본다. 그리고 자기주장, 자기 통제, 분노표출(정서교육), 사회성 향상, 부모교육 등이 있다.

연습문제

1. 사회복지사의 개입수준과 사회복지사의 역할에 대하여 설명하시오.

2. 개인 대상 사회복지실천과정에 대하여 설명하시오.

3. 분노의 포도(The Grapes of Wrath)(영화 및 소설)가 주는 가치는 무엇인가?

4. 감수성훈련에 대하여 설명하시오.

5. 관계론의 7대 원칙에 대하여 설명하시오.

[선행학습 정답] : 1. 개별사회사업 2. 비밀보장 3. 감수성훈련

5
chapter

가족대상 사회복지실천기술

〈선행학습〉

1. 클라이언트들이 일반적으로 보이는 두려움과 불안 등을 해소하기 위해 사회복지지사와 상호 긍정적인 친화관계를 형성하는 관계는?
2. 남편과의 정서적 거리 때문에 아들에 대해 과도한 관심을 보이는 관계는?
3. 보웬식 가족치료에서 사고와 감정을 분리하여 자신과 타인을 구분할 수 있는 능력을 말하며 한 가족의 정서적 혼란으로부터 자신이 자유로워지는 과정을 무엇이라고 하는가?
4. 가족하위체계간의 불분명한 경계 등 가족구조에서 초래되는 역기능적인 요소에 초점을 두며 경계만들기, 합류하기 같은 개입기술을 사용하는 가족치료를 무엇이라고 하는가?

제 1 절 가족에 대한 이해

1. 가족의 개념과 의의

인간의 가장 일차적인 집단이며 가장 오래 지속되어온 기본적인 사회제도이다.

전통적인 관점의 가족 개념은 애정을 바탕으로 혈연 중심의 부모자녀관계의 생활공동체로서 이는 한 사회의 규범과 사회구조적 특성에 적응되어 온 것으로 한 사회의 역사적 산물이며 결혼, 가족에 대한 의미, 가치 기준을 반영한 것이다. 그러나 가족 개념의 다양하며 사회마다 다르다 특히, 슐츠는 변화하는 가족에서 가족은 복잡한 변수로 생물학, 종교, 문화적 규칙에 근거한 보편적 규범일 수 없고, 가족이 사회적인 필요성에 기인하는 정도만큼 우리에게 변화하는 개념을 부여한다고 지적한다.

가족에 대한 학자들의 개념정의에 의하면 G. P Mudock(1949)은 공동의 거주, 경제력인 협력, 생식의 특성을 갖는 사회집단으로 부부와 그들에게서 출생 또는 입양된 자녀로 구성된 집단이고 E. W. Burgess은 가족성원간의 상호애정이나 친밀한 관계를 발전시키면서 상호작용하는 인격들의 통일체이다.

D. H. Olson과 J. DeFrain은 둘 또는 그 이상의 사람들이 서로 돕고 헌신하며 친밀감, 의사결정, 가치관을 공유하는 집단으로 보고 있다.

유영주는 부부와 자녀들로 구성되는 기본적인 사회집단으로, 애정적인 혈연집단, 동거동재집단, 그 가족만의 고유한 가풍을 갖는 문화집단, 인간 발달의 근원적 집단으로 보고 있다.

최재석은 가계를 공동으로 하는 친족 집단으로 보고 이광규는 동거동재집단, 가옥, 가격, 가풍을 포함한 넓은 개념으로서의 문화집단으로 보고 있다. 가족이 혈연이나 법적 계약에 의해 형성된 단위로만 보기보다 가족구성원간의 개인적이고 상호연결된 관계를 강조하며 Family라는 획일적 형태보다 Families라는 용어로 가족의 다양성을 인정한다. Families는 현대가족의 복잡성과 다양성을 인정하는 개념으로 생물학적 재생산 및 혈연관계 또는 입양가족과 같은 의사혈연관계에 기초한 사회적 단위를 의미한다.

2. 가족의 일반적 특성

① 가족 구성원들은 각자의 역할을 학습하고, 수행하는 역할체계가 있으나 성원 중의 역할기능 수행에 너무 과도하거나 무관심한 역기능도 존재한다.

② 가족은 사회의 변화에 영향을 받으면서 가족의 변화가 사회의 변화를 주도하기도 한다. 여성의 사회활동의 증가로 핵가족화가 진행되며 이로 인해 양육부담 증가 사회적 관심이 보육 서비스를 제공하게 한다.

③ 가족은 자녀 성장기, 자녀 독립기, 노년기 등의 생활주기에 따라 변화한다.

④ 가족성원들 사이의 상호의존성 정도가 높으며 과거 같지 않으나 여전히 가장 많은 영향 주고 있다. 그 외 가족자원이 가족생활에 영향을 미친다. 가족은 소집단인데도 남녀노소라는 성과 연령에 관해서는 이질적으로 구성된다.

3. 한국 가족의 특성

1) 인구통계를 통해 본 가족구조 특성

산업화, 도시화에 따른 가족크기의 감소는 소가족화내지는 핵가족화현상(부모자녀)과 가족구성 형태에 변화를 가져왔으며, 가족출산율 저하, 농가 자녀의 도시이동은 1인 가구증가, 가족결손 또는 가족해체로 인한 단독가구의 증가는 가구당 가족 성원수 감소를 가져왔다.

2) 가족관의 변화

① 결혼관의 변화 : 결혼의 필요성 의식 감소, 가문중심에서 두 개인간 결합의 성격이 강하다.

② 가족주의 가치의식의 약화 : 가족주의는 모든 가치가 가족의 유지·존속과

가족의 단결・영속화, 가족이 공동 이익을 추구하려는 집단적 노력과 관련된다.

개인보다는 가문을 중시하여 누구의 아버지이거나 아들로서, 나 자신보다는 가족을 위해 존재해 왔으나, 핵가족화 현상은 이러한 가족주의 가치의식을 약화시키고 있다.

③ 가정권 및 부계, 부계 의식의 약화 : 우리나라 전통가족의 중심은 부자관계이고 부부관계는 지배, 복종의 예속관계이며 부모자녀 관계 역시 권위복종관계이며 장남이, 여자보다 남자가, 외가보다 친가가, 서자보다 적자가 높은 지위를 가지며 가족내 상하 신분의 서열과 가부장권이 철저하였다. 이런 수직구조는 부자관계가 가장 막강한 권위를 가졌으나 현대의 가족은 제도적 가족으로부터 우애적 가족, 수평적 가족으로 변화되면서 가부장권의 약화를 가져오게 되었다.

④ 자녀가치의식 약화 : 종족보존의 자녀출산 여부는 부부가 선택, 점차 무자녀가족의 증가, 현재 출산율 저하는 이러한 양상을 잘 보여주고 있으며 가족해체시 자녀양육이양의 문제, 중년기 이후 세대들이 갖는 자녀에 대한 기대 역시 약화되고 있다.

3) 가족관계 특성

① 가족관계에 대한 만족도 : 맞벌이 가족은 실제적으로 수입이 충분히 보장되고 자신의 적성이나 능력을 살릴 수 있는 만족스러운 직장생활을 하고 있는 맞벌이가족보다는 생계수단으로서 취업하는 경우가 많으므로, 이들 가족이 당면하는 문제에 대한 분석이 보다 필요하며 이에 대한 대응책 역시 강구되어야 한다. 가족의 지지 및 가사노동 참여에 대하여 직업스트레스가 가족에게 미치는 영향은 가족의 지지여부에 따라 달라진다. 직업에 대한 배우자의 지지는 결혼만족도에 미치는 부부의 역할갈등의 정도를 감소시킬 수 있다. 부부가 직업에 관해 대화하고 배우자에게 지지받고 있다고 느낄 때, 직업이 결혼의 질에 미치는 부정적 영향이 감소될 수 있다.

② 부부관계 : 제도적 관계에 의한 우애적, 종속적, 수직적 상하관계 의식 약화, 부부간 가치관, 기대에서의 의식차이로 인한 갈등이 유발되고 있다.

③ 부모자녀관계 : 자녀성장에 따른 부모역할변화 부적응, 자녀의 자기주장에

대해 부모는 자녀성장과 부모에 대한 도전이라는 양가적 감정 그리고 자녀에 대한 권력행사와 허용적 양육태도에서 갈등한다.

④ 고부관계 : 세대차이, 가정 주도권 다툼이나 상호간의 역할기대와 역할수행간의 불일치. 아들남편에 대한 경쟁적인 애정관계와 시어머니 경험의 가치 상실로 인한 시어머니의 권위 약화 등 이유로 갈등이 야기되고 있다.

4. 한국 가족의 문제

1) 가족의 이상과 실제의 괴리

① 산업화, 정보화와 급격한 사회변화 속에서 심한 문화지체 현상을 보임. 즉, 가족 안에서 남성과 여성, 다양한 세대가 충돌하면서 많은 긴장과 갈등을 빚어내고 있다.

② 전통적으로 가족이 담당해 오던 기능이 상실된 자리에 우애적 가족으로 전환 역시 미미한 수준에서 전개됨으로 심각한 아노미를 경험하고 있다.

③ 형태상으로는 핵가족 속에 있지만 실제적으로는 확대가족을 유지하고 있다.

④ 여전히 자녀가 중심에 있기는 하지만 과거와 비교해 볼 때는 점차 부부중심을 향해 이동해 가는 측면이 보이기도 한다.

⑤ 기본적으로는 부계혈연중심의 친족제도를 유지하고 있으나 양계제(공동) 방향으로 변화되어 가는 경향이 나타나고 있다.

⑥ 결혼과 가족 가치관은 여전히 전통적 고정관념이 강하게 남아 있다.

⑦ 결혼생활의 성문화가 획기적으로 바뀌고 있다.

그 외 이혼, 가족폭력, 여성취업에 따른 육아 및 가사문제, 노부모 부양문제, 한부모 가족과 청소년 문제 등을 들 수 있다.

2) 가족의 변화

가족의 개념은 가족의 구조적, 기능적 측면, 상호작용적 측면의 본질을 내포하고 있으며 이에 따라 가족 개념이 다양하게 변화되고 있음을 알 수 있다. 대체로 가족에 대한 보편적 정의는 혈연, 결혼, 입양의 구조적 또는 기능적 수행을 강조하는 제도로써의 가족을 정의한데 비해 사회가 변화함에 따라 가족구성원 간의 상호작용의 질에 의의를 두고 있다.

현대 가족은 제도적 가족으로부터 동반자적 가족으로 전환되고 있으며 가족 내의 복잡성과 다양성을 포함하기 위한 시도로 그 가족(the family)에서 families로 변화하고 있음을 지적하고 있다. 이는 현대 가족이 가족이데올로기에 머무르는 것이 아니라, 다양한 가족형태를 수용하면서 각각에 속해 있는 가족의 삶의 질을 어떻게 하면 높일 수 있을까에 초점을 두는 가족실체를 찾는 것이어야 한다.

미국사회복지사협회에서는 가족을 스스로 가족이라고 생각하면서 전형적인 가족의 임무를 수행하는 2인 이상의 사람들이라고 보아 광의의 가족 개념을 제시하고 있다. 가족의 유형에는 독거노인가족, 한부모가족, 독신가족, 핵가족, 대가족, 자발적 무자녀 가족, 계부모 가족, 미혼모(부) 가족, 이혼가족, 청소년 가장 가족 등이 있다.

결국 가족 구조의 변화는 가족의 개념의 변화를 초래한다. 가족형태의 변화는 편부모가족, 계부모가족, 무자녀가족, 독신자가족, 동거가족, 공동체가족, 동성애가족, 또한 같은 집이지만 따로 따로 사는 형태, 같은 아파트지만 동·호수가 다른 경우이다.

① 핵가족의 증가 ② 다양한 가족형태의 증가 ③ 가족구조의 단순화 ④ 가족기능의 축소와 변화 ⑤ 가족구성원의 권력구조의 평등화 ⑥ 가족생활주기의 변화 ⑦ 가족가치체계의 다양화 가족문제 및 욕구의 다양화 등 적응과 대책문제의 고려가 필요하다.

3) 가족문제

① 부부갈등 ② 부모와 자녀 간 갈등 ③ 확대가족 내 세대 간 갈등 ④ 가족문제와 주변체계 ⑤ 가족단위로 개입해야 할 문제는 어떤 한 가족 구성원의 문제라 할지라도 그 영향이 가족구성원 전체에까지 미쳐 가족 전체가 고통을 받고 있는 문제로 가족구성원들 사이의 관계에서 비롯한 문제가 대부분이다.

가족문제를 해결하기 위해 가족이 위치한 주변체계의 여러 사람들과 협력이 필요하며 가족의 문제는 일반적으로 제도적, 규범적 변화에 따라 가족이 어떻게 적응을 해 왔으며, 개인이 가지는 부적응은 무엇인지 보는 관점을 지닌다.

(1) 가족의 역기능 현상

① 자녀가 한 쪽 부모를 배제하고 다른 한 쪽 부모와 편을 이룬다.

② 자녀들이 지속적으로 부모를 돌보고 정서적으로 지지하며 부모역할을 수행한다.

③ 부모가 자녀들 사생활에 지나치게 간섭한다.

④ 부모가 부부간 다툼에서 자신의 편을 들도록 자녀에게 요청한다.

⑤ 한 세대의 성원이 특정 성원들을 배제하고 다른 세대의 성원과 연합한다.

⑥ 부모가 자녀들과 상호작용하거나 협의하기를 거절한다.

⑦ 자녀들이 부모의 지도와 상호작용, 관계를 거절한다.

⑧ 탈삼각화 : 삼각관계는 어떤 두 사람이 자신들의 정서적 문제에 또 다른 한 사람을 끌어 들이는 형태를 기술하는 개념

⑨ 자아분화 : 정신 내적 측면(생각과 감정이 적절하게 분리되어 있는 정도)과 외부 관계적 측면(한 개인이 타인과의 관계에서 확고한 자아개념과 일관된 신념을 갖고 독립적 행동을 하는 정도)구분할 수 있다. 자아분화가 덜 된 사람일수록, 긴장상태가 높은 사람일수록 삼각관계 현상을 만들거나 그것에 합류될 가능성이 높다. 자아분화 수준이 낮은 부모는 미분화에서 오는 자신들의 불안을 자녀와의 삼각관계를 통해 회피하려 한다.

⑩ 다세대전이

삼각관계를 구성하는 인원이 교체되어 가면서 삼각관계 양상은 한 가족 내에서 돌아가면서 지속될 수 있다. 한 세대를 넘어 여러 세대에 걸쳐 형성되고 발전. 반복되는 것으로 한 세대에서 발생한 현상이 여러 세대에 걸쳐 전달되는 현상으로 개인의 자아분화 수준이 대대로 전달되는 것을 의미한다.(Bowen, 1995)

(2) 표출문제의 탐색

① 문제 상황의 탐색

② 문제의 원인에 대한 가족 구성원의 시각 탐색

③ 시도된 해결책의 확인

④ 가족구성원의 의미체계 탐색

(3) 기본적 확인 사항들

① 정보확인

② 가족체계 : 가족구조, 하위체계, 가족응집력, 가족들의 환경

③ 가족기능 : 의사소통방식, 의사결정, 역할 수행, 가족발달역사

④ 관심과 욕구

⑤ 욕구 충족을 위한 강점과 도전

(4) 가족사정의 내용

① 가족이 제시하는 문제에 대해 사정함

② 생태학적 사정 : 가족의 기본적 욕구 충족 여부, 가족(성원)과 환경체계들 간의 관계 등

③ 세대간 사정 : 확대가족과 관계, 여러 세대에서 반복되는 가족의 유형·관계·문제 등은 무엇인가

④ 가족 내부에 대한 사정 : 가족의 구조와 기능, 의사소통, 권력, 가치 등

⑤ 가족생활주기 : 가족의 역사, 위기를 해결하는 가족만의 독특한 방법

(5) 가족생활주기(family life cycle)

가족은 가족의 생활주기를 통해 발달하며, 각 생활 주기의 단계에서 수행해야 하는 발달적 과업과 요구를 갖는다. 가족유형에 따라 사회문화적 차이에 따라 달라질 수 있다.

가족의 욕구와 문제는 생활주기에 따른 발달과업과 연관되는 경우가 많고, 한 가족은 생활주기에 따라 발달할 뿐 아니라 가족의 문화적, 신념체계, 관계 유형 등을 이전 세대에서 다음 세대로 전승함에 따라 여러 세대에 걸쳐 발달한다.

개인이 생활주기를 가진 것처럼 가족도 생활주기를 가진다. 결혼을 통하여 가족이 결성된 순간부터 자녀의 성장이나 독립, 은퇴, 배우자 사망 등에 이르기까지 가정생활의 변화과정, 즉 가족의 구조와 관계상의 발달 및 변화를 가족생활주기라고 한다.

가족의 생활 주기에서는 각 단계에 따라 일정한 과업이 수반되며, 새로운 단계로 전환할 때는 일종의 위기를 경험하게 된다.

가족생활주기의 개념에 대하여 카터와 맥골드릭(Carter & McGoldrick, 1988)은 미국 중산층 가족의 인생주기에 대한 개념적 분석틀을 제시하면서 가족발달을 여섯 단계로 설명하였다. 이 모델은 3-4세대에 걸쳐 가족체계가 시간의 경과에 따라 변화하는 것을 관찰한 것으로, 예측가능한 발달사건(예컨대, 출산, 결혼, 은퇴)과 인생주기를 붕괴시킬 수 있는 예측 불가능한 사건(예컨대, 불시의 사망, 장애아의 출산, 이혼, 만성질환, 전쟁 등)을 포함한다.

가족 생활주기의 단계는 다음과 같이 단계별 가족과업을 설명할 수 있다.

첫째, 결혼단계의 가족과업

① 관계에 헌신하기 ② 역할과 규칙을 형성하기 ③ 원가족에서 분리하면서 부부로서 차별화하기 ④ 구체적이고 개인적인 욕구와 관련하여 타협하고 협상하기

둘째, 학령전 자녀가족

① 부부단위를 삼각형으로 재안정시키기

② 자녀를 수용하고 가족에 통합시키기

③ 서로에 대해 그리고 일에 대해 관계를 제고하기

셋째, 학령기 자녀가족

① 보다 많은 독립을 허용하기

② 새로운 사회적 제도를 수용할 수 있도록 가족경계를 열기

③ 역할변화를 이해하고 수용하기

넷째, 십대 자녀가족

① 경계를 조정하여 십대의 독립에 대처하기

② 개인의 자율성에 대한 새로운 개념에 적응하기

③ 규칙변화, 한계설정 및 역할타협

다섯째, 자녀독립준비 및 독립

① 십대에게 학업과 직업훈련을 통하여 독립된 생활을 준비시켜 주기
② 청년의 독립을 수용하기

여섯째, 중년기 부모의 빈둥지(empty nest)에 적응하기
일곱째, 노년 가족성원으로 손자녀와 자녀의 배우자들과의 관여
여덟째, 노화 문제에 대처하기

제 2 절 가족문제사정

1. 가족기능과 구조

가족체계의 특징으로 가족은 사회체계의 한 유형으로 가족 구성원은 상호 의존하는 관계에 있다. 한 사람의 행동은 다른 사람에게 영향을 미치며 반복적인 상호작용 행동으로 유형화된다. 체계로서의 통합성을 유지하며 동시에 경계를 형성하여 외부체계와 구분되기도 한다.

가족체계의 역동성은 다음과 같다.

가족구성원 모두는 가족 내에서 다른 가족원에게 일어나는 일의 영향을 받는다. 가족 구성원과 전체로서의 가족은 가족을 둘러싼 다른 많은 환경체계의 영향을 받는다. 가족과 외부체계를 구분하는 경계는 엄격함과 침투성 정도에 따라 다양하고, 가족은 시간이 지나면서 반복되는 상호작용 패턴(적응과 균형)을 추구한다.

가족대상 실천을 위한 기본개념은 다음과 같다.

① 일반체계이론과 가족체계

가족은 주변 사회환경과 끊임없이 상호작용하며, 사회환경과의 상호작용을 통해 가족의 기본 욕구를 충족하기 위한 필수자원과 지지를 확보한다.

대부분의 가족은 주변 환경과 상호 작용하는 가운데 적응적 균형을 이루지만, 적응적 균형을 이루지 못하는 가족은 결핍되거나 혹은 고립 또는 지나친 환경적

스트레스로 인해 문제가 발생한다.

② 경계

가족내 체계들간의 구분이나 가족체계와 외부체계를 구분해 주는 선으로써, 기능적인 가족은 환경체계들과 분명히 구분되는 동시에 개방적이고 융통적, 적응적인 경계를 가진다.

환경체계들과 지나치게 밀착되거나, 혹은 지나치게 유리된 경계를 가지는 경우 가족의 기능에 문제가 생길 수 있다. 명료성, 유연성, 투과성의 특성을 가진다.

③ 가족항상성

체계로서의 가족은 구조와 기능에 균형을 유지하려는 속성을 가지는 것으로, 역동적인 균형상태를 유지하기 위한 체계의 경향성을 가진다.

가족은 위기상황 이후에 정상적인 기능수행으로 되돌아가려는 경향이 있다.

④ 가족규칙

가족의 항상성 유지를 위해 가족 성원들에게 특정한 방식으로 행동하는 것을 허용 또는 허용하지 않을 수 있으며 가족들 간에 지켜야 할 의무나 태도에 대한 지침이다. 가족 집단 내에서 적절한 행동이라고 간주되는 것을 구체화한 것이다.

⑤ 하위체계

부부하위체계, 부모하위체계, 부모·자녀하위체계, 형제하위체계 등이 있다.

건강한 가족은 하위체계간 경계가 명확하고 분명하고 상위체계이면서 하위체계가 될 수 있다.

⑥ 순환적 인과관계와 파문효과

결과로서 나타난 현상은 그 앞의 원인변수에 의해 한 방향으로 영향을 받아서 나타난 것이라기보다는 상호 영향을 주고받는 순환과정에서 나타난 현상이다.

가족처럼 친밀한 관계의 문제는 직선적 논리로 단순화시키기 힘든 상황들이 매우 많다. 가족구성원과 그들 사이에서 발생하는 사건들이 상호영향, 상호작용의 맥락 속에서 존재한다고 가정한다.

가족 문제는 가족문제를 일으키는 특정 인물의 문제가 아닌 순환 중인 가족관계 체계의 맥락 속에서 파악되고 이해될 수 있다. 문제가 있는 가족에는 문제를 일으키는 사람이 존재하기보다는 문제를 일으키는 상호작용 유형이 지속적으로 존재하기 때문이다.

파문효과(ripple effect) : 체계의 한 구성요소에 변화를 주면 그 효과는 다른 구성요소에 영향을 주고 전체 체계에 영향을 주게 된다는 것이다.

⑦ 가족구조

가족 구성원들이 상호 작용하는 조직화된 유형이다. 가족을 형성하는 성원들의 구성에 따라 한부모 가족, 핵가족, 다세대 가족, 세대, 성 등으로 구분되는 다양한 하위체계를 가진다. 부부 · 부모 · 부모-자녀 · 형제 하위체계 등이다.

⑧ 가족의 기능

가족 구성원들이 서로 영향을 주고받으며 하나의 체계로서 움직이는 것으로, 가족구성원들의 상호작용과 움직임에는 가족 구성원들의 경계, 의사소통, 상호작용 방식, 문제해결방법, 역할분담 등의 요소가 포함된다.

2. 생태도(ecomap)

1) 생태도의 개념과 의의

① 앤하트만(Ann Hartman)에 의해 1975년에 고안된 가족관계에 대한 도식이다.

② 클라이언트 및 클라이언트와 관련된 사람, 관련된 사회복지기관과 환경의 영향과 그 상호작용의 변화를 묘사하기 위해 전문가가 사용한다.

③ 생태도는 '환경 속의 인간'에 초점을 두기 때문에 클라이언트를 생태학적 관점에서 이해하는 데 도움이 된다.

④ 생태도는 개입초기에 가족을 사정하는 도구로 활용할 뿐 아니라 변화를 확인하는 도구로 반복해서 사용할 수 있다. 이를 연속생태지도라고 하고, 생태도를 분석해서 개입의 방향을 결정할 수 있다.

2) 생태도의 기능

① 가족생활 및 가족이 집단과 단체, 조직, 다른 가족, 개인들과 맺는 관계의

본질에 대한 전체적인 시작 또는 생태학적 시각을 가지도록 돕는다.

② 생태도는 결혼 및 가족상담, 입양과 위탁가정 연구 등의 다양한 상황에도 활용된다.

③ 생태도는 기본적인 사회적 정보를 간편하게 기록하는 방법이므로 전통적인 사회력과 사례기록을 보완하는 역할을 한다.

3) 생태도 작성 방법

① 가족을 표현하는 원을 중앙에 그려 클라이언트와 그 가족을 표시한다. 가족이 일상적으로 상호 작용하는 관련된 주변 환경체계 즉 직장, 병원, 학교, 친구, 사회복지, 오락, 확대가족원, 보호관찰소 등은 중심원 주변에 각각의 원으로 표시한다.

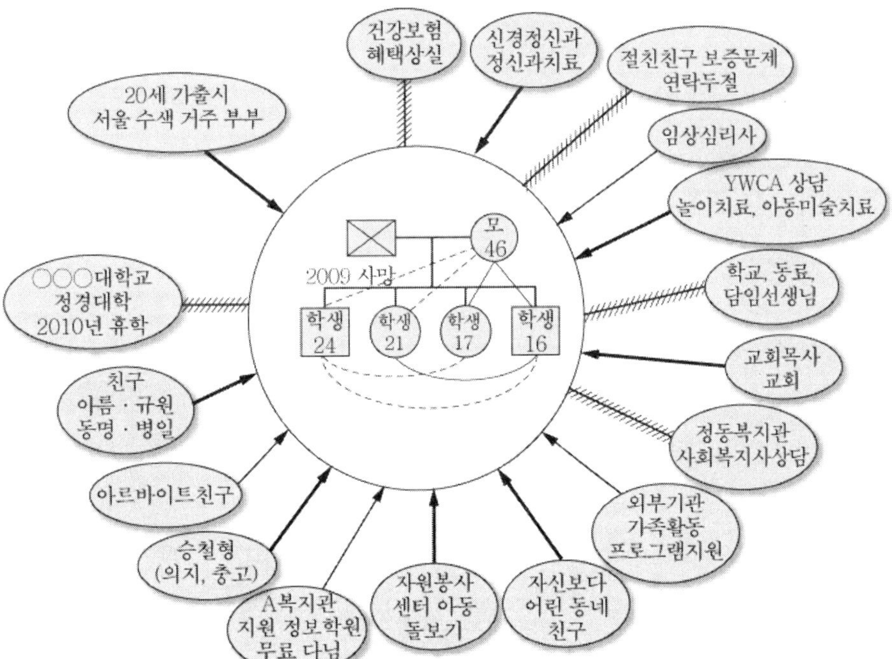

〈그림 5-1〉 생태도

② 생태도 사용자는 나름의 약어와 기호를 만들어낼 수 있다.

③ 가족과 환경체계와 관계를 다양한 선으로 표현한다.

④ 가족, 그리고 관련된 체계 사이의 자원 및 의사소통 교환인 에너지의 직접적인 흐름은 화살표로 나타낸다.

⑤ 직선(———)은 강한 관계, 점선(-----)은 미약한 관계, 그리고 사선()은 긴장이 많거나 갈등적인 관계를 보여준다.

⑥ 생태도는 가족과 환경체계들과의 관계를 이해하기 위한 도구로서 가족과 체계들간의 자원교환, 에너지의 흐름, 스트레스와 관련된 자료, 중재되어야 할 갈등, 메워야 할 주변관계망, 활성화되어야 할 자원 등으로 시각적으로 나타낸다.

⑦ 가계도는 그린 후 각 개인력에 따른 영향력을 준 요소를 그린다.

⑧ ○의 크기에 따라 개인에게 영향을 미치는 정도가 다르다.

⑨ ○이 가계도를 중심으로 가까운지 아니면 멀리 떨어졌는지에 따라 관계의 정도가 다르다.

⑩ → 의 굵기에 따라 영향력의 크고 작음을 구분할 수 있다.

⑪ 관계가 있는 경우, 연결한다. 관계의 성격을 말로 기술하거나 선으로 표시한다. 에너지, 자원의 흐름을 화살표로 나타낸다.

4) 가계도(genogram)

(1) 가계도의 개념과 의의

① 3세대 이상의 가족을 도표로 나타냄으로써 클라이언트의 문제의 근원을 조사하는 일종의 그림 기법이다. 클라이언트와 사회복지사는 대개 가계도를 함께 구성한다.

② 가계도는 본질적으로 가족체계도(family tree)로서 머레이 보웬(Murray Bowen)에 의해 개발되었다.

③ 가계도는 사회복지사와 가족 성원들이 세대간 맥락에서 정서적, 행동상의 문제 행동 패턴을 검토하는 데 유용하다. 가족 내에서 반복되는 정서적, 행동적 패턴을 확인하고 이해할 수 있다.

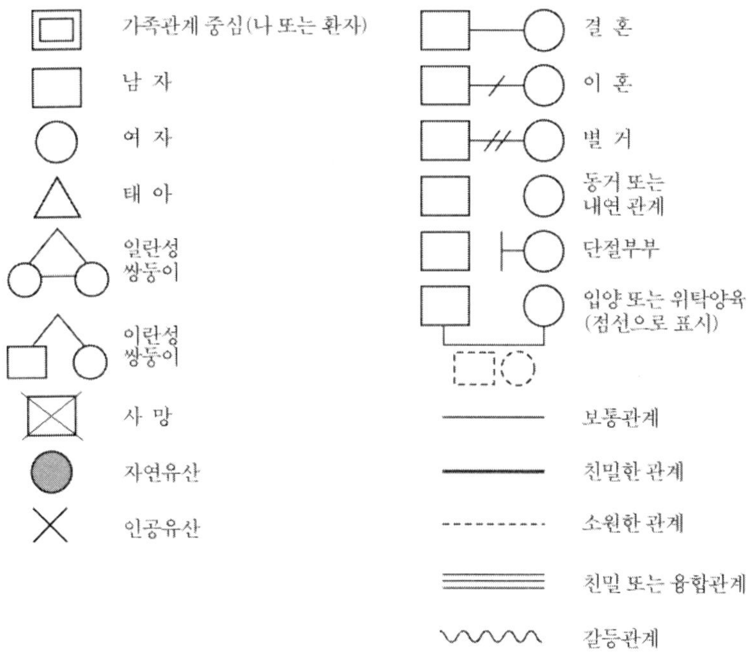

〈그림 5-2〉 가계도 관계 기호

(2) 가계도를 통해 알 수 있는 정보

① 가족 구성원에 대한 상세 정보(성별, 나이, 출생 및 사망시기, 직업, 교육수준, 결혼관계, 동거, 병력, 종교 등)

② 인종집단, 사회계층, 종교와 같은 사회적 정보

③ 각 구성원과의 관계(단절 또는 융합, 밀착)

④ 가족관계(자연적 혈연 또는 인위적 혈연)

⑤ 가족의 역할 및 유형

(3) 가계도 작성법

① 가족구성원은 성에 따라 네모 혹은 원으로 표시한다.

② 네모나 동그라미 밖의 이중 테두리는 개인 클라이언트를 표시한다.

③ 동일세대의 가족구성원은 수평선으로 그린다. 즉, 수평선은 결혼이나 관습법적 관계를 표시한다.

④ 결혼하여 생긴 자녀는 수평선으로 그린다. 즉, 수평선은 결혼이나 관습법적 관계를 표시한다.

⑤ 결혼하여 생긴 자녀는 부모의 수평선 바로 밑에 수직선으로 연결한다.

⑥ 아동은 연장자로부터 연소자로 나이 순서에 따라 왼쪽에서 오른쪽으로 서열한다.

⑦ 각 개인은 현재 그 가정에서 살고 있는지 생존자인지와는 무관하게 가계도 상에서 명확히 필요한 지점에 표시되어야 한다.

⑧ 가족 구성원의 이름과 연령은 네모나 원안에 표기한다. 그 바깥쪽에 중요한 정보 즉 잦은 이동, 혹은 학교 중퇴들을 기록한다.

⑨ 가족구성원이 사망하였다면 사망 연도, 사망 연령과 사망 원인을 기록한다.

(4) 가족범주도식(family categories schema)

엡스타인, 비숍, 레빈(Epstein, Bishop & Levin, 1978)의 연구를 기초로 하며 가족사회복지사가 가족들과 첫 만남 이후 가족의 기능수행을 사정할 수 있도록 고안한 도구이다.

60개 항목의 자기보고(self-report) 형식의 설문으로 이루어졌으며 다음의 8개 범주로 구성되어 있다.

① 문제해결 ② 정서적 반응 ③ 정서적 관여 ④ 의사소통 ⑤ 역할행동 ⑥ 자주성 ⑦ 행동통제방식 ⑧ 일반적인 역할

(5) 가족조각

가족조각은 가족원들이 공간적으로 스스로 위치하여 가족관계를 몸으로 표현하면서 하나의 그림(tableau)을 완성하는 것으로 가족동맹을 표현한다.

제 3 절 가족개입모델별 주요 사정방법

가족개입모델에서 역사적 관점(Bowen)에서 주로 사용되는 사정도구는 가계도를 활용하고, 과거에 해결되지 않은 가족갈등 및 가족관계상의 역기능이 현재의 가족으로 이어져 내려와 현재 가족에서 문제로 표출되었다고 본다.

이 모델은 원가족과의 미분리 자아분화, 삼각관계, 다세대전이 등을 들 수 있다.

가족개입모델에서 구조적 관점(Minuchin)은 가정에서 표출되는 문제의 이면에 숨어있는 가족구조 또는 가족조직의 파악이 강조된다. 표출문제는 부적절한 가족구조에서 비롯된 것으로, 가족구조의 부적절성은 가족위계의 비정상, 가족 하위체계 간 경계의 결함, 가족 하위체계간의 연합, 우회 등의 상호작용 양상 등을 통해 드러난다.

가족개입모델에서 경험주의 관점(Satir)은 가족구성원들이 가족과 함께 하는 깊은 교류로, 가정 안에서 가족 구성원들이 자신들의 감정과 생각을 솔직하고 자유롭게 표현할 수 없을 때 가족문제가 발생한다.

가족구성원 간에 깊이 있고 의미 있는 교류를 통한 경험의 증가와 가족성장을 위한 개입방법을 시도한다. 이는 의사소통양식(일치형, 아첨형, 비난형 등), 가족조각 등을 들 수 있다.

Satir의 경험적 가족치료는 인본주의 심리학의 영향을 받아 성숙한 인간이 된다는 것이 무엇을 의미하는가라는 철학적 관심을 기초로 형성된 상담접근법이 인본주의적 상담이다. 이와 같은 개념을 토대로 가족 구성원이 자신이 가진 내적자원을 충분히 개발하도록 도와서 현재나 미래의 문제를 보다 효과적으로 다루도록 한 것이 Satir의 경험적 가족치료이다.

Satir의 경험적 가족치료는 가족에게 통찰이나 설명을 해주기보다는 가족의 특유한 갈등과 행동양식에 맞는 경험을 제공하고자 하는 것이다. Satir는 인간은 근본적으로 잘 되려는 잠재력과 생명력을 가지고 태어나므로 적절하게 양육되면 건강한 성인으로 발달할 수 있다고 주장하면서, 이것을 나무의 속성에 비유하여 종자모델이라고 하였다. 상담자와 가족이 함께 힘을 모아 가족의 건강한 교류를 촉진하여 성장을 자극한다 하여 성장지향 적 접근이라고 말할 수 있다.

Satir가 추구한 변화는 다음과 같다.

① 각 가족들은 다른 사람들이 있는데서 자기 자신과 다른 사람에 관하여 보고, 듣고, 느끼고, 생각하는 것에 관하여 분명하게 말할 수 있어야 한다.

② 각 개인은 자신의 특징적인 것에 관하여 말할 수 있으며 그것이 존중되어야 함. 그리고 의결정은 강요에 의해서가 아니라 탐색과 협상을 통하여 이루어지도록 한다.

③ 서로의 차이점을 인식하며, 성장을 위하여 이러한 차이점을 활용하도록 한다.

가족사회복지실천 기법과 관련해 초기과정이라고 할 수 있는 사정에서 가계도, 가족조각, 생활력도표 등이 빈번하게 출제되었고, 중간과정인 개입에서 사회복지사의 태도 및 과제, 가족치료 모델, 가족 내 역기능, 피드백(환류), 나-전달법 등이 출제되었다. 개입기법 및 사정도구에 관한 중요한 비중을 차지한다. 한국 사회에서 가족의 구조와 기능이 어떻게 바뀌는지, 가족사회복지실천의 기법 등에 대해서 체계적인 학습이 요구된다. 가족은 일생동안 두 가지 유형의 가족을 경험하게 된다는 점이 중요하다.

하나는 본인이 태어난 가족(출생가족)이고, 다른 하나는 본인이 만든 가족(출산가족)이다. 미국은 부부중심가족이고 출산가족을 강조하여 다양한 가족이론을 펼치고 있는데 한국은 출생가족이 여전히 영향력을 행사하고 부계중심가족에서 양계(부계와 모계 · 부계와 처계)중심으로 바뀌고 있다.

부부중심가족으로 바뀌고 있지만 원가족과 얽혀서 가족문제를 해결하기가 힘들다.

1. 가족개입 초기과정

1) 접수 면접 및 관계형성

사회복지사와 클라이언트의 첫 만남은 매우 중요하다. 이후의 관계에 대한 양상을 결정하는 경향이 있기 때문이다. 접수면접과 관여를 함에 있어 사회복지사는 클라이언트가 보이는 미지에 대한 두려움과 변화에 대한 저항 등에 민감해야 한다.

전형적인 저항의 4단계는 다음과 같다. 갈등단계, 방어의 단계, 해결의 단계, 통합의 단계 등이다.

가족과의 실천을 위한 초기준비기술은 다음과 같다.

(1) 가족과의 실천을 위한 유의사항

가족문제의 특징은 다음과 같다.

한 가족이 표출하는 문제는 여러 가지 문제들 중 하나일 수도 있으며 혹은 여러 가지 문제들이 복합적으로 작용하여 나타난 것일 수도 있다.

표면적으로 드러나 해결을 호소하는 문제가 표적 문제일 수도 있으며 혹은 그렇지 않을 수도 있다. 또한 가족 구성원들은 어려움을 극복하기 위해 가족구성원 일부 또는 전부가 나름대로의 대처노력을 해 왔으며 나름대로의 대처양식이 발달되어 있을 수 있다. 대처노력들이 실패 또는 효과적이지 못했을 때 가족은 외부의 도움을 필요로 하는 것이다.

가족과의 실천의 특징으로는 실천과정에서 사회복지사가 보통 한 사람 이상의 사람들을 동시에 상대하게 된다.

문제의 원인과 해결방안에 대한 가족구성원 개개인의 의견이 서로 다를 수 있기 때문에 가족 모두의 이야기를 들을 필요가 있다.

(2) 첫 가족상담 전 준비사항

가족단위 개입 필요성 여부 판단은 가족문제가 가족 모두에게 영향을 미치고 있고 가족 구성원이 그 문제의 발생과 유지에 영향을 주고 있다고 판단되는 경우에 가족단위의 개입이 고려될 수 있다.

개입 가능성 여부 판단은 사회복지사 자신과 자신이 속한 기관이 그 문제를 진단하고 개입할 수 있는 지식과 경험을 갖고 있는지 판단한다. 자신 또는 자신이 속한 기관에서 다룰 수 없는 문제라면 다른 전문가 혹은 기관으로 의뢰하는 것이 좋다.

가족 구성원 모두의 참여 유도로 가족구성원들 중 누가 현재의 가족문제와 직접적으로 관련되어 있는지 파악한다.

문제와 직접 관련된 사람들이 가족상담을 받기 위해 기관으로 올 수 있는지 여부와 동기를 확인한다. 가족구성원들 중 누가 문제해결에 도움이 되며, 도움이 되지 않는지, 이유는 무엇인지 파악한다.

가족 구성원 모두의 관심과 노력이 있어야 가족문제가 해결될 수 있다는 것을 확인시키는 작업이 필요하다.

문제에 대한 대처상황의 파악으로 문제해결을 위해 가족이 지금까지 가족 안에서 어떤 노력을 기울여 왔는가를 개략적으로 파악한다. 다른 기관에서의 상담 경험을 질문하여 기대나 선입견, 긍정·부정적 경험들을 파악한다.

지금 가족상담을 받고자 하는 이유를 질문하여 기존의 문제 상황에 영향을 주는 다른 스트레스 요인들을 확인하며 촉발사건이나 상황의 여부를 확인한다.

문제 상황에 대한 잠정적 가설의 설정은 다음과 같다.

현상의 원인과 답을 찾아내는 목적이 있는 것이 아니라 앞으로 진행할 면담에서 최초의 잠정적 가설들은 후속 질문의 방향 및 내용을 안내하는 역할을 하게 된다.

가설을 중심으로 질문을 이어갈 때는 질문을 계속 이어가면서 가족구성원의 설명을 주의 깊게 듣는 것이 가장 중요하다.

기타 행정적 측면에 대한 언급으로는 상담료, 상담횟수, 상담 시간, 약속의 준수와 취소의 절차들 등에 대해 언급한다. 분명한 언급 없이 가족상담이 본격화된다면 개입과정이 방해받을 수도 있다.

(3) 첫 가족 상담을 위한 준비

물리적인 공간의 준비로는 가족 모두가 함께 참석할 수 있는 장소를 마련하고, 일방적 녹화 등은 취지를 설명, 미리 동의를 구하며, 필요한 경우 동의서를 작성할 수도 있다.

첫째는 가족맞이 준비이다.

① 사회복지사가 가족구성원 모두를 개별적으로 존중한다는 것을 가족구성원 각자에게 충분히 전달될 수 있도록 해야 한다.

② 사회복지사 자신과 가족상담 기능에 대해 간략히 소개한다.

③ 가족상담의 진행절차, 사회복지사의 역할, 사회복지사가 가족에 대해 갖고 있는 기대 등에 대해 설명하여 불안감 해소한다.

④ 가족구성원들 각자 자신을 소개하도록 유도한다.

둘째, 질문 내용의 준비이다.

① 상담을 받으러 온 목적과 치료에 대한 기대에 대해 이야기한다.

② 가족의 어려움에 대해 가족원 각자의 견해를 듣도록 한다.

③ 초점이 되는 문제에 대해 자신의 관점을 밝힐 기회를 모든 가족구성원에게 동등하게 제공해야 한다.

④ 지금 여기에 초점을 두고 현재의 문제가 어떻게 영향을 미치고 있는지 알아내도록 한다.

⑤ 지금까지 가족들이 문제를 어떻게 다루어 왔는가를 가족 전체의 시각에서 다시 파악한다.

셋째, 가족에 합류하기이다.

① 사회복지사가 개입 대상 가족 속으로 자리잡고 들어가는 것이다.

② 사회복지사와 가족구성원들이 서로 편안한 상태에서 얘기할 수 있는 바탕을 마련하는 것이다.

③ 이후의 가족 사정 및 개입 등의 작업을 위한 기반으로 매우 중요한 역할을 한다.

넷째, 가족의 저항과 신뢰 다루기이다.

① "변화란 쉽지 않은 것이죠. 때로는 두렵고 힘든 것입니다."

② "새롭게 변화하는데 방해가 되는 것이 있는 것 같습니다."

③ "저의 ……. 점을 궁금해 하시는 것에 대해 이해합니다. 저는 …하지만 …에 대한 공부를 많이 하였고, 비슷한 유형의 문제를 겪은 많은 가족들을 만나왔습니다. 또한 저는 지금까지 기관에서 일하면서 제가 …… 이 분야를 줄곧 다루어온 경험이 있습니다."

④ "제가 담당 사회복지사이지만 저의 기관의 많은 전문가들이 함께 일하고 있습니다."

다섯째, 구체적인 진술 다루기와 가족 파악하기이다.

① 질문을 할 때에는 가족에게 상황을 보다 구체적으로 묘사해 줄 것을 요청하고 경우에 따라서는 구체적 단서를 함께 제시할 것을 요구한다.

② 지금 현재 가장 중요한 문제라고 생각되는 것을 질문한다.

③ 가족보다 한 단계 낮은 자세를 취할 때 가족으로부터 풍부하고 자세한 정보를 얻을 수 있다.

여섯째, 가족상황에 대한 긍정적 재구성이다.

① 문제해결에 대한 기대와 희망을 갖고 문제해결을 위한 노력을 지속해야겠다는 마음을 갖도록 하는 것이 필요하다.

② 가족이 갖고 있는 긍정적인 부분을 찾아 인정해 주거나 문제해결을 위한 노력을 시도한 점에 대해 칭찬한다.

③ 가족 중 어느 한 사람이 잘못된 행동을 하거나 나빠서 가족에 문제가 생긴 것이 아니라 가족이 전체적으로 성장하는 과정 중 가족 상호 간 역할 조정이 잘 되지 않아서 가족 기능에 일시적으로 문제가 발생한 것임을 문제해결 관점의 변화를 유도 설명한다.

(4) 가족개입 단계의 과정

일반적 개입의 절차는 다음과 같다.

① 문제목록의 작성 및 문제해결의 우선순위 결정
② 초점 문제의 역사와 과거 및 현재의 노력과 치료내용의 검토
③ 이론적 틀에 입각한 초점 문제의 개념화, 가설설정
④ 개입목적과 목표의 작성
⑤ 개입방법의 선택
⑥ 개입기간과 횟수의 결정
⑦ 외부자원의 활용 및 의뢰

효과적 개입을 위한 지침은 다음과 같다.
① 가족의 욕구에 초점을 둔다.
② 클라이언트의 자율성을 존중한다.
③ 의존을 조성하게 되는 것을 피한다.
④ 클라이언트의 저항을 재사정한다.
⑤ 전문적인 거리를 유지한다.

가족개입시 유의해야 할 원리들은 다음과 같다.
① 가족의 역사를 먼저 확인, 조사해야 한다.
② 가족의 성장 및 관계는 전체 가족에서 전개된다는 것을 인식한다.
③ 상황에 대한 책임이 가족 전체에 있다는 점을 인지하도록 한다.
④ 가족이 가질 수 있는 비난과 죄책감을 없애 주도록 하며 가족 내 또는 환경과의 상호작용과 관련하여 인식시켜 주도록 한다.

2. 가족개입 중간과정

1) 가족사정의 의의

가족사정은 가족을 하나의 단위로 보고 가족 내부 및 외부요인 그리고 이들 양자간의 상호작용 등을 파악하기 위해 자료를 수집 · 분석하고 종합하여 그 가족에 대한 개입을 계획하는 일련의 과정을 말한다.

가족사정의 기준은 다음과 같다.

① 가족성원의식의 규정은 어떠한가?

② 가족을 설명하는 사실과 실제는 어떠한가?

③ 가족의 기능 수행을 위한 지역사회의 지지기반은 어떠한가?

④ 가족 기능 수행은 어떠한가?

⑤ 하위체계, 경제, 규칙과 역할은 어떠한가?

가족사정의 정의는 사회복지사 앞에 있는 가족의 상황을 있는 그대로 이해하는 것으로, 사회복지사가 가족의 상황을 잘 이해할수록 가족이 문제나 위기로부터 잘 벗어날 수 있도록 적절한 도움을 제공할 수 있다.

가족에 대한 이해에만 그치는 것이 아니라 그 이해를 바탕으로 개입전략을 수립하고 점검하는 활동도 포함한다.

가족사정의 목적은 가족이 현재 겪고 있는 어려움은 어떤 것이며, 그 어려움을 지속시키고 있는 가족의 상호작용 양상은 무엇인가, 그리고 가족은 자신들의 상호작용 유형 중에서 어떤 점을 변화시키기를 원하는가를 알아내는 것이다.

가족을 어려움에 처하게 만든 가족의 상호작용 양상을 가족 스스로 이해하게 한 후 가족이 원하는 변화를 위해 필요한 새로운 행동양식을 가족과 함께 찾아내는 것이라 할 수 있다.

2) 가족사정의 중요성

사정을 하는 동안 정보에 근거한 개입을 결정짓기 위해 충분한 정보를 수집해야 한다. 주의 깊은 사정은 현실적이고 구체적인 목표를 수립할 수 있게 해야 하며, 가족 성원들은 문제에 대해 각자 나름대로의 관점을 가지고 있으며 이러한 관점을 아는 것이 중요하다. 가족의 강점과 자원을 확인하는 것에 관심을 가져야 한다.

가족체계 사정의 공통적 고려사항은 다음과 같다.

① 가족 전체의 관계적 맥락의 성격과 상호작용적 연쇄고리에 초점을 둘 수 있는 사정방법들을 사용해야 한다.

② 가족이 표출하는 문제에 따라 더욱 효과적인 개입 모델이 동원되도록 하는 것이 원칙이다.

③ 현재 가족 내부 구성원간 행동양상, 가족의 역사적 맥락, 가족과 주변 환경과의 상호작용 양상 등의 차원은 이론적 성향에 관계없이 일반적으로 고려해야 할 사항들이다.

i) 생태도작성과 분석
ii) 가계도 작성과 분석
iii) 맥매스터 모델(McMaster model)의 가족체계유형

① 문제 해결 ② 의사소통 ③ 가족역할 ④ 정서적 반응 ⑤ 정서적 상호작용 ⑥ 행동 통제 ⑦ 일반적 기능을 고려하여야 한다.

3) 목표설정 및 계약

(1) 목표설정

효과적인 개입이 되기 위해서는 정확하면서도 클라이언트와 함께 동의된 목표가 있어야 한다.

(2) 계약

서비스 계약의 유용성은 다음과 같다.
-계약의 활용에 있어서 기관의 정책과 법적 요구사항을 명확히 할 수 있다.
-서면서비스 계약의 장·단점을 이해해야한다.
-계약은 클라이언트, 사회복지사, 기관이 함께 규정에 따라 구체화해서 작성해야 한다.
-말할 때 클라이언트가 정확히 알 수 있도록 분명한 언어를 구사해야 한다.
-상대방을 희생시키지 않고 최선을 다하여 성공할 수 있도록 한다.
-목표는 클라이언트의 관점에서 현실적으로 이루어지고자 하는 가치가 있다.
-목표의 선택과 구성은 논리적인 순서를 따르며, 클라이언트가 혼자할 수 있는 것은 할 수 있도록 한다.

-규정은 변화하는 현실적 상황에 따라 필요시 수정이 가능하며 이를 통해 신뢰를 유지할 수 있다.

원조과정의 중간단계라 함은 초기 단계의 끝 무렵부터 시작해서 원조의 목표가 어느 정도 달성되어지기까지의 전체과정을 말한다.

이 단계에서 사회복지사가 명심할 것은 목표라고 하는 것은 상황과 필요에 따라서 변화 가능하며, 때로는 특정가족과 비밀이 있을 수 있음을 알려서 신뢰감을 유지하는 것도 바람직하다.

가족개입 단계의 기술은 다음과 같다.

첫째, 환경적 개입이다.

① 가족이 주변 환경체계들과의 상호작용을 통해 필요한 자원과 지지를 확보하지 못하는 경우 존재하지 않는 자원들과 지지를 개발한다.

② 가족의 성장 및 관계는 전체 가족에서 전개된다는 것을 인식한다.

③ 존재하지만 작용하지 않는 자원들과 지지를 강화해 준다.

④ 가족 옹호의 역할을 수행 : 공공 및 민간기관들이 가족을 위한 기존의 서비스 전달을 향상시키거나 새로운 혹은 변화된 서비스를 개발하도록 하는 것. 가족의 정당한 권리를 요구함으로써 지역사회 조직의 변화를 가져오도록 하는 것이다.

둘째, 개입에 필요한 공통기술이다.

① 관계 형성 및 발전기술 - 경청 ② 질문기술 ③ 세대간/ 가족 내부의 변화를 위한 개입

셋째, 다양한 개입 기법은 다음과 같다.

① 합류하기(joining)

사회복지사 자신을 상호작용의 일부분으로 자연스럽게 포함시키는 활동으로, 사회복지사 입장에서는 가족 속으로 들어가 가족을 이해하는 것이며, 가족의 입장에서는 사회복지사를 이해하고 받아들이는 것이다. 사회복지사가 가족이 힘들

어하는 부분에 세심하게 반응하고 그 고통을 이해하고 있다는 것을 보여줄 때 가족은 사회복지사를 편안하게 받아들이게 되고 그들이 갖고 있는 문제들을 다각적인 측면에서 안전하게 드러낼 수 있게 된다.

② 경계만들기

밀착되어 있는 가족구성원들 사이에 적절한 경계를 만들어 주어 각자가 독립된 존재로서 기능하게 하는 기술이다. 가족간 밀착의 정도는 가족 중 가까운 사람들, 연합, 2인 또는 3인 하위체계 구성을 파악한다. 가족의 위치, 지지발언 하는 사람은 누구, 누가 대신 대답하는가 등을 통해 파악할 수 있다. 규칙세우기, 물리적 공간 만들기, 발언권 제한하기 등을 들 수 있다.

③ 인지적 재구성

자신의 기능에 손상을 주는 역기능적이고 자기 파괴적인 사고나 잘못된 생각 등을 인식하도록 돕고, 현실에 입각하여 기능을 강화하는 신념과 행동으로 대체하도록 하는데 특별히 유용하다.

④ 가족조각(family sculpting)

한 가족성원에게 그들 가족을 "조각"해 보라는 요청은(Satir & Baldwin, 1983)방안에 있는 가족원들로 하여금 그들 관계의 성질을 묘사하는 방식으로 자세를 취하게 하는 것이다. 방법은 서로 관계하는 가족구성원들을 가족원이 차례대로 돌아가면서 자세를 배치한다.

제스처, 거리, 신체적 행동, 공간, 몸짓, 태도, 표정 등은 조각의 의미를 전달하고 성원들이 가족에 대해 어떻게 인식하고 있는지를 시각적으로 표현함으로써 가족에 대한 이해를 돕기 위한 기법으로 가족은 전에 미처 깨닫지 못하던 부분을 새롭게 이해할 수 있다

⑤ 직면(confrontation)

직면은 다른 노력을 통해서 변화되지 않는 클라이언트의 반복적인 문제행동에 적절하다. 클라이언트가 가족 내에서 역기능을 일으키는 기본적인 이슈에 대해서 회피하려고 할 때 사회복지사는 가족원들의 자기 파괴적이거나 자기 패배적인 행동을 인식하도록 직면을 사용한다.

직면의 단계는 다음과 같다.

1단계, 클라이언트에게 넘기기 2단계, 꾸짖음 3단계, 비효과적인 행동 설명하기 4단계, 행동에 대한 부정적인 결과 확인하기 5단계는 3단계와 4단계의 변화에 헌신하도록 권유하기 등이 있다.

⑥ 재구조화

과거의 관계상황과 장소에서 새로운 관계상황으로 옮기는 것으로 재구조화의 예는 산만하고 부주의한 과잉행동 아동을 적극적이고 도전적인 아동으로 재구조화한다. 약에 의존하는 것 대신 에너지를 소모시킬 수 있다.

⑦ 시연(rehearsal)

가족의 갈등을 외부에서가 아니라 지금 여기(here and now)로 가져오는 것으로 치료 장면 이외에서 일어났던 사건을 치료 장면에서 해보도록 하는 것이다. 재연(enactment)에 해당된다. 가족이 경험하고 있는 문제를 사회복지사가 보다 정확하게 이해하기 위해 가족들로 하여금 문제 상황을 사회복지사 앞에서 실제로 행동을 통해 연기해 보도록 한다.

문제 상황을 둘러싼 가족의 역기능적 상호작용이 분명히 드러나도록 하기 위한 것이 목적으로 개입의 방향에 대한 정보를 확인하는 도구로서 그 자체로서 가족의 변화를 위한 도구가 된다.

⑧ 나-전달법(I-message)

상대방을 비난하지 않으면서 상대방의 저항을 줄이고 상대방이 한 행동이나 말이 어떻게 나에게 영향을 주는지 전달하는 의사소통의 한 방법인데 상대방의 특정 행동에 대한 묘사이다. 이는 그 행동으로 인한 나의 감정을 표현과 그 행동으로 인해 발생한 결과 혹은 영향을 나타낸다.

⑨ 역기능적 가족규칙 수정하기

가족원 기능을 손상시킬 수 있는 역기능적 가족규칙을 밖으로 드러내 놓게 하는 것이다.

⑩ 역기능적 가족동맹 수정하기

모든 가족은 서로에 대해 제휴 패턴을 발달시키는데 그것은 개인의 성장이나 가족의 생존능력을 향상시키거나 손상시킬 수 있으므로 역기능적 가족 동맹을 수정해야 한다.

기타 기적질문과 예외질문, 역할연습, 긍정적 의미부여, 좋았던 가족경험 회상하기 등이 있다.

4) 주요 가족치료 모델

(1) 보웬 가족치료(Bowenian family therapy)

가족을 하나의 체계로 보고 한 부분의 변화는 반드시 다른 부분(구성원)의 변화를 이끌 수 있다는 개념에 근거한다. 보웬은 이러한 개념을 기반으로 가족을 '정서적 관계체계'로 본다.

(2) 행동주의 가족치료(BFT, behavioral family therapy)

어떤 가족이 특정 목표를 달성할 수 있도록 돕기 위하여 행동수정의 기술과 사회학습이론을 사용하는 치료. 행동주의 입장을 취하는 가족치료사들은 클라이언트의 가족 성원들이 자신들의 문제를 명백한 활동의 측면에서 규명하고 모두가 동의하는 문제해결 행동을 개발할 수 있도록 돕는다. 예를 들어, 가사분담, 특정행동의 결정 등이 있다.

(3) 다가족 집단치료(MFGT, multi-family group therapy)

다수의 가족이 정기적으로 집단치료(group psychotheray) 형태로 만나는 하나의 가족치료 접근방법. 한 명 또는 몇 명의 전문가가 상호이해, 생각의 교환, 충고, 역할극(role play), 심리극(psychodrama)을 한다.

(4) 구조적 가족치료(structural family therapy)

가족의 구조를 강조하면서, 가족의 하위체계(즉, 배우자, 부모, 형제 등)의 상호작용과 소외에 관심을 두는 가족치료. 부적합한 제도와 상호작용 그리고 가족의 하위체계의 영역의 내부조직을 명확히 하고 변화시키는 가족치료방침과 절차를 말한다.

(5) 경험적 가족치료(experiential family therapy)

성장모델로 불리는 경험적 가족치료는 가족에게 통찰이나 설명을 해주기보다는 가족의 특유한 갈등과 행동양식에 맞는 경험을 제공하려고 한다.

3. 가족개입 종결과정

(1) 가족개입의 종결

① 변화를 확인한다. 어떤 변화가 일어났는지, 무엇이 변화를 일으켰는지를 이해. 경험에 대한 평가한다.

② 변화에 대한 자각 유도한다. 변화를 일으키는데 자신이 기여한 것을 기억하게 될 때 이후의 도전을 해결할 유능함을 갖추게 된다.

③ 확인사항들로서 현재 문제상태는 어떠한가, 어떤 변화가 일어났는가, 유사한 문제가 다시 생긴다면 어떻게 다룰 것인가, 문제에 대한 가족원들의 생각은 어떻게 달라졌는가, 종결에 대해 어떻게 느끼는가 등이다.

④ 진전을 견고하게 한다. 달성된 목표를 유지하고 확립하는 방법을 강조하기 위해 미래에 대해 이야기하여 미래의 목표를 성취하는 전략을 개발하도록 한다.

⑤ 종결 이후의 문제를 다룰 수 있도록 가족에게 전달하고 준비한다.

⑥ 필요한 경우 의뢰나 추후면접을 계획한다.

(2) 종결하기에 적절한 시기

세션 빈도를 줄이는 가장 좋은 시기는 향상이 이루어지고 목표가 달성되고 갖고 있는 문제가 안정되어 있다는 신호가 보일 때이다.

(3) 종결시 사회복지사의 과업

종결이라 함은 그 동안의 전문적인 원조관계를 시기적절하고 책임 있는 방법으로 마치는 것으로써 개입이 성공적이었는가를 평가할 수 있기 위해서는 항상 목적과 목표를 명확하게 설정하여 개입해야 한다.

(4) 가족상담의 결과 평가하기

가족복지에서 긍정적이고 극적인 결과가 나타난다 해도, 이러한 긍정적인 변화가 종결 이후 얼마간 지속되고 유지되는가에 따라 성공여부는 측정된다.

(5) 평가와 종결에 주로 적용되는 실천기술

가족개입 종결기에서는 개입을 통한 가족 혹은 성원들의 변화를 확인하고 가족이 변화를 유지할 수 있도록 지원하며 필요한 경우 추후 면접을 계획한다. 사회복지사는 성원들에게 현재 문제 상태가 어떠한지, 가족개입 이후 변화된 것은 무엇인지, 개입과정에서 성원들의 역할 수행이 무엇이었는지 등을 확인해야 한다.

4. 가족치료이론의 실천기술

가족치료는 1950년대에 출발하였다. 가족치료는 가족의 한 성원이 증상을 가지고 있다 할지라도 장애요인은 문제를 가지고 있다고 지목된 사람에게만 있는 것이 아니라 전체가족에게도 있다는 것에 초점을 둔다. 가족의 모든 성원이 가족 내의 문제에 영향을 주고받을 수 있기 때문에 가족치료는 모든 성원이 치료과정에 참여할 것을 요구한다.

공통적으로 출현되고 있는 기법으로 재명명 기법, 질문하기, 상호작용의 연속성을 검토, 방향을 제시하기 등이 있다.

(1) 재명명

① 문제를 새롭게 해석하거나 재규정 하는 것으로, 가족이 새롭고 건설적으로 상호작용할 수 있는 방식을 찾도록 도와주는 것이다.

② 문제에 대한 긍정적인 함의의 개발이며, 가족협력을 이끌어 내기 위한 방법으로 문제가 발생하는 데는 고귀한 의도가 있었음을 제시해 준다.

(2) 질문하기

① 질문내용과 질문방식 모두 중요하다.

② 질문의 목적은 정보를 얻기 위한 것뿐만이 아니라 가족으로 하여금 역동성을 현실적으로 생각하고 검토하도록 하기 위한 것이다.

③ 가족의 문제가 어떻게 진행되어 왔고 상호작용에 영향을 주는지 이해하고, 현재의 가족 구조와 유형화 된 행동을 파악하기 위한 질문들이다.

(3) 상호작용의 연속성을 검토

① 가족치료자는 가족으로 하여금 자신의 상호작용하는 방식을 볼 수 있도록 도움을 준다.

② 누가 누구에게 말하고 있는가?

③ 누가 누구를 대신하고 있는가?

④ 누가 주로 듣는가?

⑤ 누가 리드하고 누가 따르는가?

⑥ 상호작용의 연속성과 유형은 거의 무의식적으로 가족 내에서 발현되고 있다는 것을 인지시킨다.

(4) 방향 제시하기

① 가족에게 방향을 제시함으로써 가족의 상호작용에 변화를 준다.

② 가족구성원에게 과제물을 준다.

③ 가족 내에 힘의 권한을 유지하도록 변화를 준다.

④ 새로운 가족규범을 준다.

(5) 다세대 가족 치료이론

세대 간 가족치료는 보웬(Bowen)의 정신분열증 환자 가족치료로부터 발전한 모델. 이론적 배경은 심리분석, 인류학, 생태학, 체계이론이다.

인간문제의 발달과 치료에 대한 가장 포괄적인 이론이라는 평가를 받고 있다.

(6) 구조적 가족 치료이론

미뉴친(Salvador Minuchin)을 주축으로 개발된 구조적 치료는 체계론적 관점을 근거로 발전된 것이다. 가족 구성원의 문제는 개인 내적인 원인에 의한 것이 아니라 가족 구성원들 간의 상호작용, 가족 구조내의 문제에 의한 것이라고 본다.

가족 구조의 변화를 위해 가족의 재조직화하는 것에 초점을 두고, 가족체계의 전체성, 가족 위계구조의 영향, 가족하위체계의 상호의존적 기능을 강조하며, 가족의 구조적 변화를 치료목표로 하는 구조적 접근방법은 체계지향적이고 문제에 초점을 맞추고 가족의 현재 맥락에 관심을 가진다. 가족치료 역사상 가장 영향력이 크며 널리 적용된 접근방법으로 평가된다.

(7) 의사소통 가족 치료이론

의사소통 가족 치료이론은 California의 Palo Alto에 있는 정신건강 연구기관(MRI)에서 1960년을 전후로 발달된 것으로 의사소통과정에 초점을 두는 초기 가족치료접근법 중의 하나이다. 잭슨, 사티어, 러스킨, 해일리, 위크랜드 등이 관여한 Mental Research Institute(MRI)에서 발달된 모델이다.

증상의 특징은 의사소통은 한 개인이 다른 사람과 의미를 부여하고 해석하는 과정이며 메시지를 전달하는 수단으로서 행동적으로 실질적인 영향을 준다.

(8) 해결 중심적 가족 치료이론

해결 중심적 가족치료는 1978년 밀워키에 의해 설립된 단기 가족치료센터를 중심으로 시작되었다. 해결중심 단기치료는 드 쉐이저(de Shazer)와 베르그(Berg)에 의해 발전되었다. 내담자의 강점에 초점을 두고 작은 변화부터 시도, 과거보다는 현재와 미래에 관심을 갖는다.

MRI 단기가족치료의 전통에서 출범하였으며 밀튼 에릭슨의 전제가치 및 기법의 영향을 받았고 포스트모더니즘 접근방법으로 발전된다.

문제의 규명이 아니라 해결책의 구축에 초점을 두며, 저항의 개념을 사용하지 않고 클라이언트가 진심으로 변화를 원한다고 가정한다.

단기치료, 최소한도의 개입, 인간에 대한 강점 관점, 인지의 강조, 쉽게 가르칠 수 있는 공식화된 기법 등이다.

(9) 전략적 가족치료

해일리(Haley) 등에 의해 발전된 치료로 가족 문제를 '정상'이나 '비정상', '병리'로 구분하는 것에 대해 거부하며, 가족 내 문제 행동이 가족의 역기능적 상호작용에 적응하는 방법으로서 가족 유지의 기능을 하는 측면이 있음을 부각시킨다.

이론보다 문제해결 방법에 초점을 두고 다양한 실용적 개입기법들을 제안한다. 문제를 해결하려 했지만 오히려 확대시키는 정적 환류 고리를 변화시키는 것이다. 치료자는 문제를 유지하는 행동을 변화시키기 위해 가족이 역설적이라고 생각하는 방법을 지시하거나 혹은 증상을 처방한다.

예를 들어, 헤일리의 시련기법은 더 힘든 시련을 체험하도록 과제를 주어 증상을 포기한다든지, 마다네스의 가장기법은 치료자가 증상을 가장하도록 지시하여 가족기능을 유지하고 증상을 포기한다.

밀란(Milan)모델은 긍정적 의미부여하여 가족의 증상이나 행동을 긍정적으로 재해석 한다.

전략주의자들은 치료개입에서 정밀한 관찰과 면접을 통해 가족 상호작용의 반복적 연쇄과정을 파악한 후 역기능적 연쇄과정을 수정할 수 있는 작지만 의미있는 개입을 계획한다.

치료과정에서는 내담자의 저항을 최소화하기 위해 직면이나 설명은 되도록 하지 않으며, 우회적인 역설적 개입을 통해 과제를 주어 변화를 유도한다.

역설적 개입은 치료 상황에서 내담자의 저항을 처리하는 효과적인 방법으로 지시와 은유적 언어의 사용, 역설적 개입, 시련기법등 다양한 방식으로 내담자를 치료적 이중구속에 빠지게 하여 내담자로 하여금 문제증상을 포기하거나 증상에 대한 자발적인 통제력을 인정하는 변화를 택하게 한다.

(10) 경험적 가족치료

현상학, 자아심리학, 자기개념, 자기 존중 개념을 기초로 인간의 성장 가능성을 신뢰한 사티어(Satir)의 성장모델과 히테이커(Whitaker)에 의해 발전되었다. 현재의 경험'에 초점을 두어, 가족과 가족치료자 사이의 상호작용을 통한 경험이 성장의 계기를 제공할 수 있다고 본다.

경험적 가족치료는 기존의 문제중심 치료개념을 확장시켜 인간을 성장시키고 건강해 지도록 돕는 새로운 성장중심 치료개념으로 발전시켰으며, 경험적 가족치료는 지금 여기의 즉시적 경험과 감정표현을 강조한다. 성장모델은 정서적 표현을 증진시키기 위해 역할놀이, 가족조각, 공동가족화 등의 고도로 구조화된 기법을 사용한다.

일반적으로 경험주의 가족치료자들은 가정을 다른 사람들과 경험을 나누는 장소로 기술한다. 기능적인 가족은 넓은 범위의 경험을 지지하고 격려한다. 또한 가족구성원들에게 그 자신이 될 자유를 제공하고 가족의 연대감뿐만 아니라 개인적 사생활도 지지한다.

연습문제

1. 가족관계에 대한 만족도에 대한 변수에는 어떤 부분들이 작용하는지 조사해 보시오.

2. 보웬 가족치료(Bowenian family therapy)에 대하여 예를 들어 설명해 보시오.

3. 가정폭력문제에 대하여 실제사례를 제시하고 이에 대한 개입실천사례를 제시하시오.

4. 해결중심가족치료에 대하여 실제사례를 설명하시오.

5. 경험적 가족치료에 대하여 실제사례를 설명하시오.

[선행학습 정답] : 1. 라포형성 2. 삼각관계 3. 자아분화 4. 구조적 가족치료

6
chapter

집단대상 실천기술

〈선행학습〉

1. 집단사회복지실천의 구성요소는 집단 또는 집단역동, 집단구성원, 집단지도자로서의 사회복지사 그리고 [ ]이다.
2. 집단이 가진 특성을 통해 일어나는 집단성원들간의 상호작용 혹은 집단과정에서 만들어진 힘을 무엇이라고 하는가?
3. 치료집단과 과업집단 중에서 성원의 사회정서적 욕구를 만족시키기 위한 목적을 가지는 집단을 무엇이라고 하는가?
4. 공동지도력은 지도자의 무엇을 예방하는가?
5. 성원들이 자신의 장점과 자원을 발견하고 이를 활성화시킬 수 있도록 원조하는 것은?

제1절 집단대상 실천기술의 의의

1. 집단사회사업의 의의

집단사회복지란 손상된 사회적 기능을 회복하고자 하는 욕구를 지닌 대상들이나 또는 현재의 사회적 기능을 보다 적극적으로 유지하며 강화하고자 하는 욕구를 지닌 대상자들에게 그 욕구를 실현시키며 개인, 집단, 지역사회의 제 문제에 대해 능동적으로 대처할 수 있도록 소집단 활동을 통해 의도적으로 실시하는 원조과정을 말한다.

집단 사회복지실천의 장점은 다음과 같다.

집단은 집단 자체와 집단의 역동성을 변화의 매개체로 하여 집단성원의 문제해결이나 갈등을 해결하고 자기성장과 변화를 도모한다. 따라서 Malekoff(1997)의 집단을 활용하는 집단사회사업의 장점은 다음과 같다.

① 상호지지: 집단성원 간에 서로 지지해 줌으로써 성원들 간에 도움을 주고받는 것이 가능하다.

② 일반화 : 집단성원들이 문제로 인해 소외되고 자신을 이해해 주지 못하는 사람들이 많다고 생각하기 때문에 어려움을 겪게 되지만, 집단 내에서 서로 공통된 관심사(문제)로 인해 이를 일반화시킬 수 있고. 하나의 공동체 느낌을 가질 수 있다.

③ 희망증진 : 집단성원들이 여러 가지 문제에 봉착되어 있는 한계를 느낄 때 집단을 통해 문제의 해결점을 찾아갈 수 있고, 자신들이 문제를 해결할 수 있는 능력이 있음을 깨닫게 된다.

④ 이타성 향상 : 자기중심적인 상황에서 벗어나 타인을 위해 도움을 준다는 점에서 이타성을 기를 수 있고, 이로 이해 타인에게 의존해 있던 자신을 보다 독

립적인 자신으로 성장시킬 수 있다.

⑤ 새로운 지식 및 정보 습득 : 집단 내에서 서로 간에 금기시된 주제나 문제 혹은 정보를 안전하다 생각되는 집단 내에서 편안하게 공유할 수 있고, 서로 간에 새 정보의 교환이 가능하고 새 기술을 실험해 볼 수 있는 기회도 제공해 준다. 따라서 집단사회 사업은 개인을 집단 속에서 성장시키고 발전시키기 위한 사회복지적 차원에서의 접근적 시도라고 할 수 있다.

집단사회사업의 기본원리는 다음과 같다.

첫째, 집단 내에서의 개별화 원칙
둘째, 집단의 독립성 원칙
셋째, 집단 성원간의 상호관계촉진
넷째, 문제 해결과정에 스스로 참여하도록 유도

집단사회사업 실천의 원칙은 다음과 같다.

① 개별화의 원칙으로 회원의 특성과 욕구, 개성, 적응능력 등을 반영한다.

② 수용의 원칙으로 회원의 감정, 태도, 행동을 이해, 인정, 수용의 노력을 말한다.

③ 참가의 원칙으로 참가동기 부여(흥미와 욕구 반영), 참가 저해요소 제거 등을 말한다.

④ 체험의 원칙으로 회원의 심리적, 행동적 체험을 통한 성취감, 자신감 확보를 말한다.

⑤ 갈등해결의 원칙으로 집단내 갈등을 회원스스로 직면하여 해결토록 지원한다.

⑥ 규범의 원칙으로 회원이 준수해야할 규범, 기본적 태도를 갖도록 원조한다.

⑦ 계속평가의 원칙으로 회원과 집단의 계속적인 성장발달을 위한 집단활동 분석・평가・계획 수립 및 이행의 원칙을 말한다.

전문가에 의한 의도적인 집단과정과 경험을 통해서 개인의 사회적 기능수행을 향상케 하며, 또한 개인, 집단, 지역사회의 당면문제들에 대해 보다 효과적으로 대처해 나갈 수 있도록 도움을 주는 것이다. 집단에 필요한 기술은 개입 효과를 지속시키기 위한 실천기술, 사후관리(follow-up)로서 집단이론에는 장이론(Lewin), 소시오메트리(Moreno), 집단상호작용(Robert Bales) 등의 이론이 있다.

집단사회사업이란 개별사회사업(case work) 및 기타 방법들과 더불어 사회복지실천에서 사용되는 전문사회사업의 한 방법체계로서 사회사업의 본질적 접근 방법중의 하나이다. 집단사회사업의 모체는 집단이며 그 집단 내에서 상호관계를 가진 개인 성원들이다. 이 점이 개별사회사업과의 차이이며 그 돕는 과정을 달리하는 점이라 볼 수 있다.

집단사회사업은 초기에는 개인보다는 환경에 초점, 상호작용모형의 등장으로 개인과 환경과의 상호작용에 초점을 둔다. 단 사회사업가는 집단의 개별성원이 자신의 개인적 목표를 성취할 수 있도록 직접 원조해야 하며, 적정수준의 집단기능을 유지하고, 집단의 공동목적을 성취할 수 있도록 원조하기 위해서 전체로서의 집단에 개입하여야 하며, 집단의 환경을 평가하고 집단이 자신이 속한 환경에 적응하거나 이를 변화시킬 수 있도록 원조해야 할지를 결정해야 한다.

집단사회사업은 인보관(settlement house)을 중심으로 한 인보관운동과 YMCA, YWCA, Boy Scout, Girl Scout 등의 사회교육운동이나 레크리에이션활동에서 그 원류를 찾을 수 있다. 그 후 이와 같은 활동의 발전과 더불어 사회조사, 소집단사회학, 집단역학, 사회심리학 등의 행동과학분야의 발전된 지식을 도입함으로써 1930년대부터 사회복지의 전문적인 한 방법체계로서 체계화되었다. 집단사회사업을 사회복지실천의 전문적인 방법체계라고 할 때 그것은 집단의 여러 사람들과 함께 활동하고, 순서 있고 조직적이며, 계획적인 개입을 한다는 것을 의미한다.

H. B. Trecker는 "집단사회사업은 사회사업의 한 방법으로서 사회복지기관내의 집단에 속한 각 개인이 프로그램 활동을 통해서 상호작용을 지도하는 워커의 도움으로 그들의 필요와 능력에 따라서 다른 사람들과 관계를 가지고, 성장의 기회, 경험을 제공받으며, 그리하여 개인, 집단, 지역사회의 성장과 발달을 이룩하려고 하는 데 있다"고 정의하였다. 현대적인 집단사회사업의 창시자인 G. Konopka는 "집단사회사업이란 의도적이며 계획적인 집단경험을 통해서 개인의

사회적 기능의 능력을 향상시키고, 개인과 집단 및 지역사회의 제반 당면과제를 효과적으로 처리할 수 있도록 사람들을 원조하는 것이다"라고 하였다.

집단사회사업이란 한마디로 집단내의 상호작용을 활용하여 클라이언트의 사회적 기능의 회복이나 성장을 촉진하는 원조의 기술이다. 즉 프로그램활동을 통해 상호작용을 지도하는 group worker의 도움으로 손상된 사회적 기능을 회복하고자 하는 욕구를 지닌 대상들이나, 현재의 사회적 기능을 보다 적극적으로 유지하며 강화하고자 하는 욕구를 지닌 대상들에게 그 욕구를 실현시키며 개인, 집단, 지역사회의 제 문제에 보다 능동적으로 대처해 나갈 수 있도록 소집단활동을 통해서 의도적으로 실시하는 원조과정이요, 사회사업의 한 방법이다.

집단사회사업은 특히 문제나 의식적 상황이 비슷한 집단, 즉 비행청소년 집단이나 교도소집단의 교육, 또는 심신장애자(심신(정신)의 장애로 사물을 변별할 능력이나 의사를 결정할 능력이 없는 자, 또는 그 능력이 미약한 자로 정신지체, 발달장애인(자폐인 등)의 교육이나 그들의 문제해결 등에서 효과적인 사용가치를 실감할 수 있는 접근 방법 혹은 기술로 알려져 있다.

집단활동의 기본적 요건은 집단구성원, 집단, 프로그램, 사회복지사이며 집단구성원은 사회복지사는 구성원에 대한 개별화를 통해서 충분한 이해를 가져야 한다. 집단이란 집단구성원 간에 이루어지는 상호관계가 전제되어야 하며, 프로그램의 목적은 구성원간에 활발한 상호관계를 촉진하며, 아울러 성장에 이르는 풍부한 집단경험과 사회적응 능력을 부여하는 데에 의미가 있다. 사회복지사는 이러한 집단지도의 실천의 원칙을 갖고 개입하여야 한다.

개별사회사업의 주요대상은 개인 및 그와 관계를 맺고 있는 주요 타인인 반면 집단사회사업은 사전에 관계가 없었던 집단 성원이다 발달과정상의 차이에도 불구하고 두 사회사업 방법론간에는 많은 교류가 이루어지면서 상호간의 서로의 이론과 기법들을 흡수통합하여 활용함으로써 상호간의 지식적 기반의 확대를 도모할 수 있었으므로 이들 방법론의 역사적 발달과정을 형제경쟁관계라고 할 수 있다.

개별사회사업은 정신분석이론과 정신건강운동의 영향으로 개인의 정신내적 역동에 초점을 두는 경향이 있었으나 최근에는 일반체계이론과 생태학적 접근법에 이론적 기반을 두고 개인과 환경에 이중적 초점을 두는 경향이 강하다.

집단사회사업은 다음과 같은 8가지의 특별한 목표를 제시하고 있다.

(1) 재활 : 사람이나 일이 이전의 능력으로 회복하는 것

(2) 교육훈련 : 치료보다는 성장과 발달을 의미

(3) 교정 : 사회법 혹은 사회적 관습에 대해 어려움을 가진 사람과 범법자를 돕는 것

(4) 사회화 : 사람들이 사회적으로 기대되어지는 것을 행하는 방법

(5) 예방 : 어려움이 일어나기 전에 미리 처리하고 필요로 하는 환경적 영양물을 제공하는 것

(6) 사회행동 : 사람들이 대처하고 적응하는 것 이외에 그들의 환경을 변화시키도록 돕는 것

(7) 문제해결하기 : 사람들이 과업을 달성, 결성하고 사회문제를 해결하도록 집단을 이용하는 데 도움을 준다.

(8) 사회적 가치 : 개인이 생활과 관련된 실천 가능한 사회적 가치를 발달시키는 것을 돕는 것을 말한다.

2. 발달과정

집단사회사업은 출현기, 정착기, 성장기, 통합가로 구분될 수 있다.

출현기는 1861-1927년의 기간으로 청소년들의 정신적·사회적·심리적 조건을 향상시키기 위한 청소년단체 중심(YMCA, YWCA, 소녀우애협회, 소년클럽), 인보관 운동(근린조합, 사회적 조건변화와 주민간의 자조 강조)의 출현으로 아직 집단의 가치를 인식하지 못한 상황이다.

방법으로서의 정착기는 1928-1946년의 기간으로 사회적으로 요청되는 집단의 육성과 개인의 성장에 대한 실무이론의 체계화를 시도하였다.

실제 1923년 최초로 집단사회사업 전문교육의 실시로 1936년 미국집단사회사업연구회를 발족되었으며 1946년 코일 보고서에 의하여 사회복지방법론으로 공

식적으로 인정하여 집단사회복지사 협회를 설립하였으며, 1960~1970년대 사회복지방법론이 통합되면서 집단사회사업실천 용어가 일반화되었다. 1970년대 감수성훈련, 마찰잡단, 교류분석, 행동수정, 게슈탈트 등 상이한 형태의 집단을 시도하였다. 1980년대 이후 다양한 분야의 다양한 집단에서 활용하여 복합가족집단, 폭력배집단 등의 확대가 있었다.

성장기는 1947-1963년으로 정신분석 개념도입(진단과 치료), 자아심리학의 영향 추가, 정신과 실무에서 많이 사용, 집단지도의 개념 및 목적의 확대(교정, 예방, 정상적 사회적 성장, 시민으로서의 책임성과 참여), 사회적 기능향상 및 오락교육, 지역개발 및 사회행동 목적으로 사용, 미국집단사회복지사협회의 성립, 소집단에 대한 활발한 연구, 통합적 접근방법의 발달을 가져왔다.

통합단계는 1964년 이후 시기로 통합적 접근방법으로 쇠퇴하여, 지속적인 필요성이 대두되었다.

3. 집단유형

1) 집단유형

집단이란 2인 이상의 회원이 공동목적과 소속감을 가지고 상호작용하는 집합체로서 한 가지 이상의 목적을 갖고 형성되며 집단사회사업에서 집단은 지속적이고 정기적인 모임을 갖고, 회원간의 상호작용, 특정한 목적 등이 필요하다. 2인 이상의 집합체, 소속감, 공통의 목적과 관심사, 정서적 결속, 상호의존적, 상호작용, 기능과 역할, 규범(하포트), 서비스의 수단과 환경 그리고 상호원조체계(스콥플러와 갈린스키)를 말한다.

집단의 원칙은 다음과 같다.

① 개별화의 원칙: 회원의 특성과 욕구, 개성, 적응능력 반영

② 수용의 원칙: 회원의 감정, 태도, 행동을 이해, 인정, 수용

③ 참가의 원칙: 참가동기부여(흥미와 욕구 반영) 저해요소제거

④ 체험의 원칙: 심리적, 행동적 체험을 통한 성취감, 자신감

⑤ 규범의 원칙: 준수해야 할 규범, 기본적 태도를 갖도록 원조

⑥ 계속 평가의 원칙: 계속적인 성장발달을 위한 집단활동 분석, 평가, 계획수립 및 이행이다.

집단의 장점은 희망의 고취, 보편성, 정보전달, 이타심, 교정적 반복 발달, 사회기술의 발달, 모방행동, 대인관계 학습, 집단 응집력, 정화, 자신의 책임성을 강조하게 된다.

집단의 종류는 크기는 큰집단인 대집단, 작은집단인 소집단으로 이는 성원만족도에 영향을 미치며, 5-12명 선호, 리드는 최소한 8명 제안, 과업집단 5명 이내, 의사결정집단 7명, 치료집단 5-7명 또는 15명 정도로 구성할 수 있다.

집단의 구성방법은 자연집단과 형성집단, 구성원자율성에 의한 개방집단과 폐쇄집단 그리고 목적에 따라 분류되는 치료집단과 과업집단으로 구분된다.

〈표 6-1〉 큰 집단의 장단점

장 점	단 점
-복잡한 과제 수행 가능 -역할모델의 학습기회 다양 -집단참여에 대한 압력 적음 -결석시 집단 기능에 장애 없음 -의미있는 상호작용의 유지	-관심 분산의 어려움 -밀접하고도 대면적인 상호작용 기회 감소 -역기능적 하위집단의 위험 -침묵하는 성원의 무관심과 탈퇴 조장 -규칙, 절차 등 공식적인 구조가 필요 -결속력 감소 및 의사결정 합의 도출의 어려움

〈표 6-2〉 개방집단과 폐쇄집단

개방집단	폐쇄집단
-클라이언트가 원할 때 집단에 참여할 수 있어 당장 도움이 필요한 사람에게 유용 -새로운 성원의 아이디어나 자원을 활용해 시너지 효과 창출 -집단전체의 기능상 변화없이 새로운 성원의 가입이 가능 -새로운 성원의 추가로 집단과정을 되풀이 하는 등 집단의 발달을 저해	-제한된 성원 자격과 집단의 연속성으로 응집력과 안정감 강하다 -역할행동의 예측가능 -구성이 안정적이어서 사기가 높고 화합을 계획하기 쉽다 -결성, 탈락으로 의미있는 상호작용 감소우려 -집단에의 순응 요구, 효율성 저하

〈표 6-3〉 치료집단과 과업집단의 비교

구분	치료집단	과업집단
결속력	구성원의 개인적 요구에 근거하여 발달	성취해야 할 과업에 근거하여 발달
역할	집단의 상호작용을 통한 발달	상호작용, 임명을 통한 발달
의사소통	개방적 의사소통	특별한 과제에 대한 토론에 초점
절차	집단에 따라 융통성이 있거나 공식적으로 정해져 있음.	공식적 일정이나 규칙의 규정
구성	공동관심사, 문제, 일반적 특성에 근거	요구되는 재능, 전문성, 노동분화에 근거
자기표출	욕구, 감정, 관심사 등 자기표출이 많다.	과업성취에 관한 부분으로 국한
비밀보장	사적 수준에서 처리되거나 집단 내부에서 유지	때때로 공중에 공개
평가	치료적 목표의 성취정도에 따라 성공여부를 평가	성취한 과업, 의무사항 및 산출에 의해서 평가

〈표 6-4〉 집단의 유형별 특징비교

구분	지지집단	교육집단	성장집단	치료집단	사회화집단
목적	스트레스 사건 대처능력 회복	강의, 토론, 경험을 통한 교육	잠재력 개발, 인식, 통찰력의 증진	행동변화 행동변화개입을 통한 교정, 재활, 대처, 문제해결	의사소통과사회기술, 대인관계 향상(프로그램, 구조화된 연습, 역할연습 등)
지도력	감정이입적 이해와 상호원조의 촉진자	교사, 집단토의를 위한 구조제공자	촉진자, 역할모델	전문가, 권위적 인물, 촉진자	집단활동이나 프로그램의 디렉터
초점	스트레스 대체능력 의사소통과 상호원조	개인학습 학습을 위한 집단의 구조화	접근법에 따라 성원이나 집단에 초점 집단경험을 통한 성장	개별성원의 문제, 관심, 목표에 초점	활동과 참여를 위한 도구로서의 집단
결속력	스트레스 사건경험에 대한 공유	학습, 기술발전에 대한 공통된 관심	공통목적에서 발생 성장하기 위해 집단을 이용하려는 계약	공동된 목적과 목표, 성원과 지도자, 집단, 타성원과의 관계	공통활동, 계획, 상황
구성	경험에 따른 다양한 구성	교육수준, 기술수준이 유사한 성원	성장과 발달을 향한 개인성원의 능력에 따라 다양함	유사한 문제나 관심을 가진 사람으로 구성	집단의 위치, 목적에 따라 다양 혹은 동질
의사소통	정보, 경험, 대처전략에 대한 공유 감정의 빈번한 자기표출	주로 지도자가 성원에게 강의 가끔 성원간의 토의 낮은 자기표출	고도의 상호작용 성원이 집단내의사소통에 책임을 진다. 중간에서 높은 정도의 자기표출	집단지도자가 구성원에게 또는 집단성원간중간에서 높은 정도의 자기표출	활동이나 비언어적 행동으로 나타남. 낮은 정도에서 중간정도의 자기표출

집단의 발달단계는 시간이 지남에 따라 집단구조, 의사소통과 상호작용의 형태, 응집력, 사회적 통제, 집단문화 등이 형성되며 변화되어 가는 것, 모든 집단이 동일한 발달 단계를 거치는 것은 아니다.

〈표 6-5〉 집단의 발달단계

발달단계	초기	중기	종결
개념	집단을 계획, 조직, 소집, 집단감정의 출현	과업과 목표를 달성하기 위한 노력, 상호작용과 응집력 발생	집단감정과 응집력 감소, 성취한 것 요약 및 축하
Bales	오리엔테이션	평가	의사결정
Tuckman	집단형성	갈등단계, 규범설정단계, 수행단계	
Northen	준비단계(계획, 크기, 배경, 환경적 위치 고려) 오리엔테이션(소집단구성, 의사소통형성, 유대관계 형성)	탐색과 시험의 단계(상호작용유형, 하위집단생성, 통제기제발달, 목적지향적 활동), 문제해결단계(응집력과 의존성, 협동과 해결능력 고도화)	종결단계(목적달성, 예정기한 종료, 다른 이유로 집단을 해산)
Harlford	전집단계회단계, 소집단계, 집단형성단계	와해 및 갈등단계, 집단기능 및 유지단계	전종결단계 종결단계
Klein	오리엔테이션, 저항단계	협상단계, 친밀단계	종결단계
Trecker	초기단계, 집단감정의 출현단계	유대, 목적, 응집력의 발달단계, 강한 집단의식의 단계, 집단의식 감소 단계	종결단계
Sarri & Galinsky	기초단계, 형성단계	중간1단계, 중간2단계, 성숙단계	종결단계
Garland, Janes & Kolpdny	친밀 전단계, 권력과 통제단계	친밀단계, 차별화단계	이별단계
Henny	착수단계, 소집단계	갈등단계, 유지단계	이별단계
Toseland & Rivas	착수단계, 소집단계	갈등단계, 유지단계	종결단계
Reid	임신 출생	아동기, 청소년기, 성인기	사망

2) 집단성원

성장하고 학습하고 치료되는 개인으로 집단의 활동을 통해 집단성원들은 역할수행을 한다. 첫째, 과업역할 수행하여 집단의 목적을 성취하고 긍정적인 기여를 한다.

둘째, 사회정서적 역할(socioemotional roles)을 수행하며 집단 성원들간의 긍정적인 관계형성을 한다.

사회복지사는 집단 내에 존재하는 역할들과 수행되는 방식의 지속적인 인식으로 집단 성원들의 역할을 차별화된 방법으로 다루기 위해 개입하여야 하며 특히 개별성원 및 집단에게 부정적으로 영향을 미치는 역할에 집중적인 개입을 한다.

집단 발달 단계의 포함하는 적응(오리엔테이션) 단계에서 성원이 자신이나 집단의 다른 성원들에게 해가 되는 행동을 하는 것을 예방하기 위해 적극적이고 직접적으로 개입할 필요가 있다.

그 역할은 다음과 같다.

첫째, 집단과업역할이란 목표 성취를 돕는 역할로서 발기자, 정보탐구자, 정보제공자, 여론탐구자, 명료자, 조정자, 진단자, 방향지시자, 활력제공자, 진행보조자, 기록자, 평가자의 역할을 한다.

둘째, 집단형성 및 유지역할인데 응집력과 정체성에 바탕을 둔 심리적 혹은 의사소통 및 관계적 차원의 역할을 한다. 지지자, 조화자, 긴장감소자, 타협자, 인도자, 감정표현자, 기준설정자, 추종자의 역할이다.

셋째, 자기중심적 역할로서 집단의 기여보다 개인의 욕구 충족에 관심을 갖고, 방해자, 공격자, 무관심자, 지배자, 인정추구자, 고백자, 광대, 특별관심 탄원자로서 역할을 한다.

부적절한 구성원들은 독점적, 침묵, 자기애적, 왜라는 질문으로 방해하며, 충고형, 감정표출의 방해, 공격적, 의존적 및 도움요청형, 지나친 이성적인 것과 남의 비위를 맞추는 성원과 집단과 관계없는 이야기를 하는 구성원들이다.

3) 집단사회복지사

집단사회복지사의 역할은 집단과 개인의 목표달성을 원조하기 위해 지도, 역동변화, 개입, 성원 변화 유도하는 전문가이다.

① 조성자 역할 : 감정표현 및 관심사 표현 유도, 성원의 반작용 탐색 및 장점

활성화

② 중개자 역할 : 지역사회 자원, 정보 연계 및 의뢰

③ 중재자 역할 : 갈등, 상반된 관점의 해결

④ 옹호자 역할 : 서비스나 자원을 획득하려는 성원들을 대변

⑤ 교육자 역할 : 전문적 지식을 통해 행동유형 및 새로운 기술 제시

〈표 6-6〉 집단사회복지사 기술

집단과정 촉진기술	자료수집 및 평가기술	행동기술
-집단성원 참여촉진 -주의집중, 표현기술 -반응기술 -집단의사소통 초점유지 -집단과정의 명료화 -내용의 명료화 -집단상호작용의 지도	-사고, 감정, 행동의 확인 및 묘사 -정보의 요청, 질문의 탐색 -정보의 요약과 세분화 -사고, 감정, 행동의 통합정보분석	-지지, 재구조화, 재정의 -성원간의 의사소통 연계지시 -조언, 제안 또는 교육자원 제공 -모델링, 역할학습, 예행연습, 지도 -직면, 갈등해결

여기서 유의해야 할 사항은 다음과 같다. 적극적으로 참여하기, 목표를 지향하기, 자기행동에 집중하기, 새로운 행동을 시도하기, 시간 제한성을 자각하기, 신뢰를 형성하기, 저항을 자각하기, 노력과 시간을 투입하기, 지금-여기를 지향하기, 솔직하기, 느낌에 집중하기, 비언어적인 메시지에 집중하기, 판단과 충고를 자제하기, 불만을 공개하기, 자기를 직면하기, 대변인 역할을 자제하기, 하위집단 형성을 자제하기, 정확한 표현을 사용하기, 상대를 보며 이야기 하기, 쉽게 말하기, 질문보다는 진술하기, 지도자의 도움 구하기, 권리를 인식하기, 책임을 인식하기 등이다.

4) 프로그램

프로그램활용 이유는 상호작용 욕구 충족, 비언어적 의사소통의 학습, 경험기회, 과업기술 발전, 관심표출 기회, 집단응집력, 정보 수집 등에 있다.

프로그램 절차는 목적과 목표설정, 환경, 자원, 시간 등의 활동내용 구체화, 관심과 동기, 연령, 기술수준, 신체적 및 정신적 상태, 주의집중력 정도 등의 활동나열, 활동구분, 활동 선택의 과정을 고려해야 한다.

고려해야 할 사항은 시기적절성, 적합성, 동의, 안전 등이 고려되어야 한다.

제2절 실천과정

1) 계획단계로서 집단만들기

집단의 목적 설정, 잠재적 후원기관의 사정, 성원의 모집과 사정, 집단의 구성에 대하여는 동질성 혹은 이질성, 가시고슴도치의 원칙, 노아방주의 원칙에 의하여 구성한다. 집단크기 결정, 집단소개가 이루어지는 단계이다.

특히 계약은 절차에 대한 계약, 회합빈도와 기간, 참여규정, 비밀보장, 장소, 서비스내용, 목적에 대한 계약을 체결한다. 물리적 환경의 배려로는 성원행동에 필요한 환경, 재정적 후원을 고려한다. 그리고 집단계획서를 작성한다.

집단 홍보와 집단 구성원의 모집, 집단구성원의 심사와 선발, 사전모임을 검토한다.

2) 집단의 초기 일단계로 집단의 형성 및 탐색

성원소개, 집단의 목적에 대한 설명과 피드백 즉 집단의 기능과 유지에 초점을 둔 집단중심적 목적, 전 성원들의 공동문제에 초점을 둔 집단공동목적, 개인의 구체적 개인 관심목적에 대한 설명과 피드백이 요구된다. 과업의 포함과 정체성, 개별성원의 목적달성, 계약의 기대, 책임, 의무의 구체화, 집단의 지도력인 속성적인 힘, 실제적인 힘의 지도력 고찰, 집단활동에 대한 동기와 능력의 고취, 집단의 토대인 신뢰, 지도자의 역할로서 본보기, 목표확인, 책임의 분배, 구조화 등을 탐색한다.

3) 집단초기 이단계로 저항다루기

불안과 방어가 증가, 개방성 강조, 갈등으로의 권력과 통제력의 욕구, 갈등 자체를 무시하지 말고 갈등에 의한 부정적인 감정을 표현하게 함으로써 신뢰형성,

지도자에 대한 도전, 저항을 모색한다.

4) 집단과정에 대한 사정

집단과정에 대한 사정은 다음과 같이 이루어진다.

사정의 개념은 정보를 수집, 조직화, 판단하는 것으로 개별성원에 대한 사정은 기능적 행동과 비기능적 행동의 판단이다. 개별 성원의 사정의 원칙은 개별성원 및 의미있는 타자에 대한 관심표명, 지도력발휘, 분명한 의사표현, 건설적 피드백 및 긍정적 반응, 자신의 장점과 성장 인정, 유머 적절히 사용하는 것이 좋다.

정보수집의 원칙은 한 가지 이상의 자료수집방법 선택, 문제와 관심사 또는 과업과 정보원을 구분, 관련된 정보만 수집, 자료수집의 구조화, 정보체계 개발, 편견개입금지 등이 요구된다. 그리고 전체집단에 대한 사정이 필요하다.

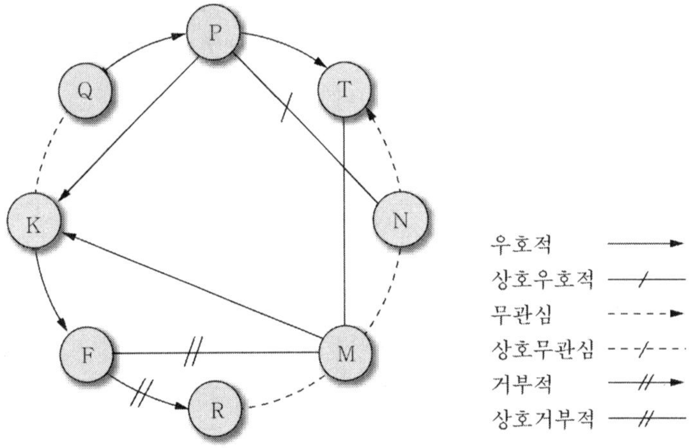

자료 : Toseland & Rivas, 1995, p.222.

〈그림 6-1〉 소시오그램의 작성

5) 집단의 중간단계

응집력·소속감과 생산성, 집단회합의 준비, 집단의 구조화, 성원의 참여와 권한 부여, 성원의 목적 성취 원조, 저항적인 성원의 독려, 모니터링이 필요하다.

효과적인 집단의 특성은 신뢰와 수용, 공감과 돌봄, 희망, 새로운 행동을 시도할 자유, 변화의 수행, 친밀감, 정화, 인지적 재구조화, 자기노출, 직면, 피드백 등이 요구된다.

사회복지사의 역할은 바람직한 행동 강화, 보편성 공유, 본보기로서 자기노출과 직면, 일상생활에서의 새로운 행동 수행 지원, 집단목표 확인 및 격려하는 역할을 한다.

6) 집단의 종결단계로서 통합과 종결

불만족스러운 종결사유에 대한 이해, 변화노력의 유지 및 일반화, 집단에 대한 의존성의 감소에 대한 고려를 해야 하며 주요과업은 종결에 대한 감정의 처리, 집단의 영향력 검토하기, 피드백 교환, 미완성 과제의 완수, 배운 것의 수행에 대한 결과 등을 종결처리한다. 그리고 미래에 대한 계획과 수행에 대한 의뢰를 검토한다.

사회복지사의 역할 : 종결감정 다루기, 미완성 과제에 대한 표현, 대인관계 기술들을 적용할 기회 제공, 건설적 피드백 기회 제공, 비밀보장의 중요성 강조

7) 사후 관리와 평가

사후관리모임에서 집단의 성과를 평가할 수 있는 기회제공, 일상에서의 어려움 논의, 사후관리 개별상담을 실시하며 20분 내외를 고려하고, 검사 도구를 통한 평가와 집단일지를 작성한다.

집단실천기술의 기본원칙은 다음과 같다.

다음과 같은 자질이 요구된다. 신뢰, 경청, 공감, 솔직성, 용기, 자기자각과 직면, 안정감 등을 들 수 있다.

그리고 개별화, 수용의 원칙, 참가의 원칙, 체험의 원칙, 갈등 해결의 원칙, 규범의 원칙, 계속평가의 원칙 등을 들 수 있다.

제 3 절 접근방법

1. 이론적 접근

(1) 장이론

독일의 심리학자 레빈은 처음에는 형태심리학(게슈탈트 심리학)에 속하였으나, 미국으로 건너가서부터는 사회심리영역에서 독자적인 활약을 하였다. 베를린대학 심리학 연구실에 있을 무렵은 베르트하이머, W. 쾰러, K. 코프카 등 형태심리학파의 세 거물이 활약하고 있던 시대였다. 그는 그 가운데서 요구·의도·정서·행동 등을 중심으로 독자적인 연구 영역을 개척하고, 젊은 연구자를 주위에 모아, 획기적인 연구 결과를 《Psychologische Forschung》에 발표하였다. 나치스의 대두로 미국에 건너가 코넬대학, 아이오와대학 교수 등을 역임하였다.

미국에서의 그의 관심은 차차 사회심리학 방면으로 옮아가서, 사회적 분위기, 집단의지 결정, 산업에서의 현장연구, 유대인 문제, 감수성 훈련 등 다방면에 걸쳐 연구하였다. 매사추세츠공과대학의 집단역학연구센터와 국민훈련연구소의 설립은 그 구체화의 일환이다. 그가 창시한 많은 개념은 지금은 심리학의 상식으로 되었다. 그의 주위에는 언제나 한 그룹의 연구진이 모이고 독특한 연구 분위기를 조성하여 집단효과를 발휘하였다. 독일의 '쿠와셀 스트리페, 미국의 '토폴로지 그룹'은 그 예이다.

레빈은 정신 혹은 사회현상은 전체가 하나의 장을 이루고 각 부분은 상호의존의 관계를 이룬다. 집단은 전체로 이해, 성원을 잡아두는 힘과 목적성취를 위한 힘의 실체, 집단의 행동은 전체적인 상황의 기능, 집단의 속성이 집단의 성원에게 미치는 영향의 중요성, 훈련집단(T집단), 역할극, 모의실험 등이 있다.

게쉬탈트심리학은 1912년, 독일인 심리학자 베르트하이머(Max Wertheimer,

1880-1943)에 의하여 처음으로 이루어졌다. 베이트하이머는 인간이 사물을 지각할 때 전체, 형태, 관계의 성질로 지각된다고 하였고, 이와 같은 지각현상을 파이현상이라 하였다. 이에 게쉬탈트(Gestalt)라는 말은 형태 혹은 유형(Pattern)의 의미에 해당하는 독일어로, 흔히 조직된 양식이나 형태 혹은 부분들의 집합과 대조된 의미로서 조직된 '전체'를 의미한다. 이에 형태심리학(Configuration Psychology)이라고도 부르며, 근본적으로 행동주의 심리학의 경험론적.환원주의적, 요소주의적, 객관적, 행동주의적 입장을 비판하는 입장에 서있다. 게쉬탈트 심리학은 학습이론 가운데 인지론(認知論)에 속한다. 인지론은 학습을 지각과 개념의 능동적 재구성으로 보는 입장으로, 인지론자들은 학습을 반응(행동)의 변화가 아닌 인지구조의 변화로 봄으로써 학습에서 행동적인 면보다는 개념적인 면을 더 강조하였다. 학습과정은 자극과 반응의 기계적인 결합이나 조건 형성에 의해서 이루어지는 것이 아니라 인간의 환경을 능동적으로 지각, 이해하고 탐구하는 정신적 과정을 통해서 이루어진다는 것이다. 이러한 게쉬탈트 심리학의 대표적인 이론으론, 쾰러의 통찰설과 레빈의 장이론, 톨만(Tolman)의 기호-형태설이 있으나, 본문에서는 통찰설과 장이론을 중심으로 설명하였다.

(2) 사회교환이론

어떤 부부들은 결혼한 채로 남아 있고 어떤 부부들은 이혼하게 되었는가를 설명하는데 가장 유용한 이론적인 접근으로는 사회교환이론이 있다. 지난 20년간 교환이론은 2인 혹은 소집단에서 상호작용의 과정을 설명하는 주된 이론적 틀로 부상되어 왔는데, 그 기원은 월러(1937)의 「Rating & Dating hypotheses」로 거슬러 올라간다. 그 이후 티바우와 켈리(1959)의 「Goodness og outcome」, 블러드와 울프(1960년)의 「Resource theory of power」과 화버(1964)의 「Theory of Permanent availability」에 의해 가족학 연구에서 주목을 받았다.

...본 연구는 이혼에 관한 사회교환이론에 사회계층이론을 결합하여 한국 이혼의 구조적 특성, 즉 한국 이혼율의 계층적 차이를 설명하려는 데 그 목적이 있다.

사회교환이론을 이혼에 적용시킨 Levinger(1965, 1979)의 연구에서는 이혼을 결정하는 데 세 가지 요소를 변수로 설정한다. 첫째, 매력, 결혼의 질, 우애, 배우자에 대한 존중, 성적인 즐거움, 소득, 자가소유, 교육수준, 유사한 사회적 신분,

둘째, 장애-종교, 자녀, 법적·경제적 장애, 가족임금, 부부결속에 대한 의무, 지역사회에서의 오점, 가족의 영향, 셋째, 대안적 매력-고용기회, 독신이 되고 싶은 마음, 대안적인 애정원 등이 그것이며, 이 세 요소가 서로 갈등관계에 놓여 결혼관계의 유지 혹은 이혼을 결정짓는다.

교환이론의 특성은 인간은 합리적인 동물이며, 최대의 이익을 추구하려는 경향이 있다고 전제한다. 이 관점에서는 사람들 사이에 이루어지는 교환과정에 초점을 두고, 사회적, 물질적 자원의 교환을 인간 상호작용의 근본 형태로 파악한다. 개인이나 집단은 다른 사람이나 집단에게 무엇을 주는 대신 다른 보상을 얻으려고 하거나 얻을 수 있다고 생각할 때 상호작용이 일어난다. 쌍방 간에 교환의 행위가 반복이 되면 개인이나 집단 간의 사회적 관계는 더욱 강화된다. 호만스(G. Homans)의 교환이론은 모든 사회적 상호작용에는 반드시 교환이 관계되어 있다.

티바우트, 켈리, 블라우, 호만스, 집단의 존재는 개인의 참여와 만족에 기반, 집단내 구성원간의 보상을 추구하는 방법과 영향력 행사 방법으로 분석한다.

자원동원이론의 특성은 사회운동조직의 역할과 한계를 규명하는 이론으로 사회적 항의는 사회운동조직이 대중의 인지와 정당성을 획득하기 위해 사용하는 일차적인 방법의 하나이다. 사회운동의 성패는 조직원 충원과 자금조달 그리고 적절한 조직구조를 개발할 수 있는 능력에 달려 있다. 사회운동이 성공하기 위해서는 조직원들의 집합적 정체성 형성을 돕고 이것을 토대로 지원들의 헌신을 이끌어낼 수 있는 환경의 조성이 필요하다.

(3) 정신분석이론

정신분석이론에는 지정학설, 정신결정론, 대상관계이론, 성격구조론 등이 있다.

이 이론들은 당시의 많은 학자들로부터 엄청난 저항을 받았음에도 불구하고, 프로이드는 합리적인 사고방식과 경험을 근거로 인간성의 본질에 접근하기 위해 노력했다.

프로이드 이론의 극히 초기에 증세의 원인을 성욕에서 주로 찾았지만, 그것은 초기 미숙한 정신분석 이론 단계의 일이었다.

그는 성욕 이외도 문화, 종교, 인류학, 예술에 대한 관심 높았다. 다만 그는 의사이고 자연과학도로서, 인간 정신현상을 육체적인 욕구나 본능과 관련지어 해석

했던 것이다.

레들, 비옹, 위테커, 리버만, 얄롬 등은 개인에 초점, 개인의 해결되지 않는 갈등을 집단내에서 표출, 전이반응, 방어기제, 베른의 의사거래분석, 펄스의 게슈탈트치료, 모레노의 사이코드라마 등을 들 수 있다.

(4) 체계이론

① 파슨스는 집단의 평형상태 유지로 통합과 조화, 적응과 변화, 형태유지와 목적 및 절차, 목적성취와 과제추구 및 성과를 가져와 체제가 유지된다.

파슨스 이론에서 사회체계의 4가지 기능적 요건으로 첫째, 적응으로 환경적 자원을 다른 하위체계들에게 이용가능하게 만드는 것 둘째, 목표달성으로 체계의 목표 중에서 우선순위를 설정하고 이를 달성하기 위해 체계 자원을 동원하는 문제와 관련 셋째, 통합으로 체계단위 사이의 가변적인 상호관계를 조정하고 유지하는 문제와 관련 넷째, 잠재성으로 상호작용의 상징적 내용을 저장하는 곳으로 행위자의 긴장을 관리하고 또 적절한 상징적 자원들이 제도적인 유형의 확실한 유지에 기능한다.

② 발레스 체계이론은 다음과 같다.

첫째, 집단의 해결문제이다.

수단적 문제는 목적성취와 관련하여 집단외부에서 부과하는 요구이고 , 사회정서적 문제는 인간관계의 어려움, 조화 및 만족 등의 요구가 수반되는 문제이다.

둘째, 상호작용과정 분석이다.

역동적 평형상태의 유지는 외부와 내부와의 통합을 위한 동요과정이다. 그리고 상호작용의 문제는 의사소통, 평가, 통제, 의사결정, 긴장감소, 통합의 문제로 귀결된다.

③ 호만스

집단의 체계는 외적체계와 내부체계로 구분되고 외적체계는 외부환경과의 적응을 말하고, 내부체계는 규범, 상호유형에 의한 체계를 의미한다. 따라서 평형상태를 유지를 위해 변화, 개별성원의 상호작용이 전체 집단의 특성이 된다. 집단의 힘이 개인행동에 영향을 미치며, 갈등시 집단 유지를 위한 노력과, 내부기능 및 외부환경과의 관련을 지닌다.

(5) 집단성격 이론

레이몬트 카텔, 집단 내 상호관계 측면 강조, 경험통계학적인(요인분석) 접근, 개인의 자료로 집단행동의 기본적 측면을 도출할 수 있다.

(6) 의사거래분석, 교류분석(Transactional Analysis)

교류분석은 정신분석가 정신과 의사였던 Eric Berne에 의해 처음 개발된 이론이다.

교류분석(Transactional Analysis)은 일반반적으로 TA라고 줄여 부르며 심리학과 심리치료이론의 통합된 이론이다. 통합이론이라고 부르는 이유는 심리학의 분석 요소와 인성과 인지의 접근 방식을 갖고 있기 때문이다. 이 분석학은 캐나다 태생 미국 정신과 의사인 에릭 베른에 의해서 1950년대에 개발된 정신 분석학이다

에릭 번은 대인관계 및 의사소통에 문제가 있는 상황에의 적용을 위한 이론으로 두 사람의 자아상태간에 일어나는 자극과 그에 대한 반응을 통한 상호작용, 생존에 필요한 생리적 욕구와 평안함을 추구하는 심리적 욕구, 자극갈망, 구조갈망에 의한 조직화, 위치갈망으로 확고한 위치의 점유를 충족하기 위해 상호작용과 관계형성이 필요하다. 인간의 성격형성 및 교류에도 관련된다. 교류유형에는 상보적 교류, 그리고 다른 자아상태와의 교차적 교류, 다메시지에 의한 이면적 교류 등을 들 수 있다.

(7) 형태주의이론(게슈탈트 이론)

프리츠 펄즈, 정신분석학 및 유럽의 현상과 실존주의에 근거를 두고 있다. 현재의 행동이나 문제를 원인 즉 왜?보다는 어떻게 혹은 무엇에 더 큰 비중을 두고 있다. 인간은 신체 정서 사고 감각 지각들의 통합적 기능, 환경과의 분리 안되는 존재, 능동적 행위자, 자각과정을 통해 행동의 선택 및 책임, 지금 여기에서 과거와 미래까지 경험 가능, 뜨거운 자리, 그 자리에 머무르기(공포대상에 대한

지속적 체험으로 공포감정의 극복), 신체언어집중하기, 빈의자에 의한 정서적 정화를 말한다.

(8) 행동주의

행동주의는 심리학의 중요한 조류의 하나로 심리적 탐구대상을 의식에 두지 않고 외형적으로 나타나는 행동에 초점을 두는 입장으로 인간은 자극에 따라 반응하는 존재로 보고 학습이란 인간의 바람직한 행동의 변화를 일으키기 위해 적절한 자극과 그 반응을 강화시키는 것으로 이해한다. 1913년 J. B 왓슨이 주장한 이후 미국심리학의 중요한 줄기가 되어 왔다. 이전까지 심리학은 심리적 탐구의 대상을 의식에 두어야 한다고 알려져 왔기 때문에 행동주의는 심리학의 과학화에 기여한 측면이 있다. 대표적인 이론으로는 파블로프의 고전적 조건화(Classical conditioing), 스키너의 조작적 조건화(Operant conditioning), 반두라의 관찰학습(Observational learning)을 들 수 있다. 조형(어린이집 아동 맡기기의 단계적 분리연습), 긍정적 강화, 행동계약, 자기주장훈련, 본보기, 행동 예행연습, 소거, 체계적 둔감법, 심적 포화(진저리나는 욕설의 기회제공), 혐오적 조건화, 처벌 등을 들 수 있다.

조형이란 자신의 삶의 표현과 집약된 감정을 옮겨놓는 형식으로 관념을 물리적 형태로 끌어내는 행위이다. 예술의 목적은 인간의 관념을 대변하는 것이며, 조형은 그러한 것의 상징적 투영물이다. 형체와 움직임을 지닌 몸, 감성과 직관을 지닌 영혼, 이성과 논리를 지닌 정신, 이러한 총체성으로 세계를 체험함으로써 인간의 자신의 고유한 경험을 외부세계로 전이한다. 이러한 과정에서 인간은 자신의 창조물을 통해 어떠한 의미를 세계에 전달한다.

(9) 현실치료

내담자의 현재행동에 초점을 두고 그 행동이 내담자가 원하는 것을 얻을 수 있을지 살피는 상담방법으로 윌리엄 글라세에 의해 창안되었다. 기본적으로 행동적이고 지시적이며, 실제적, 교훈적, 인지적이다. 모든 인간이 정체성에 대한 욕구(다른 사람과 구분되는 욕구)에 직면, 사랑과 가치의 경로를 통해 정체성 확립, 정체성을 제대로 확립하지 못한 것이 문제, 재정 및 낙인보다도 자신의 지각에 따라 정체성 확립의 문제에 초점을 둔다.

글래서는 개인이 강해질수록 자신에게 가장 도움이 되는 선택을 할 수 있고 자신에게 도움이 되는 선택은 사회에도 가장 도움이 된다는 관점을 가지고 있다. 인간은 자기결정의 존재로 인간을 결정하는 것은 환경이 아니라 바로 자기자신이라고 보는 반결정론적 입장을 취하고 있다. 이론적 기반은 정체감이론과 선택(통제)이론에 있다.

2. 접근방법모델

특징	사회적 목표모델	치료모델	상호작용모델
이론	발달적 접근	조직적 환경적 접근	상호작용주의
목적	사회적의식, 사회적 책임, 책임있는 시민 및 사회정치적 행동, 사회에 대한 개인의 적응, 집단 선 추구	역기능적 행동을 하는 성원의 치료와 재활, 개인의 목적 성취를 지원하기 위한 수단으로서의 집단 강조, 개인 선 추구	적정수준의 적응과 사회화를 성취하기 위해 성원간 상호지지체계 형성, 대인관계 향상, 집단 및 개인 양자의 선을 위한 집단과 개인 상호관계 강조, Here & Now, 상황과 집단이 관여하는 체계자체에 관심
기관	인보관, 지역사회복지관	임상기관, 사회복지기관, 시설	임상기관, 지역사회복지관
초점	대규모 사회환경에 속한 개인	개인적 역기능 변화	성원간의 자조, 상호 지지체계 개발
지도자의 역할	역할모델, 조력자, 교사, 영향자	변화대리인, 전문가, 조력자, 중개자, 주요한 인물, 지시적, 상당한 권위를 가짐	중개자, 조력자
대상	시민, 이웃, 지역주민	역기능이나 문제해결을 위해 도움을 필요로 하는 자	공동관심사의 성취를 위해 협력하는 구성원
집단활동	토론, 참여, 합의, 집단과제의 개발 및 실행, 지역사회 조직화, 성원의 사회적 행동기술 습득과 사회변화에 필요한 프로그램	성원의 행동유형을 변화시키기 위해 구조화된 운동을 하거나 직접, 간접적인 영향을 발휘	성원들의 관심사를 토론, 상호지지형성, 상호이익이 되는 결속되는 사회체계의 형성
집단크기	3-30명	7-10명	상황에 따라 유동적이나 15명을 넘지 않음
회원가입	개방적	전문가의 통제	전문가와 회원의 동의에 의한 자유로운 가입

회합 기간	지도력 유형에 따라 유동적	정기적이며 시간사용계획을 사전에 설정	유동적, 지도자와 성원이 합의
대표 학자	리랜드, 윌슨, 코일, 베너 클라인	빈터, 새리, 글래서, 레들	슈바츠, 비옹, 레윈

인본주의모델은 집단내 사회복지사와 구성원간의 관계에 중점을 둔 모델로 트롭이 대표적 학자이고, 사회학습모델은 사회학습이론이나 행동수정 이론을 사회복지 실천에 적용, 인간조종기술, 의사과학이라는 비난을 받고 있다. 대표적인 학자는 로즈와 갈빈이다.

목표형성모델은 집단성원 개인이 집단과 사회의 관계 속에서 적절한 균형을 계속 유지해 나가는 과정과 관련한 모델이다. 사회복지사는 성원들이 체계 간의 관계를 명확히 개념화하도록 지원하며 대표적인 학자는 랭이다.

집단사회복지사의 자세는 코노프카에 의하면 고도의 감정 능력, 융통성, 예민한 지각과 이성, 원만한 인간관계 능력, 창의력과 상상력을 요한다. 집단사회복지사의 요구되는 역할은 다음과 같다.

① 개인의 고유한 상이성, 장단점 인정
② 다양한 특성을 지닌 집단을 하나의 집단으로 인정
③ 집단성원과 집단사회사업가와의 의도적 원조관계
④ 집단성원간의 협조적 관계수립
⑤ 문제해결과정에 능력에 따른 참여로 능력 향상
⑥ 성원들 간의 갈등해결방법 원조
⑦ 집단의 진단적 사정평가에 근거한 프로그램 활용
⑧ 계속적인 평가활동
⑨ 전문가의 자기 활용

3. 집단 사회복지실천 프로그램

(1) 참만남(incounter) · 감수성훈련 프로그램

참만남 집단이나 감수성훈련집단이 갖고 있는 목적은 개인적·대인적 인식을 육성하고 효과적 상호작용·유형을 개발하는데 목적을 두고 있다.

참만남·감수성훈련집단은 전문지도자들이 좀더 인식적·효과적인 대인적 상호작용을 하기 위한 훈련, 사업가들의 효과적인 경영 위치의 확보, 클라이언트의 다른 사람들에게 주는 영향에 대한 인식 증대 그리고 시민들의 효과적인 상호작용에 대한 훈련 등 폭넓은 목적으로 활용되고 있다. 따라서 개인의 특정한 문제를 규명하고 해결하려고 하기보다 스스로 문제를 인식하고 있으면 더 잘 변화될 수 있다. 그렇기 때문에 스스로 잘 인식하고 효과적으로 자신의 위치를 확보하려는 전문가, 사업가뿐만 아니라 자신에 대하 더 잘 인식하고 효과적으로 상호 작용하도록 인화단결된 집단훈련이 필요하다.

개입기술은 기존 상호작용 패턴을 깨고 현재 행동유형을 바꾸기 위해 그 방법을 탐색할 준비가 되어 있을 때 가능하다. 이때 사회복지사는 집단성원의 참여를 독려하고 개방적이고 솔직하게 서로 표현하고 변할 수 있도록 격려한다. 손으로 대화하기, 침묵하고 있는 상대방 얼굴표정에 대해 피드백 주기 등 초기 장벽을 깨는데 도움이 된다. 이를 토대로 집단성원들이 자발적으로 피드백을 주고받고 반응할 때 더 원활하게 태도와 행동을 바꿀 수 있다.

(2) 자조집단 프로그램

특정목적을 성취하고 상호원조를 위한 자발적 소집단 구조를 일컫는 것으로, 본 집단은 비경쟁적이며 협동적인 성향, 반엘리트·반관료적 성향과 토착성의 강조, 부담된 지도력, 돕는다는 원조개념으로 사고파는 것이 아니라는 것에 대해 이해하여야 한다.

전문가주의에 대한 강한 비판적 자세, 서비스 소비자는 원조를 생산해내는 사람이라는 소비자주의에 대한 강조, 원조자체가 자신뿐만 아니라 서로 도움을 주고받는 방법이라는 것에 대한 인식에 집중, 능력강화에 대한 강조가 특징이다.

아울러 본 집단에 대해 캐츠와 밴더(Katz and Bender)는 자기성취, 개인적 성장에 초점을 두는 집단, 사회적 권위와 대변에 초점을 둔 집단, 생활의 여러 유형을 창조해 내는데 초점을 두는 집단, 추방자 피난소 또는 최저생활집단, 혼합된 유형의 집단으로 분류하였고, 포웰(Powell)은 의존적 집단, 일반적 목적을 가진 집단, 생활양식집단, 신체장애인 조직, 주요한 다른 집단들로 분류하였다.

개입기술은 문제를 가지고 있는 집단성원들이 자신의 문제를 서로 인정하고 고백하고 장래문제를 다루기 위한 계획이나 과거문제를 가진 상태에서의 경험 등을 집단성원들 앞에서 증언해야 한다. 그런 다음 성원들이 과거와 같은 강렬한 충동을 느낄 때 도움이 되는 상황에 이르기까지 개인을 머무르게 하여 이를 극복할 수 있도록 지지하고 참가자들은 원조자 치료원칙에 의해 효과를 얻게 되며 원조자는 다른 사람들을 도구로 삼아 심리적 보상을 얻게 한다. 자조집단에서는 서로를 도우면서 그들의 삶에 주요한 면을 통제하게 되고 힘을 키울 수 있는 장점을 가지고 있다.

(3) 사회기술향상 프로그램

사회기술은 사회생활을 하는데 필요한 과제를 완수할 수 있는 특수한 능력으로 특히 대인관계 상황에서 자신의 목적을 달성하는데 필요한 상대방의 반응을 얻을 수 있는 능력이다. 따라서 사회적응 기술훈련은 대인관계에서 필요한 행동기술과 자신의 감정과 생각을 이해하고 조작하는 기술, 그리고 상대방의 감정과 생각을 이해하고 그에 따라 자신의 행동을 결정하는 인지기술을 훈련한다.

기술훈련의 특징은 치료 교육적 치료팀이 이용자 개개인에 알맞은 개별적이고도 종합적인 재활목표를 세우는 것을 전제로 주체성을 최대한 존중하면서 필요에 따라 현실적이고 유효한 행동연습을 제안하고 이용자를 돕는 것으로 이루어진다. 또한 체계적이고 구체적인 학습단계를 밟아 행하며 성과를 축적하여 행동을 형성하게 되어 있다. 역할연습에 의한 행동의 반복, 지지, 강화, 과제 제시 등 행동 치료적 기법이 활용된다.

개입기술은 사회기술훈련은 먼저 본 기술훈련에 대해 설명하고 본인의 동의를 얻어 클라이언트가 희망하고 요구하는 훈련과제를 듣는다. 그 다음 학습기술을 세분화하고 단계를 세분화하여 클라이언트로부터 상황에 대한 자료를 수집한다. 이후에 어느 정도의 자신감이 생겼다면 성공가능성을 확인함으로써 연습을 통해 무엇을 얻을 것인가의 목표를 결정한다. 이 때 공감적으로 반응하고 모의장면을 만들고 제1회 역할연습을 통해 클라이언트에게 가능한 한 긍정적 피드백을 준다. 그런 다음 어느 정도의 효과를 얻었으면 본인과 의논한 후 제 2회 연습에 들어가고 이 때 긍정적 피드백을 인정해 주고 실생활 장면에서 실행할 수 있는 과제를 의논하여 결정하고 다음 모임에서 과제에 대한 보고를 받는 순서로 진행하다.

(4) 시간관리 교육프로그램

시간 활용상태 평가방법은 활동목록이나 일지를 작성하여 어떻게 시간을 소비하는지 조사하면 자신의 시간관리 유형을 알 수 있고, 자기평가를 통해 부족한 점을 파악할 뿐 아니라 올바른 시간관리를 설계할 수 있다.

우선순위 정하기로 중요하다고 생각되는 인생의 목표나 과업에 ABC의 가치를 매겨 우선순위를 정하여 그에 따라 행동하는 것이다.

그리고 지연성향을 극복하는 방법은 지연을 야기하는 원인에는 내적, 외적 요인이 있다. 내적요인으로는 변화나 실패에 대한 두려움, 일을 몰아서 하는 습관, 피로가 누적되는 무리한 습관 등을 들 수 있고, 외적요인으로는 지루하거나 과중한 일, 불분명한 목표, 일의 진행을 알 수 없는 상황 등을 말한다.

쉬운 일부터 즉각 한다. 순서를 세워 계획하고 정리한다. 하기 싫은 일을 가장 먼저 한다. 일을 마치고 얻는 이익과 못했을 때의 손실을 생각한다. 과중한 일은 단계를 나눈다. 마감시간을 정한다. 외부환경에 익숙한 잘못된 생활방식을 변화시킨다. 결단할 수 있는 의지를 기른다.

(5) 약물의존자 집단프로그램

마약은 살아있는 조직의 기능을 화학적으로 변경하고 생리적인 변화를 가져오는 물질로 정의된다. 우리의 정의에 따르면 알코올도 마약이다. 정신에 영향을 미치는 마약은 합성이나 자연물질로 기분이나 행동을 바꾸어 준다. 선택된 약물은 개인이 정기적으로 그가 바라는 정신적이나 신체적인 상태를 얻기 위해 사용하기로 결정한 한 가지나 그 외의 마약을 말한다.

약물사용은 치료를 위해서나 합법적으로 그 물질이 사용되거나 혹은 의사에 의해서 처방받았음에도 불구하고 최소한의 위험 부담을 가지고 있지만 효과를 보기 위한 약물의 섭취를 의미한다.

의존은 계속적인 약물에 대한 갈망이나 혹은 충동적인 약물 사용의 경향을 의미한다. 의존은 심리적이나 신체적인 것으로 심리적 의존의 주요 구성요소는 알코올이나 약물이 아니면 성취될 수 없는 상태를 경험하기 위해 약물의 사용을 계속하는 신체조직의 의존을 포함한다.

중독은 마약에 신체적으로 정신적으로 의존하고 있는 상태를 의미한다. 약물의존은 일상의 토대 위에서 흥분된 느낌을 얻기 위해 선택된 약물에 대한 믿음이나 느껴진 필요성을 의미한다.

또한 최근 약물남용 청소년 수의 급증과 더불어 연령이 낮아지는 등 약물남용 청소년에 대한 문제가 심각한 사회문제로 대두되고 있다. 그 원인으로는 청소년의 의지력 박약, 자아기능 미약 등의 개인적 요인과 부모의 이혼, 가족해체, 편부 및 편모 등 가정의 구조적 기능적 결함 등으로 야기되는 가족문제 그리고 부탄가스등 약물구입의 용이성, 청소년 문화의 미정착, 유흥유해업소의 난립 등 사회환경적 요인 등을 지적할 수 있으며 약물남용은 이러한 요인이 상호작용한 결과라고 할 수 있다.

약물 남용의 부작용은 이것이 남용에만 그치지 않고 다른 비행이나 범죄와 중복성을 보인다는 점에 있다. 뿐만 아니라 이미 약물남용 문제가 드러난 청소년의 경우 유해화학물질관리법 위반으로 구속되어 처분을 받지만 지속적인 관리의 미흡으로 인하여 재범하는 경우가 많으며, 이에 대한 사후 관리도 미숙한 실정에 있다. 최근 서울보호관찰소에서 발표한 보호관찰 현황에 따르면 재범 비율이 40.1%로 나타나 약물남용청소년에 대한 재교육 및 재사회화의 필요성을 설명해 주고 있다.

약물남용 재발 예방을 위한 프로그램들은 ① 사회극 프로그램 ② 집단 프로그램 ③ 가족치료프로그램 ④ 캠프 프로그램 등이 있다.

대표적으로 사회극 프로그램이 있으며 사회극의 개념으로는 주인공 자신에게 초점을 맞추는 것이 아니라 극의 내용이 현 사회에서 주목이 되거나 문제시되는 것(성폭력, 학교폭력, 약물 오·남용, 왕따, 가출)을 연극화하여 집단 앞에 공연하게 된다. 따라서 집단중심 극이며 집단이 함께 공유하고 그 문제를 탐색하게 된다. 또한 극이 끝나면 관객들과 나눔의 시간을 갖고 그 주제를 직접 무대 위에서 경험해 보도록 하여 문제의 심각성을 인식시키고 긍정적인 방향으로 해결할 수 있도록 한다.

이러한 사회극의 특징은 다음과 같다.

① 집단 구성원들이 관심을 갖고 있는 행동상의 문제를 탐색할 수 있다.

② 자신과 타인의 입장이 되어 보기 때문에 자신뿐만 아니라 타인에 대해서 깊이 이해할 수 있다.

③ 직접적으로 자신을 노출하지 않으므로 자발적으로 문제를 탐색할 기회를 가질 수 있다.

사회극 프로그램의 종류는 다음과 같다.

① 역할연기(role playing)

집단 구성원들 각각이 역할을 맡아 극화된 상황 속에서 그 역할을 경험해 보는 것이다. 타인의 역할 경험을 통해 공감대를 증진시키거나 경험해 보지 않았던 상황을 미리 경험해 봄으로써 이에 대한 준비를 할 수 있게 된다.

② 이중자아(Double-technique)

주인공이 어떤 억압에 의해 자신의 내면 생각을 털어 놓지 못하는 경우 보조자가 주인공의 또 다른 역할을 해 줌으로써 주인공 자신의 갈등을 솔직하고 뚜렷하게 볼 수 있도록 도와줄 수 있다.

③ 역할 바꾸기(Role reversal)

서로의 역할을 바꿔 봄으로써 타인의 입장을 이해하고 자신의 행동을 반성할 수 있다.

토론은 클라이언트가 자신의 미래를 설계하는데 있어서 긍정적 사고를 가지고 올바른 방향으로 나아갈 수 있도록 지지하고 옹호하는 역할을 수행한다.

① 반사회적인 사고와 부정적인 행동에 대한 요소들을 찾아본다.

② 자신이 세운 계획을 실천하는 데 있어 걸림돌이 되는 것을 과감히 버릴 수 있도록 사회복지사는 옆에서 조력자의 역할을 수행한다.

청소년 캠프를 통하여 ① 부적응적 행동에 대한 변화 유도 ② 부모님과 함께 미래에 대한 공감대 형성 등 사회복지사 및 자원동원 등의 협조를 받아 클라이언트에게 주변 체계의 서비스, 기회 등을 제공하는 중개자의 역할을 수행한다.

연습문제

1. 형태주의이론에 대하여 사례를 제시하시오.

2. 모레노의 사이코드라마에 대하여 사례를 제시하시오.

3. 자기방어기제 및 감수성훈련프로그램에 대하여 어떤 영역이든 실제사례를 제시하시오.

4. 자조집단프로그램에 대하여 어떤 영역이든(알코올, 마약, 인터넷, 장애인 등) 실제사례를 제시하시오.

5. 역할연기(role playing)에 대하여 어떤 영역이든 실제사례를 제시하시오.

[선행학습 정답] : 1. 프로그램활동 2. 집단역동 3. 치료집단 4. 소진 5. 조력자

7 chapter

지역사회대상 실천기술

〈선행학습〉

1. 로스만의 지역모델에서 지역사회개발모델, 사회계획모델 그리고 [ ] 이다.
2. 사회복지실언에서 클라이언트로 하여금 자기 삶에 대한 결정과 행위에 힘을 가질 수 있도록 돕는 기술은?
3. 지역사회개입기술에서 지역주민이나 지역사회를 대신하여 일을 진행하고 대변하는 기술은?

제 1 절 지역사회대상 실천기술 의의

1. 지역사회 대상실천

지역사회 기능은 생산, 분배, 소비의 기능이 있다. 지역사회라는 공간 속에서 생산을 위한 가정에서의 몸과 마음의 긴장을 풀고 생산을 위한 체력과 심신을 단련하여 직장에 나아가서 각종 생산활동에 참여하여 얻은 수익으로 가정생활과 사회생활을 하는 기능이다.

사회화기능은 인간이 동물적 인간에서 출발하여 사회적 인간으로 성장하기까지 이루어지는 일련의 모든 학습의 과정이라고 말할 수 있으며, 사회가 가지고 있는 일반적 지식, 가치, 그리고 행동양식을 구성원이 터득하는 것이다.

사회통제기능은 지역주민은 서로 간의 생각과 감정 또는 사상을 서로 교환하며, 이를 효율적으로 활용하기 위한 각종 사회의 제도나 규범은 우리 사회를 통제하고 있다. 지역사회구성원이 사회적 규범에 순응하게 하는 것으로 개인과 집단의 교육과 예술, 운동과 취미활동은 한 차원 높은 사회통제기능이다.

사회통합기능은 사회구성원끼리 서로의 생활공동체 형성과 함께 한국인으로서의 자부심과 사명감을 갖고 자신의 발전, 지역사회의 발전을 위하여 소임을 다할 때 사회통합으로 가는 방법일 것이다. 사회통합기능을 수행하는 기관은 종교, 가정, 학교, 사회단체 등이 있다.

그리고 상부상조의 기능은 두레, 공굴, 향도, 고지 등은 이웃의 고통과 시련을 마치 자기의 일처럼 생각하고 스스로 도와주는 우리 모두의 시민정신은 매우 위대한 미풍양속이다. 우리의 미풍양속은 국가적 차원의 정책과 제도 그리고 규범으로 깊이 있는 접근과 실행능력이 절실히 요구된다.

구성원간의 서로 교류하고 돕는 활동으로 두레는 농사를 공동으로 짓는 상호노력 교환의 풍습이고 공굴은 마을 안에 중병자나 불구자, 과부, 초상당한 자의 농사를 마을사람이 공동으로 지어주는 무보수로 노력·봉사해 주었던 풍습이다. 고지는 궁핍한 농민이 농업경영자와 노동계약을 맺고 춘궁기에 양식을 받고 농번기에 노동을 제공하는 관습이다.

지역사회를 대상으로 하는 사회복지실천(개발)으로 지역사회수준에 맞게 지역사회집단을 조직과 제도, 지역주민간의 관계 및 상호작용의 행동패턴을 변화시키는 실천기술이다.

지역사회복지 달성이라는 목적을 위해 보다 구체적으로 지역사회구성원이 공유하는 문제와 관련된 지역사회의 변화를 위해 요구되는 개입기술을 응용하고 활용하며, 지역주민의 조직화와 사회행동을 포괄하는 것으로서 변화를 위한 직접적 개입활동에 초점을 두는 개념이다.

지역사회복지실천개념 구성요소는 개발, 조직화, 계획, 진보 등을 말한다.

Ross의 지역사회복지실천 원칙은 다음과 같다.

① 현재 지역사회의 조건에 대한 불만으로부터 추진조직의 결성이 이루어진다. 그리고 불만족에 초점을 두고 문제해결을 위한 구체적 계획과 실천방안이 수립되어야 한다.

② 문제상황에 대한 인식이 지역 전체에 공유되어야 하며, 그리고 문제해결을 위한 추진조직에는 지역의 유력한 사람들을 참여시켜야 한다.

③ 문제해결 추진조직은 지역주민들로부터 지지를 받을 수 있는 목표와 운영방법을 가져야 한다.

④ 문제해결을 위한 추진조직의 활동에는 정서적이고 문화적인 내용들이 포함되어야 한다.

⑤ 지역사회 내의 지지와 관심을 활용해야 한다.

⑥ 문제해결을 위한 추진조직은 지역사회와의 활발하고 효과적인 대화통로를 가지고 있어야 한다.

⑦ 문제해결을 위한 추진조직의 다양한 성원에 대한 지속적 지지활동의 강화와 관계유지가 중요한다.

⑧ 추진조직은 조직운영에 있어 정상적 업무상의 결정과정을 해치지 않는 범위 내에서 융통성을 지녀야 한다.

⑨ 추진조직은 지역사회의 현 상태를 이해하고 접근하여야 한다.

⑩ 조직과 지역을 위한 지도자를 배출하여야 한다.

⑪ 지역의 문제해결을 위한 추진조직의 권위화와 네트워크가 필요하다.

생태학적 이론에서 본 지역사회 속성은 다음과 같다.

① 경쟁: 보다 나은 위치를 차지하기 위한 적응과정이다.

② 협동적 경쟁: 경쟁과정을 통해 다양한 집단을 제거하기보다 다양한 집단의 이해관계에 적응해 가는 과정을 말한다..

③ 중심화: 대상의 서비스가 어느 한 집단 및 지역으로 쏠림현상이다.

④ 분산: 지역 구성원이 외곽으로 흩어지는 현상이다.

⑤ 집결: 도시의 어느 한 부분이구성원이 과도하게 혼잡하고 인구가 모이는데 비해 도시의 다른 부분은 인구가 과소한 경향을 보이는 현상이다.

⑥ 분리: 물리적 지역 내에서 서로 떨어져 유사배경, 기능을 중심으로 모이는 현상이다.

⑦ 우세: 기능적으로 우위에 있는 것이 다른 단위에 대해 영향력을 행사하는 것이다.

⑧ 침입: 한 집단이 완전히 분리된 다른 집단이 거주하는 지역으로 이동하는 현상이다.

⑨ 계승: 침입이 완결된 단계로 어떤 지역의 용도가 완전히 전환하는 것이다.

⑩ 분리: 특성에 따라 끼리끼리의 모임을 말한다..

Rothman 지역 모델은 다음과 같다.

① 지역사회개발모델: 지역사회의 변화를 위해지역사회 및 집단이 함께 참여하여 개발한다.

② 사회계획, 정책모델: 전문성을 지닌 계획자가 사회문제를 해결하고자 정책에 반영하여 기술적으로 적용한다.

③ 사회행동모델: 소외된 주민이 보다나은 환경의 삶을 살아갈 수 있도록 그 지역사회에 요구하는 행동이다.

지역사회복지 실천의 과제는 다음과 같다.

① 지역사회의 문제해결을 위해 지역사회의 변화가 필요하다.

② 효율적 지지역사회복지의 체계구축을 위한 제도개혁

③ 지역사회의 사회복지 통합체제를 위한 전달체계의 확립이 필요하다.

④ 지역주민공동체 및 지역공동체의 형성이 필요하다.

사회복지실천의 지식기반은 인간행동과 사회환경에 관한 지식이다. 이는 인간의 생태, 심리, 사회적 발달, 인간의 발달단계와 발달과업, 인간의 문제에 접근하기 위한 발달단계 관련 욕구와 자원 등에 관한 지식으로 사회복지정책과 서비스에 관한 지식 정책, 정책형성과정, 사회정책분석에 영향을 미치는 정치적, 조직적 과정에 대한 지식이다. 그리고 사회복지실천 방법론에 관한 지식 클라이언트의 사회기능 향상을 위한 실천관련 지식으로 조사 및 연구에 관한 지식 과학적, 분석적으로 접근하는데 이해와 설명을 제공한다.

사회복지실천기술은 사회복지사가 실천활동을 수행할 때 효과적으로 지식을 이용하고 적용할 수 있게 해주는 능력이나 방법으로 사회복지사 고유의 자질에 따라 달라질 수 있지만 과학적 지식에 바탕을 두기 때문에 학습이 가능하다. 그리고 문제의 특성과 클라이언트의 특성, 상황 등을 고려하여 적절하게 적용되어야 하며, 정보를 수집하고 사정하는 기술, 대인관계 기술, 면접기술, 집단을 이끄는 기술, 개입기술, 효과적으로 의사소통하는 기술, 계약하는 기술, 평가하고 종결하는 기술 등을 말한다. 사회복지실천은 실천현장에서 사회복지사와 클라이언트 사이에 전문적인 원조관계가 확고하게 형성되어야 향후 사회복지실천의 전 과정이 순조롭게 진행될 수 있다.

전문적 원조관계는 클라이언트의 욕구를 파악하기 위한 정보수집, 클라이언트의 욕구나 문제해결을 위한 과업수행 등의 목적을 갖고 진행되는 목적지향적이며 시간 제한적인 대화를 통해 형성되는 관계이다.

Shulman(1984)은 사회복지사가 갖고 있는 실천기술들이 종합적으로 잘 활용될 때 긍정적인 원조관계가 형성되고, 긍정적인 원조관계는 사회복지실천의 결과에 영향을 준다.

Sheafor 등(1997)은 사회복지사가 갖고 있는 기술은 클라이언트와 사회복지사 간의 관계에 영향을 주며, 협력적 작업관계가 실천의 성과에 직접 영향을 준다. 모든 유형의 실천 단위에 필요한 기본적인 사회복지실천기술은 의사소통기술, 효과적인 원조관계 형성기술, 기초 원조기술 등 실천을 통해 긍정적인 결과를 얻어내기 위해서는, 사회복지사는 실천에 필요한 모든 기술들을 익히고, 이 기술들은 긍정적 원조관계 형성이라는 일차적인 목표를 위해 사용해야 한다.

사회복지사가 갖춰야 하는 사회복지실천의 기초기술은 다음과 같다.

① 면담기술

의사소통 및 관여(engagement) 기술

② 사정기술

개인과 환경의 상호작용 맥락에서 문제나 어려움 발견

③ 개입기술

문제나 어려움 해결기술

④ 팀웍기술

문제해결을 위해 다른 전문직과 합동으로 노력하는 기술

⑤ 지지망 구축기술

개입효과의 지속성을 유지함으로써 클라이언트의 자립 유도

⑥ 협상기술

클라이언트의 복지와 관련된 주변체계와의 협상기술

⑦ 평가 및 종결기술

협력적 노력의 결과 평가, 클라이언트의 자립생활을 위해 종결하는 기술

전문적인 원조관계 형성의 중요성은 다음과 같다.

전문적인 원조관계 형성은 사회복지사와 클라이언트 사이의 의사소통으로 시작된다.

의사소통이란 둘 이상의 사람들 사이의 언어행위는 물론, 몸짓, 표정, 눈빛 등의 비언어적 행위를 통해 서로 정보를 주고받는 상호작용 과정이다.

전문인으로서의 사회복지사는 클라이언트의 다양하고 독특한 삶의 경험을 철저히 클라이언트의 입장에서 이해하도록 요구받고 있다. 원만한 원조관계가 형성되려면, 의사소통의 방법을 통해 정보를 주고받는 상호작용 과정에서 사회복지사가 클라이언트의 삶에 대한 진지한 관심, 클라이언트의 문제해결을 돕고자 하는 의도, 클라이언트가 처한 상황에 대한 이해 등이 클라이언트에게 정확히 전달될

때 원만한 전문적 원조관계가 형성된다. 따라서 사회복지사는 클라이언트의 언어와 행동을 정확히 파악할 수 있는 의사소통기술 뿐 아니라 자신의 생각과 의도를 클라이언트에게 정확히 전달할 수 있는 언어 및 비언어적 표현능력과 기술을 갖추어야 한다.

지역사회 대상의 실천기술이란 지역사회를 구성하는 개인이나 집단, 혹은 이웃의 사회적 복리를 원하는 방향으로 향상시키기 위해 지역사회 수준에서 전개되는 일련의 활동을 말한다. 거시적 실천수준은 전문 혹은 비전문적인 인력이 지역사회 수준에 개입하여 지역사회에 존재하는 각종 제도에 영향을 주고, 지역사회의 문제를 해결하고자 하는 일체의 노력을 말한다. 개인복지나 가정복지보다 넓은 차원의 개념이며, 아동복지, 청소년복지, 노인복지라는 대상층 중심의 복지활동보다 지역성이 뚜렷하다는 특징을 가진다.

지역사회 대상실천의 과정은 다음과 같다.

(1) 문제파악

지역사회사업의 전개에 있어서 지역사회를 역사적, 문화적, 사회적으로 고유의 요소를 가진 존재로서 이해하고, 문제를 개별화하여 파악해야 한다. 지역구조와 특성 즉 인구동태, 자치회 등 주민조직, 사회자원, 산업구조 외에 지역의 역사와 주민의식에 관한 기존자료, 조사보고서 등을 수집하고 지역사회의 전체상을 명확히 해야 한다. 문제발견은 주민의 욕구조사, 기존의 자료참고, 지역답사, 주민간담회에 참석하여 욕구를 파악하고 주차시설부족문제, 휴식공간부족 등 공원조성 등에 관하여 진단을 한다. 문제가 발견되면 그 해결을 위해서 모든 조건을 검토하는 단계에 들어가는 데 이를 지역진단이라고 한다.

주민의 문제의식 정도는 주민의 관심과 욕구파악으로 우선순위를 파악할 수 있으며, 욕구와 사회자원과의 관계는 주민의 욕구에 대한 자원 활용 가능성을 말한다.

(2) 계획수립

사업계획은 문제 해결의 우선순위를 확정한 후 달성할 목표를 설정하는 것으로 구체적으로 단기 목표, 중 · 장기 목표 설정과 그 달성을 위한 시책, 사회자원동원의 필요성을 검토한다. 조직계획은 문제해결을 위한 조직 만들기를 계획. 지역의 지도층 등을 핵심으로 조직화하고, 이 조직 활동이 지역전체로 확충해 가는 과정을 목표로 하는 것이 일반적인 방법이다.

재정계획은 공동모금 등의 기존의 민간자원을 활용하거나, 자체적으로 재원을 확보하기 위한 행사 등이다.

홍보활동의 목적은 지역사회의 문제 상황과 지역사회복지실천의 필요성을 많은 주민에게 알려서 정보의 공유화를 도모하고, 문제해결을 위해 참여하도록 동기를 부여한다.

(3) 계획의 실행

첫째, 지역조직화이다. 주민이 주체적으로 문제 해결을 도모할 수 있도록 지역사회에서 활동하는 측면으로 원조의 과정이다. 즉 고령자나 장애인 및 그 가족 등의 대상자를 조직화하는 일, 지역사회에서의 활동을 위한 기반조직을 구성하는 일, 대상자의 문제해결이나 욕구에 대응하는 자원봉사자활동의 촉진을 도모하는 일 등이다.

둘째, 복지조직화이다.

사회자원을 동원하거나 개발하는 일로서 제도적 자원인 시설, 서비스, 상담기능, 각종의 수당이나 융자제도 등이 있고, 지역조직자원으로서 대상자 조직, 자원봉사 그룹의 조직이 있고 비공식 자원으로서 가족, 이웃관계 등이 있다.

그리고 사회자원을 효율적으로 활용하여 지역사회의 욕구를 충족시키기 위해 관계기관, 단체 간의 연락이나 조정을 도모하고 시스템을 구축하는 일이다.

셋째, 주민집회이다.

주민들 간의 이해를 위한 대립이 클 경우 이 대립에 의해 불이익을 받을 특정의 주민을 위해 주민집회를 할 수 있으며, 즉 이는 주민 스스로의 노력이나 사회자원의 동원으로는 문제 해결이 되지 않을 경우 사회행동을 도모하는 것이다.

주민집회는 주민들 각자의 주체성과 자유의지를 존중하고, 각자의 욕구와 사고를 충분하게 반영한 자유토론에 의해서 결론을 얻는 것을 목표로 해야 한다.

(4) 평가

과제의 목표 달성도, 지역진단이나 계획 실시의 타당도, 과정의 목표 등을 평가한다. 과제 목표는 구체적인 과제의 달성도로 재정 효과의 정도, 주민욕구의 충족정도, 어떤 기관이나 단체의 공헌 정도 등이다.

과정목표는 계획 수립에서부터 계획 실시까지의 과정에 있어서 주민의 주체형성의 정도와 관계한 기관이나 조직의 활동 등을 평가한다. 즉, 활동에 대한 주민의 관심도나 참가도 및 연대감의 정도, 기관, 조직 간의 연계나 협력 체제의 수준, 지역사회 문제해결 능력 향상의 정도 등이 평가의 주요내용이 된다.

2. 지역사회대상 실천방법

1) 사회적 지지 체계의 개발

지역사회적 접근은 사회적 지지체계 구축으로 청소년의 경우 전문직 자원봉사자 팀체제 운영, 보호관찰 대상 청소년에 대한 상담, 비행청소년 사례관리 기법 등을 들 수 있다.

첫째, 자연적 지지체계의 활성화는 사회복지사가 클라이언트의 자연적 지지체계를 의도적으로 개입하여 활성화하는 것으로 사회복지사가 기존의 체계들이 클라이언트의 욕구에 맞게 적절히 기능하도록 돕는 것이다. 그 방법은 지역사회에 있는 기존의 체계들이 사회복지서비스를 대체할 수 있도록 활용하는 것으로 사회적 서비스가 상대적으로 부족하거나 사회복지기관이 지리적으로 너무 멀리 떨어져 있는 지역의 경우, 지역사회에 있는 학교나 교회, 학원, 병원, 이발소, 미장원 등 기존체계의 인적, 물적 자원을 사회복지서비스의 대안으로 활용하는 것이다.

둘째, 공식적 지지체계의 활용이다. 이는 클라이언트의 욕구에 환경이 반응할 수 있도록 기존의 다양한 사회복지기관 및 프로그램을 활용하는 것으로 지역 내 주민들의 취미교육의 기회나 레크리에이션의 활성화를 위해 문화센터를 활용하는 것으로 공식적 지지체계를 잘 활용하기 위해서 사회복지사는 지역의 다양한 사회기관에 대해 잘 알아야 하고, 공식적 지지체계의 협력을 이끌어 내고 유지할 수 있는 능력이 필요하다.

셋째, 자원봉사자의 활용이다.

자원봉사자는 자신의 친족이 아닌 사람들을 위하여 자발적이며 무보수로 서비스하는 사람으로서, 비공식적으로 이웃을 돕는 것보다 어떤 공식조직을 통해서 서비스 하는 사람을 말한다. 자원봉사자들의 활용은 클라이언트의 욕구를 만족시키기 위해 사회복지사가 활용하는 지지체계의 하나이다. 예를 들면, 독거노인을 위한 말벗 서비스, 교육서비스, 환경조성서비스, 밑반찬서비스, 장애인을 위한 교통서비스 등이다.

2) 프로그램 개발

어느 지역에서 학생들의 비행문제가 해결해야 할 문제로 대두된다. 이를 해결하기 위한 프로그램을 개발한다.

첫째, 문제의 확인으로 문제의 규모와 심각한 정도를 조사하고 학생들의 비행문제의 규모나 심각성 조사, 이들을 돌봐줄 기관이 없다거나, 저소득층이고 자녀가 많으며, 경제적인 문제가 비행을 저지르는데 영향을 미침을 발견하는 것 등이다.

둘째, 욕구의 파악이다. 부모, 교사 등 여러 관계 집단을 대상으로 문제해결의 욕구를 파악한 결과 문제학생들의 상담이나 치료를 통한 재범의 방지가 시급하고, 이와 함께 예방에 대한 욕구도 많았음을 파악하는 것 등이다.

셋째, 목적 및 하위목적의 설정과 우선순위 정하는 것이다.

학생비행방지 프로그램의 목적을 그들의 사회적 재활, 또는 사회통합으로 하고, 그 하위 목적으로 문제학생의 치료, 우범학생의 예방, 저소득층 학생의 경제적 지원을 설정한 후 하위 목표 사이의 우선순위를 정한다.

넷째, 성취목표의 구체화로 각 하위 목적을 달성하기 위한 대안의 선택에 있어서 그 하위목적의 달성 여부를 측정할 수 있는 목표들을 구체화한다.

예를 들어 비행학생의 재범률 10% 감소하거나, 우범단체 탈퇴율 30% 증가 그리고 50명에게 학비 및 장학금 지급하는 것 등이다.

다섯째, 제공 서비스에 대하여 각 목표별로 이를 달성할 수 있는 여러 대안들을 가지고 비용 효과를 분석하고 각 서비스의 비용과 효과를 예측한다.

여섯째, 대안의 선택이다. 각 대안별로 총 비용(예산)을 계산하여 각 대안이 가져올 사회적 편익, 혹은 효과를 계산한 뒤 하위목적별로 비용·효과분석, 비용·편익 분석을 실시하여 이때 최소의 비용으로 최대의 효과를 낼 수 있는 대안을 선택한다.

일곱째, 세부 프로그램 설계이다. 각 선택된 대안들의 구체적인 설계 작업으로 가령 학교 사회복지사를 채용할 경우 채용 시기, 배치, 전문역할, 지위, 조직을 정하는 것. 각 프로그램의 경우에도 실시일정, 내용 등을 정하는 것이다.

그리고 앞에서 구성된 사업계획을 모두 취합하여 프로그램의 우선순위에 따라 예산이 배분되고 이에 따라 세부계획과 예산이 확보된 프로그램을 적당한 조직체계 속에서 일정 기간 집행이 이루어지고 또한 각 하위 프로그램들이 각각의 하위 목적을 달성하였는지, 각각의 하위 목적들이 모여 전체목적을 달성하였는지 평가한다. 끝으로 문제의 정의, 욕구, 목표선정, 대안 선택 등의 전체 과정에서 평가나 점검을 해 본 후 이 프로그램을 계속할 것인지, 확대할 것인지 등을 결정하는 피드백이 이루어진다.

3) 집단옹호활동

옹호는 클라이언트의 이익 또는 권리를 위해 싸우거나 대변하거나, 방어하는 활동을 말한다. 옹호기술이란 억압된 집단입장의 정당성을 주장하고 지도력과 자원을 제공해야 한다는 점에서 매우 중요하다. 옹호의 기술은 모든 사회복지사가 갖추어야 할 기본기술로써 다양한 수준의 클라이언트로 하여금 문제해결에 적극적으로 참여할 수 있도록 돕고 그들의 이익을 대변하는 핵심기술이라 할 수 있다.

사회복지사는 부적절한 또는 불평등한 사회적, 법률적, 제도적 기능 및 사회복지 기관의 기능으로 인해 욕구를 충족할 수 없는 클라이언트 개인이나 집단을 옹호하는 활동을 한다.

이러한 옹호활동의 특징은 첫째, 클라이언트에게 제공되지 않는 자원과 서비스를 얻을 수 있도록 하고 둘째, 클라이언트에게 불리한 영향을 미치는 실천, 절차, 정책들을 수정 하도록 하며, 셋째, 필요한 자원이나 서비스를 제공받을 수 있는 새로운 법률이나 정책들을 증진시키기 위해서 클라이언트와 함께 또는 클라이언트를 대표하여 일하는 과정이다.

옹호활동을 하게 되는 상황은 다음과 같다.

첫째, 클라이언트가 시민의 권리나 법적인 권리를 거부당했을 때, 둘째, 비인간적인 방법으로 서비스가 전달될 때 셋째, 인종, 종교, 신념 때문에 클라이언트가 차별을 받을 때나 개인의 조건으로 인한 차별일 때 넷째, 클라이언트가 스스로를 위해서 효과적으로 행동을 할 수 없을 때, 다섯째, 유용한 체계나 자원이 없어 많은 사람들의 공통된 욕구가 해결되지 못할 때, 여섯째, 사회복지기관이나 직원이 수급자격이 있는 클라이언트에게 서비스나 혜택을 제공하지 않을 때 일곱째, 위기상황으로 인해 클라이언트가 서비스와 급여에 대한 절박한 욕구를 가지고 있을 때 여덟째, 재난, 사고로 의식주 시급할 때 아홉째, 조직의 절차와 시설이나 제도가 클라이언트에게 부정적인 영향을 미칠 때 등이다.

옹호의 기술은 모든 사회복지사가 갖추어야 할 기본기술로써 다양한 수준의 클라이언트로 하여금 문제해결에 적극적으로 참여할 수 있도록 돕고 그들의 이익을 대변하는 핵심기술이라 할 수 있다.

효과적인 옹호활동을 위한 원칙은 다음과 같다.

① 옹호활동은 합리적인 수준을 유지하는 것이 좋다.

② 팀워크(teamwork)에 의존한다.

③ 적극적인 태도를 견지해야한다.

④ 유연성을 강점으로 인식할 필요가 있다.

옹호의 유형분류는 다음과 같다.

사회복지 실천에서 사용되는 옹호는 문제 상황과 기관의 여건에 따라 다양하게 활용되는데 하드케슬(Hardcastle)은 옹호의 유형을 자기옹호, 개인옹호, 집단옹호, 지역사회옹호, 정치 또는 정책적 옹호, 체제변환적 옹호로 나누어 설명하였다.

4) 조직화 기술

조직화(organizing)는 클라이언트의 문제를 해결하기 위해 필요한 인력이나 서비스를 규합하고 조직의 목표를 성취하도록 합당하게 운영해 나가는 과정을 말한다.

조직화의 목적은 사회적 약자가 특별한 존재로 실재하는 것이 아니라 지역의 다른 주민들과 동격의 구성원으로 사회에 참가하고, 일반 생활자로서의 자립을 꾀하도록 하는 것에 있다. 조직화의 단계는 준비단계, 계획화 단계, 조직화단계, 지역 활동 및 복지운동단계, 평가 및 과제전환단계로 구분될 수 있다.

5) 자원개발 및 동원기술

자원이란 클라이언트의 변화 및 생활향상을 위해 유용하게 사용할 수 있는 인력, 물질, 조직, 기관, 정보를 말하고 자원의 유형으로는 개인, 현금, 물품, 시설, 조직, 기관, 정보를 말한다. 인적자원으로 우선 주요한 인적자원의 소재파악 및 접촉, 지역사회에 대한 사정에 대해 가장 잘 파악하고 영향력이 있는 인물로 지역토착지도자, 가장 쉽게 접근할 수 있는 대상으로 많은 수의 인원을 동원할 수 있는 사회복지조직을 이용하는 소집단지도자, 주변공공조직지도자인 동사무소, 파출소, 아파트관리사무소, 병원, 보건소, 학교, 교회의 대표자 혹은 주요인물 등이다. 인적자원의 동원기술은 기존조직의 활용, 지역사회의 여러 조직을 면밀히 조사, 참여가능성이 높은 조직이나 집단의 지도자 접촉, 지역사회실천의 동참권유, 조직의 자율성 유지, 동등한 자격으로 참여 등이다. 개별접촉으로는 호별방문, 우편물발송, 사랑방좌담회, 동네복지회관이나 미장원 등에서의 대화이다.

인적자원동원을 원칙으로는 다음과 같다. 첫째, 기존조직이나 네트워크를 활용하고 둘째, 개인이 제공하는 비용과 받는 이득은 적절히 조절되어야 한다. 셋째, 기존 조직활용은 참여자들의 비용을 줄이고 실천활동에 성공가능성이 높다. 넷째, 통합의 정도가 높고 참여자간 응집력이 높은 집단과 네트워크에 의한 동원을 통해 집합행동이 발생 및 활성화된다. 그리고 최소한의 분업이 가능한 소규모 비공식 집단활용이다.

물적자원동원에 있어서 재원마련은 모금, 후원, 사업제안서 제출이고 현금은 융통성있게 투입될 수 있으며, 물품은 기부자의 입장에서 유리하며 물품구입업무를 생략한다. 홍보는 기관의 목적과 사업을 매스미디어를 통하여 적극적으로 알리고 기관의 신뢰성성을 높인다. 모금방법은 DM, 이벤트를 통한 모금, 미디어모금, 전화모금, 컴퓨터 통신, 기업의 CRM을 통한 모금이다. 무엇보다 물적자원동원에 있어서의 원칙은 첫째, 후원자에 대한 조직의 신뢰성 유지, 현금이나 물품의 사용에 대한 투명성 확보, 둘째, 조직구성원의 전문성과 사명감을 통해 바람직한 결과를 보여주는 것이 필요하다. 그리고 구성원에 대한 꾸준한 교육과 책임성 확보의 노력이 필요하다.

6) 임파워먼트기술

임파워먼트 모델에 근거한 사회복지실천의 특징은 다음과 같다.

사회복지실천에서의 임파워먼트는 클라이언트로 하여금 자기 삶에 대한 결정과 행위에 힘(Power)을 가질 수 있도록 돕는 것이다.

그 특성으로는 ① 억압당한 인구집단에 효율적이고 전통적인 개입방법이다. ② 사회복지사에게 중요한 기술로 클라이언트를 돕기 위한 하나의 개입전략, 기술, 과정이다.

임파워먼트는 개인, 대인관계, 구조적 차원이 모두 관련이 있어 한 영역에 자원을 투입하면 다른 영역에도 기여한다.

① 개인적 차원에서의 임파워먼트

개인의 역량, 지배감, 강점, 변화능력을 포함한다.

역량강화는 인성, 인지, 동기에서 자신의 삶에 대한 통제감이며, 가치에 대한 생각이나 느낌의 수준, 자신을 둘러싼 외부 세계와 차별할 수 있는 수준, 영리적인 것을 추구하는 수준까지 나타난다.

② 대인관계 차원에서의 임파워먼트

다른 사람에 대한 영향력이며 역량을 강화한다는 것은 타인과의 효율적인 상호작용을 의미한다.

③ 구조적 차원에서의 임파워먼트

사회구조 관계를 의미하는 것으로써 사회구조를 바꾸어 힘을 얻고, 새로운 기회를 창출하여 개인에게 힘을 부여한다.

협력과 파트너십의 관계이다.

① 전문적 관계에 대한 시각 : 협력과 파트너십

클라이언트는 경험과 역량을 가진 원조과정의 파트너이며 자기 결정권을 강조한다.

클라이언트는 자신이 처한 환경과 능력을 가장 잘 알고 있는 사람으로 변화과정에 능동적(수용, 존중, 신뢰)으로 참여하는 파트너이다.

상호협력과 책임을 바탕에 두어 변화 책임에 대한 전문가의 부담을 나눌 수 있다.

② 클라이언트에 대한 시각 : 소비자

1990년에 클라이언트의 자기결정권을 강조한 소비자 모델이 등장하여 파트너십을 강조한 수평적 관계가 반영된다.

특정한 생활경험(노인, 정신장애인, 장애인)으로 특별한 욕구가 있는 개인이 전문가보다 자신의 욕구와 관심에 대해 더 잘 알고 있다는 가정에 근거한다.

개인이 자신을 소비자로 규정할 때 자신이 삶에 대한 통제력은 증가한다.

③ 역량

역량은 개인의 특성, 대인관계, 사회적·물리적 환경에서 비롯되어 역량이 강화되면 일상생활에서 사용하는 대처기술이 향상된다.

임파워먼트기술로서의 임파워먼트는 역량강화, 권한부여, 능력고취의 의미로 임파워먼트는 클라이언트의 잠재역량 및 자원인정, 회복력인정, 클라이언트가 삶을 결정할 수 있도록 권한이나 힘을 부여하는 실천이다. 과정으로서의 임파워먼트는 자주적 통제력 획득, 자원접근 시도를 말하고, 결과로서의 임파워먼트는 주민의 노력과 개입의 효과로 나타난 더 많은 통제력과 자원 접근성을 의미한다.

임파워먼트를 높이기 위한 구체적 기술은 첫째, 사회구조에 대한 비판적 의식을 제고하고 둘째, 자신의 주장을 전개하고 셋째, 공공의제의 틀 갖추기로 쟁점 정리, 대중의 관심유도를 가져오게 하고 넷째, 자원동원과 권력조직화로 권력을 키우고 다섯째, 조직설립이나 캠페인전개로 역량건설을 도모하고 여섯째, 사회자본의 창출로 구성원간의 협력과 연대감을 형성한다.

임파워먼트 실천의 원칙은 첫째, 억압에 도전하고, 억압상황에 대한 총체적 시각을 유지하고 둘째, 클라이언트 스스로 역량강화를 강조하고 셋째, 상호의존성을 강화하며 넷째, 사회복지사와 클라이언트의 관계는 일대일관계로, 클라이언트 자신의 말로 이야기하도록 격려하고 다섯째, 개인을 희생자가 아닌 생존자, 승리자로 초점을 두고 사회변화의 초점을 유지한다.

제 2 절 지역사회조직의 유형별 특성

1. 지역사회유형과 기능

지역사회 개념의 4 영역은 다음과 같다. 첫째, 지역, 지리를 중심으로 하는 지역사회이다. 둘째, 각종 구성원들의 모임, 즉 의식과 뜻을 함께 하는 지역사회공동체이다.

셋째, 각종 기관, 시설, 단체를 하나의 지역사회로 구분한다. 넷째, 가상공동체(virtual community)이다.

지역사회의 유형은 다음과 같다.

첫째, 지리적 의미의 지역사회이다. 한 지역을 구성하는 사람들과 조직들의 지리적 분포를 강조하는 관점으로 행정단위의 특별시, 광역시, 도, 시, 군, 읍, 면동을 말한다.

둘째, 기능적 의미의 지역사회로 동질성의 공동체인데 지역사회 주민들간의 합의성, 일체감, 공동생활양식, 공통적 관심과 가치, 공동노력이 강조되는 사회이다.

이익 공동체는 전문직 집단, 직장노조집단 등 구성원들의 공동의 이익이 중심이 된다. 정보화 사회 혹은 대도시 아파트 단지에서는 지리적인 인접성만으로 지역사회가 형성되기 어려운 실정이다. 기능적 사회란 공통적인 관심과 이해관계로 형성된 공동체를 의미한다.

셋째, 개인적 지역사회이다. 이는 지리적 특성, 동질성을 지닌 특성, 이익을 중심으로 하는 특성을 모두 포함하며, 개인적 지역사회 개념은 개인을 중심으로 한 사회적 상호작용의 형태와 공식적 또는 비공식적 원조망을 포함한 사회적자원의 범위를 이해하는 데 도움을 준다.

지역사회를 유형화하는 방법으로 던햄은 다음과 같이 구분한다.

첫째, 인구의 크기에 따른 구분으로 대도시, 중소도시, 읍지역, 작은 부락 등이 있다.

둘째, 경제적 기반에 따른 지역사회의 구분으로 광산촌, 어촌, 산촌 등 주민의 경제생활뿐 아니라 사회·문화적 특성을 파악하는 인류학연구에 이용하고 있다.

셋째, 정부의 행정구역에 따른 구분으로 특별시, 광역시, 도, 시, 군·구, 읍·면·동 등으로 지역사회를 구획하는 것으로 일반적으로 인구의 크기가 중요시되지만 반드시 인구의 크기에 따라 비율적으로 구분되지 않는다.

넷째, 인구구성의 사회적 특수성을 기준으로 한 지역사회의 구분으로 도시 저소득층지역, 외국인촌, 장애인 밀집지역, 차이나타운 등 지역사회구성원 대다수의 경제적·인종적 특성을 중심으로 지역을 유형화한 것이다.

길버트와 스펙트에 의한 지역사회의 기능은 다음과 같다.

첫째, 지역사회의 기능으로 생산·분배·소비의 기능인 경제제도이다. 지역사회주민들이 일상생활을 영위하는 데 필요한 재화와 서비스의 생산, 분배, 소비하는 과정과 관련된 기능이다.

둘째, 사회화의 기능으로는 가족제도를 들 수 있으며 사회가 향유하고 있는 일반적인 지식, 사회적 가치, 행 동양식을 사회구성원 및 다음 세대에게 전달하는 과정이다.

셋째, 사회통제의 기능으로 정치제도이다. 이는 지역사회 구성원들이 사회의 규범(법, 도덕, 규칙 등)을 준수하도록 하는 것으로 사회가 성원의 행동에 영향을 줄 수 있는 조정 또는 사회적 규범을 준수하도록 일정한 강제력을 행사하는 것이다.

넷째, 사회통합의 기능으로 종교제도가 있다. 이는 사회체계를 구성하는 사회단위조직들간의 충성, 결속력과 사기, 구성원 상호간의 관계와 관련된 기능이다.

다섯째, 상부상조의 기능으로 사회복지제도가 있으며 사회구성원들이 갑작스런 질병, 사망, 실업, 사고 등의 개인적 이유와 경제적 제도의 부적절한 운용으로 인해 사회제도로도 욕구를 충족할 수 없는 경우 필요한 사회적 기능이라고 할 수 있다.

2. 조직화 단계

1) 준비 단계

기관 내 준비사업에 대한 인적, 물적 자원의 자원 확보 방안, 전담팀 구성으로 직원의 역할분담, 지역범위의 규정, 해당 지역 내의 인적·물적 자원 탐색, 기관 내외의 자원동원방법과 계획화 혹은 조직화의 전략의 개괄적 소개에 이르는 조직화 사업에 대한 기획 작업을 들 수 있다.

2) 계획화 단계

지역사회에 대한 사정으로 지역의 인구학적 특성과 주민조직의 분포, 성격을 조사하고, 지역욕구에 대한 사정으로는 일반적 복지 욕구 파악(survey), 특정 복지욕구 파악하기 위하여 특정 대상층을 조사한다.

자원 사정은 인적자원과 물적자원으로 구분되는데 인적자원은 지역토착지도자, 소집단 지도자, 공공조직지도자, 잠재적 참여인물 등으로 구분되고 물적자원은 주요 공공건물, 단체, 시설의 위치, 규모, 공간 활용 가능성, 프로그램 연계 가능성을 말한다. 그리고 프로그램 개발과 평가 계획수립을 준비단계로 볼 수 있다.

3) 조직화 단계

조직화 단계로서 모집은 접촉, 자원봉사자 모집, 이슈화, 홍보와 관련된다. 예를 들어 정서강화형 소집단 구성에는 첫째, 지역대표자 중심으로 집단 구성하고 둘째, 구성원간의 관계 형성, 동기화, 의식화 사업이 있고 셋째, 구성원간 정서적 결속 강화, 주민참여 강조, 자신의 의견 개진으로 조직화 하여 구성할 수 있다.

또한 문제 해결형 소집단 구성은 조직대표자를 비롯한 임원 구성으로 조직구조화를 가져오고, 리더십 교육으로 교육, 체험을 거쳐, 계획수정작업으로 기존의 계획이 지역대표자들의 의견이 충분히 반영될 수 있게 한다.

4) 지역활동 및 복지운동 단계

지역활동은 주민역량강화과정에서 주민들의 주체적 합의에 의해 전개되고, 주민역량강화, 민주적 합의과정, 주민자치활동을 들 수 있다.

복지운동으로는 제도적 불합리의 개선활동, 약자에 대한 옹호활동, 주민계몽활동으로 지역주민의 힘을 규합하고 다수의 세력 참여를 위한 다양한 연대활동을 추진한다.

5) 평가 및 과제전환 단계

평가는 성과의 공론화 목적으로 양적 및 질적 방법으로 효과성 및 효율성 평가하며, 과제전환 단계란 사업의 종료로서 문제 해결과 사업 중단을 가져오며, 과제 전환절차로는 새로운 과제 찾기, 실현 가능성 검토, 새로운 과제 선정 및 기획을 검토하게 된다. 그리고 조직의 역량강화로 독립된 조직운영의 확립을 가져온다.

6) 조직화단계

사적 이익에 대한 관심을 조직화에 활용하며, 지속적인 관심과 노력을 요구하는 동적인 과정 이해와 갈등과 대결에 익숙해지는 법을 학습한다. 그리고 쟁점을 명확히 해야 하며, 명분보다는 실현 가능한 쟁점에 초점을 두어야 한다.

3. 자원동원

자원개발 · 동원기술(resource mobilization, Rubin & Rubin, 2001)이라고 하며 자원이란 클라이언트의 변화 및 생활 향상을 위해 유용하게 사용할 수 있는 인력, 물질, 조직, 기관, 정보를 말한다. 일반적으로 사회복지기관은 다른 조직, 예컨대 기업과 같은 영리조직과는 달리 영리를 추구하지 않기 때문에 자체의 성장과 발전을 위해 스스로 자원을 창출하는 데는 한계를 가질 수밖에 없다. 따라서 사회복지기관은 그것이 속해 있는 환경으로부터 필요한 자원을 받아들이지 못하면 존재할 수 없는 속성을 갖고 있다. 모든 조직체가 개방 체계(open system)이지만, 특히 사회복지기관은 그것의 환경으로부터 자원을 동원하고, 이를 활용하여 사회에 서비스라는 산물을 제공하여야 하기 때문에 환경과의 관계에 대해서 면밀한 분석과 대처를 해야만 조직의 목표를 효과적으로 달성할 수 있으며, 필요한 자원을 확보하는 데 유리한 입장에 놓일 수 있다.

사회복지기관의 둘러싼 자원동원의 환경적 요인은 일반적인 환경요인과 과업환경을 들 수 있다.

일반적인 환경은 경제적인 조건, 사회인구학적 조건, 문화적인 조건, 정치적인 조건, 법적인 조건, 기술적인 환경을 들 수 있다.

경제적인 조건은 지방화에 따라 지역사회의 경제 상태에 의해서 크게 영향을 받는다. 지자체의 재정자립도가 중요하다. 경제적 상황에 따라 사회복지 수요가 발생한다. 기술적인 환경은 사회복지기관에서 인간 문제의 해결을 위해서 사용하는 기술은 인간 문제와 욕구에 대응하기 위하여 개발된 전반적인 기술 수준을 반영하는 것이다.

과업환경을 제시하면 다음과 같다. 재정자원의 제공자로서 대부분의 재정을 정부 보조에 의존한다. 법률에 의거한 정당성과 권위의 제공자, 클라이언트 및 클라이언트 제공자, 보충적 서비스 제공자, 조직 산출물의 소비 인수자, 경쟁하는 조직들을 들 수 있다.

지역사회의 자원 즉 인적자원, 재정적 자원, 제도적 자원, 문화적 자원을 효과적으로 동원하기 위해 사회복지기관이 고려해야 할 중요한 요소는 다음과 같다.

첫째, 주민의 참여를 활성화하는 것이다. 지역사회 복지기관이 제공하는 서비스가 효과를 거둘 수 있느냐의 여부는 지역사회 주민들의 적극적인 참여 여부에 달려 있다고 할 수 있다. 사회복지관의 자원 동원 대상으로서의 인적 자원은 클라이언트 자원으로서의 주민과 자원봉사 인력 자원으로서의 주민 등이 존재하며, 사회복지기관이 제공하는 서비스 프로그램의 원활한 실행과 지역 주민의 복지 증진을 위해서는 이들의 적극적인 참여가 전제되어야 할 것이다. 왜냐하면 사회복지기관은 지역사회 중심의 복지를 제공하기 때문이다.

주민 참여에 있어서 중요한 것은 사고에서 벗어나 자원으로서 서비스의 공급자라는 점을 인식하게 하는 것이다. 또한 인적 자원으로서의 참여 동기를 유발하기 위해서는 주민의 욕구를 파악하고 이에 대한 사정의 토대 위에서 주민의 참여 의식을 고취시키는 프로그램을 적극 모색해야 한다. 왜냐하면 지역사회의 사회 경제적인 특성과 주민들이 당면한 사회복지의 욕구를 합리적으로 파악하고 평가하는 것은 사회복지기관의 사업을 개발하기 위한 기초가 되며, 주민의 참여를 위한 동기 조성의 기초가 되기 때문이다.

둘째, 사회복지관의 행정 구조 내지는 서비스 전달 체계에 지역사회의 주민 대표들을 참여시키고 전문 인력을 확보하는 것이다. 사회복지기관에서 운영하고 있는 이사회와 운영위원회 등을 활성화하는 것과 함께 여기에 지역 대표의 참여를 유도하는 방안을 강구해야 한다. 이를 위해서는 사회복지기관의 행정구조를 개방화하는 것이 요구되며, 실제 자원동원을 담당하는 전문 부서를 활성화시킬 필요가 있다. 자원 동원을 제도화하기 위해 사회복지기관 및 지역사회에 있는 자원을 원활하세 활용하는 방법으로서 먼저 사회복지기관 종사자 또는 전문 사회사업가의 과업 수행에 있어서의 연계성을 증진시키기 위한 노력이 있어야 하며, 이를 위해 서비스 프로그램 및 활동 사항에 대한 평가가 이루어져야 한다. 왜냐하면 현재 진행 중인 프로그램에 대한 평가와 토의 속에서 새로운 자원의 활용과 배분이 결정되기 때문이다.

결국 사회복지기관의 행정 구조의 개방성과 자원 동원을 위한 전문 부서의 활동은 전문 인력의 확보가 뒷받침되어야 할 것이다.

셋째, 환경적인 요소를 적극 검토해야 한다. 환경에 대한 조사와 평가 속에서 연계활동을 하여야 한다. 이러한 연계활동을 시도하는 방법으로는 다른 사회복지기관 및 사회복지 관계자의 모임을 통해 시야를 넓히고, 지역사회 내에서 활동하는 전문 단체에 참여하며, 지역사회 복지프로그램을 기획, 개발, 실행하는 등과 같은 외부 활동에 전문 직원의 참여를 적극 권장해야 할 것이다. 또한 지역사회 주민의 욕구 충족이 사회복지기관의 차원에서 해결할 수 없는 문제일 경우에 정부 기관, 전문 기관과의 협조 속에서, 그리고 지역사회에 존재하는 다른 기관과의 연대 활동 및 의뢰를 통해 종합적이고 체계적인 관계망을 구조화하는 것이 중요하다고 할 것이다.

그렇다면 자원동원의 전략(H. Rubin and I. Rubin, 1986)은 무엇인가?

첫째, 지역사회의 구조를 활용하거나 강화하는 방식이 있다. 이러한 전략을 실현하는 구체적인 방법으로는 먼저 지역사회의 기존 조직을 활용하여 회원을 충당하는 것이 가장 손쉬운 방법인데, 사회복지기관의 입장에서 보자면 지역사회 내에 있는 다양한 기존 조직과의 연대를 통해 지역사회 주민들의 참여를 모색하는 방법이 여기에 속한다.

다음으로 지역사회 주민들의 참여를 활성화시키기 위해 지역사회의 통합을 강화시키는 전술이다. 이 방법을 활용하기 위해서는 사회복지기관에서 지역사회 주민들이 느끼는 공통적인 문제점의 해결을 도모함으로써 참여를 촉진시킬 수 있을 것이다. 현재 활동 중인 지역사회 내의 기존 조직을 활용하기 위해서 선행되어야 할 점은 지역사회에 관한 많은 정보를 가지고 있어야 한다는 것이다.

둘째, 지역사회 주민을 개인 차원에서 설득하는 방식이다. 지역사회의 문제 해결에 중심적인 역할을 하는 것은 집단이지만, 실질적인 참여는 역시 개인 차원에서 이루어진다고 할 수 있다. 사회복지관에서는 개인 차원에서 지역사회 주민들이 적극 참여할 수 있도록 노력하여야 할 것이다. 이러한 전략을 실현하는 구체적인 방법으로는 먼저 지역사회 주민들을 개별적 혹은 집단적으로 만나서 그들이 느끼는 문제를 확인하는 것이 중요하다. 다시 말하면 생활의 현장에서 '느끼고 있는 욕구(feel needs)'를 확인하는 것이다. 두 번째의 방법은 지역사회 주민들이 공동의 문제 해결에 참여하는 일에 소극적이고 참여를 전적으로 회피하는 경우에는 그것의 원인을 찾아서 극복할 수 있도록 해야 한다. 세 번째는 지역사회 주민들과 대화를 할 때 대화의 중심을 문제 그 자체와 문제 해결에 둠으로써 주민들의 관심을 환기시키는 것이다. 마지막으로 주민들의 개인적인 관심사와 선호도를 파악하여 이를 적극 활용하는 방식이 있을 수 있다. 그러나 이것은 장기적이고 지속적인 수단으로 활용해서는 안 되는 것이다.

셋째, 지역사회 주민들이 헌신적으로 집단 활동에 참여하도록 하는 방식이다. 즉 동원의 마지막 단계는 집단의 구성원이나 예비 성원들로 하여금 집단 활동에 헌신적으로 참여하게 하는 것이다. 헌신적인 참여를 유도하기 위한 전술은 두 가지 차원에서 고려할 수 있는데, 우선 주민들을 처음 대면할 때는 주민들이 최소한 모임의 목적에 동의하고, 모임의 활동을 지지할 수 있도록 해야 한다. 다음은 모임에서 참여에 대한 계속적인 동기 부여를 해주는 방법이다. 즉 주민들의 관심과 협조가 일회성으로 끝나지 않도록 세심한 배려를 해야 한다는 것이다.

자원동원의 지역사회복지서비스 공급 체계에는 공공부문, 민간비영리부문, 사적 영리부문, 비공식부문 등이 있다. 민간비영리부문은 지역사회복지서비스 공급체계에서 핵심적인 역할을 맡고 있으며, 개 별 민간비영리기관이 개인이나 기업으로부터 모금활동을 하거나, 사회복지공동모금을 통하여 공동모금활동을 하기도 한다.

자원동원의 사회적 의의는 다음과 같다.

첫째, 지역사회 자원동원은 지역사회 구성원들의 공동체 의식의 함양에 기여한다. 자원동원은 사회복지의 문제를 사회구성원의 공동의 문제로 인식하게 하며,

사회문제에 대한 사회적 개입의 정당성을 확보하는 데 중요한 요소가 된다.

둘째, 지역사회주민의 사회복지에 대한 자발적인 참여를 촉진한다.

자발적 모금에 의한 기부문화의 확산은 사회복지에 대한 관심의 확대를 가져오며, 사회문제에 대한 지역주민의 자발적인 대응능력을 높이고 참여를 통한 사회봉사활동의 확대를 가져온다.

셋째, 지역사회 내의 가용 복지재원의 총량을 확대하는데 기여한다. 모금은 지역사회 내에 잠재되어 있는 기부에 대한 동기를 고취시키며, 모금된 자원은 부족한 사회복지재원을 확충하는데 기여한다.

넷째, 지역사회 자원동원에 의한 재정 확충은 민간비영리조직이 정부나 지방자치단체의 공공재정에 지나치게 의존하는 것을 막아 주며, 자율성 향상에 기여한다.

자원동원이론의 특성은 사회운동조직의 역할과 한계를 규명하는 이론으로 사회적 항의는 사회운동조직이 대중의 인지와 정당성을 획득하기 위해 사용하는 일차적인 방법의 하나이다. 사회운동의 성패는 조직원 충원과 자금조달 그리고 적절한 조직구조를 개발할 수 있는 능력에 달려 있다. 사회운동이 성공하기 위해서는 조직원들의 집합적 정체성 형성을 돕고 이것을 토대로 지원들의 헌신을 이끌어낼 수 있는 환경의 조성이 필요하다. 자원동원의 한계로 자원동원을 위한 외부자원의 의존은 조직의 자율성과 역동성의 약화를 가져올 수 있다. 자원동원이론의 적용은 사회적

교환이론의 특성은 인간은 합리적인 동물이며, 최대의 이익을 추구하려는 경향이 있다고 전제한다. 이 관점에서는 사람들 사이에 이루어지는 교환과정에 초점을 두고, 사회적, 물질적 자원의 교환을 인간 상호작용의 근본 형태로 파악한다. 개인이나 집단은 다른 사람이나 집단에게 무엇을 주는 대신 다른 보상을 얻으려고 하거나 얻을 수 있다고 생각할 때 상호작용이 일어난다. 쌍방 간에 교환의 행위가 반복이 되면 개인이나 집단 간의 사회적 관계는 더욱 강화된다. 호만스(G. Homans)의 교환이론은 모든 사회적 상호작용에는 반드시 교환이 관계되어 있다.

자원의 유형은 개인, 현금, 물품, 시설, 조직, 기관, 정보 등을 말한다.

인적 자원 동원을 위한 유인은 물질적 이익에 대한 기대, 연대성에 의한 호소, 조직 참여의 보람과 만족감에 있다.

인적자원은 주요한 인적 자원의 소재를 파악하고 접촉하여야 하는데 지도자의 유형은 다음과 같다. 첫째, 지역토착 지도자로서 지역사회에 대한 사정에 대해 가장 잘 파악하고 영향력이 있는 인물을 말한다. 둘째, 사회복지조직을 이용하는 소집단 지도자로서 가장 쉽게 접근할 수 있는 대상으로 많은 수의 인원을 동원한다. 셋째, 주변 공공조직 지도자로서 주민센터, 지구대파출소, 아파트관리사무소, 병원, 보건소, 학교, 교회의 대표자 혹은 지역주요 인물을 일컫는다.

잠재적 참여인물로서 오랜 기간 동안 사회활동을 해오거나 혹은 자발적 참여의지가 높은 개인이나 사회복지기관의 자원봉사자를 들 수 있다.

인적자원 동원 기술은 첫째, 기존조직을 활용한다. 기존 조직을 활용하기 위해 지역사회의 여러 조직을 면밀히 조사하고, 참여 가능성이 높은 조직이나 집단의 지도자 접촉, 지역사회실천에 동참을 권유하여, 조직의 자율성 유지를 위하여, 동등한 자격으로 참여한다.

둘째, 개별적 접촉으로 호별방문, 우편물 발송, 사랑방 좌담회, 동네 공원이나, 복지회관, 공원, 행사장에서의 대화로 참여한다. 여기서 개인들의 힘을 토대로 변화를 가져올 수 있다는 확신을 강조한다.

셋째, 사회경제적 네트워크이다. 이는 내부의 동료를 통해 접촉하고 사회복지조직을 이용하는 소집단의 지도자 발굴 및 회원들을 동원할 수 있는 기반을 형성한다.

인적자원 동원을 위한 원칙으로는 기존 조직이나 네트워크를 활용하여, 개인이 제공하는 비용과 받는 이득을 적절히 조절되어야 하고, 기존 조직 활용은 참여자들의 비용을 줄이고 실천활동에 성공 가능성이 높으며, 통합의 정도가 높고 참여자 간 응집력이 높은 집단과 네트워크에 의한 동원을 통해 집합 행동이 발생하고 활성화가 될 수 있다. 그리고 최소한의 분업이 가능한 소규모 비공식 집단 활용이 가능한 지원동원이어야 한다.

물적자원 동원에 있어서 재원의 마련은 모금, 후원, 사업제안서 제출에 의해 이루어지고 현금은 융통성 있게 투입되고, 물품의 경우 기부자 입장에서 유리하고 물품구입업무를 생략할 수 있다. 홍보는 기관의 목적과 사업을 massmedia를 통하여 적극적으로 알리고 기관의 신뢰성을 높일 수 있다. 모금방법은 이벤트를 통한 모금, 미디어 모금, 전화 모금, 컴퓨터, 통신, 기업을 통한 모금 등을 들 수 있다. 모금의 원칙으로 지역사회 실천조직의 모금활동은 단순히 돈만 모으는 것이 아니라, 지역사회 구성원들의 관심과 참여를 이끌어 내는 과정이 되어야 한다.

물적자원의 동원 원칙은 ① 후원자에 대한 조직의 신뢰성 유지하고 ② 현금이나 물품의 사용에 대한 투명성 확보와 ③ 조직 구성원의 전문성과 사명감을 통해 바람직한 결과를 보여주는 것이 필요하며 ④ 구성원에 대한 꾸준한 교육과 책임성 확보 노력이 필요하다.

그리고 자원동원기술로 연계(network linkages) 기술(Rubin & Rubin, 2001)이 요구된다. 연계 기술의 개념은 지역사회 또는 지역주민들이 필요한 자원이나 서비스와 연결하는 것을 돕는다. 지역사회의 유용한 자원에 대한 정보나 그것을 이용할 지역주민의 능력이 부족할 경우, 더 적절하다. 서비스의 중복을 방지하고 자원을 효과적으로 관리하기 위하여 정기적인 모임 및 회의 등을 가진다.

연계기술은 다양한 욕구를 충족시키기 위하여 패키지 서비스 또는 one-stop service가 이루어질 수 있도록 한다.

연계기술의 목표는 서비스 중복 방지, 자원의 효율적 관리에 있으며, 방식은 공동의 서비스 계획 수립 후 개별적 서비스 제공하는 방식이며, 성격은 팀접근의 정기적인 모임 및 회의의 성격을 지니며 사례관리가 강조되면서 연계 기술이 중요하게 되었다.

연계기술이 중요한 이유는 ① 사회복지사의 자원으로 활용될 수 있고 ② 클라이언트의 욕구 중심에 초점을 두며 ③ 중복된 서비스의 효율적 관리와 ④ 시민의 연대의식 강화에 있다.

연계 기술의 적용 원칙은 ① 개입하고자 하는 사례의 특성에 합당한 연계의 목표 설정의 클라이언트 중심 ② 특정 주요 인물, 기관, 조직과의 긴밀한 관계 형성요구 ③ 연계 체계의 협력과 참여를 호소할 수 있는 명분 소유 ④ 연계 체계의 목표, 자원, 성원들의 특성에 따라 융통성 발휘 ⑤ 기존 연계 체계의 활용 ⑥ 지속적인 정보 공유와 자원 교류 활동이 필수이다 사회행동으로서의 기술은 다음과 같다.

사회행동은 쟁점의 정의와 힘의 극대화 그리고 정당성의 확보로 이루어진다. 쟁점은 ① 쟁점은 넓게 정의해야 하는 데 폭넓은 지지를 확보하는 데 도움이 된다. ② 지역주민이 체감할 수 있어야 한다. ③ 지역주민의 인식을 넓히는 데 도움이 되어야 한다. ④ 싸움의 정당성을 뒷받침할 수 있어야 한다. ⑤ 변화의 가능성을 확신할 수 있어야 한다.

다음으로 힘의 극대화는 ① 표적 선정(책임과 권력의 소재지 파악) ② 상대방 힘의 역이용 ③ 공격수단으로서의 상대방의 가치와 규범에 있다. 그리고 정당성 확보는 정당성 확보와 운동의 활력이라는 딜레마를 잘 극복해야 한다.

제3절 지역사회조직사업

1. 지역사회조직사업의 목표

1) 지역사회개발 모델

과정중심의 목표로서 그 목적은 지역사회가 기능적으로 통합을 이루고, 자조적으로 문제해결에 참여하도록 하고 민주적인 절차를 이용하도록 하는 능력배양이다.

지역사회개발은 태도, 의식 변화를 강조하고, 지역사회 개선이라는 수단을 통해 성숙된 인간 개발로서 새마을운동 등을 들 수 있다.

2) 사회계획 모델

과업중심의 목표로서 사회계획을 담당하는 조직은 사회문제해결을 위해 특수임무를 지역사회로부터 위임받는다.

3) 사회행동 모델

과업중심과 과정중심의 목표로서 단기적인 문제상황의 해결보다는 근본적인 체제변화에 따른 결과를 중시한다.

2. 지역사회의 구조와 문제상황에 대한 전제

1) 지역사회개발 모델

지역주민들은 인간관계 및 문제해결 능력과 기술이 결여되어 있으며, 주민들이 상호고립되어 아노미, 소외, 정신병적 증상을 갖는다.

후진국의 지역사회는 전통을 고수, 소수의 지도자에 의해 지배되며, 문제해결 능력이 결여되어 있고, 민주적 과정을 모르는 무지한 주민으로 구성된다.

2) 사회계획 모델

지역사회가 수많은 사회문제 즉 주택, 고용, 보건, 여가, 빈곤 등을 안고 있다.

3) 사회행동 모델

지역사회가 특권과 권한의 분배에 따른 계층을 유지하고 있다. 주민들은 권력에 억압, 박탈, 착취, 무시를 당하기 쉽다.

3. 변화 위한 기본전략(strategy)

1) 지역사회개발 모델

함께 모여서 이야기해 보고, 의사를 수렴하는 등 광범위한 주민들이 참여해서 자기들의 욕구를 결정하고 자신들의 문제를 해결하자는 취지이다.

2) 사회계획 모델

진상을 파악해서 논리적인 조치를 강구하며, 문제에 관한 적절한 자료를 수집해서 문제해결을 위한 합리적이고 가능한 방안들을 강구하는 전략으로 전문가(planner)의 역할을 중시한다.

3) 사회행동 모델

우리들의 억압자를 분쇄하기 위해 규합하는 것이라든지, 취약한 처지에 놓여 있는 주민들의 합법적인 적이 누구인지를 찾아내는 것이라든지 집단행동을 조직하여 선택된 적대집단에 압력을 가하는 것 등이다.

4. 변화를 위한 전술(tactic and technique)

1) 지역사회개발 모델

중요전술은 합의(consensus)이고 광범위한 개인, 집단, 조직들간의 의견교환과 토론을 강조한다.

2) 사회계획 모델

중요전술은 사실발견, 분석상의 기술에 의하고 전문가의 상황분석에 따라 갈등이나 합의의 전술이 사용된다.

3) 사회행동 모델

중요전술은 갈등이나 대결에 의하며, 정면대결, 직접적인 실력행사, 시위, 피켓팅, 보이코트 등이 있으며 지역사회개발모델은 합의를 위한 토론이 된다.

5. 사회복지사의 역할

1) 지역사회개발 모델

조력자(enabler), 격려자(encourager)로서 역할이며, 조력자의 역할이란 문제해결과정을 용이하게 하는 것이다. 주민들로 하여금 그들의 불만을 토로하게 하고, 조직화하도록 하며, 좋은 상호관계를 이루도록 하고, 공동목표를 강조한다.

절차에 역점을 두고, 사업목표의 선택과 구체적인 해결방법은 중요하지 않다.

2) 사회계획 모델

계획가(planner), 분석가(analyst)로의 역할이며 지역사회 진단, 조사기술, 다른 지역사회에 대한 지식, 조직의 방법과 절차에 대한 충고로서 기술상의 정보 및 평가능력이 강조된다.

3) 사회행동 모델

대변자(advocate), 행동가(activist)로서 역할로 사회복지사는 다원성을 가진 지역사회에서 Ct의 이익을 대신하여 대중운동을 전개하고 정치적인 과정에 영향을 미치는 것이다.

6. 변화 매개체

1) 지역사회개발 모델은 과제 지향적인 소집단의 조정(manipulation) 매개체이다.

2) 사회계획 모델은 정부와 기관 등 공식집단과 자료의 조정역할이다.

3) 사회행동 모델은 대중조직과 정치적 과정의 조정이다.

7. 권력구조에 대한 견해

1) 지역사회개발 모델

지역사회 전체를 Ct system으로 보며, 권력을 쥔 사람들도 전 지역을 향상시키는 목적을 위해 공동의 노력을 기울인다고 본다.

상호의견의 일치가 있을 때만 그 목표를 합법적이고 적절하다고 수용하고, 의견이 상충되는 목표는 부적절하다고 판단하고 거부한다.

2) 사회계획 모델

사회계획모델에서는 권력의 소재가 전문가의 후원자나 고용기관이라고 본다.

3) 사회행동 모델

사회행동모델에서 권력구조는 행동을 전개하는 외부의 표적이라고 본다. 즉 Ct 집단 밖에 존재하며 Ct집단에 대한 반대세력이나 강압세력으로 간주한다.

사회행동 모델에서는 피켓팅, 파업, 스트라이크를 들 수 있다.

8. 지역사회 Ct 집단이나 수혜자에 대한 한계 설정

1) 지역사회개발 모델에서는 전 지역사회를 Ct집단으로 본다.

2) 사회계획 모델에서 Ct집단은 전 지역사회가 될 수도 있고, 지역사회 내의 특수지역이나 일부 계층일수도 있다.

3) 사회행동 모델에서 Ct란 지역사회의 일부로서 지역사회 내에서 고통당하는 집단이다.

9. 지역사회 구성집단들간의 이해관계에 관한 견해

1) 지역사회개발 모델

지역사회개발 모델에서는 지역사회 내에 있는 상이한 집단과 계층들의 이익이 기본적으로 상호조화를 이룰 수 있다고 본다. 합리적인 설득이나 대화, 상호간의 호의 등을 통해 서로 규합될 수 있다고 본다.

2) 사회계획 모델

사회계획 모델에서는 지역사회 내의 집단들간의 갈등에 개의치 않는다. 실용적이고 특정한 문제해결에만 관심을 둔다.

3) 사회행동 모델

사회행동 모델에서는 지역사회내의 구성집단간에 이익이 상충되며 서로 조화를 이룰 수 없다고 전제한다.

10. 공익에 대한 개념

1) 지역사회개발 모델

합리주의적이고 중앙집권적 개념으로 지역사회의 공동이익은 그 지역사회 내에 있는 여러 이익집단들의 이익을 의도적으로 반영시킴으로써 가능하다고 보며, 공동이익은 다수집단의 이익을 표현함으로써 결정된다고 본다.

2) 사회계획 모델

사회계획 모델은 이상주의적· 중앙집권적이다. 공공의 이익은 이에 대한 지식과 정열을 지닌 지도자의 판단과 양심을 실천에 옮김으로써 가장 잘 성취될 수 있다고 본다.

3) 사회행동 모델

사회행동 모델은 현실주의적·개인주의적이다. 지역사회는 자신의 이익을 위해 끝없이 경쟁하는 수많은 이익집단들이나 갈등상태에 있는 주민들로 구성됨. 따라서 공동의 이익은 이들 집단 간의 갈등해소로 나타난다.

11. Ct집단에 대한 개념

1) 지역사회개발 모델에서 Ct란 아직 완전히 개발되지 않은 상당한 잠재력을 지닌 정상인이다.

2) 사회계획 모델에서 Ct는 서비스의 혜택을 받는 소비자, 수혜자, 서비스 이용자이다.

3) 사회행동 모델에서는 Ct나 구성원들은 체제의 희생자이다.

12. Ct나 구성원의 역할에 대한 개념

1) 지역사회개발 모델에서 Ct는 지역사회 문제의 해결과정에 적극적으로 참여한다.

2) 사회계획 모델에서 Ct는 서비스의 수혜자, 소비자이다.

3) 사회행동 모델에서 Ct는 혜택을 받는 자이거나, 활동에 적극 참여하는 회원이다.

13. 지역사회 개입기술

1) 옹호(advocacy, 대변) 기술

옹호(advocacy) 기술의 개념은 사회정의를 지키고 유지하려는 목적으로 지역주민이나 지역사회의 입장에서 직접적으로 옹호, 보호, 개입, 지지를 하는 일련의 행동이다. 지역주민이나 지역사회를 대신하여 일을 진행하고 대변하는 것으로, 특히 그들이 취약한 상태일 때, 더 적절하다. 옹호기술은 많은 노력을 요구하며 크고 강력한 체계와 맞설 경우, 위험을 감수해야 하며, 전문직으로서 사회복지사가 생겨난 이래 취약한 상태에 처해 있는 사람들의 옹호는 사회복지사의 책임이다. 지역주민 특히 억압된 집단의 입장의 정당성 주장, 지도력과 자원 제공의 역할을 하며 클라이언트의 이익 혹은 권리를 위해 싸우거나, 대변하거나, 방어하는 활동이다.

옹호기술의 원칙은 ① 합리적 수준 유지, ② 팀워크에 의존, ③ 적극적이고 단호한 태도 요구, ④ 유연성을 강점으로 인식해야 한다.

옹호의 유형은 다음과 같다.

첫째, 자기옹호(self-advocacy)이다. 클라이언트 개인 및 집단이 스스로 자신을 옹호하는 활동. 때로는 자조집단 및 지지집단을 구성해서 활동한다.

둘째, 개인옹호(individual advocacy)이다. 클라이언트가 스스로 자신을 옹호할 수 없을 때 사회복지사가 개인이나 가족을 대신하여 옹호하는 활동이다.

셋째, 집단옹호(group advocacy)이다. 유사한 문제를 경험하는 클라이언트들로 구성된 집단의 공동 문제를 해결하기 위한 옹호 활동이다.

넷째, 지역사회옹호(community advocacy)이다. 소외된 혹은 공동의 문제를 경험하는 지역 주민들을 위한 옹호 활동. 지역주민들이 스스로 지역사회를 옹호하기도 하고, 지역사회를 대신하여 다른 사람들이 옹호하기도 한다.

다섯째, 정치 또는 정책적 옹호(political/policy advocacy)이다. 사회정의와 복지를 증진시키기 위해서 입법영역, 행정영역, 사법영역에서 다양한 형태로 전개되는 옹호 활동이다.

여섯째, 체제변환적 옹호(advocacy for systems change)이다. 이는 근본적인 제도상의 변화를 위해 구성원인 시민들과 사회체제 전체에 영향을 미치려는 옹호 활동이다. 예를 들어 양성평등을 위한 여성운동, 장애인이동권보장을 위한 옹호활동 등이다.

2) 임파워먼트(역량강화, empowerment) 기술(Rubin & Rubin, 2001).

임파워먼트(impowerment)란 주로 미국에서 60~70년대부터 인간 잠재력 및 개인성장을 중시하는 경향에 영향을 받아 형성되어온 개념으로서 80년대 조직경영에 도입되면서 더욱 관심이 집중되어 왔다. 사회복지분야에서 임파워먼트는 사회복지 본연의 가치에 일관되게 부응하는 개념이자 사회복지 실천의 목표중의 하나로서 클라이언트 자신의 삶에 대한 대처능력 또는 사회기능 수행능력을 개발하고 향상해 가도록 하는 과정을 의미한다.

능력고취, 역량강화, 권한부여, 권한위임, 역량제고, 능력고취, 세력화로 이해하고 임파워먼트 실천은 클라이언트의 잠재 역량 및 자원 인정, 회복력 인정, 클라이언트가 삶을 결정할 수 있도록 권한이나 힘을 부여하는 실천이다.

과정으로서의 임파워먼트는 자주적 통제력 획득, 자원 접근 시도를 의미하고, 결과로서의 임파워먼트는 주민의 노력과 개입의 효과로 나타나 더 많은 통제력과 자원 접근성을 의미한다.

임파워먼트를 높이기 위한 구체적 기술은 다음과 같다.

① 의식 제고 : 사회구조에 대한 비판적 의식
② 자기 주장 : 자신의 주장을 전개
③ 공공 의제의 틀 갖추기 : 쟁점 정리, 대중의 관심 유도
④ 권력 키우기 : 자원동원과 조직화
⑤ 역량 건설 : 조직 설립, 캠페인 전개
⑥ 사회자본의 창출 : 구성원간의 협력과 연대감 형성

임파워먼트 실천 원칙은 억압에 도전하고, 억압 상황에 대한 총체적 시각 유지하며, 클라이언트 스스로 역량강화를 강조하여, 상호 의존성을 강화한다. 사회복지사와 클라이언트의 관계는 일대일 관계로서, 클라이언트 자신의 말로 이야기하도록 격려하며, 개인을 희생자가 아닌 승리자(생존자)로 초점을 두고 사회변화의 초점 유지에 실천원칙을 두고 있다.

임파워먼트의 6가지 조건(스티븐코비)은 다음과 같다.

조직 내부의 인적 자원을 충분히 활용하고 또 증대된 효과성을 경험하기 위해서는 경영자들은 우선 자신들이 인간 본성에 대한 잘못된 가정을 버리고 조직을 단순화시켜야 한다. 리 아이아코카가 제안했듯이 조직구조를 구축하기 전에 먼저 동기부여 방법에 대해 생각해 보아야 할 것이다. 형태는 기능을 따르기 마련이라는 건축학의 격언을 응용하면서 전략과 시스템을 개발하기 전에 먼저 우리의 가정을 확인하고 명확히 해야 한다.

구성원들이 자기 능력을 최대한 발휘해 업무를 수행할 수 있도록 동기를 유발하려면 우선 조직의 욕구와 목표가 개인의 욕구와 목표, 능력과 중첩되는 영역을 찾아내야만 한다.

그리고 나서야 모두가 이기는 승-승(win-win) 합의를 이뤄낼 수 있다. 일단 승-승 합의가 수립되면 구성원들은 그 합의에 따라 자신을 스스로 관리, 감독할 수 있다. 그때 관리자들은 도움이 되는 지원자의 역할을 하며, 유용한 조직체계를 구축할 수 있게 된다.

그러한 체계 안에서도 자기지도, 자기통제를 수행하는 개인들이 합의 사항을 지키기 위해서 독자적으로 일해 나갈 것이다. 구성원들은 승-승 합의서에 명시된 기준에 비추어 자신을 평가함으로써 정기적으로 자신의 책무에 대한 성과를 확인하게 된다.

이것을 정리하여 임파워먼트의 4가지 전제조건을 추려보면 ① 승-승 합의, ② 자기 감독, ③ 지원 구조 및 시스템, ④ 성과 확인이다. 이러한 4가지 조건의 핵심에는 2가지 조건들이 바탕에 깔려 있다. 그것은 ⑤ 기술과 ⑥ 성품이다.

성품이란 그 사람의 됨됨이를 가리키고 기술은 그 사람이 무엇을 할 수 있는가를 가리킨다.

이 2가지 조건은 다른 4가지 조건을 성취, 유지시키기 위해 반드시 필요한 인간의 역량이다. 그러므로 기술과 성품이야말로 앞의 전제조건에 우선하는 진정한 전제조건이다.

3) 조직화(organizing) 기술

조직화(organizing)란 클라이언트의 문제를 해결하기 위해 필요한 인력이나 서비스를 규합하고 조직의 목표를 성취하도록 합당하게 운영해 나가는 과정이다. 그래서 지역사회의 당면 문제를 해결하기 위해 전체 주민을 대표하는 일정 수의 주민을 선정하여 모임을 구성하는 것이다.

조직화의 원칙은 다음과 같다.

(1) 사적 이익에 대한 관심을 조직화에 활용하다. 사람은 자신의 이익과 무관한 일에는 관심을 보이지 않는다. 사익 추구에 전념하는 사람에게 조직화가 자신의 사익 추구와 상충되지 않는다는 점을 인식시킨다면, 이 사람이 조직화에 참여하는 것도 가능해진다. 조직화는 결국 사익과 공익의 공통영역이 존재한다는 사실을 가르치는 과정이기도 하다. 바꾸어 말하면, 그것은 '나'와 '우리'의 개념을 다시 정립하는 과정인 셈이다.

(2) 조직화는 동적인 과정이다.

(3) 갈등과 대결에 익숙해지는 법을 배워야 한다.

(4) 쟁점은 명확해야 한다. 쟁점은 시급한 문제로 표현되어야 하며, 쟁점은 문제를 구체적으로 담아내야 하고 쟁점은 실현 가능한 것으로 잡아야 한다.

조직화의 주요 내용은 사람과 자원을 끌어 모으는 동원, 모인 사람들이 조직의 목표와 방법을 논의하는 회의, 조직을 이끌 사람들을 찾아내는 일 즉 리더십 개발로 채워진다.

첫째, 동원은 소수의 헌신적 인물을 찾아내어 이들을 발판으로 외연을 넓히는 일로서 기존의 지역사회조직을 활용하는 것이 좋다. 동원을 위해 사람을 접촉할 때는 그 접촉이 개별적이고 직접적인 것이 되도록 노력해야 한다.

둘째, 회의이다. 기업은 크든 작든 항상 문제를 갖고 있다. 따라서 문제를 발견하거나 해결하기 위해 회의를 한다. 망해가는 회사의 특징은 무엇일까? 회의가 많고 회의시간이 길다는 것이다. 이런 회사는 회의를 하지 않으면 서로 소통이 되지 않고 아무 일도 할 수가 없다. 하나에서 열까지 회의를 통해서만 결정이 되고 전달이 된다. 당연히 쓸데없는 회의가 많아진다. 다행히 최근 들어 회의문화를 바꾸기 위해 노력하는 기업들이 늘고 있다. 겉으로 드러난 회의의 외형만 바꾸는 데서 한걸음 나아가 회의의 질 자체를 근본적으로 개선하려는 노력이 병행되어야 한다. 회의 진행을 원활히 하기 위해서는 상대방과 시선을 마주치며 발표한다. 회의를 진행할 때 고개를 숙이고 문서를 죽 읽어 내려가는 행동은 삼간다. 참가자들 역시 고개를 숙인 채 딴 생각을 하기 쉽다. 회의 내용을 완벽하게 숙지해 참가자들과 시선을 마주치며 발표한다. 그리고 아이스 브레이킹을 실시한다. 아이스 브레이킹은 그야말로 얼음을 깨뜨리는 것이다. 회의 참가자의 긴장을 풀어주고 적극 참여하게 하는 것인데 지적이면서도 유머가 넘치는 화제를 제공한다. 상사의 악담이나 가십은 피한다. 회의가 사적인 이야기를 하다 끝날 수 있다. 마지막으로 구체적인 질문을 한다. 참가자들이 '굳이 내가 발표하지 않아도…'라고 생각하게 만들면 안 된다. 참가자들의 의견을 유도하는 스킬이 필요하다. 의견을 되묻거나 상대방이 잘 아는 전문 분야와 관련된 질문을 해 말할 수 있는 기회를 준다.

셋째, 리더십 개발인데 책임과 권한의 분산, 멘토링, 교환프로그램, 워크숍을 들 수 있다. 지역주민조직화의 목적은 지역의 문제를 지역주민들 스스로 해결해 나갈 수 있도록 역량을 강화시키는 것이므로 지역주민 스스로 성장할 수 있는 계기를 어떻게든 남겨두어야 한다.

'의사소통'이 활발하게 진행되고 또한 모든 이야기를 허심탄회하게 할 수 있는 분위기를 모임 내에서 만들고 유지하는 것은 지역주민들의 의사결정으로 사업이 진행되는 '주민조직화' 사업에 더없이 중요하다. 그러하기 때문에 모임의 분위기를 유연하고 조금은 유머러스하게 유지하는 것이 사회복지사에게 요구된다.

연습문제

1. 사회복지사가 갖춰야 하는 사회복지실천의 기초기술은 무엇인가
2. Ross의 지역사회복지실천 원칙을 지역사회를 중심으로 설명하시오.
3. 지역사회개입기술로서 임파워먼트(역량강화, empowerment) 기술에 대하여 설명하시오.
4. 지역사회복지실천을 위한 자원동원에 대하여 실제사례를 설명하시오.
5. 지역사회조직의 조직화 단계에 대하여 설명하시오.

[선행학습 정답] : 1. 사회행동모델 2. 임파워먼트기술 3. 옹호기술, 대변기술

8
chapter

사회복지실천기술모델(1)

〈선행학습〉

1. 의식과 무의식의 중간지점에 있으며 이용 가능한 기억은?
2. 마음의 이성적 요소로 성격의 조정자로서 인간의 생각과 행동을 통제하며 현실원리에 따라 사회적으로 수용될 수 있는 방법을 발견할 때까지 만족을 유보하거나 연기하는 성격구조는?
3. 심리사회모델의 개입기술중 직접적 영향주기에 해당하는 기술에는 현실적인 제한을 설정하기, 조언하기, 대변적인 행동하기 그리고 [ ] 등 다양한 하위기법들이 있다.
4. 합리적, 정서치료(RET)에서는 심리적 증상이나 부정적 감정은 [ ] 에서 비롯된다.
5. 인지이론에서 순간순간 머리에 떠오르는 생각이나 영상을 무엇이라고 하는가?
6. 충분하고 적절한 증거가 부족하거나 부적절함에도 불구하고 결론에 도달하는 것은 인지적 오류가운데 무엇에 해당하는가?

제 1 절 정신역동모델

정신분석은 Freud가 창시한 심리학의 한 체계로서 현대적 상담과 심리치료의 기초이며 바탕이 되고 있다. 오늘날 통용되고 있는 대부분의 상담과 심리치료들은 정신분석의 기본법칙, 기법 및 자극으로부터 파생된 것들이라 할 수 있다.

정신분석학은 인간 행동의 기본 동기를 성적(性的)에너지에 두고 무의식, 어린 시절의 경험, 성(性), 공격성 등을 강조하고 있다. Freud는 오랜 연구를 바탕으로 최초로 광범위한 성격이론과 심리치료의 체계를 세운 것으로 평가받고 있으며 이후에 Freud의 성욕설에 반대하여 부분적으로 새로운 이론을 전개한 Jung이나 Adler 등과 구별하여 전통적 정신분석학파라고도 불리운다.

정신분석에서는 유아 소년기의 경험이 성격을 형성하며, 무의식이 모든 표출행동의 원동력이라고 본다. 어린 시절 억압받았던 경험이 무의식 속에 내재해 있다가 훗날 부적응 행동(문제행동)으로 나타난다고 한다. 따라서 정신분석 모델은 유아소년기의 체험 중 무의식층에 억압되어 있는 것을 의식화시켜 그 체험을 극복하는 것(무의식의 의식화)을 중요시한다.

오스트리아의 비엔나에서 태어난 Freud(1856~1939)는 증상은 마음 속 깊은 곳에 있는 손상경험에서 오며 이 기억을 의식화하면 치료가 된다는 생각을 갖게 되었다. Freud는 무의식에 접근하는 방법으로 초기에는 최면을 이용하였으나 내담자들이 저항하거나 치료 후 재발하는 이유로 최면 대신 압박 혹은 집중 기법을 사용하였다. 하지만 무엇이든 기억해내라고 재촉하는 것이 내담자가 자신의 생각을 이어가는데 방해가 된다고 반발하여, 대신 긴 안락의자(카우치)에 눕히고 자유연상을 통해 떠오르는 것을 말하도록 하였다. Freud는 1922년 백과사전에 기고한 글에서 정신분석학을 연구방법, 치료방법, 이론체계로 나누어 발표하였고 그의 주된 연구내용은 꿈의 해석, 유아 성(性)이론, 오이디푸스 콤플렉스 등이었다.

사회복지실천기술의 각 모델마다 강조점에 차이가 있는데 심리사회모델은 개인의 심리적 변화를 강조하고, 행동수정모델은 행동의 변화에 강조점을 둔다. 행동수정모델은 먼저 행동을 변화시켜 그런 다음 마음도 변화될 것이다라고 본다. 또한 인지행동모델은 인지, 고정관념을 변화시키고자 한다. 예를 들면, 매 맞는 여성을 위한 사업을 할 때 많은 남편들은 "아내가 맞을 짓을 했다"고 하는데 사회복지사는 아내에게 "세상에 맞을 짓이란 없다"는 것을 가르친다.

각 모델의 철학, 기본개념, 개입목표와 과정, 개입기법에 대해서 각 모델의 특징을 공부하고, 각 모델에서 강조하는 기법을 이해하고자 한다.

1. 정신결정론의 기본내용

정신분석의 기본원리라고 볼 수 있는 정신결정론이란 인간의 정신 안에서 일어나는 것은 어떤 것이라도 우연히 일어나는 것은 없고, 정신적 현상이나 심리적 경험이라는 것은 어떤 것이라도 거기에는 반드시 어떤 원인이 있다는 것을 뜻한다. 프로이트, 아들러와 융, 에릭슨, 설리반 등이 대표적 학자이다. 정신역동이론은 인간의 행동을 정신 내의 운동과 상호작용에 초점을 두고, 정신이 행동을 어떻게 자극하는지, 정신과 행동이 개인의 사회 환경과 어떻게 서로 영향을 주고받는지를 강조한다.

모든 정신생활은 유의미하다. 모든 사실은 우연히 일어나는 법이 없으며, 각각의 정신적 사건은 이전의 사건에 의해 결정된다.

따라서 정신결정론의 핵심은 다음과 같다.

① 정신분석 이론의 기본적 원리

② 우리 신체와 마찬가지로 정신도 우연히 또는 되는 대로 일어나는 일이 없다.

③ 반드시 과거의 일과 연결되어 발생 한다. 즉 과거의 일이 그 이후의 일을 결정한다.

④ 개인의 소망이나 의도에 따라서 일어난다고 본다.

지형학적 모형은 **의식, 전의식, 무의식**의 세 부분으로 구분된다.

의식은 현재 느끼거나 알 수 있는 모든 경험과 감각으로 이에 관한 관심에서 벗어나면 이 영역의 자료들은 전의식의 부분이 되어 더 이상 의식되지 않는다.

전의식은 의식 속의 자료들이 저장되는 영역으로 현재는 의식되지 않지만 주의를 집중하면 쉽게 의식될 수 있다.

무의식은 프로이트가 가장 크게 공헌한 영역으로 마음을 구성하는 사고, 감정, 본능, 욕구, 동기, 갈등 따위의 자료들이 저장되어 있다.

무의식 속의 대부분의 자료들이 의식되지 못한 채 인간의 행동을 결정한다고 보고 무의식은 의식되지 못하는 영역으로 대부분의 자료들은 억압이라는 기제를 통해 무의식속에 들어가게 된다.

지형학적 세모형인 세부분(의식, 전의식, 무의식)으로 나누어진 에너지 체계인 성격은 정신에너지에 의해 추진되며, 대상에 각기 다른 정도의 정신에너지를 투여한다.

(1) 성격구조

성격구조로 우리의 마음에는 의식, 무의식, 전의식을 가로지르는 구성요소인 id와 ego, super ego가 있다. 즉 구조적 모형은 ego와 id 그리고 superego의 세 부분으로 구분된다.

이드(id)는 성격의 가장 원초적인 부분으로, 타고나는 것이다. 욕동 즉 인간으로 하여금 긴장을 느껴 긴장 해소를 위해 무엇인가 행동하게 하는 것으로 매우 노골적이고 동물적이고 조직적이지 못하며 시간이 지나고 경험을 많이 쌓아도 변화되지 않는 특징을 말한다.

이드의 지배를 많이 받는 성인의 경우 유치하고 충동적이며 비합리적 행동을 가져온다. 여기에 일차적 사고로 신체적 긴장을 경감시키는데 필요한 대상의 기억표상을 만드는 과정이라고 할 수 있고 고통을 최소화시키고 쾌락을 최대화하려는 속성으로의 쾌락의 원칙을 적용하는 단계이다. 그리고 참을성 없이 즉각적인 만족을 구하고자 하는 특성을 지닌다.

자아는 이드로 하여금 충동을 지연시키고 현실을 고려하도록 하는 역할로 외적 현실을 고려하고 이드를 지배하고 통제하는 집행부의 역할을 한다.

정신활동은 자아(ego)와 본능(id) 그리고 초자아(superego)간의 갈등적 힘의 표현이다.

행동은 생물학적 기반을 갖고 있으며, 타고난 성충동과 공격충동 libido에 의해야기되는 긴장에 의해 추진된다.

사회는 원시적인 생물학적 욕구에 대한 통제력을 갖고 있다. 각각의 심리성적 단계는 이전 단계의 경과이며, 반복이다. 즉 인간의 성격은 다섯 단계의 결과이며 인간은 출생 후 첫 5-6년 사이에 성격 형성이 기본적으로 완성된다.

개인은 자신의 정신과정의 대부분을 의식하지 못한다. 무의식 또는 알려지지 않은 동기가 대부분의 의식적 행동과 감정 그리고 사고를 결정한다.

원조과정은 비정상적, 파괴적 행동의 밑바탕에 깔려 있는 원인을 밝혀내는 것이며, 교정적인 정서경험을 하는 것이다. 이때 무의식적 욕구와 소원을 상징하는 동기는 겉으로 드러난 행동을 이해함으로써 해석이 가능하다.

(2) 정신결정론에 관한 사회복지적 관점

정신결정론과 관련하여 대체적으로 "클라이언트는 항상 옳다"라는 말을 할 수 있다. 이 말의 의미는 클라이언트는 무엇을 말하고 생각하고 경험하고 느끼든 간에 또 환자가 어떤 식으로 반응을 하든간에 그것은 일반적으로 클라이언트 입장에서는 옳은 것이고 적합한 것이라고 볼 수 있다는 의미를 가진다. 따라서 클라이언트를 이해함에 있어서 사회복지사가 해야 할 의무를 클라이언트의 반응, 생각, 말이나 느낌이 사리에 맞는 뜻을 가지게 하려면, 과연 모든 제반 상태가 어떤 것이어야 하는지, 또 클라이언트의 정신생활이 어떤 것이어야만 하는지를 사회복지사가 규명하려고 노력하여야 할 것이다.

2. 정신분석의 기법

(1) 자유연상

내담자가 일상생활의 상념과 선입견을 제거하고 어떤 감정이나 생각도 억압하지 않고 마음에 떠오른 것이면 무엇이든 말하도록 하는 기법이다.

클라이언트의 머릿속에 떠오르는 것들을 편안한 자세로 아무런 방어없이 자유롭게 연상하다보면 무의식속의 고통스런 자료들이 의식으로 떠오르게 되고 상담가는 이렇게 연상된 자료들의 연관성을 해석해 줌으로써 통찰력을 가질 수 있도록 돕는다.

(2) 해석

내담자의 행동의 의미를 설명하고 가르치기도 하는 것으로, 행동에 대한 단순한 설명이 아닌 자아가 더 깊은 무의식의 자료를 탐색할 수 있도록 돕는 기능이다.

클라이언트가 자신에 대한 통찰을 갖도록 클라이언트의 사고, 감정, 환상의 정신역동적 의미를 해석한다.

(3) 꿈의 분석

꿈을 통하여 무의식적 욕구를 찾아내고 내담자의 해결되지 않은 문제에 대한 통찰을 얻을 수 있도록 해준다. 사회복지사는 자유연상을 통해 내담자가 내놓은 꿈의 명시적 내용 속에서 잠재적 의미를 추출해야한다.

꿈을 통해 나타나는 무의식적인 소망과 욕구, 두려움을 해석함으로써 무의식적으로 억압했던 자료들을 풀어내고 새로운 통찰력을 갖게 한다.

(4) 저항의 분석과 해석

저항은 치료적 발전을 저해하고 내담자의 무의식적 욕구의 표출을 방해하는 것인데, 사회복지사는 이러한 저항을 지적, 해석함으로써 내담자의 이에 대한 통찰을 돕는다.

(5) 전이의 분석과 해석

전이는 내담자가 사회복지사에게 반응하는 것으로 과거 중요한 타인과의 미결사항의 부분을 사회복지사가 마치 과거의 주요 인물인 듯 사회복지사에게 투사하는 것이다.

(6) 경청과 감정이입

경청은 내담자의 언어적, 비언어적 표현에 귀를 기울이는 것으로 의사소통의 숨겨진 의미를 이해하는 것이고, 감정이입은 내담자의 체험을 함께 느끼는 것과 같이 느끼는 것이다.

(7) 버터주기와 간직하기

내담자의 경험 혹은 막연한 불안과 두려움을 견딜 수 있는 힘을 제공하는 것이 버텨주기이며 이는 내담자의 자아를 보조해 주는 보조자아의 역할을 수행하는 사회복지사가 되어야 하며, 간직하기는 내담자가 두려워하는 충동과 경험을 간직하여 완화시켜 주는 기법을 말한다.

(8) 직면

클라이언트에게 나타나는 저항이나 부적응적인 행동, 특정 현상에 주의를 기울이도록 하고, 이제까지 회피해 왔던 일에 대해 앞으로는 이해하는 문제로 인지하도록 도와준다.

(9) 명료화

클라이언트가 직면한 심리적 현상에 대해 예리하게 초점을 맞추거나 현상의 원인이 되는 중요한 과거력을 파헤쳐 나간다.

(10) 훈습

클라이언트가 저항이나 전이에 대해 이해한 것을 반복, 심화, 확장함으로써 통합적으로 이해하도록 한다.

3. 정신분석 모델의 유용성과 한계

⑴ 심리 내적 상황에 대해 관심을 집중시켜 무의식의 존재, 무의식이 퍼스낼리티에 미치는 영향, 퍼스낼리티의 구조 및 무의식과 퍼스낼리티의 상관관계를 이해하도록 하기 위해 원초아 · 자아 · 초자아의 개념을 활용하였다.

⑵ 가족관계의 심리 · 성적인 측면을 중요시하였으며, 특히 유아기 아동에 대한 영향을 강조하여 가족적응이나 아동의 심리를 주로 취급하는 사회복지에 큰 영향을 주었다.

⑶ 가족 내의 상황인간관계에 대한 주의를 환기시킴으로써 부부간, 부모자녀간, 형제간의 관계를 갖게 하였는데, 특히 유아기의 가족경험이 개인행동의 중요

한 결정요인이 됨을 인식시키고 있다.

(4) 사회복지사 자신의 감정과 이러한 감정이 클라이언트와의 관계에 미치는 영향에 대해 관심을 갖게 하여 사회복지사의 자기인식과 클라이언트와의 관계의 중요성을 인식하도록 하였다.

정신분석모델은 정신적 결정론, 무의식의 중요성, 리비도의 원칙 즉 리비도가 행동 사고의 동기로 보고 있다.

초점은 분석을 통한 지속적 사정으로 성격구조내의 갈등 발견과 갈등 성격을 규명하는 과거를 탐색하고, 현재의 연관성을 중시한다.

개입기법은 신뢰형성(감정이입), 명료화와 해석(통찰력 제공), 사이코드라마(정화 catharsis, 자각과 통찰, 역할 연습), 자유연상, 창조적 방어기제로 격려한다.

인간에 대하여 기계론적이고 결정론적 존재로 보고 단지 성욕과 과거 경험이 지배되는 수동적이고 소극적인 존재로 보았다. 또한, 인지발달은 무시한 채 정서발달에만 치중하였다는 것과, 발달에 미치는 생물학적 요인의 강조로 대인 관계적 · 사회적 요인의 영향을 고려하지 않았다는 비판을 받기도 하였다.

발달단계는 구강기(1세까지) - 항문기(1~3세) - 남근기(3~6세, 부모집착) - 잠복기(6~12세, 동성친구) - 생식기(13~18세, 이성친구)로 이어진다.

방어기제로는 억압, 동일시, 전이, 반동형성, 보상, 합리화, 대치(꿩 대신 닭), 전치(종로에서 뺨맞고 한강에서 화풀이), 투사, 고착, 퇴행, 해리, 부인, 승화, 전환(갈등이 육체적 고통으로) 등을 들 수 있다.

평가에 의하면 반여성적, 결정론적 입장 때문에 비관론적이고 백인남성중심 모델(우수 · 열등의 논리), 장기간 비용 문제와 치료효과의 평가기 어렵다. 상황속의 인간 관점 도외시하며 강점보다 문제에 초점을 두고 있다.

제 2 절 심리사회모델

1. 심리사회모델의 의의

심리사회모델은 정신분석학에 기초한 자아심리학이론이 적용되면서 개인의 자아기능을 유지·강화하는 치료형태를 발전시키게 되었다.

이 모델은 진단의 중요성을 강조하고 있으며 자아심리학뿐만 아니라 정신분석학, 문화인류학 등 다양한 이론에 기초하고 있다.

심리사회적 이론은 인간의 문제를 심리적 혹은 정서적이고 사회적인 문제로 이해한다. 그 기원은 메리 리치몬드(Mary Richmond, 1917) 여사의 상황속의 인간에서 찾을 수 있었다.상황 속의 인간(Person In Situation)이란 고든 해밀턴(Gordon Hamilton)이 사용한 개념으로 심리적 내적 과정과 외부의 사회·물리적 조건 사이의 상호작용을 강조하며, 인간은 발전가능성을 가진 변화하는 존재이고, 상황은 의식주와 같은 물질적 자원뿐만 아니라 대인관계를 통해 얻게 되는 개인의 사회적인 관계도 포함한다. 그리고 문제와 클라이언트가 겪는 어려움들은 클라이언트와 환경과의 역기능적인 상호작용에 의해 만들어진 결과이다.

사회복지사는 부적응적 상호작용을 변화 또는 예방하여 클라이언트의 적응을 향상시키기 위해 개인에 대한 개입, 사회 환경에 대한 개입, 개인과 사회 환경과의 상호작용에 개입한다. 1926년경부터 프로이드 학파의 이론에 의해 뒷받침 되었다. 1930년대 후반에는 고든 해밀턴에 의하여 심리사회적 이론으로 처음 불리어지기 시작했고, 그 후 1960년대에 플로랜스 홀리스(Florence Hollis)에 의해서 사회복지의 실천이론과 접근방법으로 구체화되었다.

메리 리치몬드는 1917년 프로이트의 의료모델을 근거로 하여 『사회진단(*Social Diagnosis*)』이라는 책을 써서 자선과 사회사업의 과학성을 최초로 밝힌 케이스워크 전문가이다."

Richmond의 연구업적으로 리치몬드의 케이스워크 주요 개념은 다음과 같다.

① 개인에 대한 초점만으로는 효과적 원조가 이루어질 수 없으며 개인과 환경 간의 더 나은 적응을 장려하기 위행서는 외부적 영향력들도 함께 다루어져야 함을 강조하고

② 케이스워커들의 실질적 경험은 반드시 정확한 분석으로 이루어져야 함을 주장하면서 이를 위해 사례들에 대한 체계적이고 세부적인 검토를 장려하였으며

③ 과도한 일반화와 고정관념 등을 경계하면서 모든 치료가 개별화되어야 한다고 강조했다.

④ 치료전략들을 확인, 평가- 치료전략은 두 가지로 분류되며 클라이언트의 환경개입, 자원탐색, 때론 가능한 한도 내에서 모든 도움과 영향력의 원천들과 협력하는 것을 내용으로 하는 간접치료(indirect treatment)와, 케이스워커와 클라이언트 간의 신뢰하는 관계의 중요성을 강조하면서 직접적으로 마음과 마음의 교류를 시도하는 직접적 치료(direct treatment)이다.

Richmond의 이상과 같은 연구업적은 사회복지실천의 이론들이 지속적으로 발전할 수 있는 확고한 토대를 마련하였다. 즉 기반 및 발달에서 Mary Richmond는 상황 속의 개인, 전문적 원조과정 발정, 치료의 개별화, 광범위한 실증적 기반을 마련하였으며, 정신분석학의 팽창(Hamilton, 1940 진단주의 기반), 자아심리학의 영향, 사회과학지식의 발달을 가져왔다.

심리사회모델의 기본개념은 다음과 같다.

첫째, 인간의 문제를 심리적(정서적)·사회적(환경적) 문제로 이해하며, 개인의 심리적 특성뿐만 아니라 신체생리적인 현상과 사회적인 환경까지도 모두 고려하는 '상황 속의 인간(Person-in-Situation)'을 강조한다.

둘째, 클라이언트와 사회복지사의 관계를 중요하게 여긴다. 따라서 클라이언트와 사회복지사의 관계를 형성하기 위해 클라이언트를 수용하고 개별화하며, 클라이언트가 있는 곳에서, '현재 상황에서 출발(Start where the client is)'하는 등의 실천원칙을 강조하고, 클라이언트가 자신의 행동과 감정에 대해 이해하고 통찰함으로써 자신의 문제를 해결하기 위한 역량을 강화할 수 있도록 원조한다.

셋째, 우즈와 홀리스(Woods & Hollis, 2000)는 심리사회모델의 이론적 배경으

로 생태체계론, 정신역동이론, 역할이론, 의사소통이론 등을 제시하였는데 주요 이론은 정신역동이론이며, 정신분석이론과 대상관계이론이 큰 영향을 미쳤고 개입의 초점은 클라이언트의 심리 내적인 과정에 치중되어 있다.

넷째, 전통적으로 사회복지실천의 내용은 개인 내적 요소와 사회적 요소를 모두 중시하는 심리사회적인 것이었으며, 이 전통을 계승하고 집약한 것이 심리사회적 모델인 것이다.

사회복지 영역에서의 영향력은 다음과 같다.

첫째, 사회복지영역에서의 영향력이다.

정신의학의 영향으로 Freud의 정신분석적 사고에 의해 사회복지사들은 클라이언트의 내면을 더욱 잘 파악하고자 했으며 행동이나 정서, 성격 발달의 기저에 깔린 내면화되고 무의식적 동기 혹은 갈등에 초점을 두고자 했다. '심리사회적'이라는 용어가 사용되면서 계속 발전되었고 Richmond의 주요 개념들이 Freud의 사고와 결합되어 수정 및 보완이 이루어졌으며 이는 실천모델로서의 심리사회적 준거 틀을 더욱 확고히 했다.

둘째, 자아심리학의 영향력이다.

Freud식 사고와는 대조적으로 자아심리학에서는 자율성을 지닌 독립적인 존재로서 자아를 보고자 했으며 이러한 설명은 인간에 대한 관점의 변화를 가져왔다. 즉 개인을 수동적으로 조형된 존재가 아니라 변화를 적극적으로 초래할 수 있는 강력한 힘의 원천으로 보았다. 이와 함께 이러한 개인의 자아기능을 유지, 강화, 회복시키려는 목적의 자아 치료가 주목을 받게 되었다.

셋째, 사회과학지식의 도입이다.

제2차 세계대전에 뒤따르는 보수적 시대경향과 심리학에 몰두하고 있던 사회복지경향에도 불구하고, 결혼 및 가족에 대한 유용한 사회학적 조사 대거 이루어졌으며 Ackerman은 현대적 가족치료를 사회적 주창에 의하여 사회복지사가 시대를 이해해 가는 데 매우 중요한 정보의 원천, 사회학 및 정치학적 연구 이외에도 역할행동과 의사소통에 관한 새로운 지식들이 이 시기에 출현하였다.

2. 심리사회적 모델의 기법과 적용

1) 심리사회적 모델의 기법

심리사회적 모델에서는 클라이언트의 과거 경험이 현재의 심리 내적 혹은 사회적 기능에 미치는 영향을 강조하고, 클라이언트가 과거 혹은 현재의 경험과 관련한 내적 갈등을 이해하고 통합함으로써 성장하도록 원조하는 것을 강조한다.

심리사회적 모델의 기법은 다음과 같다.

① 지지

클라이언트의 문제 해결 능력에 대해 확신감을 표현해 줌으로써 클라이언트의 불안을 감소시키고 자아존중감을 증진시키는 과정이다. 언어적 · 비언어적 의사소통을 모두 동원해 클라이언트를 지지하며, 필요하다면 클라이언트의 문제를 돕는 실질적인 활동을 통해 지지를 제공하기도 한다.

② 직접적 영향

클라이언트의 행동을 촉진하거나 향상시키기 위한 조언, 제안 등을 통하여 사회복지사의 의견을 클라이언트가 받아들이도록 하는 개입과정이다. 강도에 따라서, 단순히 강조하기, 제안, 충고하기, 독려하기 등으로 구분된다.

③ 탐색 · 기술 · 환기

탐색 · 기술 · 환기 등은 클라이언트의 문제와 관련하여 클라이언트의 환경과의 상호작용에 관련된 사실을 이해하고 설명하도록 원조하며, 나아가 사실과 관련된 감정을 표출하도록 도움으로써 감정적 해소감을 느끼게 하는 것이다.

④ 인간 · 상황에 대한 고찰

인간 · 상황에 대한 고찰은 모두 여섯 가지로 이루어진다.

첫째, 다른 사람들, 건강, 상황 즉 자신이 처한 상황과 가족 및 환경에 대한 이해가 정확하지 못한 경우가 있으며, 이를 질문이나 언급을 통해 클라이언트가 깨닫도록 해주는 것이다.

둘째, 클라이언트의 행동이 자신과 다른 사람들에게 미치는 영향-클라이언트가 미처 깨닫지 못한 결과에 대해 주의를 기울이도록 한다.

셋째, 클라이언트의 행동의 성격-자신의 숨겨진 반응, 사고, 감정의 성격에 대해 이해하도록 원조함으로써 클라이언트가 자신의 감정에 대해 통찰을 가지도록 한다.

넷째, 클라이언트 행동의 원인-다른 사람들과의 상호작용이나 상황적 자극에 대해 반응 행동의 원인을 이해하도록 원조한다.

다섯째, 자기 평가-자신의 도덕과 양심, 자기 이미지, 가치 등에 관한 평가를 원조함으로써 자신의 가치를 명확히 이해하도록 돕는다.

여섯째, 사회복지사와 치료 과정 즉 클라이언트가 가지고 있는 사회복지사, 치료기관의 규칙 등에 대해 클라이언트의 이해 정도와 반응을 탐색함으로써 원조과정의 효과를 극대화하는 과정이다.

⑤ 유형 · 역동에 대한 고찰

사회복지사는 클라이언트의 성격 혹은 행동 유형과 심리 내적 역동에 대해 고찰한다.

⑥ 발달적 고찰

클라이언트의 현재의 성격이나 기능에 영향을 미친다고 생각되는 원 가족에서의 경험 또는 유아기 때의 경험에 대해 생각해 보도록 하는 의사소통행위이다.

2) 환경에 대한 개입에 있어 사회복지사의 역할 유형

① 자원제공자 : 기관에서 자원 제공 업무에 관여

② 자원발견자 : 이를 사회복지사는 지역사회자원에 대해 많이 알고 있어야 하며 클라이언트가 무엇인가를 필요로 하는가를 정확히 파악해야 함

③ 자원의 창출자 : 사회복지사는 사회복지기관 또는 관련 기관들이 새로운 프로그램을 신설하도록 독려

④ 해석자 : 클라이언트 주변의 사람들이 클라이언트를 다르게 이해하고 클라

이언트에 대해 다르게 행동할 수 있도록 지원

⑤ 중재자 : 옹호의 한 형태. 클라이언트 주변 사람들이 클라이언트의 인격, 욕구, 권리 등에 대한 이해를 바로 할 수 있도록 하는 역할, 해석자의 역할보다 더 적극적인 역할

⑥ 공격적 개입자 : 클라이언트의 권리가 명백히 무시, 거부 또는 침해당하고 있을 경우 그것에 직면하는 활동. 이것은 위의 중재활동이 소기의 목적을 달성하지 못했을 경우 동원되는 역할

3) 사회복지실천에의 적용

(1) 심리사회적 모델의 개입목표

심리사회적이론은 상황 속의 인간이란 관점을 중시하기 때문에, 사회복지실천의 목적도 클라이언트와 사회환경 혹은 클라이언트와 타인의 상호작용에서 나타나는 사회적 역기능을 해결하는 것으로 정의한다.

심리사회적 모델에서는 클라이언트의 과거 경험이 현재의 심리적 사회적 기능에 영향을 미친다고 본다.

사회복지사가 클라이언트 주변의 변화를 직접 행하기보다는 클라이언트 스스로 주변을 변화시키는 노력을 하는 과정에 최대한 도움을 제공 하도록 하고, 모든 변화가 가능한 것이 아니기 때문에 변화가 가능한 선까지 변화가 있을 수 있도록 현실적 지원을 제공을 해주는 것을 목표로 해야 한다.

(2) 심리사회적 모델의 개입과정

심리사회적 모델에서는 클라이언트 자체에 상당한 비중을 두지만, 필요할 경우 클라이언트의 환경에 개입한다. 사회복지사는 클라이언트와 다른 사람들 사이에서 중재하고 클라이언트를 옹호하는 역할을 등을 수행한다.

(3) 심리사회적 모델의 유용성과 한계

심리사회적 모델은 사회복지실천현장 어디에서나 발견될 수 있는 실천방법이며, 개인, 가족, 집단치료, 환경과의 작업 등 여러 가지 형태로 실천되고 있다. 또

한 장·단기 개입, 위기 개입, 예방적 개입, 외상치료 등 다양한 상황에서 사용되고 있다. 이 모델은 개인, 환경. 개인과 환경간의 상호작용 들을 모두 중시하고 지역사회를 포함한 모든 대상에 개입한다고 주장하고 있으나 주로 대화를 통한 개인에 대한 개입 쪽에 무게를 두고 있다고 평가된다.

심리사회적 모델은 자원을 창조하고 발견하고 제공하는 역할을 하거나, 클라이언트와 다른 사람들 사이에서 중재자로서 역할을 한다. 그러나 기관이나 지역사회, 또는 정치적 수준 같은 환경적인 작업에 대해서는 강조점이 덜 주어지고 있다는 비판이 있다. 또한 심리사회모델은 너무 좁게 정신분석적이고, 억압받는 인구와 다른 다양한 목표 집단 욕구와 강점에 불충분하게 반응한다는 비판을 받았다.

심리사회적 모델기의 기본가정 및 개념은 Freud의 성격체계 및 구조발달 이론 기반 위에, 모든 개인이 연령에 상관없이 성장, 학습, 적응해 나가는 능력이 있다고 믿으며, Ct 권리에 존중하여 협력적 관계를 수립한다.

심리사회적 모델기반은 정신분석이론에다 사회과학적 지식, 체계이론, 현장 경험결합된 모델이며, 인간은 생리적, 심리적, 사회적 존재로 보고, 개인의 문제는 부적응 혹은 환경결함이나 두 가지 결함에서 오는 것으로 본다. 여기서 환경속의 인간 PIE에서 지금 즉 여기 here and now를 중시한다.

개입은 개입목표와 개입계획 구체화, 현재의 생활경험을 주로 다루는 데, 직접적 개입(탐색, 정화, 지시, 지지)과 간접적 개입(환경 조정)을 모두 중요시하며, 기법은 정신분석에서의 기법 ① 지지에서 관계수립과 신뢰감 형성, ② 지시에서 격려, 강화, 조언, ③ 정화, ④ PIE에 대한 교육과 토론으로 상호작용 인식, ⑤ 통찰력의 개발, ⑥ 해석에서의 유아기의 경험과의 인과관계에다가 환경에 대한 개입기법으로 개입을 설명할 수 있다.

실천에서의 적용은 심리사회적 조사에서 개인의 인생발달 단계, 전환기에 주목한 가족생활 주기를 검토. 심리사회적 사정에서 개인 즉 상황에 대한 이중적 초점으로 체계들의 상호작용을 개념화시킨다. 개입에서 다양한 수준 즉 개별, 가족면담, 다른 중요한 타자와 접촉의 개입이 혼합되어 사용된다.

3. 사례연구조사

심리사회모델사례로서 클라이언트인 민우네 가족에 대한 사례이다. 병기는 18세로 여러 가지 문제가 있으며, 어머니가 사회복지사에게 데려온 청소년이다. 민우네 가족은 K종합사회복지관 바로 옆의 임대아파트에 살고 있으며, 어머니는 일용직 노동자로 일하고 있다. 민우네 아버지는 몇 년 전 간경화증으로 일자리를 잃었으며 민우네 어머니가 간병을 도맡아 하고 있다. 민우 어머니는 이러한 상황에서 많은 걱정과 책임감을 느끼고, 민우에게 엄격한 요구를 하고 있다. 아버지 또한 민우에게는 비판적이다. 민우는 이러한 상황 속에서 자신이 억제되어 있다고 생각하고 있으며 사춘기라는 시기의 또래 친구들과 마찬가지로 부모에게서 벗어나 자유롭게 자신이 하고 싶은 일을 하기 원한다. 그리고 민우는 학교에는 친구들과 싸우고 집에서는 동생인 민수를 싸우고 괴롭히고 있다. 민우의 부모님은 이런 민우 때문에 스트레스와 화가 나 있으며 갈등상태에 있다. 민우의 동생인 민수도 형에게 괴롭힘을 당하는 것에 불만이 있지만 집안에서는 방임되어 있는 상태이며, 학교생활에 있어서 학습을 제대로 따라가지 못하는 상황이다.

민우의 부모는 민우가 부모의 자신들의 통제 안에 있기를 원하며 폭력적인 성격이 고쳐지길 원하고 있다.

실천 개입의 적용은 다음과 같다.

초기 면접(개략)으로 18살 된 민우는 여러 가지 문제로 어머니가 K기관에 데려온 청소년이다. 어머니는 민우를 기관에 데려온 이유로 민우의 폭력성(학교 친구, 어린 동생에 대한 태도)을 들었다. 사회복지사는 민우와의 초기면접에서 민우와 마주했다. 민우에게 현재 어떤 어려움이 있냐고 물었다. 민우는 집에서 지나치게 억압을 받고 있다고 했다. 가족에 대한 불만도 많이 보였다.

어머니가 말한 민우의 폭력성은 정황 상 민우의 가족력에서 기인하는 것으로 파악되었다. 가족 내에서의 지나친 억압으로 민우는 지금 스트레스가 쌓인 상태이고 그 분노표출이 폭력으로 나타나는 것 같았다. 따라서 민우 혼자만의 사정이 되어서는 안 될 것으로 판단하고 가족 전체 구성원을 대상으로 한 심리사회적 사정을 행하기로 클라이언트인 민우와 합의를 보았다.

제 3 절 인지행동모델

1. 인지행동모델의 의의

인지행동모델은 인간이 생각하고, 판단·추리하며, 정보를 처리하는 과정인 인지과정의 개념과 함께 행동주의이론과 사회학습이론의 여러 개념들을 통합하여 적용한 이론이다. 인지행동모델에 입각한 치료과정은 문제를 일으키는 잘못된 가정과 사고의 유형을 확인·점검하고, 재평가하여 수정하도록 격려하고 원조한다. 이 접근에 포함되는 치료적 하위 접근 중에 행동치료, 인지치료, 합리정서치료, 현실치료, 인지행동치료가 있다. 엘리스에 의하면 어떤 사람의 믿음, 생각, 자신에게 하는 말 등이 이성적이고 합리적일 경우에는 어떤 현상에 대해 순기능적인 감정이나 반응을 보이게 되고, 반대로 믿음, 생각, 자신에게 하는 말 등이 혼란스럽거나 비이성적일 경우에는 역기능적인 감정, 정서 및 행동들을 표출하게 된다고 보았다. 인지행동이론은 개인과 환경 사이의 상호적 영향이 대개 정보의 교환을 통해 발생한다고 보고 있다. 개인이 환경으로부터 방출되는 정보신호를 전혀 알아차리지 못하거나 그것들을 잘못 해석한다면, 그 개인은 사회 환경 가운데서 맞게 되는 각종 문제들에 잘 대처할 수 없다고 한다. 대부분 인지행동모델은 문제에 초점을 둔 시간제한적인 접근으로서 클라이언트가 자신의 사고와 행동을 통제하기 위한 대처기제를 학습하는 교육적 접근을 강조한다. 또한 인지변화를 행동변화로 이끌 기 위해서는 다양한 행동주의 기술과 기법들을 적극 활용한다.

인지행동 이론에서는 무엇을 어떻게 생각하는가가 정서적 반응과 행동에 영향을 미친다고 본다.

인지행동 이론이 미국의 사회복지 문헌에 소개되기 시작한 것은 1960년대 중

받이었으나, 지금은 사회복지실천의 주요 이론적 기반으로 자리 잡았다.

다양한 클라이언트와 복잡한 문제에 모두 적용될 수 있는 통합이론과 클라이언트와 환경간의 상호작용에 대해 포괄적으로 이해할 수 있는 이론 및 모델에 대한 필요성과 정신분석모델의 치료에 대한 거부와 효과성에 대해서 의문을 갖게 되면서 인지행동적 관점이 대안으로 주목받게 되었다.

인지행동 모델의 뿌리는 고대 그리스 스토아 철학에서 그 근원을 찾을 수 있다. 에픽테투스는 인간은 사물에 의해서가 아니라 그들이 그것을 어떻게 생각하느냐 하는 관념에 의해 방해를 받게 된다고 주장했다.

이어 파블로브의 고전적 조건화 이론은 많은 인지행동적 개입들에 기초가 되었다. 고전적 조건화 이론은 울프의 체계적 탈감법 개발에 많은 영향을 주었고 체계적 탈감법은 인지행동 모델의 주요기법으로 활용되게 되었다.

손다이크의 조작적 조건화 이론은 이후 인지행동 모델 발달에 중요한 역할을 한 스키너에 의해 계승되었다. 반두라를 위시한 사회학습이론도 중요한 기여를 했으며 이외에도 Bower의 '기분과 기억의 연결망 이론', 켈리의 '개인적 구조', Seligman의 '학습된 무력감 이론', Lazarus의 '행동변화에 미치는 사고와 정서의 영향', Bowlby의 '초기 애착이론'을 비롯한 발달심리학 등이 인지행동 모델에 많은 영향을 주었다.

인지행동 모델은 생각하고 정보를 처리하는 과정인 인지과정의 연구로부터 도출된 개념과 함께 행동주의와 사회 이론으로부터 나온 개념들을 통합 적용한 것으로 1960년대부터 70년대 사이에 다양한 모델이 탄생되었다. 합리정서치료, 인지치료, 문제해결치료 등이 가장 많이 알려졌지만 이외에도 불안관리훈련, 스트레스 개선훈련 등 다양한 치료모델들이 있으며, 주요학자로는 벡, 엘리스, 미켄바움, 즈릴라(혹은 데주릴라)와 골드프라이드, 마호니 등이 있다.

인지이론의 관점에서 인지이론은 클라이언트의 생각을 점검하고 정서와 행동에 대해 클라이언트가 가지고 있는 인지 경향과 타당성을 인정, 평가한 후 클라이언트의 역기능적인 태도, 신념, 가정들을 수정할 수 있는 객관적인 방법을 가르치는 모델이다.

인지이론에서는 사람들의 감정이나 행동이 어떤 사건에 대한 그들의 지각에 의해 영향을 받는다고 가정하고 사람들의 느낌을 결정하는 것은 그 상황자체가 아니고 그들이 상황을 해석하는 방식에 달려 있다고 믿는다.

인지이론의 특징은 다음과 같다.

① 사고가 행위의 기본적 결정요인이라고 본다.

② 과거는 오로지 그릇된 사고의 근원을 규명하기 위해서만 중요한 의미를 갖는다.

③ 개인의 오인이 문제를 만들어 내며, 이것을 바로 잡을 책임 또는 개인에게 있다고 본다.

④ 인간의 본질을 선천적으로 악하다거나 선한 것으로 보지 않고 어떤 방향으로든 훈련될 수 있는 것으로 본다.

2. 주요 개념

(1) 주관적인 경험의 독특성

클라이언트의 주관적 경험, 문제 및 관련상황에 대해 느끼는 주관적인 의미를 중요시한다. 이는 각 개인이 갖는 삶의 사건과 정서 반응의 독특한 의미, 현실을 조직하는 데 작용하는 정보전달과정, 신념, 신념구조 같은 주관적 경험의 독특성을 의미한다.

(2) 협력적인 노력

클라이언트 문제해결은 클라이언트와 치료자의 협력적 노력에 의해 이루어진다고 가정한다. 클라이언트는 자기 자신, 다른 사람들, 세계를 보는 시각 등을 사회복지사에게 제공하고 사회복지사는 문제와 치료, 개입, 사정, 전략, 도구 등에 대한 정보를 클라이언트에게 제공한다.

(3) 자신과 타인을 위한 무조건적 관심

인간은 누구나 강점과 제한점, 기술과 재능, 예외적인 특성 등이 있음을 인정하는 자기 수용을 기반으로 타인에 대해 무조건적으로 관심을 가진다. 치료자는 모든 인간은 가치가 있다는 견해를 갖고, 클라이언트가 이러한 철학을 적용할 수 있도록 개입한다.

(4) 구조화되고 직접적인 접근

개입은 구조화된 절차를 거치면서 이루어진다. 인지적, 정서적, 행동적, 신체생리적, 사회환경적 영역에서 복합적으로 발생하는 특정 문제에 초점을 두기 때문에 치료자는 일정한 절차가 있는 치료과정을 유지하고 비협조, 힘의 갈등, 종결 등과 같은 이슈를 관리하고, 표적이 되는 문제에 초점을 유지한다.

(5) 적극적인 접근

클라이언트는 사회복지사에 의해서 "치료되는" 수동적인 존재가 아니라 스스로가 능동적으로 문제해결에 참여해야한다. 협력을 통해 변화를 위한 전략이 세워지면 클라이언트는 치료자와 함께 변화노력을 기울이며 성취에 필요한 자료를 모으고, 치료세팅에서 클라이언트의 자연적인 상황에 이르기까지 성취된 것이 유지 되도록 인지적, 행동적 과제가 주어진다.

(6) 교육적 모델

개입초기에 인지행동치료에 대해 클라이언트가 이해하고 협조할 수 있도록 충분히 설명하고 교육하며 이이 대해 논의한다. 인지행동모델은 문헌치료, 쓰기과제, 오디오와 비디오테이프 사용, 강의와 세미나 참여 등 직접적인 교육을 포함한다. 치료초기에는 인지행동치료에 대한 교육이 필요하다. 인지, 정서, 행동, 신체생리, 사회환경적 요소들의 상호작용적 본질이 클라이언트의 정서장애와 부적응적 행동에 기여하게 되는 점에 대해 설명되고 논의된다.

(7) 경험적 초점

클라이언트의 인지적 기능은 정서적 · 행동적 반응과 연관되므로 인지적 기능에 대해 경험적으로 탐색하고 클라이언트의 개념, 생각, 신념, 태도, 기대가 밝혀지면 표적이 되는 인지가 유용한지, 합리적이며 적용 가능한지 검토한다. 클라이언트의 치료자는 클라이언트가 자신의 정서적 행동적 반응에 관련된 인지적 기준에 대해 경험적으로 탐구하도록 협력한다. 일단 기각, 아이디어, 신념, 태도, 기대가 확인되고 나면, 이들이 체계적으로 검증하는 시도가 이루어진다.

(8) 소크라테스식 방법

소크라테스식 질문이나 논박에 의한 인지과정의 발견이 인지행동치료의 주요 양상 중의 하나이다. 소크라테스식의 기술적인 질문은 중요한 인지현상을 용이하게 밝혀주며, 클라이언트로 하여금 자기발견과 타당화의 과정을 갖게 해주고, 인지적 반영을 통하여 클라이언트로 하여금 의미를 재발견하게 도와주는 데 사용한다.

소크라테스식 방법이란 다음과 같다.

① 클라이언트의 자기인식과 자기발견을 자극한다.

② 모호하고 병적으로 정의된 관심에서 문제의 정의로 초점을 두게 한다.

③ 치료자가 클라이언트의 특징적인 지각, 합리, 정보수집, 문제해결 패턴에 접근하게 한다.

④ 클라이언트의 신념체계를 드러낸다.

⑤ 클라이언트의 적응기전과 스트레스에 대한 인내를 드러낸다.

⑥ 치료자가 타당화, 불합리한 신념에의 도전, 문제해결의 모델이 되는데 효과적이다.

3. 실천의 개입과정

인지행동모델은 인지 치료적 방법으로 교육을 통해 상황을 왜곡하여 해석하는 방식을 변화시키거나, 기능적인 차원에서 해석하는 방식을 배움으로써 정서의 변화를 꾀한다. 동시에 관찰학습을 통해 새로운 기능적 행동기술을 학습하고 실제 상황에 적응하도록 격려하면서 행동주의적 강화를 통해 행동의 변화를 유도한다. 이와 같은 인지행동모델에 의한 개입은 개별, 집단 또는 가족을 대상으로 매우 다양하게 개발되어 있는데 그 과정과 기법을 제시해 보고자 한다.

1) 인지행동이론의 주요 기술

① 내적 의사소통의 명료

스스로 자신에 대해 독백하고 사고하는 것으로 이에 대해 사회복지사가 피드백을 주기 때문에 효과적이다. 이를 통해 클라이언트는 자기 자신과 다른 사람에게 하는 말 속에 숨겨진 잘못된 생각과 비합리적인 신념에 대해 더 잘 이해할 수 있게 된다.

② 설명

클라이언트에게 감정이 어떻게 행동에 영향을 미치는지에 대한 ABC모델을 설명하기 위해 사용된다. 즉, 촉발사건(A:Activation event)이 있은 후에 클라이언트는 자신의 신념(B:Belief)사고 혹은 사건에 대해 스스로에게 이야기하며, 이 신념, 인지, 자기대화로부터 야기된 감정적결과(C:Consequences)를 설명하는 것이다.

③ 과제

과제는 클라이언트의 적극적인 협조와 참여를 기반으로 클라이언트가 자신의 문제에 대한 인식을 향상시킬 뿐만 아니라 새로운 행동을 획득하거나 과거의 반응을 제거할 수 있도록 돕는다.

④ 경험적 학습

왜곡된 인지에 도전하고, 변화하도록 유도하는 것으로 인지적 불일치원리로 설명된다. 클라이언트에게 자신의 인지적 오류에 부합하지 않는 특정한 행동을 하도록 함으로써 클라이언트가 자신의 인지적 오류를 발견하고 수정하도록 하는데 자기주장훈련, 모델링, 역할극, 사회기술훈련, 심리극 등을 활용할 수 있다.

⑤ 역설적 의도

역설적 의도 기술은 어떤 불유쾌한 구체적 행동이 자꾸 발생할 것을 불안해하여 그 행동을 오히려 더 발전시킬 경우에 사용될 수 있다. 클라이언트의 불안에 대한 인지적 오류에 도전하고 두려워하는 행동을 하도록 지시하게 된다. 이는 사회복지사가 클라이언트에게 이중 구속적인 메시지를 전달하는 것이다.

⑥ 역동적 실존적 반영

역동적 반영은 클라이언트의 문제와 문제해결에 초점을 맞춰 활용되며 이는 증명할 수 있고, 객관적이며, 경험적이고, 이론적인 지식에 목적을 두는 문제해결의 반영을 의미한다. 실존적 반영은 개인 삶의 의미와 의미의 잠재성의 발견에 초점을 둔다. 따라서 사회복지사는 클라이언트의 회복된 의미와 의미의 잠재성을 사용하고 인식하는 데 도움이 될 수 있는 문제해결 전략을 개발·발전시키도록 돕는다.

⑦ 인지재구조화

인지행동이론의 핵심적인 기술 가운데 하나로, 클라이언트가 자신의 기능에 부정적인 영향을 미치는 역기능적 사고와 관념을 인식할 수 있도록 돕고 이를 현실에 맞는 신념과 행동으로 대처하여 기능을 향상시킬 수 있도록 하는 기술이다.

⑧ 모델링

클라이언트가 사회복지사가 제시한 방법에 따라 직접 해볼 수 있도록 하는 기술로서, 클라이언트가 취할 행동을 시범적으로 보여주고 클라이언트가 이를 똑같이 따라하도록 한다.

⑨ 시연

클라이언트가 습득한 행동기술을 현실세계에서 직접 실행하기에 앞서 사회복지사 앞에서 습득한 기술을 반복적으로 연습하는 것이다. 집단상담을 통해 여러 사람의 피드백을 동시에 받을 수 있다는 점에서 호응가치가 높다.

⑩ 자기지시기술

클라이언트가 변화하기 원하는 행동을 대상으로 구체적인 목표를 설정하고 이에 따른 실천행동 지침을 작성하며, 이를 실행에 옮기는 과정을 말한다.

⑪ 체계적 둔감화

전통적인 조건화의 원칙에 근거한 것으로, 클라이언트에게 가장 덜 위협적인 상황에서 가장 위협적인 상황까지 상황들을 순서대로 제시하면서, 불안자극과 불안반응 간의 결이 없어질 때까지 불안을 일으키는 자극들을 반복적으로 이완상태와 짝 짓는 것이다.

⑫ 이완훈련

클라이언트가 겪을 수 있는 스트레스 상황에 적절히 대처할 수 있도록 돕는 기술이다. 클라이언트에게 특정 근육을 수축, 이완하는 기술을 가르치고, 깊고 규칙적인 호흡방법, 즐거운 사고나 심상방법 등을 훈련함으로써 일상생활에서 유발되는 스트레스에 대처할 수 있도록 가르친다.

2) 엘리스(Ellis)의 ABCDE 모형의 과정과 기법

Ellis의 합리적 정서치료(Rational emotive Behavior Therapy)에서 엘리스는 정신분석학자들이 환자를 치료할 때 과거의 경험을 가지고 문제를 해결하려는 것에 반대하였다. 심리치료를 받는 환자들이 자유연상과 꿈의 분석 같은 정신분석 기법에 따르는 것에 거부감을 가지고 있으며 장기간에 걸친 치료와 정신분석에 따른 통찰력의 변화가 행동에까지 이어지는지에 대해 의문을 제기하였다. 엘리스는 인간을 스스로 사고, 정서, 행동을 변화시킬 능력이 있는 성장지향적인 존재로 보면서 인간의 사고, 행동, 감정이 매우 밀접하게 상호작용한다고 보았다. 그는 인간의 문제가 외부적인 사건에 의해 만들어지는 것이 아니라 인간 스스로 만들어낸 잘못된 혹은 비합리적인 신념에 의해 야기된다는 독특한 개념을 만들었다.

(1) 기본가정

① 인간은 이성적인 동시에 비이성적이기 때문에 합리적으로 생각하고 행동할 때, 효율적이고 행복하며 능력을 갖추게 된다.

② 정서적인 혹은 심리적인 장애, 신경증적 행동은 비합리적이고 비논리적인 사고의 결과이다.

③ 비합리적 사고는 생물학적 경향성을 띠고 있으며, 부모와 그 문화에서 특별하게 획득한 초기의 비논리적 학습에 기원한다. → 영향을 받을 가능성이 높은 생물학적 경향성을 가진 인간은 부모에게 어릴 때 쉽게 영향을 받으며, 그러한 영향은 상담이나 심리치료와 같은 관여를 통한 성격변화를 위한 활동을 하지 않는다면 계속해서 비슷한 영향 아래 있게 될 것이다.

④ 인간은 언어적 동물이며, 사고는 보통 기호나 언어의 사용을 통해 일어난다.

⑤ 자기 언어화의 결과로서 계속되는 정서장애 상태는 외부환경이나 사건에 의해서가 아니라 내재화된 문장으로 구체화되는 사건들에 관한 지각과 태도에 의해 결정된다.

⑥ 부정적이고 자기 패배적인 사고와 정서는 비논리적이고 비합리적인 것보다는 논리적, 이성적인 사고를 하도록 사고와 지각을 재구성하는 방법으로 해결해야 할 것이다.

(2) 비합리적 신념

부정적 정서들과 심리장애의 증상들은 비합리적 신념에서 기인한다. 합리적 정서에서 치료자는 클라이언트의 비합리적 신념들을 찾아내고 반박하면서 그것을 대체할 수 있는 합리적인 신념들을 제시해줄 수 있어야 한다. 비합리적 신념의 내용과 그것을 반박하는 내용은 다음과 같다.

① 인정의 욕구

주의에 있는 모든 사람들로부터 반드시 사랑과 인정을 받아야만 한다는 생각이다.

② 과도한 자기 기대감

자신이 가치 있다고 생각하기 위해서는 모든 영역에서 완벽하게 유능하여 반드시 성공을 거두어야 한다는 생각이다.

③ 비난 성향

일반적으로 나쁘고 사역하며 악랄한 사람이 있으며, 그러한 사람들은 그들의 죄에 대해 비난과 처벌을 받아야 한다는 생각이다.

④ 좌절적인 반응

일이 뜻대로 되지 않을 때 인생이 아무런 가치가 없으며 끔직하다는 생각이다.

⑤ 정서적 무책임

인간의 불행은 외부환경에 있는 것이며, 사람은 그것을 통제할 수 없다는 생각이다.

⑥ 과도한 불안

위험하고 두려운 일에 대해서는 항상 신경을 써야하고, 발생 가능성을 염두에 두고 있어야 한다는 생각이다.

⑦ 문제를 회피

인생에 있어서 어떤 어려움과 자기책임을 직면하는 것보다 피하는 것이 쉽다는 생각이다.

⑧ 의존

사람은 타인에게 의존(의지)해야 하며, 자신이 의존할 수 있는 강한 누군가가 필요하다는 생각이다.

⑨ 무력감

사람의 현재 행동은 과거에 의해서 결정되며 과거의 영향에서 벗어날 수 없다는 믿음이다.

⑩ 지나치게 다른 사람을 염려하기

다른 사람의 문제나 어려움에 대해서도 매우 신경을 써야 한다는 생각이다.

⑪ 완전 무결주의

모든 문제에는 항상 적절하고도 완전한 해결책이 있으며, 사람은 그것을 찾아야만 한다. 그렇지 않으면 그 결과는 파멸이라는 생각이다.

3) 개입목표와 과정

개입의 목적은 부정적 감정의 근원이 되는 비합리적 신념을 밝혀내고 도전함으로써 재구조화하는 것이다. 적절한 부정적 감정은 오히려 합리적 사고의 결과일 수 있지만 부적절한 부정적 감정의 문제가 된다. 따라서 변화의 표적은 부정적 감정 자체가 아니라 그것의 근원이 되는 비리적인 믿음(신념)에 맞춰진다.

개입과정에서 엘리스의 합리정서치료는 정서적 어려움은 외부적 사건의 결과가 아니라 그 사건의 해석을 안내하는 비합리적 신념의 결과라고 본다. 따라서 어떤 사건에 대한 비합리적 해석을 유도하는 클라이언트의 비합리적 신념을 파악하고 교정시켜 주는 데 목적을 둔다.

엘리스는 합리적 정서모델에서 개입이 이루어지는 과정을 ABC모델로 제시하였다.

엘리스의 ABC 모형의 과정과 기법에서 A : 선행사건, B : 신념체계, C : 결과를 의미한다. 이는 인간의 정서를 유발하는 어떤 사건이나 현상 또는 행위로서 어떤 사건이나 행위 등과 같은 환경적 자극에 대해서 각 개인이 갖게 되는 태도로서, 그의 신념 체계 또는 사고방식이다. 선행사건에 접했을 때 다분히 비합리적인 태도 또는 사고방식으로 그 사건을 해석함으로써 느끼게 되는 정서적인 결과이다.

여기서 D는 논박으로서 자신이 가지고 있는 비합리적인 신념이나 사고 또는 통념에 대해서 도전해 보고 과연 그 사고가 합리적인지를 다시 생각하도록 하기 위해 치료자가 시도하는 논박과정이다. E는 효과로 비합리적인 신념을 철저하게 논박함으로써 합리적인 신념을 갖게 된 다음에 느끼게 되는 자기 수용적인 태도와 긍정적인 감정의 결과를 의미한다.

4) 벡(Beck)의 인지치료(Cognitive therapy) 과정과 기법

인지치료의 대표적인 학자 벡(Beck)은 우울증 환자를 면접하면서 이들에게서 나타나는 부정적 사고나 왜곡된 사고, 인지적 오류 등에 주목하였는데, 사고의 내용이 일관적이며 사고의 패턴에서 체계적 왜곡이 존재한다는 것을 발견하였다. 즉 맥락을 무시하고 선택적으로 요약한다거나 과도하게 일반화하기 혹은 자신의 탓으로 돌리기 등 왜곡이 존재한다. 정신장애는 생활사건에 대한 왜곡된 사고 및 비현실적 인지 평가의 결과이며 왜곡된 인지와 역기능적 도식을 파악하고 현실을 검증하며 구정하기 위해 개입한다.

인지치료의 주요개념은 다음과 같다.

(1) 자동적 사고

어떠한 사건에 대한 개인의 즉각적이고도 계획되지 않은 해석으로 개인이 사건에 반응함에 있어 정서와 행위들을 형성하는 것을 '자동적 사고'라고 말하였다. 즉, 한 개인이 어떤 상황에 대해 내리는 즉각적이고 자발적인 평가를 의미하는 것으로 대부분 부정적인 내용이며 역기능적으로 작용한다. 스스로 의식하기는 힘들기 때문에 치료과정에서 사회복지사의 도움이 필요하다.

(2) 도식(schema)

스키마는 정보를 받아들이고 조직화하는 인지구조로서 개인의 발달 초기단계에 사고패턴을 제시한다. 개인이 현실을 구조화하는 방식은 정서적인 강태를 결정한다. 즉 정서와 인지간의 상호관계가 존재하는데 감정과 인지가 서로를 강화하여 감정적·인지적 손상을 악화시킨다. 즉, 정서적으로 장애가 있는 사람은 인지적 오류의 도식을 가지게 되는데 그 도식에 따라 정보를 처리하게 되므로 현실을 왜곡하게 되고 장애가 더욱 심해진다.

(3) 추론과정에서의 체계적 오류

벡은 우울과 불안 등의 정서문제를 생활사건에 대한 왜곡된 사고나 비현실적인 인지적 평가의 결과로 설명한다. 인지적 인식의 오류의 내용은 다음과 같다.

① 임의적 추론

어떤 결론을 지지하는 증거가 없거나 그 증거가 결혼에 위배되는 데도 그러한 결론을 내리는 것으로 취업을 위한 면접에서 질문에 대답을 잘 못한 후 이 면접은 끝난 것으로 결론을 내리는 것으로 본다.

② 선택적 추상화

부분적인 것에 근거하여 전체 경험을 이해하는 것으로 개인이 자신에 대해 긍정적 평가와 부정적 평가를 받고난 후 부정적 평가에만 초점을 맞춰 생각하는 경우이다.

③ 과도한 일반화

한두 개의 고립된 사건에 근거해서 일반적인 결론을 내리고 그것을 서로 관계없는 상황에 적용하는 것으로 친구가 자신을 배려하고 도와주다가 한 번 배려하지 않으면 그것으로 자신에게 무관심하다는 결론을 내리는 경우이다.

④ 과대평가·과소평가

어떤 사건, 한 개인이나 경험이 가진 특성의 한 측면을 그것이 실제로 가진 중요성과와 무관하게 과소평가하거나 과대평가하는 경우이다.

⑤ 개인화

다른 것 때문에 생긴 일에 대해 자신이 원인이고 자신이 책임져야 할 것으로 받아들이는 경우로서 상사가 기분이 안 좋은 경우, 오늘 상사가 기분이 나쁜 것 같다. 내게 화가 난 것 같다라고 생각한다.

⑥ 절대적 사고, 이분법 또는 양극적 사고

모든 경험을 중간지대 없이 흑백논리로 현식을 파악하여 내 편이나 성자가 아니면 죄인, 순수하지 않은 것은 더러운 것이라고 생각한다.

⑦ 인지 재구조화

인지나 인지과정에 도전하고 논의하고, 수정하고, 변화시키는 일련의 절차이다.

벡(Beck)의 인지치료는 클라이언트의 생활사건에 대한 왜곡된 평가를 좀 더 현실적인 인지적 평가로 대체한다. 왜곡된 사고(자동적 사고)를 재평가하고 수정함으로써 전에는 극복할 수 없다고 생각한 문제나 상황에 대처하는 것을 학습함으로써, 현실적이고 적응적으로 행동하게 하고 증상을 경감시킨다.

벡(Beck)의 인지치료의 과정은 다음과 같은 세 가지 원리에 근거한다.

첫째, 인지치료는 역기능적이고 자동적인 사고, 역기능적인 스키마, 신념, 가정, 그리고 역기능적인 대인관계 행동의 영향력을 강조한다.

둘째, 치료자는 클라이언트의 자동적 사고를 수정하여 클라이언트의 정서나 행동을 변화시키는 데 역점을 두는 한편, 클라이언트의 기분이나 행동이 그의 기억이나 지각과 같은 사고과정을 왜곡하는 점 또한 관심을 가진다.

셋째, 치료자는 클라이언트의 이러한 역기능적인 사이클(cycle)을 깨는 데 주력한다.

이와 같은 원리에 의해 이루어지는 벡의 인지치료의 과정과 기법은 다음과 같다.

① 1단계: 사례의 개념화 · 클라이언트의 평가

사회복지사는 클라이언트의 자동적 사고와 스키마, 클라이언트가 자신과 세계에 대해 가지고 있는 가정과 전제, 클라이언트의 대인관계 등을 포괄적으로 평가하고 사회복지사가 어느 부분에 어떻게 개입할 것인지를 결정한다.

② 2단계: 치료적 관계 형성

사회복지사는 클라이언트와 자신감, 개방성, 돌보는 마음, 그리고 신뢰를 토대로 상담관계를 형성한다. 이와 함께 사회복지사는 상담을 통해 무엇을 성취할 것인지를 클라이언트와 함께 결정 그 목표를 구체화하고, 클라이언트의 문제를 사회복지사가 어떻게 이해하고 있는지, 그리고 사회복지사가 그 문제에 대해 어떤 방식으로 접근할 것인지도 알려준다.

③ 3단계: 개입

사회복지사는 우선 문제 상황에서 클라이언트에게 자동적으로 일어나는 구체적인 생각(자동적 사고)을 확인하도록 돕고, 이와 같은 자동적 사고가 클라이언트의 정서와 행동에 끼치는 영향, 그리고 그러한 사고과정에 효과적으로 대처하는 방식을 클라이언트가 이해하도록 돕는다.

④ 4단계: 종결

상담의 종결은 지금까지 사회복지사와 클라이언트가 개입과정을 돌아보고, 클라이언트가 사회복지사의 도움 없이도 면담시간에 했던 과정을 스스로 할 수 있을 때 종결한다.

인지행동모델의 유용성과 한계는 다음과 같다.

인지행동모델에서 인간행동은 환경영향(보상, 처벌)과 인지도식 간의 상호작용으로 그 표적은 개인의 역기능적 인지구조나 행동이며 그 초점은 문제정의 즉 Ct가 자신의 말을 통해 스스로 문제를 인식하고 성찰할 수 있게 도와주며 문제해결에 적극적 역할 수행과 Ct 대처능력 향상시켜 문제해결전략을 가르쳐 준다.

기법으로는 인지적 기법으로 자신의 인지체계가 부적절할 수 있음을 인식케 하고, 행동적 기법으로는 모델링, 연습, 강화, 과제부여 등 행동수정 절차가 있으며, 정서적 기법으로 근육 이완과 긴장 완화로 긴장 조절 등으로 적용되고 있다 그러나 환경적 개입보다 심리적 개입에 치중하여 인지나 인지도식에 대한 개념적 명료화 정도가 미흡하다.

인지행동모델은 최근 몇 년간 가장 성장하고 있는 가장 대중적인 상담 접근 중의 하나이다. 그 이유는 다음과 같은 장점이 있기 때문이다.

우선, 현재에 초점을 맞추지만 과거를 무시하지 않으며, 상담자와 내담자가 함께 작업을 하게 된다. 또한 구조화되어 있으며 목표 지향적이어서 상담이 수월하다는 것이다. 인지치료의 개입은 정서장애, 불안장애 후유증 스트레스 장애, 결혼생활 문제 등을 포함하는 폭넓은 정서장애와 행동문제에 대한 치료에서 인지적 치료방법의 효과성이 많이 발견되었다.

인지행동모델은 인간의 인지 혹은 신념이 부적응의 원인이라고 전제되면서 실천과정에서 이에 대한 통찰의 중요성을 주장한다. 이는 다양한 문제에 적응할 수 있고 클라이언트 스스로의 삶에 대한 책임을 강조하며 교육을 통한 능동적인 변화방법을 제시하였다는 점에서 기여한 바가 매우 크다.

그러나 인지행동모델은 다음과 같은 한계점이 잇다.

· 자신의 인지구조와 불합리한 신념을 분석하는 것은 지적 수준이 낮거나 현실감이 없는 클라이언트든 혹은 사고가 지나치게 경직되어 있는 클라이언트에게는 효과를 기대할 수 없다.

치료방법이 매우 지시적이고 교육적이므로 치료자의 가치와 철학을 클라이언트에게 강요할 수 있어 치료자의 가치중립적이어야 한다는 전문적 윤리 원칙과 갈등을 초래할 수 있다.

· 인지와 신념에 대한 강조는 자칫 사건 자체의 중요성을 간과할 수 있다.

지금 여기에만 집중하면 과거의 상처와 억압된 분노, 적개심을 과소평가하는 결과를 낳는다.

· 상담자의 접근이 지나치게 지시적으로 되기 쉽다.

여기서 합리적 서적치료모델과 인지행동모델의 사례실천에 대한 상황극의 기초자료를 제시하면 다음과 같다.

5) 클라이언트의 상황 : 여, 20세, 대입재수생

상담 경위 : 자신이 지나치게 다른 사람에게 관심을 쓰고 남들도 자신을 이상하게 본다는 생각 때문에 도저히 공부할 수 없다고 호소한다. 어떻게 해서든지 자신의 문제를 해결하여 공부에 몰두하고 좋은 성적을 내서 좋은 대학에 합격하고 싶다는 강한 의지를 표현하고 있다. 클라이언트는 처음에는 자신의 외모에 대해서는 별 상관없이 살아왔는데 중학교 3학년 때 학원에서 만난 남자 아이가 자신에게 "쟤는 참 재수없게 생겼다."라는 말을 들은 후부터 고질적으로 자신이 못생긴 것은 아니지만 재수없게 생겼다는 강한 믿음을 갖게 되었다. 전혀 낯설은 사람이 자기를 쳐다보고 비웃는 경험을 수차례 했다고 하였다. 그래서 공부도 안되고 그런 일이 있을 때마다 얼굴이 빨개지고 당황하며 자신감을 잃게 된다고 하였다. 결국은 그런 스트레스로 인하여 본인이 가고 싶은 대학도 못가고 이렇게 재수생이 되었다고 비관한다. 학원에서 주변에 있는 남학생들이 "쟤는 신이 발로 빚어놓은 아이같이 생겼다.", "남에게 혐오감을 주기 위해서 생겼다."라는 말을 하면서 자신을 막 놀렸다고 호소하였다.

제1회 상황극

#1. 상담실

W'er : 그럼 너는 모든 사람들이 너에 대해 '재수없게 생겼다.'라고 말한다고 생각하는 거니?
Ct : 네...그렇게 생각해요.

W'er : 너는 지금 예전의 아이 한명이 했던 그 말 한마디를 가지고 네 자신이 '신이 발로 빚어놓은 애처럼 생겼다. 그들에게 혐오감을 주고 있다.'라고 생각하는 거야. 하지만 네가 다른 사람에게 모두 들은 얘기는 아니잖아? 그러니깐 그건 한 가지 사실을 확대해석하는 거야. 한 가지 상황에서 옳다고 믿는 것을 모든 경우로 확대해석하는 생각을 '과잉일반화'라고 부르고 있다. 그래서 인지재구조화 및 내적 의사소통의 명료화가 요구된다.

Ct : 그런가요? 으 음....제가 생각해도 저는 과잉일반화 하는 것 같아요. 그래도 저는 자꾸 그런 생각을 하게 돼요.

연습문제

1. 정신분석기법에 대하여 사례를 들어 설명하시오.

2. 프로이드의 발달이론과 함께 에릭슨 8단계 발달이론을 구체적인 사례로 설명하시오.

3. 심리사회적 모델의 기법을 설명하되 사례를 들어 설명하시오.

4. 인지치료의 주요개념에 대하여 사례를 들어 설명하고 인지행동치료모델에 대한 상황극의 사례를 제시하시오.

5. 엘리스(Ellis)의 ABCDE모형에 대하여 사례를 들어 설명하시오.

[선행학습 정답] : 1. 전의식 2. 자아(Ego) 3. 충고하기 4. 비합리적 신념
5. 자동적 사고 6. 임의적 추론 또는 자의적 유추

9
chapter

사회복지실천기술모델(2)

〈선행학습〉

1. 전통적 모델의 장기치료의 효과성에 의문을 제기하며 이론중심적 모델이 아니라 경험을 통해 발견한 사실들을 일반화한 모델로서 통합적 접근의 구조화되고 체계적 접근모델은?
2. 개인의 현재자원과 대처기제로는 감당하기 어려운 사건이나 상황을 지각하거나 경험하는 것을 무엇이라고 하는가?
3. 위기는 개인에게 타살이나 자살에 이르는 심각한 병리상태가 될 수 있다는 점에서 위험의 특성이 있고 고통을 경험하지만 도움을 구한다는 점에서 [ ]라는 특성이 공존한다.
4. 무기력하고 무력하여 필요한 환경자원을 스스로 이용하지 못하고 스트레스 상황이 효과적으로 대처하지 못하는 클라이언트가 자신의 삶을 통제할 수 있도록 원조한다는 개념의 모델은?
5. 과제중심모델의 개입과정은 시작하기 -1단계[㉠]- 2단계 [㉡]- 3단계 [㉢]- 4단계[종결하기]이다.
6. 계약내용을 명확히 하고 통제수단으로 사용할 수 있는 유형은 [ ] 계약이다.

제 1 절 과제중심모델

1. 과중중심모델의 의의

과제중심모델은 1970년대 리드(Reid)와 엡스타인(Epstein)에 의해 미국에서 개발된 사회사업실천의 단기치료기법이다. 즉, 사회복지사는 개인과 환경의 상호작용에서 발생하는 문제를 개입의 주요 표적문제(target problem)로 규정하고, 표적문제를 해결하기 위한 행동(action), 즉 과제(task)의 수행을 중심으로 진행한다. 다시 말하자면, 2~3개월이라는 제한된 시간에 클라이언트가 가진 몇 가지의 명확한 문제 즉, 해결해야 할 목표를 가지고 초점화된 면접과 현재에의 집중, 활동과 지시, 신속한 초기 사정 그리고 치료의 융통성을 효과적이고 효율성 있게 하기 위하여 클라이언트가 표현하고 도움을 요청하는 욕구를 가장 우선시하면서 클라이언트의 적극적 참여를 통해 치료과정을 통해 조율해 나가는 방식이며, 이를 통해 문제의 신속한 해결은 물론이거니와 문제의 정의와 과제수행에 클라이언트의 적극적인 참여를 통해 클라이언트의 자존감을 높이는 것뿐만 아니라 문제해결 기술과 능력을 강화시킬 수 있다.

이 이론은 현장연구(field study)를 통하여 일선의 사회복지사들이 과제중심으로 개입하는 과정을 분석하는 데에 목적이 있으며, 학습이론과 관련된 행동기법, 인지이론과 방법, 가족치료 접근법 등을 이론에 통합시키면서 성장 발달 해왔다. 이 모델의 간결성과 단기접근법으로 인해 의료기관이나 정신과 병원, 공립학교, 교정, 주거보호, 노인 서비스, 아동 상담소 공공복지, 가족서비스, 아동복지 그리고 근로자지원 프로그램 등에서 이용되고 있다.

이 이론은 미국, 영국, 네덜란드 등에서 실시한 경험적 연구들을 통해서 이 모델의 효과성과 효율성이 인정되고 있지만 한국은 아직까지 현장에서 많이 적용되지 않고 있으며 그 효과성에 대하여 연구된 논문도 많지 않다.

따라서 우리는 이 과제중심 모델의 특성과 개입과정 장점과 단점들에 대해 간략하게 검토해 보고, 이러한 과제중심모델이 우리나라의 현 시점에서 클라이언트가 가진 어떠한 문제 해결에 좋을지에 대해 과제중심모델을 적용한 사례를 알아보자.

과제중심모델은 단기치료의 한 형태로서 대인관계와 사회적 관계의 어려움, 역할수행의 어려움, 정서적 고통 등 생활상의 문제들을 다루기 위해 리드(Reid)와 엡스타인(Epstein)에 의해 1970년대에 고안된 것이다.

과제중심모델은 단기치료에서 사용하는 많은 방법, 즉 시간제한, 제한된 목표, 초점화된 면접과 현재에의 집중, 활동과 지시, 신속한 초기사정 그리고 치료의 융통성 등을 이용하고 있다.

과제중심모델은 모델의 간결성과 단기접근법으로 인하여 그 동안 부부갈등, 청소년 비행, 학교 부적응, 재가노인 문제 등 사회복지의 다양한 실천현장에서 다양한 사람들에게 적용되어 왔으며, 미국뿐만 아니라 영국, 네덜란드 등에서 실시한 경험적 연구들을 통해 이 모델의 효과성과 효율성이 인정되었다.

2. 이론적 기반

1) 단기치료의 영향

과제중심모델은 1960년대에 본격적으로 시작된 단기치료의 영향을 받아 생성된 모델이다. 단기치료는 그 동안의 심리치료에서 장기간을 필요로 했던 정신분석이나 정신역동적인 치료방법에서 벗어나 현재의 갈등에 초점을 맞추어 단기간 동안 개입하는 방식으로 전환하게 하였다. 단기개입은 일반적으로 4~5개월 동안 약 16회에서 20회의 면접을 넘지 않는 개입으로, 과제중심 개입은 약 2개월 동안 8회 전후의 면접으로 이루어진다. 따라서 과제중심 접근에서는 클라이언트의 과거보다는 현재에 초점을 맞추며, 오래된 내면의 문제들도 현재의 상황을 변화하거나 과거의 경험과 결핍이 현재의 생활에 미치는 영향을 최소화하는 데에 초점을 맞춘다. 하지만 과제중심 단기 개입보다는 장기 개입을 고려할 필요가 있는 경우도 있는데, 클라이언트가 과거의 상처로 인하여 현재를 개선하는 노력을 할 수 없을 때에는 과제중심 모델을 적용하기보다는 장기 개입이 더 적절하다.

단기치료의 공통된 속성은 다음과 같다.

① 신속하게 개입한다.

② 과정은 시간제한이 있다.

③ 문제는 초기에 규명한다.

④ 선택된 초점을 전과정에 걸쳐 유지한다.

⑤ 문제해결이 체계적으로 진행된다.

⑥ 목표가 비교적 구체적이다.

⑦ 면접은 초점화되며 현재중심적이다.

⑧ 면접방식은 직접적이고 활동적이다.

⑨ 초기에 빠른 사정을 한다.

⑩ 실천에는 융통성이 있다.

⑪ 감정의 표출이 허용된다.

⑫ 긍정적인 치료관계는 치료효과에 영향을 준다.

경험적 기초는 다음과 같다.

① 단기치료를 받은 사람도 장기치료를 받은 사람만큼의 치료효과를 보인다.

② 장기치료에서의 향상도 대부분 비교적 치료가 시작된 직후에 일어난 것이다.

③ 의도했던 치료기간과 상관없이 대부분 치료과정이 비교적 짧았음을 알 수 있다.

주요 과제는 다음과 같다.

① 클라이언트와 사회복지사간의 동의에 의해 계획되는 특정 유형의 문제해결 활동이며, 면접 안에서 뿐만 아니라 면접 밖에서도 행해지는 활동이다.

② 클라이언트 과제는 표적문제를 감소시키기 위해 클라이언트가 수행하는 활동을 말하며, 사회복지사의 과제는 같은 문제를 감소시키기 위해 면접진행 동안 클라이언트의 입장에서 사회복지사로서 수행하는 활동을 말한다.

③ 과제는 표적문제를 명확히 한 후에 과제계획을 세우게 되는데, 클라이언트와 사회복지사 간의 토론을 통하여 대안적 과제들이 제시되며 행동이나 전략적

계획을 구체화하게 된다.

3. 주요개념

과제중심모델 실천 특징은 다음과 같다.

① 경험적인 기원

과제중심모델은 경험적인 연구에서 지지되고 검증된 방법과 이론들을 선호한다.

② 통합적인 자세

모델은 다양한 접근방법, 즉 문제해결, 인지행동적, 인지적, 구조적 접근방법 등에서 경험적으로 이끌어진 이론과 방법들을 선택적으로 사용한다.

③ 클라이언트가 인식한 문제에 대한 초점

클라이언트가 관심을 가지고 있는 것으로서 클라이언트가 명확하게 인식하고 있는 특정문제에 서비스의 초점이 맞추어진다.

④ 체계와 상황

문제들은 다양한 체계(systems)의 상황(context)에서 발생한다. 상황의 변화는 문제해결 또는 문제의 재발방지를 위해 필요하다.

⑤ 계획된 단기성

서비스는 일반적으로 단기로 설계되며 이러한 단기성은 상당한 양의 조사연구를 바탕으로 결정된 것이다.

⑥ 협조적인 관계

클라이언트와의 관계는 보호(caring)가 아닌 협조적인 노력을 강조한다.

⑦ 구조화

치료세션을 포함한 개입 프로그램은 잘 다듬어진 연속적인 활동들로 구조화된다.

⑧ 문제해결행동(과제)

변화는 기본적으로 클라이언트가 세션 내·외부에서 행한 문제해결 행동, 즉 과제를 통해 달성된다. 특히 클라이언트 자신의 환경 내에서 그의 행동(action)을 동기화하는 데 초점이 모아진다.

4. 개입과정

과제중심모델의 개입과정은 구조화된 개입에서 시작하기, 문제규정(1단계), 계약(2단계), 실행(3단계), 종결(4단계)의 다섯 단계를 포함하며, 시작하기와 문제규정, 계약까지를 초기단계, 실행을 중심으로 하는 중간 단계, 마지막 종결 단계로 나눌 수 있다. 전체기간은 4개월 이내에 6~12회의 개입으로 설계되고 일반적으로 이 기간동안 클라이언트가 가장 중요하다고 생각하는 표적문제 중 두 세 가지의 문제만을 선택하여 개입한다. 대부분의 경우 개입은 위의 순서대로 이루어지지만 단계가 겹쳐지거나 또는 필요에 따라 이전 단계로 돌아가는 등 개입의 틀을 매우 유연하게 변형하여 적용할 수 있다.

1) 초기단계

어떤 사례의 경우 더 많은 시간을 필요로 하기도 하지만, 보통 1~2회의 면접으로 구성된다. 이 단계에서는 초기과제를 결정하는 것으로 마무리한다.

일반적으로 개시기에는 클라이언트의 문제가 무엇이며 그것이 왜 생겨났을까, 또는 클라이언트는 어떠한 사람인가 하는 점 등이 자세히 조사된다. 또한 문제의 형성요건을 밝히며 어떻게 대처하면 좋을까를 결정하게 된다. 주로 조사 · 진단이 이루어지는 단계이다.

첫째, 의뢰이유에 대한 토의이다.

개입은 클라이언트가 독립적이고 자발적으로 기관을 찾아오는 경우와 다른 기관으로부터 의뢰된 경우로 시작하는데, 클라이언트가 다른 기관에서 의뢰된 경우 사회복지사는 먼저 의뢰기관에서 제시하는 클라이언트의 문제들과 개입의 목표들이 무엇인지, 클라이언트가 제시하는 문제들, 목표 등 서로의 의견이 일치하는지 알아본다. 클라이언트와 의뢰기관이 서로 일치하지 않는 경우에는 사회복지사가 서로의 의견을 조정하거나 협상하여야 하며, 법정명령으로 위임된 목표가 있는 경우에는 클라이언트의 이해를 구하여야 한다. 더 나아가 사회복지사는 의뢰기관에서 클라이언트에게 제공할 수 있는 자원이 있는지 알아보고 활용할 수 있다. 활용 가능한 자원은 정서적 지지와 관심 등의 정서적 자원 뿐 아니라 실제적 또는 물질적 자원을 포함한다. 클라이언트가 자발적으로 지원한 경우에는 다음 단계로 바로 넘어간다.

둘째, 표적문제와 그 상황에 대한 탐색과 사정이다.

클라이언트가 제시하는 문제(presentating problem)에서 출발을 하지만 과제중심모델에서 강조하는 문제는 개입의 초점이 되는 표적문제(target problem)로서 문제를 규정한다. 클라이언트가 자신의 문제로 인식하고 개입의 초점으로 동의하며 표적문제로 규정하는 것이며, 문제를 구체적으로 규정하는 책임은 사회복지사에게 있다. 이 경우 사회복지사는 제안하거나 권유한 표적문제를 가능한 한 명확하게 설명하고 클라이언트에게 질문하고 반응하고 생각할 수 있는 기회를 충분히 주어야 한다.

사회복지사는 면접을 통해 표적문제와 그들의 사회적 상황을 세밀하게 조사하고 문제에 영향을 미치는 클라이언트의 특성을 인식하는 데 주력한다. 보통 클라이언트는 자발적으로 문제 구체화의 과정 동안 사회적 상황에 관한 많은 정보를 제공한다. 이러한 탐색과 사정은 동시에 이루어진다.

셋째, 계약의 수립 (Contracting)이다.

표적문제를 규정하고 이에 대한 예비 사정(preliminary assessment)을 한 후에 사회복지사와 클라이언트는 계약을 한다. 계약을 하는 것은 문제해결 방향에 대한 동의로서 클라이언트와 사회복지사 간의 목표달성을 명확히 하는 중요한 수단이다. 클라이언트의 자기결정권과 문제해결 의지를 최대한 반영하기 위해서 서면 또는 구두계약으로 이루어진다.

2) 중기단계

초기면접이 끝난 다음 세션에서부터 시작되며, 중기면접의 시작지점에서는 문제의 변화와 초기과제의 결과가 검토된다. 이때 과제를 달성한 경우에는 새로운 과제가 부여되며, 과제가 달성되지 못한 경우에는 장애요인들을 검토한다.

중기단계에서는 전형적으로 클라이언트가 과제 계획절차에 따라 과제를 진행하는 데 노력을 집중한다.

전통적인 케이스워크와는 달리 과제중심 케이스 워크에서는 중기의 계획성이 강조되고 있다. Reid와 Epstien은 중간기의 과정은 과제를 중심으로 진행되는 단계라고 했다 즉, 일단 클라이언트의 문제가 명백해지고 치료목표가 정해지면 그 목표달성을 위해 클라이언트가 이룩해야 할 과제가 분명해진다. 그리고 그 과제가 수행되는 여부가 워커와 클라이언트에 의해서 판정된다. 즉, 과정을 설정・수행・평가하는 일련의 단계가 계획적인 중간기로서 그 의의를 갖는다.

과제의 설정에서는 문제를 선택할 때 원칙을 그대로 작용한다. 즉, 클라이언트가 스스로의 힘으로 행할 수 있는 과제일 것, 과제는 명확하고 구체적인 행동으로 나타날 것, 또 클라이언트 스스로가 무엇을 해야 할 것인가를 자각하고 있을 것 등이다. 지나치게 부담이 되는 과제는 클라이언트가 실행 가능한 소과제로 분할, 그것을 하나씩 수행해 나가는 것이 필요하다. 또한 애매한 과제는 가능한 한 구체적인 행동으로 표현해 바꿀 필요가 생긴다. 이러한 경우에 워커는 적절한 지도를 해야 한다.

과제가 설정되면 실천에 옮기게 되는데 그때 그때 수행상황을 계속적으로 관찰, 파악함이 필요하다. 그리고 관찰된 과제 수행상황은 그 다음에 행할 과제평가에 귀중한 정보가 된다. 과제의 평가에는 두 가지 기본적인 절차를 거치게 된다. 우선 과제에 대한 달성여부를 판정하며 그 과제달성이 충분치 못할 경우에는 그 원인을 찾아볼 필요를 인식한다. 만일 과제 수행에 문제가 있다고 판단될 경우에는 그 과제는 수정되며 새로운 과제가 설정될 수 있다. 과제의 설정, 수행평가의 과정은 반복될 수 있는 것이다.

첫째, 문제와 과제 검토이다.

과제중심모델에서 문제를 해결하는 주요 수단으로는 첫째, 효과적인 문제해결을 위하여 자원을 제공하는 것이며, 둘째, 사회기술과 문제해결 기술을 습득하도록 돕는 것, 셋째, 과제를 수행하는 것이다. 위의 개입방법을 진행하면서 사회복지사는 면접마다 클라이언트의 과제수행을 확인하고 문제의 상태와 변화를 점검하며, 새로운 혹은 달라진 문제는 없는지 검토한다. 문제의 변화에 대해 지속적인 기록을 하는 것이 사례계획을 위해서 뿐만 아니라 개입의 효과성을 평가하기 위해서도 유용하다.

둘째, 장애물의 규명과 해결이다.

과제들은 클라이언트와 사회복지사가 함께 계획하고 설정하고 수행한다. 과제수행에서 방해가 되는 것은 무엇이나 장애물이 될 수 있다. 이렇게 과제수행이 잘 되지 않는 경우 사회환경이나 대인관계 혹은 심리적 상태에서 과제수행을 방해하는 요인들을 없애거나 줄이거나 바꾸기 위해서는 과제수행에서 실제적 방해요소들을 개선할 계획을 체계적으로 세워야할 뿐 만 아니라 과제수행시 부딪힐 수 있는 어려움에 대한 구체적인 설명을 클라이언트에게 제공해야 한다.

셋째, 문제 초점화이다.

문제에 대한 탐색과 사정, 검토는 사례 전체에 계속된다. 실제로 중기단계에서의 주된 주제는 문제에 대한 집중이며(Reid. 1978) 표적문제에 대한 초점화된 집중은 긍정적인 결과를 가져온다.

넷째, 과제계획이다.

① 가능한 과제 제시 : 계획을 발전시키는 첫 단계로 과제에 대한 사회복지사나 클라이언트의 아이디어를 생성해 내야 한다.

② 동기형성 : 과제달성을 위해 필수적으로 클라이언트에게 적절한 동기로 과제수행을 위한 노력을 지속할 수 있게 한다.

③ 과제수행의 계획 : 대부분의 과제들은 구체화된 계획을 필요로 한다. 과제

를 계속하는 클라이언트를 돕기 위해 질문이 지속적으로 주어진다.

④ 장애물의 규명과 해결 : 과제가 계획될 때 성공적인 과제 달성을 위해 잠재적인 장애물을 예견하기 위한 노력이 필요하여 이외에 사회복지사는 클라이언트로 하여금 무엇이 과제수행을 잘못 끌 수 있는지 생각하도록 질문할 수 있다.

⑤ 모의실험, 예행연습 : 다양한 유형의 훈련은 클라이언트에게 과제수행방법을 보여주는 것으로 대부분의 과제계획은 과제수행행동을 가상해 보기 위해 역할극을 사용하며 세션 내에서 리허설을 해봄으로 성공적으로 수행할 가능성이 높아진다.

⑥ 과제동의 : 클라이언트가 반대되는 의견을 표현하지 않는 경우 이를 받아들이는 것으로 가정하고 과제를 제안할 때, 제대로 듣지 못했거나 이해하지 못했을 경우 이를 받아들이는 것으로 가정하고 과제를 제안할 때 있다. 사회복지사는 과제를 부여하기 전에 클라이언트의 명백한 동의를 항상 확보해야 한다.

⑦ 과제계획의 요약 : 마지막으로 세션을 끝내기 저에 사회복지사는 클라이언트에게 과제계획에 대한 요점을 숙지시켜야 한다.

다섯째, 과제의 수행이다.

사회복지사는 실제 상황에서 클라이언트가 과제를 실천하도록 돕는다. 대부분의 클라이언트 스스로 사회복지사의 관여 없이 과제를 수행하지만 어려움과 혼란에 빠져 있거나 당황스러운 상황에서 서비스를 요청하는 경우에는 사회복지사가 지지를 보내거나 중재자 또는 대변인으로서 활동할 수 있다.

3) 종결단계

종결단계는 비록 1회의 면접으로 종결되지만, 종결의 절차는 치료의 기간을 결정한 초기단계에서부터 사실상 시작되었다고 볼 수 있다. 말기면접은 특정한 목적을 달성하기 위해 구조화 된 것으로, 클라이언트가 배운 것과 달성한 것들을 강조하기 위해 설계된다.

과제중심 케이스워크에서 종료의 과정은 클라이언트와 워커가 전체치료 과정을 위한 기간과 면접의 횟수 또는 수행시기 등에 동의하는 초기단계에서부터 시작된다. 과제가 수행되는 도중 워커는 때때로 남은 날짜나 면접의 횟수 등을 말해 주어야 한다. 마지막 면접이나 바로 그 앞의 연접에서는 클라이언트가 달성한 것을 확인하고 앞으로 그 혼자서 수행해 나갈 수 있는 또 다른 과제를 계속하도록 돕는다. 이와 같은 종료는 처음에 계획된 것에 차질이 생길 수도 있다. 따라서 종료의 시기가 앞당겨지거나 연기될 수도 있을 것이다.

종결할 때에는 표적문제로 선정한 문제들과 목표에 대하여 검토하고 달성된 목표를 점검할 뿐 아니라 문제상황 전체에 대하여 검토를 한다(Reid, 1996:629). 목표를 달성하고 표적문제를 해결했을 때는 개입을 종결한다. 필요에 따라 개입을 연장하는 경우에는 클라이언트가 문제해결 의지를 가지고 있는지를 중요하게 고려하여 계약을 연장 또는 사후지도를 한다.

사회복지사는 달성된 목표를 강조하고 목표달성 과정에서 새로이 습득된 클라이언트의 문제해결 기술을 점검하며 앞으로 클라이언트가 문제해결 기술을 계속 활용하도록 혼자 수행해 나갈 수 있도록 돕는다. 또한 종결시 해결되지 않은 문제들이 남은 경우는 이를 어떻게 할 것인가에 대한 논의도 있어야 한다.

제 2 절 위기개입모델

1. 위기개입모델의 의의

위기개입모델(Crisis Intervention Model)은 위기상황에 즉각적으로 개입하여 단기원조를 제공하기 위한 모델이다. 자연재해나 갑작스러운 생활상의 사건으로 인해 격심한 고통의 감정을 일시적으로 경험하고 이로 인해 압도당하거나, 발달과정에서 유발되는 스트레스로 인해 일상생활 수행에 어려움이 발생하는 경우 이에 대처할 능력과 자원이 부족하여 문제가 생기는 사람들에 관한 관심으로부터 나온 것이 위기개입모델이다.

위기란 개인이 어떤 문제를 평상시의 해결방법으로 해결하지 못한 심각한 정서적 혼란을 경험하는 상태를 의미하며, 위험한 순간이면서도 전환점이 되는 시기라고도 한다(김기태, 1998).

위기의 유형은 상황적 위기, 발달적 위기, 실존적 위로 구분된다.

상황적 위기란 위기상태를 촉발하는 사건을 중심으로 심각한 질병, 사랑하는 사람과의 사별, 자연재해, 강간, 강도 등의 폭력범죄 등과 같이 갑작스럽게 발생하는 외부사건에 의한 위기 등이다.

발달위기란 발달단계에서의 성숙과정(청소년기의 진입, 결혼, 자녀의 출생, 노화 등)에서 발생하는 생활사건이나 발달단계마다 요구되는 발달과업에 의한 새로운 대처자원이 필요한 성숙위기 등이다.

실존적 위기란 목적, 책임, 독립성, 자유, 헌신 등 인간에게 중요한 이슈를 동반하는 내적 갈등이나 불안과 관련된 위기이다. 예를 들어 개인의 특정 전문성이나 조직에서 중요한 영향을 주지 못한다는 불안이나, 60대에 인생이 덧없다고 느끼는 허무감과 위기 등이 이에 해당된다.

위기상태는 일반적으로 혼돈, 걱정, 절망, 분노와 같은 감정을 동반하는 격심한 정서적 혼란상태를 말하며, 위기에 처한 개인은 심리적 위약성의 약화, 방어기제의 위축, 문제해결 및 대처능력의 심각한 와해를 경험한다.

위기개입이란 개인이나 가족이 현재의 균형상태를 유지할 수 없는 위기상황에 직면했을 때 나타나는 특유한 반응과 그 위기상황을 극복해 나가는 과정에서 보이는 법칙들을 확인하고, 이것에 입각해서 원조하는 활동이다.

이와 같이 위기 개념은 주로 재난이다 극단의 상태에 있는 집단이나 지역사회에 대한 연구로 발달되어 사회학자의 심리 사회학적 관점에서 이루어졌다.

이후 위기개입모델과 실제는, 린더만(Lindermann, 1944)의 「보스턴 코코넛(Boston Cocoanut) 숲 화재에 대한 격심한 슬픔 반응에 관한 임상연구」와 캐플란(Caplan, 1964) 및 동료 학자가 수행한 예방정신의학 연구 프로그램 등에 기초해서 1950년대 및 1960년대에 급격한 속도로 성장하였다(Roberts & Nee, 1972 : 267).

위기개입의 초기모델에서는 위기에 처한 개인 및 가족을 중심으로 하는 임상접근법을 강조하였다. 그러나 캐플란이 위기해결 이후 적응과정에서의 환경자원,

특히 지역사회서비스체계의 중요성을 주장하고 인간의 위기가 사회 구조적 측면과 사회 체계적 측면에 의해 제기된다는 인식이 확신되면서 심리중심 위기개입과 함께 생태학적 측면의 환경중심 접근이 강조되는 등 통합적 측면이 더욱 강조되고 있다.

사회복지실천의 역사는 위기개입의 역사라고도 할 수 있을 것이다. 왜냐하면 사회복지실천은 지속적으로 구조적 빈곤, 질병 등의 사회문제의 해결과 관련이 있으며, 개인이 실업, 질병 등으로 생존의 위협을 느낄 때 사회적 서비스를 통하여 이를 중재하고, 심리적 도움을 주어 왔기 때문이다. 위기를 어떻게 이해할 것인가는 위기이론에 따라 차이가 있는데 이를 심리학적 관점, 정신의학적 관점, 생태학적 관점, 스트레스이론으로 살펴볼 수 있다(Roberts & Nee, 1972 : 272-278).

(1) 심리학적 관점에서의 위기이론

1942년 미국 보스톤의 나이트클럽 화재 사건을 계기로 심리적 위기에 관심을 가지기 시작하였다. 그 후 1944년에 린더만(Lindermann)이 「급성 비탄의 조종과 징후학」이라는 논문을 발표하였다. 그는 사별 후의 비탄이란 일정하고 뚜렷한 이행단계를 거치며, 비탄은 사별에 따르는 필수적이며 자연스러운 반응이라고 보았다. 그리고 비탄에 잠긴 정상적인 반행동이 6주 이상 지속되면 전문가의 개입이 반드시 요구된다고 보았다. 또한 전문가의 도움을 받아 위기를 극복하는 과정은 보편적으로 위기로 인한 일상생활 유지 균형의 붕괴, 단기치료를 통한 비탄 다루기, 문제 혹은 슬픔 속에서의 클라이언트의 활동 재개, 균형회복의 단계라고 하였다.

또한 캐플란은 제2차세계대전 후 이스라엘의 수용소에 있는 아동들의 위기상황에 관한 연구를 하였다. 그리고 그는 위기란 통상적인 행동을 통해 극복할 수 없는 이상의 장애라고 정의하였으며, 위기상황을 발달적 위기와 상황적 위기로 유형화하였다.

발달적 위기란 학교의 입학, 형제의 출생, 결혼 및 퇴직과 같은 발달과정상의 변화에 의해 촉진되며, 상황적 위기란 질병, 사고, 가정의 붕괴와 같은 위험한 사건에 의해 유발되는 것이다.

캐플란은 린더만의 개념과 단계에 발달적 · 상황적 위기를 결합시켰으며, 초기의 심리적 트라우마(trauma)를 발생시킨 인지적 · 정서적 · 행동적 왜곡을 인정하고 수정하거나 제거하는 것이 위기개입이라고 하였다. 그러므로 위기개입에서는 클라이언트의 정신적 건강을 고려하는 것이 중요하다고 보았다.

(2) 정신의학적 관점에서의 위기

지역정신의학에 있어 위기개입모델은 지역사회에 적응해야 하는 정신장애인에게 요구되는 과도기적(transitional) · 상황적(situational) 필요에 초점을 두어, 민감하게 반응함으로써 최소한의 개입으로 최대한의 효과를 성취할 수 있다는 데 기여하였다.

지역사회 정신보건이 일반화되어 있는 현재에는 지역사회 생활에 따르는 작은 문제에서부터 긴급을 요하는 서비스까지 지역사회 내에 설치된 위기개입센터가 다학제 간 팀에 의해 운영되는 것이 일반화되어 있다.

외상 후 장애는 죽음의 위협, 심각한 상해, 신체적 위협, 어떤 사건의 목격, 가족이나 가까운 사람의 외상경험에 대해 아는 것 등의 개인의 직접적 경험인 외상적인 스트레스에 노출됨에 따라 생기는 특징적인 증상의 발전이다. 정신적 외상의 개인적인 반응은 강력한 두려움, 무력감, 공포감 등이 포함되며, 특징적인 증상은 지속적인 외상적 사건의 재경험, 외상과 관련된 자극의 지속적인 회피, 과민반응의 지속적인 증상 등을 의미한다.

(3) 생태학적 관점에서의 위기

힐(Hill, 1958)의 ABCX모델 발표로 인해 스트레스에 반응하는 가족의 역기능적 행동을 설명하고 예측하는 데 일반체계이론을 기초하였다. ABCX모델이란 사건으로 인한 역경(A)은 가족의 위기대처자원(B) 및 가족이 사건에 부여하는 의미(C)와 상호작용하여 위기(X)를 낳는다고 보는 것이다.

파라드(Parad)에 의해 문제해결접근법과 위기개입의 접목으로 1960년대와 1970년대에 급속한 성장을 가져왔다(김기태, 1998 : 57).

위기개입에 있어 생태체계이론은 전체적인 생태 내에서 개인이 주요한 재앙적 사건의 영향을 받는다고 보기 때문에, 재앙의 생존자에게 존재하는 정서적 외상을 다루는 것만으로는 부족하다고 본다.

위기 후에는 전체 생태들이 영원히 손상될 수 있는 부정적 잠재성이 있기 때문에 위기의 성격과 필요에 따라 다양한 수준에 대한 포괄적인 서비스를 위해 인간과 환경 분야의 다양한 전문가들이 안정성과 균형을 회복하도록 원조해야 하며, 이를 위해서는 다학제 간 팀을 구성하여 접근하는 것이 필요하다.

(4) 스트레스와 대처

위기이론은 스트레스 연구에서 많은 영향을 받았다. 즉 유기체의 자연스런 상태의 한 부분의 변화로 유기체의 불균형이 초래됨으로써 질병이 유발된다고 보고 있다. 대처이론에서는 인간은 스트레스를 유발하는 근원을 변화시키려 하거나 또는 사건에 대한 자신의 정서적 반응에 영향을 미치고자 능동적이고 적극성을 띠게 된다. 에릭슨(Erik Erikson)의 사회심리적 발달이론에 따라 인생의 성장발달을 위기이론과 연결지어 볼 때 위기를 해결하는 정도에 따라 개인의 성장이 결정된다고 보았다. 그러므로 스트레스이론과 자아심리학이론의 개념들은 위기개입이론에서 상호교환적으로 사용된다(Rapoport, 1970 : 273).

위기개입모델의 가본가정은 다음과 같다.

첫째, 인간이 처한 다양한 상황으로부터 초래되는 직접적인 스트레스와 위험한 사건에 직면해서 인간이 격심한 정서적 불균형과 사회적 해체현상을 겪는 것은 정상적이다.

둘째, 위기상황으로 인해 겪는 격심한 고통은 정상적인 삶의 경험이며, 정상적인 상태에서 겪을 수 있는 일시적인 혼란이며 누구나 일생을 통해 언젠가는 겪을 수 있는 현상이다.

셋째, 정서적인 불균형을 경험하고 있는 사람들은 본능적으로 정서적 균형을 찾으려는 경향이 있다.

넷째, 사람들이 정서적인 균형을 회복하려 노력하는 과정에서 일시적이고 격심한 심리적 유약성을 경험할 수 있다.

다섯째, 이와 같이 심리적으로 현저히 약해져 있을 때 사람들은 심리적인 치료서비스를 수용하는 태도들 갖게 된다.

여섯째, 위기는 부정적인 결과를 가져올 수도 있지만 한편으로는 성장과 발전의 기회가 되기도 한다(Turner, 1996 : 691-621).

위기개입의 목적과 개입 원칙은 다음과 같다.

첫째, 위기개입의 제1목표는 클라이언트가 최소한 위기 이전의 기능 수준으로 회복하도록 돕는 데 있다.

둘째, 위기개입은 상대적으로 단기적 접근이다.

셋째, 구체적이고 관찰이 가능한 문제들이 위기개입의 표적이다.

넷째, 위기개입을 할 때에는 가장 적절한 치료전략을 수립해야 하며, 단순히 차선책으로 접근해서는 안 된다.

다섯째, 불균형 상태에 기여하는 촉진적 요인을 이해하여야 하며, 클라이언트와 그의 가족 및 지역사회의 자원을 통하여 가능한 치료방법을 모색해야 한다.

여섯째, 위기개입 사회복지사는 다른 어떤 실천접근에서보다 그 개입에 있어 보다 적극적이고 직접적인 역할을 수행해야 한다.

2. 개입과정

위기상황의 개입과정은 시작단계, 중간단계, 종결단계로 분류하여 설명하고 있다(Golan, 1978 : 80-95).

이러한 단계의 구분은 클라이언트와 사회복지사 사이의 상호작용 본질에 기초하여 구분한 것이지 일반 사회와 같이 조사 진단, 치료 종결 등의 명확한 단계가 있는 것은 아니다.

1) 시작단계는 관계형성이다.

시작단계는 클라이언트를 처음 대면하는 첫 세션으로 이루어진다. 그러므로 사회복지사는 친화관계를 형성하고 위기가 실존하는지 현재 상태를 파악한다. 클라이언트의 현재 감정상태를 사정하고 앞으로의 활동에 대한 계약을 하여야 한다. 클라이언트의 상태를 사정할 때는 사회복지사는 민감하게 경청하고 현재 감정에 대하여 적절한 질문을 하여야 한ㄴ다. 특히 이 단계에서는 클라이언트의 주관적 반응을 촉진시키고, 반응에 대한 해석이나 직면보다는 클라이언트가 감정을 표현하게 원조함으로써 합리적이고, 이성적으로 위기상황에 대처할 수 있도록 도와주며, 사회복지사와 클라이언트가 이행할 계약을 설정한다. 시작단계에서의 사회복지사의 내용과 지침은 다음과 같다.

(1) 위기상황에 대한 즉각적 초점

첫째, 여기 · 지금에서 출발한다. 클라이언트를 의뢰하거나 찾아오게 한 사건, 즉 촉발요인에 초점을 두고 범위, 관련 인물들, 결과, 영향, 시간을 탐색한다. 클라이언트 자신이 상황에 대해 말함으로써 자신의 상황을 인지하는 것이 중요하다.

둘째, 시간에 대한 주관적 반응을 이끌어 낸다. 사건과 관련하여 자신 혹은 다른 사람들의 역할에 대한 정서적 반응을 알아본다. 현재 상황에 대한 정서적 반응(울음, 분노, 비난, 죄책감 등)을 표현하도록 돕는다. 이 시점에서는 해석하거나 직면하지 않도록 주의한다.

셋째, 감정이 누그러짐에 따라 위험 사건과 악화된 변화에 대해 알아본다. 이것이 가능하지 않으면, 적어도 언제부터 상황이 나빠지게 되었는지 알아본다. 이 시점에서는 해석하거나 직면하지 않도록 주의한다.

넷째, 취약 상태의 성격과 지속 기간을 확인한다. 문제를 다루는 능력에서의 변화, 문제에 대처하기 위한 이전의 시도, 원조를 구하려 했던 노력에 대해 알아본다.

사정을 시작한다. 클라이언트의 불안 수준, 정서 반응의 정도, 감정과 현실 인식의 적절성, 변화 동기, 사고와 감정, 행동, 생리적 능력, 기능 수준, 이전문제 해결유형, 작업 관계에 관여할 수 있는 능력 등

(2) 현재 곤경에 대한 평가

첫째, 무슨 일이 일어나고 있는지, 가장 중요한 문제가 무엇인지, 초점을 두어야 하는 부분이 어디인지를 결정하는 진술을 한다. 개입 초점을 일반적 · 물질적 지원에 둘지, 개인적 · 심리사회적 지원에 둘지 결정한다.

둘째, 클라이언트가 상황을 어떻게 이해하는지, 가장 중요한 문제를 무엇으로 보는지, 가장 먼저 작업하고 싶은 부분이 무엇인지에 대해 묻는다. 해결하고자

하는 문제를 신청하기가 어려운 경우, 문제의 크기를 줄임으로써 희망과 가능성을 갖도록 한다.

셋째, 클라이언트와 함께 하나의 표적 문제를 설정한다. 서로 연관된 두 개의 문제를 설정할 수도 있다.

(3) 앞으로의 활동에 대한 계약

구체적 목표와 과제에 대한 임시 동의안을 만든다. 클라이언트, 사회복지사, 혹은 다른 사람들이 해야 할 일에 관한 작업 계획을 세운다.

위기 상황에서도 자신의 역할을 수행하는 성숙하고 기능적인 성인으로 클라이언트를 대한다.

2) 중간단계는 수행이다.

위기개입이 4~6세션에 걸쳐 이루어진다면, 실행단계인 중간단계는 첫세션부터 4세션까지 진행된다. 전 단계에서 계획된 행동계획을 실행하는 단계로서 클라이언트의 주요 문제에 대해 깊이 탐색하고, 필요한 경우에는 과거에 대해서도 탐색한다. 현재 생활 상황에서 구체적인 문제해결을 위해 계획된 과업을 확인하고 이행하며 과거의 부적절한 방법을 기능한 것을 수정하고 새로운 대처유형을 습득하도록 원조한다. 클라이언트가 자율성을 회복함에 따라 사회복지사는 소극적 역할로 전환하는 것이 바람직하며, 클라이언트의 일상생활에서 활용할 수 있는 자원과 지지체계를 찾아내어 클라이언트가 적극 활용할 수 있도록 원조한다. 구체적인 사회복지사의 활동내용과 지침은 다음과 같다.

(1) 자료의 조직화

첫째, 위험 사건 이후의 상황과 관련 자료를 보충한다. 무슨 일이 일어났고 현재 진행 중인지에 대해 보다 명확하고 일관된 그림을 그린다.

원조관계가 형성된 후, 대부분의 클라이언트들은 보다 합리적·이성적, 협력적으로 변화한다. 따라서 정확하고 세부적인 내용에 초점을 둔다.

둘째, 여러 개의 주요 주제들(예, 상실, 자기 존중감에 대한 공격) 가운데 선택한다. 주제들의 현재와 적절한 경우, 과거에 대해 묻는다.

이 부분은 개입의 핵심이 될 수 있다. 초기단계와는 달리 주제에 대해 깊이 탐색하고 해석하며 반복되는 주제들에 대해 언급한다.

클라이언트의 정서가 적절한 경우에는 공유하고, 감정은 적절하지만 대상이 적절하지 않은 경우에는 보다 현실적인 방향으로 돌리며, 감정이 적절하지 않은 경우에는 문제를 제기한다.

(2) 행동 변화의 초래

첫째, 초기 행동 계약(C1)으로 돌아가 과거에는 상황에 어떻게 대처했는지, 결과는 어떠했는지, 위기 상황을 다루고 균형을 회복하는 데는 얼마나 효과적이었는지 규명한다. 중기 개입의 주요영역이다.

둘째, 단기에 성취할 수 있는 전반적인 과제영역 혹은 달성할 수 있는 중간 목표를 설정한다.

셋째, 목표를 달성하기 위한 구체적인 과제들에 대해 작업한다. 과제들은 행동지향적이며 수행의 변화를 가져올 수 있어야 한다. 숙제를 부여함으로써 클라이언트가 시작하도록 도울 수 있다. 문제를 다루는 모델의 역할 보여 준다.

특히 새로운 활동을 과제로 수행하는 클라이언트를 지지하고 격려한다.

넷째, 과제는 클라이언트가 행동과정 혹은 이를 수행하는 방법을 결정하도록 사고지향적일 수 있다. 지시와 활동에 깊이 관여하는 역할로 시작하지만 클라이언트가 자율성을 회복함에 따라 소극적 역할을 수행한다.

3) 종결단계

종결단계는 행동계획이 실행되고 사례취급이 끝나는 단계이다. 이 단계에서는 종결에 대한 클라이언트와 사회복지사의 저항을 다루고, 성취한 과제, 목표, 변화와 성취하지 못한 것들에 대해 점검한다. 클라이언트와 자원을 새롭게 결속시키거나 개발된 대처유형과 성취한 과업 그리고 가까운 미래의 활동계획에 대해 논의하는 단계이다. 클라이언트가 사회복지사에게 의존하지 않도록 격려함과 동시에 필요한 경우에 클라이언트가 활용할 수 있는 지지자로서 사회복지사를 인식할 수 있도록 한다. 종결단계의 내용과 지침은 다음과 같다.

(1) 종결 결정

계약에 따른 남은 시간 혹은 남은 세션에 대해 상기시키고, 계약을 맺지 않았다면, 종겨 가능성을 가지고 세션의 공백을 둘 것을 제안하며 그리고 종결에 대한 클라이언트와 사회복지사 자신의 저항을 다룬다.

종결 반응은 세 가지로, 계약이 종료됨에 따라 종결을 원하는 경우, 종결에 대한 방어로서 지속적인 개입을 원하는 경우, 지속적 개입이 적절하며 이를 원하는 경우가 있다. 클라이언트의 현재 가능 수준에 따라 결정한다.

(2) 진보에 대한 점검

최종 혹은 최종 이전 세션에서 첫 대면부터의 진보에 대해 요약할 것을 제안하고, 주요 주제들인 정서적 이슈들의 진보에 대해 점검한다. 그리고 성취한 과제들, 목표들, 변화들과 이루지 못한 일에 대해 점검한다.

그리고 앞으로의 활동 계획을 위하여 현재 상태와 장래에 대한 클라이언트의 계획에 대해 논의하고 문을 닫지만 조금은 열어 두며, 클라이언트의 독립을 강조하는 한편, 필요한 경우 언제든지 찾아올 수 있도록 한다.

제 3 절 권한부여모델

1. 권한부여모델의 의의

권한부여(Empowerment)라는 용어는 사회적, 조직적 환경에 관한 클라이언트의 통제력을 증가시키고자 하는 임상실천의 과정, 개입, 기술을 의미한다. 이 용어가 비교적 새로운 것이긴 하지만, 사실 클라이언트에게 권한을 부여하고자 하는 것은 사회복지의 오랜 전통이었다.

1970년대에는 일반체계이론과 생태학이론이 사회복지의 주요 이론틀로서 활용되면서, 생태체계 관점에 근거한 강점(Strength) 지향 혹은 해결중심 접근의 중요성이 대두되었고, 이는 체스탕(Chestang), 솔로몬(Solomon), 핀더허그(Pinderhughes) 등의 학자들에 의해 1970년대 중반에 권한부여 모델로서 새롭게 나타나게 되었다.

권한부여 모델의 목적은 문제해결 과정에서의 강점을 부각시키는 것으로 개입 원칙은 다음과 같다.

첫째, 사회복지 과정의 초점은 문제를 클라이언트 강점, 환경의 자원, 기대되는 해결 방안으로 대체시켰다는 점이다.

둘째, 변화 과정의 협력적인 파트너십이다.

셋째, 전문성보다는 파트너십과 해결지향적 접근이다.

이 모델은 완전히 새로운 것이 아니라 일반사회복지에 오랫동안 내재되어 있는 강점 중심 개입의 재부상이라고 할 수 있다.

권한부여 접근은 다양한 인구집단에 효과적인 것으로 나타나고 있는데, 특히 최근의 연구에서는 에이즈 집단, 수용시설 거주자, 청소년 집단 등에 효과적인 것으로 나타나고 있다. 최근에는 노인집단, 장애인 집단, 노숙자 등에까지 접근의 폭을 더욱 넓히는 추세여서 임상사회복지실천에 매우 유용한 접근방법으로서 활용되고 있다.

권한부여모델의 이론적 기반은 다음과 같다.

첫째, 생태체계적 관점이다.

생태체계적 관점은 인간과 물리적, 사회적 환경 사이의 상호 교환을 개념적 기반으로 하는 많은 이론들의 공통된 관점으로, 인간행동에 대한 다양한 이론을 통합하고 있으며, 특히 생태학과 일반체계이론의 개념들을 통합하고 있다.

이 관점에서 인간과 환경은 서로 분리되어 있는 것이 아니라 지속적으로 상호 교류하는 하나의 체계이다. 생태체계 관점은 인간과 환경이 어떻게 서로 영향을 주고받는지를 보는 준거틀을 제공해 준다. 또한 이 관점은 상황적, 환경적 맥락에서 클라이언트 체계를 봄으로써 사정과 계획단계에 매우 유용하다.

둘째, 강점 관점이다.

권한 부여(empower)란 힘을 주거나 권위를 주는 것, 능력을 주는 것, 가능성, 허용하는 것이며, 힘을 받을 수 있는 것을 의미한다. 개인의 자기 확신, 변화의 가능성 향상, 개인의 진전과 같은 심리학적 경험을 강조하며, 사회복지 실천의 개입 및 전략으로 정의되기 시작 한 즉 억압당하는 인구 집단에 효율적 전략으로 사회복지사에게 중요한 기술이다.

강점 관점(Strength perspective)은 클라이언트의 강점을 강화시키는 과정이 클라이언트의 역량을 향상시켜 가장 신속하게 클라이언트에게 권한을 부여할 수 있는 전략이라고 본다.

이 관점에서는 문제에 대한 관심보다는 해결점을 발견하고 강점을 강화시키는 데 주요 초점이 있다. 따라서 강점 관점이란 클라이언트를 독특한 존재로서 다양성을 인정하고 존중하면서 클라이언트의 결점보다는 강점에 초점을 두고 가능한 모든 자원을 활용하여 클라이언트의 역량을 실현해 나가도록 돕는 것이다.

주요개념과 기본가정에 대한 내용은 다음과 같다.

권한부여모델을 이해하기 위해서는 강점관점, 권한부여 과정, 역량 강화에 대한 충분한 이해가 있어야 하며, 이들이 서로 분리된 것이 아니라 연속적인 일련의 과정으로서 상호 밀접한 연관성을 갖는다는 것을 이해해야 한다.

첫째, 권한부여이다.

권한부여는 클라이언트의 상황을 환경 안에서 이해하며, 자원과 강점을 찾고자 하는 것이다. 또한 클라이언트의 욕구를 고착된 문제보다는 하나의 도전으로 보며, 병리학적 진단기준에 의해서가 아니라 전인적인 관점에서 클라이언트를 바라보고자 한다. 따라서 클라이언트는 변화과정의 파트너이며, 함께 계획하는 자이고, 사회복지사는 다양한 사회체계 수준의 해결해야 할 이슈들을 가진 일반사회복지사이다.

둘째, 협력과 파트너십이다.

권한부여모델에서 클라이언트는 경험과 역량을 가진 원조과정의 파트너이다.

클라이언트를 돕는 과정의 파트너로 보는 것은 클라이언트를 특징과 잠재력을 가진 인간 및 자원으로 인식하여 클라이언트의 참여를 중시하고 변화노력의 전 과정에서 클라이언트의 자기결정권을 강조한다. 즉 클라이언트는 전문가적인 파트너로서 변화과정에 능동적으로 참여하는 파트너이며, 클라이언트는 자신이 처한 환경과 능력을 가장 잘 알고 있는 사람으로 간주된다. 이는 사회복지사와 클라이언트간의 상호협력적인 파트너십을 갖게 한다.

이러한 협력이 갖는 장점은 클라이언트가 전문가가 서로의 자원을 상호협력하여 활용하기 때문에 문제해결을 위한 자원의 범위가 넓어진다는 것이다. 또한 파트너십을 근거로 하여 상호책임에 바탕을 두기 때문에 변화책임에 대한 전문가의 부담을 약화시킨다.

권한부여모델 실천의 목적은 문제해결과정과 같이 권한부여실천에서 사회복지사는 관계 확립, 목적 정의, 상황 사정, 계획 및 변화를 위한 개입을 한다. 그러나 권한부여 접근은 전통적인 문제해결과정과는 달리 문제에 초점이 있는 것이 아니라 클라이언트의 강점과 환경적 자원에 초점을 두고 클라이언트의 역량을 향상시키기 위한 해결 중심의 접근을 한다. 따라서 이러한 접근에서는 약점보다는 강점을 강조하게 되며, 전문가적 전문성보다는 협력적인 파트너십과 해결지향적 접근을 하게 된다.

체계적 수준으로는 다음과 같다.

첫째, 개인 차원이다. 개인의 역량, 지배감, 변화 능력을 포함하여 인성, 인지, 동기에서 자신의 삶에 대한 통제감이며 자기 가치에 대해 외부 세계와의 차별화할 수 있는 수준, 영적인 것까지도 추구

둘째, 대인관계 차원이다. - 다른 사람과의 영향력으로 상호 교환하는 평형 관계를 형성하는 것을 의미한다.

셋째, 구조적 차원 - 정치·사회적 상황의 수준에서의 자원 창출은 그 사회의 모든 개인에게 힘을 부여한다. 그리고 사회복지사와 클라이언트의 상호협력적인 파트너십을 갖는다.

클라이언트를 소비자로 보는 관점의 접근법으로 상호 협력적인 수평적 관계,

클라이언트 개입한다.

클라이언트에 대한 시각이 소비자로 보는 관점에서는 파트너십 내에서 자기결정권 보호와 활동적인 역할을 강조하며, 역량은 주위 환경과 상호작용하기 위한 체계가 소유한 지식과 기술의 질로서 클라이언트의 역량이 강화되어 일상생활에서 대처기술 향상으로 연결된다.

2. 권한부여 모델개입과정

권한부여과정의 단계에서 사회복지실천에서의 임파워먼트 모델을 사회복지실천 현장에서 활용할 때의 원칙 및 과정은 다음과 같다.

개입원칙은 다음과 같다.

① 문재해결과정에서 초점을 클라이언트의 강점, 환경의 자원, 기대되는 해결방안으로 대체한다.

② 사회복지사는 전문성을 지향하면서 클라이언트의 강점을 강조하고 함께 해결 지향적 접근을 하게 된다.

실천과정은 대화단계, 발견단계, 발전단계를 거치고 있다.

개입 과정은 다음과 같다.

① 대화 단계: 함께 작업하기 위한 준비, 파트너십 형성, 도전과 탐색, 강점 구체화, 방향 설정이다.

② 발견 단계: 자원체계 탐색, 자원능력 분석, 해결점 형성이다.

③ 발달 단계: 자원 활성화, 기회 확대, 성공 인정, 달성 통합이다.

〈표 9-1〉 임파원먼트의 실천과정

단계	활동	전략	과업들
대화 (Dialogue)	공유하기 (sharing)	클라이언트가 기존에 가지고 있는 역량 및 자원 구체화	1. 상호협력적인 관계 확립 2. 기존지식 명확화 -클라이언트의 인지(도전과 강점) -사회복지사의 인지 3. 클라이언트가 이미 가지고 있는 것 4. 초기방향 설정 5. 관계를 위한 계약하기 및 사정에 동의하기
발견 (Discovery)	찾기 (searching)	클라이언트가 모르고 있는 자원 탐색	1. 쉽게 드러나지 않지만 클라이언트가 가지고 있는 것 확인하기 2. 부가적인 정보와 사실에 대한 경험과 사고 연결하기 3. 감정을 사정, 확인, 표현하기 4. 대인 상호적인 정보 연결하기 -클라이언트 체계로부터 -다른 사람으로부터 5. 자원체계 탐색하기 6. 그밖에 클라이언트체계의 욕구 결정하기 (목표설정) 7. 해결로 이끌어주는 계획 개발하기 8. 변화를 위한 계약하기
발달 (Development)	강화하기 (strengthening)	클라이언트 체계가 아직 활용하지 않은 부가적인 자원, 역량 사정 및 확립	1. 클라이언트 욕구 구체화하기 2. 클라이언트가 사용하지 않으나 존재하는 자원 사정하기 -개인적 -대인상호관계적 -조직적 -지역사회·사회적 3. 새로운 자원과 기회 만들기 4. 결론을 위한 계약으로 이끌어가기

일반적으로 권한부여란 '개인이나 집단이 상대적으로 무기력한 상태에서 힘을 가진 상태로 이동해 나가는 것'인데(Staples, 1990), 학문 분야에 따라 다양한 의미로 사용되고 있다. 대표적으로 Gutierrez(1990)는 권한부여를 세 수준으로 나누고 있는데, 거시적 수준에서의 권한부여는 집단적인 정치적 힘을 증대시키는 과정을 의미한다. 반면, 미시적 수준에서는 주로 개인에 초점을 둔 것으로 실제적인 구조의 변화가 없다고 할지라도 개인이 힘 혹은 통제력이 증대되었다고 느끼는 것을 말한다. 마지막으로 또 다른 접근은 이 양자의 접근간 간격을 좁히려는

시도로서, 개인에 대한 권한부여가 집단의 권한부여에 혹은 집단에 대한 권한부여가 개인의 권한부여를 어떻게 향상시킬 것인가에 초점을 둔다. 권한부여를 거시적 측면에서 바라보고자 하는 시도는 1970년 이후 유럽 등지에서 나타난 급진주의 사회복지실천에서 보여진다. 이는 소외계층을 대상으로 한 사회구조적 변화를 목적으로 한 것이었다(오혜경, 1999). 반면, 미시적 측면은 개인적 관점에서 삶의 어떤 측면을 스스로 통제할 수 있다고 느끼는 것으로(Simon, 1990), 자기효능감(self-efficacy), 자기충족감(self-sufficiency), 자존감(self-esteem) 등으로 표현되기도 한다(Browne, 1995: Staples, 1993). 개인적 수준에서 권한부여의 반대는 무력감(feeling of helplessness)과 의존(dependency)이며, 이는 사회구조적인 문제의 개인적 결과 혹은 영향으로 이해되고 있다.

임파워먼트의 모델의 한계점 및 비판은 다음과 같다.

① 클라이언트를 변화 가능한 존재로 지속적으로 간주하는 것이 쉬운 일이 아니라는 것이다.

② 강점관점이 지나치게 낙관적이어서 클라이언트 집단이 얼마나 조작적이고, 위험하고, 파괴적인지를 인정하지 않는 경향을 보인다는 것이다.

③ 강점관점은 실제 문제를 무시하거나 경시하는 경향이 있으며, 따라서 실제 실무에서 완전히 강점에 기초한 개입을 하기에는 한계가 있다는 것이다.

위와 같은 많은 학자들의 비판에도 불구하고, 임파워먼트 모델은 실천모델로서 갖는 여러 가지 장점으로 인하여 90년대 이후 더욱 활발하게 연구되고 있다. 특히 생태체계관점에 근거하여 전체적이고 통합적인 개입틀을 제시해 주고 있어 최근 임상실제에서 그 활용이 점점 증가하고 있는 추세이다. 따라서 우리 현실에 맞는 실천모델의 정립 및 활용, 효과검증이 활발히 이루어져야 할 것이다.

연습문제

1. 과제중심모델에 대하여 사례를 중심으로 설명하시오

2. 위기상황의 개입과정에 대하여 예를 들어 설명하시오.

3. 위개입모델에 대하여 사례를 중심으로 설명하시오.

4. 권한부여 모델에 대하여 사례를 중심으로 설명하시오.

5. 임파워먼트의 실천과정에 대하여 예를 들어 설명하시오.

[선행학습 정답] : 1. 과제중심모델 2. 위기 3. 기회 4. 역량강화 또는 임파워먼트
5. ㉠ 문제규명 ㉡ 계약 ㉢ 실행 6. 서면

10
chapter

면담기술

〈선행학습〉

1. 클라이언트의 반응을 예, 아니오로 제한하는 질문방법은 [㉠]이며, 주제를 제한하여 질문하는 구조화된 질문과 주제의 선택을 클라이언트에게 맡기는 비구조화된 질문방법은 [㉡]이다.
2. 클라이언트가 변할 수 있도록 돕기 위한 면접으로 클라이언트에게 자신감, 자기 효율성을 강화하며 필요한 기술을 훈련하여 문제해결능력을 키우는 목적의 면접은?
3. 주요면접기술은 관찰기술, 경청기술, 질문기술, 초점, 아내, 해석기술, 분위기 조성기술, 요약 외에 2가지 이상 열거하시오.
4. 면접시간은 면접의 목적에 따라 다를 수 있지만 일반적으로 [ ] 정도가 적당하다. 더 길어지면 지루해 하고 집중력이 떨어져 효과가 낮아지기 때문이다.

제1절 면담 기초기술

1. 면담의 목적과 기술

면담이란 정보를 주고받기 위해, 적격성 여부를 확인하기 위해 그리고 문제를 해결하기 위해 직접적인 서비스를 주는 경우이다.

즉 두 사람 이상이 만나서 상의하는 담화의 한 형태로 일상적 대화와는 달리 어떤 특별한 목적의 공식적인 성격을 지니는 행위. 면담은 사회복지사와 클라이언트의 전문적 관계에서 일어나는 상호작용을 의미하며 모든 사회복지사는 자신에게 적절한 스타일의 면담기술을 발달시켜야 한다. 면담은 전문적 기술이지만 사회복지사의 창의적 방법이 통합되는 예술이라고 말할 수 있으며, 면담기술은 반복적인 면담을 통해 학습할 수 있다. 모든 면담은 목적을 가지고 있고 분야에 따라 구체적인 기술이 적용된다. 면담이란 치료적 개입의 기초이다. 또한 면담은 목적이 있고 목표 지향적 특성을 지닌 전문적인 대화 혹은 커뮤니케이션 과정이라고 정의할 수 있다(Brown, 1992). 면담은 사회적 상호작용과 의사소통과정이며 인지, 정서, 행동의 변화를 목적으로 한 언어적 행동으로서 문제해결을 위한 개입이라 할 수 있다. 면담은 사회복지사와 클라이언트 사이의 일련의 의사소통으로 사회복지 개입의 주요한 도구이고, 전문적 관계에 바탕을 두고 정보수집, 과업수행, 목적을 수행하는 시간제한적 대화이며, 사회복지사와 클라이언트가 서비스를 제공하는 과정에서 특정 목적을 가지고 계약에 의해 행하는 의사소통이라고 할 수 있다.

사회사업 면담의 목적은 해결되어야 할 문제를 가지고 고통을 겪고 있는 사람과 그 상황에 대하여 충분히 이해함으로써 그 문제를 효과적으로 해결하는데 있고(Garrett, 1982) 사회사업의 기능에 따라 결정된다.

첫째, 헵워스와 라아슨(Hepworth & Larsen, 1990)의 면담목적은 다음과 같다.

면담의 목적을 삶의 질적인 향상과 성장을 목적으로 문제를 해결하고 이에 필요한 전략이나 행동을 모색하기 위해 정보를 주고받는 것이라고 했다. 대부분 사회사업 면담의 일반적 목적은 사회조사를 위한 정보수집 면담, 클라이언트의 변화를 위한 치료적 면담, 평가를 위한 사정면담으로 서술할 수 있다.

둘째, 브라운(Brown, 1992)의 면담목적은 다음과 같다.

면담의 목적을 ① 자료수집, ② 치료관계의 확립과 유지, ③ 클라이언트에게 정보제공, ④ 원조과정에서 장애를 파악하고 제거하는 것, ⑤ 목표달성을 향한 활동을 파악하고 이행하는 것, ⑥ 원조과정을 촉진하는 것 등으로 제시하였다.

셋째, 콤튼과 갤러웨이는 사회복지면담의 특성을 다음과 같이 주장한다.

① 맥락이나 세팅을 가지고 있다.

즉 클라이언트에게 서비스를 제공하는 특정한 기관이 있고 면담의 내용은 특정 상황에 한정되어 있어 관련되지 않은 요인들은 제거된다는 것이다.

② 목적과 방향이 있다.

면담은 우연히 만나 정보를 교환하는 것이 아니라 구체적인 목표를 달성하기 위해 수행되는 과정이라는 것이다.

③ 계약에 의한다.

즉, 면담은 클라이언트와 사회복지사가 목적달성을 위한 일련의 과정을 상호합의한 상태에서 진행함을 의미한다.

④ 면담에서는 관련자들간의 특정한 역할관계가 규정된다.

즉, 면담인과 피면담인에게 각각 정해진 역할이 있고 그 역할에 따라 상호작용을 한다. 따라서 사회복지 실천에서의 면담은 사회복지사와 클라이언트가 서비스를 제공하는 과정에서 특정 목적을 가지고 계약에 의해 행하는 의사소통이라고 정의할 수 있다.

면담 준비기술은 다음과 같다.

면담준비는 조사목적부터 결정하고, 사전에 조사할 수 있는 것은 조사한 후 방문한다. 조사표를 작성하여 갖고 가며, 질문내용, 질문순서, 말의 표현법을 연구한다. 기본자세는 상대가 한가한 시간을 이용하고 예의 바르게 행동하고 신뢰를 얻게 한다. 조사목적을 설명하고 좋은 청취자, 듣는 역을 한다.

면담의 원칙과 요령은 다음과 같다. 처음부터 질문하지 말고 분위기부터 조성한다. 상대에게 이야기를 시킨 그의 말속에 빠진 것만 질문한다. 처음에만 답하기 쉬운 것부터 질문하고, 한번에 하나씩 질문하며, 쉬운 말로 간단명료하게 말한다. 그리고 이야기 상대의 본심을 밝혀내고 숫자를 밝혀내고 명분과 실리를 구분하고 상대의 말의 요점을 파악하고 사실과 의견과 추측을 구분한다.

면담 준비단계의 기술은 다음과 같다.

① 사전검토(preparatory reviewing)

② 사전탐색(preparatory exploring)

③ 사전협의(preparatory consulting)

④ 사전정리(preparatory arranging)

⑤ 사전공감(preparatory empathy)

⑥ 사전적 자기탐색(preparatory self-exploration)

⑦ 집중적 자기관리

⑧ 사전 계획과 기록

초보 면담에서 상담기법의 활용은 다음과 같다.

① 첫 면담에서 기대되는 모습(Andreasen & Black, 1999)

② 특별한 면담(망상 환자)

③ 특별한 면담(우울증 환자)

④ 특별한 면담(난폭한 환자)

⑤ 의존적인 환자

⑥ 편집성 환자(Paranoid Patient)

⑦ 망상(Delusion)이 있는 환자

⑧ 가족 혹은 보호자와의 면담

⑨ 맘에 들지 않는 내담자와의 상담

면담의 일반기술은 다음과 같다.

① 관심의 표현

② 관찰기술

③ 경청기술

④ 질문기술 초점, 안내, 해석기술

⑤ 분위기 조성기술

⑥ 명료화와 해석

⑦ 요약

⑧ 질문

⑨ 허용과 일반화

⑩ 면담내용의 변화

⑪ 재초점화

⑫ 면담에서의 경청과 관찰

⑬ 면담에서의 침묵

⑭ 면담에서의 감정이입

질문의 유형은 다음과 같다.

① 개방적 질문

② 폐쇄적 질문

③ 개방적 질문에서 폐쇄적 질문으로 이행

④ 구체적인 질문에서 일반적인 질문으로 이행

⑤ 이끄는 식의 질문

⑥ 복합적인 질문

⑦ 왜라는 식의 질문

⑧ 사적인 질문과 논평

면담의 준비기술은 다음과 같다.

(1) 사전검토

사전검토는 첫째, 클라이언트의 이전 기록이나 (이전의) 기관의 정보를 검토하고 둘째, 클라이언트의 기본적 배경 검토 그리고 클라이언트에 대한 편견이나 선입견을 갖지 않도록 주의해야 한다.

(2) 사전탐색

접수나 초기 면담을 담당한 사람, 혹은 클라이언트의 의뢰자에게서 클라이언트 및 그의 상황에 대한 질문을 통해 정보를 수집하는 것이다.

(3) 사전협의

슈퍼바이저(감독자, 상관)나 동료에게서 조언을 구하는 것이다.

(4) 사전정리

첫 면담을 위해 체계적인 물리적 준비를 하는 것으로 이에는 약속 시간을 확인하기, 면담실의 충분한 시간 확보, 비밀 보장이 될 수 있는 공간 확보 및 면담실 사전 예약, 가구 배치, 교통편의 및 주차, 장애인을 위한 편의 시설 등과 관련된 준비 등이다.

(5) 사전공감

클라이언트가 초기 면담에 오기 전이지만 사회복지사가 클라이언트가 경험할 수 있는 느낌이나, 현재의 문제 및 상황에 민감하게 반응할 수 있도록 사전 공감을 실천해 보는 것이다.

(6) 사전 자기탐색

사회복지사 자신을 분석해 보는 것으로서, 자신이 타인과 상호작용할 때 어떻게 영향을 주고받는 지를 파악하는 것으로 자신의 특징, 욕구, 편견, 정서적 약점, 행동양상 등을 이해한다.

(7) 집중적 자기관리

사회복지사의 개인사정이 전문가로서의 의무와 서비스 전달에 방해가 되지 않도록 하는 것이다.

2. 면담 시작기술

(1) 자기소개

사회복지사가 자신의 성명, 소속기관 및 부서, 직위 등에 대해 설명한다. 사회복지사의 학력, 출신학교, 자격증의 소지 여부 등에 대해 문의를 하는 경우 등이다.

(2) 클라이언트에게 클라이언트 자신 및 동행인에 대한 소개를 요청하기이다. 접수 양식과 사전 전화 통화를 통해 방문할 클라이언트에 대해 알고 있다면 기관을 방문한 사람의 이름을 확인해 보고 인사를 나누며, 연령을 고려하여 연장자의 순으로 인사를 나눈다. 필요하면 클라이언트와 동행한 사람을 어떻게 부를지도 확인한다.

(3) 첫 면담의 목적 설명

면담의 목적 설명을 통해 사회복지사는 클라이언트로 하여금 적절한 기대를 갖도록 하고, 불필요한 혼동이나 막연한 불안을 해소하도록 할 수 있으며, 목적의 설명은 가급적 직접적이고 분명하면서도 부드럽게 진행하는 것이 좋으며, 어려운 전문 용어나 현학적인 표현은 가급적 쓰지 않는다.

첫 면담의 구조화는 첫 면담이 어떻게 진행될 것이며, 몇 분간 진행되고, 첫 면담에서 할 과업이 어떤 것이 있다는 점을 설명해 준 다음에 본격적인 면담을 시작하는 것이다.

(4) 클라이언트의 역할 설명하기

면담을 위해 시간 약속을 할 것과 시간을 지켜야 하고 시간 약속을 취소할 경우 반드시 24시간 이전에 통보해 줄 것이며, 해당되는 경우 합의된 상담료를 납부해 줄 것, 클라이언트의 상황변화를 사회복지사에게 알려줄 것 그리고 사회복지사가 활용하는 이론적 접근방법에 따라 클라이언트에게 과제를 내어 줄 수 있으므로 이를 성실히 수행할 것 등을 요청한다.

(5) 기관의 정책 및 윤리적 요건에 대해 설명하기

사회복지사는 기관의 정책 및 윤리적 요소를 설명할 의무가 있으며, 이를 첫 면담에서 실행할 필요가 있다.

첫째, 서비스의 수혜자격과 요건, 수혜기관, 전달방법, 절차, 후속조치 등에 대해 클라이언트가 이해할 수 있는 수준으로 충분히 설명하고, 이를 이해했는지 피드백을 받는다.

둘째, 윤리적 요소에 대한 설명으로 클라이언트로부터 수집된 정보에 대해 비밀을 보장함을 알려준다. 그리고 비밀보장이 지켜지지 않는 경우

① 아동학대가 발생하는 경우

② 클라이언트가 자해(예- 자살시도)의 위험이 있는 경우

③ 클라이언트가 타인을 해칠 위험이 있는 경우

④ 클라이언트가 사회복지사나 기관을 대상으로 소송을 했을 경우

(6) 피드백 요청하기

클라이언트에게 궁금한 점이나 의문점이 있는지를 확인하고 의문점이나 궁금한 것을 질문을 통해 요청하도록 하고 대답해 준다.

3. 면담기술・계약기술

1) 계약기술

계약기술은 클라이언트와 사회복지사가 각자의 역할, 책임, 기대 및 수행할 업무의 목적을 공식화하고 구조화하는 것으로 계약을 위해 클라이언트와 사회복지사는 성취하고자 하는 목표에 대한 합의점을 모색해야 한다.

계약은 클라이언트의 욕구에 기반하며, 문제나 욕구 해결 방향에 대한 클라이언트와 사회복지사의 동의로서 문서 혹은 구두로 이루어진다.

계약기술에 있어서 유의사항은 다음과 같다.

첫째, 계약을 하는 데 있어서 클라이언트와 사회복지사는 상호간의 이해를 필요로 하며, 계약 시 내용은 분명하고 명확한 언어로 표현되어야 하며 충분한 정보를 담고 있어야 한다.

둘째, 계약과 동시에 수행 계획을 작성함으로서 계약을 구체적인 실천으로 옮

기게 된다.

셋째, 계약서를 작성하는 데 익숙하지 않은 클라이언트에게는 계약서가 하나의 사슬처럼 느껴질 수 있기 때문에 계약서 작성과 관련된 클라이언트의 반응을 잘 살펴볼 필요가 있다. 넷째, 계약서를 작성하는 과정에서 클라이언트의 자유를 최대한으로 보장하여 문제설정 및 목표설정, 해결방법에 있어서 클라이언트의 참여를 촉구할 필요가 있다.

다섯째, 비자발적 클라이언트는 계약을 체결하는 과정에서 쉽게 충격을 받거나 별 생각 없이 계약에 동의하는 등의 문제를 보이기도 하므로 비자발적 클라이언트와 계약을 체결하는 경우에는 이해와 동의를 구하기 위한 특별한 노력이 필요하다.

계약서에 포함될 내용은 다음과 같다.

① 상담시간 및 기간, 장소

② 기본적인 수칙, 비밀 보장 및 사례기록 절차

③ 상담에 참여자, 주요 염려나 문제의 요약, 응급 시 연락할 사람

④ 업무의 목적과 목표 및 성취방법

⑤ 계약 파기 요건

2) 면담종결하기

(1) 종결 단계

첫째, 면담의 종결 준비는-보통 15분 정도 시간이 남았을 때 면담의 종결이 이루어짐을 알려 줌으로써 시간의 부족으로 인해 중요한 정보가 사장되지 않도록 하고 종결을 알려 줌으로 인해 남은 시간을 효과적으로 활용할 수 있도록 한다.

둘째, 클라이언트와 면담의 느낌을 나누기로 클라이언트에게 면담의 느낌을 물어 보고 면담의 과정 중에 무엇을 느꼈는지 표현하도록 하거나, 중요한 사항에 대하여 의견을 확인할 수 있다.

셋째, 사회복지사의 클라이언트에 대한 느낌 나누기로 사회복지가가 면담 과정 중에서 클라이언트에게 느꼈던 느낌이나 의견을 객관적으로 표현하며, 클라이언

트가 오해할 수 있는 단어나 상황에 대하여는 신중히 고려해야 한다. 사회복지사가 클라이언트에게 느낌이나 의견을 표현하는 중요한 이유는 면담의 목적 달성에 도움이 될 수 있도록 하기 위함이다.

넷째, 추후 면담일정 확인이다. 단회로 끝나는 상담이 아닐 경우 필요에 따라 추후 면담 일정을 확인해야 하며, 주로 1주일 간격을 두고 면담 일정을 설정하는 것이 일반적이다.

다섯째, 언제라도 찾아올 수 있다는 느낌을 주어야 하고 비록 면담이 1회로 끝나게 되더라도 클라이언트는 도움이 필요하면 언제라도 찾아올 수 있다는 느낌을 갖도록 해야 한다.

만일 클라이언트가 사회복지사의 개입을 원하지 않아서 금번에는 개입이 이루어지지 않더라도 서비스 개입은 단절된 것이 아니며, 언젠가는 다시 찾아오는 그때가 사회복지사가 개입하는 시기임을 기억해야 한다.

유의할 점은 다음과 같다.

첫째, 면담은 명백한 시간을 정해놓고 하지만 클라이언트들이 '문 손잡이 폭로(doorknob revelations)'를 하는 경우가 있음에 유의해야 한다. 문 손잡이 폭로는 클라이언트가 중요하거나 고통스런 정보를 면담의 종결이 임박해서 이야기 하는 경우이다.

둘째, 너무 엄격하게 면담 시간을 지킬 경우 클라이언트의 요구나 문제를 보다 잘 이해할 수 있는 기회를 놓칠 수 있으므로 융통성을 발휘할 필요도 있다.

3) 사례종결하기

그동안 클라이언트와 면담을 했던 것을 종결하고 적절히 사례를 끝내는 기술은 사회복지사가 알아야 할 가장 어렵고 중요한 기술 가운데 하나인데 이상적인 상황에서의 면담의 종결 사례는 사회복지사와 클라이언트가 상호 동의한 시점에서 종결되는 것이다. 예를 들어 목표에 도달하였을 때, 활동을 위해 할당된 시간이 다 되었을 때, 서비스 이용자가 접촉을 끝낼 준비가 되었을 때 등이다. 경우에 따라서는 목표를 성취하지 못하여 즉 클라이언트의 문제를 해결하지 못하는 것 등 서비스에 대한 비판적인 생각을 가지고 종료하거나 사회복지사가 그 기관을 떠나게 되어 종료할 수도 있다.

유의할 점은 사회복지사가 필요 이상으로 클라이언트의 일에 관여하여 종결 시기를 연장하는 것은 사회복지사의 활동의 목적과 방향을 상실하게 되는 상황을 가져올 수 있다.

(1) 종료 후에 수행할 과제

클라이언트가 면담 과정에서의 경험을 평가하도록 하고 종결로 인해 나타나는 감정처리를 도와준다. 예를 들어 목적을 이루거나 문제를 해결하게 된 것에 대한 기쁨, 사회복지사와 헤어지게 되는 슬픔, 목적을 이루지 못한 데 대한 아쉬움이나 분노, 앞으로 클라이언트 혼자 해낼 수 없다는 두려움 등이다.

종결한 후에도 유익한 변화를 계속 유지하도록 도움을 주고, 필요하다면 새로운 서비스를 모색하도록 도와준다.

(2) 종결에 대한 반작용의 예

첫째, 부정인데 클라이언트가 종결이 되었다는 것을 기억하지 못하거나 받아들이지 않으려고 하는 것이고 둘째, 퇴행인데 어떤 과업을 수행하는 면에서 면담 이전의 단계로 후퇴하는 것인데 사회복지사에 대한 의존욕구가 증대되는 것으로 어떤 문제 때문에 그동안 상담 치료를 해오다가 종결했는데 다시 원상태로 돌아가는 것을 말한다.

그리고 욕구의 표현인데 클라이언트가 아직 서비스를 더 필요로 함을 보여주면서 사회복지사가 계속 도와줄 것이라고 믿는다.

(3) 클라이언트의 종결을 돕는 법

첫째, 면담 초기부터 종결 날짜에 대해 명백히 해두고 클라이언트의 진전 상황에 대해 정기적으로 검토하고 알려 준다. 그리고 종결이 가까울수록 만나는 빈도수나 면담의 길이를 짧게 하는 것도 종결을 위해 좋은 방법이다. 둘째, 실제 종결 몇 주 전에 종결에 대해 인식하고 준비하도록 한다. 셋째, 서비스를 종결하기 전에 클라이언트가 경험하고 있는 변화들을 명확히 확인하도록 하는 것도 한 방법이다.

(4) 사회복지사의 준비

사회복지사는 클라이언트의 진전이나 문제해결에 대한 기쁨, 의미 있는 관계를 가진 사람들과의 이별로 인한 상실감, 최선을 다했는지에 대한 죄의식 그리고 클라이언트와의 진전이나 보다 완벽한 문제해결을 위해서 면담을 연장하려는 마음의 대처방법 등 자신의 감정을 검토해 보아야 하고 종결에 대한 자신의 감정이 분명하지 않으면 어려움을 겪을 수 있다.

종결이 갖는 전문적 가치와 적절성을 인식하도록 노력해야 한다. 그리고 종결 시 클라이언트의 평가나 의견 등을 통해 자신의 강점에 대한 정보를 얻을 수 있으며, 자신에게 더 필요한 지식이나 정보를 파악 하는 기회로 활용할 수 있다.

제 2 절 면담기술 · 실천지원기술과 내용확인기술

1. 실천지원기술

1) 초점화

초점화(focusing)는 사회복지사가 사회복지실천에서 중요한 어떤 부분을 강조하거나 집중시킬 때 사용하는 표현적인 의사소통 기술이며, 방법은 직접적인 질문, 비평, 암시 등을 말한다.

초점화 지침은 첫째, 클라이언트 자신이 가장 중요하다고 느끼는 문제나 문제의 일부를 선택하도록 도울 것이고 둘째, 사회복지사의 판단에서 도움이 가장 필요하다고 생각하는 문제를 선택할 것이며, 셋째, 너무 많은 질문을 동시에 제기하지 않도록 할 것이다.

2) 부분화

초점화를 통하여 문제의 일반적인 영역이 명백해졌지만 문제가 너무 복잡하고 클 때 이를 해결하기 위해 문제의 범위를 좁히는 것으로 문제를 여러 개의 작은 부분으로 나누어 초점을 모으는 것을 말하는 것으로, 부분화의 기준으로는 첫째, 긴급성이다. 사회복지사와 클라이언트가 생각하기에 명백하고 직접적인 부분으로서 가장 먼저 다루어야 할 부분이다.

둘째, 대표성으로 보다 큰 문제에 밀접하게 관련된 부분이다.

셋째, 처리가능성이다. 두려움이나 방어가 작용하더라도 클라이언트가 처리할 수 있는 부분으로서 기대되는 부분이다.

3) 정보공유

사회복지사가 지역사회의 환경가운데서 이용할 수 있는 자원들 즉 프로그램이나 서비스에 대한 정보를 클라이언트에게 알려주는 것으로 클라이언트가 정보를 발견하도록 교육하고 장려하는 일이다. 유의할 점은 사회복지사는 자신이 가진 정보를 공유하는데 있어서 사실과 의견을 분명히 구분해야 하며, 클라이언트가 자유롭게 받아들이거나 거절할 수 있는 여건에서 자료나 정보를 전달해야 한다.

4) 자기노출

자기노출은 대화도중 자신의 생각과 감정, 삶의 경험을 밝히는 것으로 사회복지사가 대화도중 자신의 감정이나 경험들을 적절하게 노출할 때 클라이언트는 사회복지사를 진실하고 진솔한 인간으로 인식하며, 신뢰감과 상호이해를 증진시킬 수 있을 것으로 본다.

유의할 점은 자신의 노출이 클라이언트의 문제해결을 위한 목표나 목적과 관련이 있는지, 또 클라이언트에게 도움이 될 것인지 스스로 자문하며 사용해야 하며, 부적절하게 사용하게 된다면 클라이언트가 사회복지사의 정서적 안정이나 전문적 능력에 대해 의문을 가질 수 있으며, 이 경우 오히려 전문가로서의 신뢰감을 주는데 방해가 될 수 있다. 그리고 클라이언트를 사회복지사의 감정이나 행동의 원인으로 인정하도록 하지 않아야 한다.

5) 재구성하기

클라이언트들이 새롭고 다른 방식으로 자신의 문제나 상황을 보도록 도와주는 것으로 그 효과는 이러한 기술은 종종 부정적인 상황에서도 긍정적인 면을 발견하도록 도와주기도 한다. 재구성 과정은 클라이언트들의 많은 문제와 상황들을 여러 가지 관점에서 볼 수 있도록 하는 것이다.

6) 대응

클라이언트의 말과 행동 사이에 불일치나 모순을 직접적으로 지적하는 기술로 다른 사람들을 공격하거나 비판할 때 쓰는 기술이 아니라 그들의 행동이 역기능적으로 되거나 언어적 메시지와 비언어적 메시지가 일치하지 않을 때 이용하는 기술이다.

지침으로 대응의 사용은 클라이언트가 자신의 모습을 바라볼 수 있도록 격려하는 차원에서 사용하여야 바람직하여야 하며, 대응을 사용할 때는 클라이언트의 생각, 행동, 감정 등을 신중하게 살펴야 하며, 분명한 불일치나 모순이 있을 시 사용하여야 한다.

7) 부연설명 기술

클라이언트가 한 말 가운데 핵심적인 내용을 반복하여 말하는 것으로 그 효과는 첫째, 사회복지사는 클라이언트에게서 들은 내용과 의미를 확인하기 위한 것으로, 사회복지사는 이를 자신의 말과 생각으로 정리하는 기회가 되며, 둘째, 클라이언트가 똑같은 내용을 사회복지사의 말과 생각을 통해 다시 듣게 됨으로써 자신의 말과 문제를 새로운 관점에서 들을 수 있는 기회를 갖게 되고 셋째, 이 기술을 사용할 때 클라이언트는 사회복지사의 부연설명을 수용하거나, 확인해 주거나, 수정 혹은 변경할 수 있다.

주의할 점은 첫째, 부연설명이 비하적인 단순한 흉내 내기가 아니고 둘째, 이미 이야기된 주제에 대해 약간 달리 표현될 때나 부적절하게 표현될 때 클라이언트는 자신이 잘못 말하거나, 사회복지사가 잘못 이해하고 있는 것으로 의심할 수 있다 셋째, 클라이언트가 말하지 않은 것을 마치 말한 것처럼 전달할 위험성을 조심해야 한다.

2. 내용확인기술

사회복지사가 지금까지 클라이언트와 의사소통을 해온 내용과 의미를 이해했다는 것을 확인하는 기술로 명료화하기, 바꾸어 표현하기, 요약하기, 피드백 주고받기 등이 있다.

1) 명료화하기

클라이언트가 표현을 분명하게 할 수 있도록 격려함과 동시에 클라이언트가 말한 내용을 사회복지사가 잘 이해하고 있는가를 확인하기 위해 하는 질문을 말하며, 클라이언트가 한 말을 사회복지사가 보다 이해하기 쉬운 말과 생각으로 정리를 하기 위한 것으로, 특히 클라이언트가 겪고 있는 가장 중요한 문제나 어려움을 파악하고, 확인하고, 순위를 정할 때 사용된다.

장점은 다음과 같다.

첫째, 사회복지사가 클라이언트의 이야기를 주의 깊게 경청하고 있으며 한편으로는 클라이언트가 하는 이야기에 중요성을 부여하고 있다는 것을 보여주게 된다.

둘째, 자신의 이야기를 누가 자세히 들어주고 확인해 주는 것을 경험하지 못했던 클라이언트라면, 이러한 사회복지사의 주의 깊은 경청은 클라이언트에게 자신의 생각이나 감정을 확인받을 수 있는 기회를 제공하게 되어 자신감을 줄 수 있다.

단점은 다음과 같다.

면담의 흐름을 방해할 수 있으며, 클라이언트가 혹시 잘못 설명하고 있을 수 있다는 점을 암시하거나, 클라이언트가 말하는 것을 은근히 비난하는 것으로 느끼도록 할 수 있다.

예를 들어 아이를 심하게 야단치셨다고 하셨는데, 어떻게 야단을 치셨다는 건가요?"

2) 바꾸어 표현하기

명료화기술과의 차이점은 질문을 통해 내용을 확인하는 것으로 클라이언트가 말한 것을 바꾸어 말하는 것으로 바꾸어 표현하기에 해당한다.

사회복지사가 클라이언트가 말한 표현을 정확하게 반복하지는 않지만 다시 말하는 것으로 그 목적은 사회복지사가 클라이언트가 한 말을 비슷한, 다른 말로 다시 표현하면서 클라이언트의 말을 자신이 잘 이해하고 있는지를 확인해 보기 위해 사용하는 기술이다.

유의할 점은 클라이언트가 이미 한 말을 바꾸어 표현하게 될 때 클라이언트로 하여금 자신의 말한 것이 부적절하거나 분명하지 않아서 사회복지사가 다시 반복하는 것으로 오해할 수 있으며 말한 것의 의미를 다르게 바꿀 수 있으므로 조심해야 한다.

3) 요약하기

지금까지 클라이언트가 한 말의 내용과 그 속에 담겨 전해진 감정들을 전체적으로 묶어 정리하는 것을 말한다. 적절한 시기에 5분 또는 10분 동안 나눈 대화의 내용과 그 속에 담겨져 있는 감정들을 정리하고 확인함으로써, 사회복지사가 클라이언트의 말을 세심하게 들어왔으며, 감정의 세세한 흐름까지도 정확히 파악하고 있다는 것을 보여주는 기술이다.

유용한 점은 다음과 같다.

첫째, 사회복지사는 새로운 면담(세션)을 시작할 때 이전의 면담에서 다룬 대화의 요점을 끌어내거나 요약할 수 있다.

둘째, 이 기술은 이제까지 논의된 핵심적인 내용을 간략하고 정확하게 부분적으로 혹은 상세하게 정리해 준다.

셋째, 클라이언트와의 면담에서 방향을 잃었을 때 혹은 주제에서 벗어났을 때 한 주제를 정리하고 새로운 주제로 옮겨갈 수 있도록 해 준다. 이 기술은 면담시간을 만족스럽게 마감할 수 있도록 돕는다.

4) 피드백(feedback)주고받기

클라이언트가 수행한 어떤 행동에 대해 반응하거나 평가하는 것으로 긍정적,

부정적 피드백 주고받기 모두 장점이 있다.

장점은 분명하고 솔직한 피드백을 주면, 클라이언트에게 있어서는 목표를 성취하는데 있어서 일련의 행동이 제대로 수행되고 있는지를 확인하는 방법이 되고, 의사소통에 있어서 말 뿐만 아니라 감정적인 내용을 짚고 넘어갈 수 있도록 해준다.

주의할 점은 부정적인 피드백일 때는 클라이언트와 사회복지사 사이에 감정이 격해질 수 있으며 마음에 상처를 줄 수 있고, 긍정적인 피드백일 경우에도 어떤 클라이언트들은 다른 사람이 제공하는 피드백을 단순한 입발림으로 생각하여 싫증이 나 있을 수 있으며, 자신의 고통이나 어려움에 대해 진심어린 말이라기보다는 겉치레로 말한다고 여길 수 있다. 또한 클라이언트의 반응을 생각해 보는 것은 중요하며, 긴장감이 조성되어 있다면 다음 기회로 넘길 수 있다 그리고 어떤 생각이나 진술에 대한 피드백보다는 행동에 대한 피드백을 제공하는 것이 더 바람직하다.

3. 상담의 단계

상담의 단계는 다음과 같다.

1) 초기 단계

상담의 초기단계란 상담자와 내담자 사이에 첫 만남이 이루어지는 순간부터 시작해서 이후의 몇 번 간의 만남을 말한다. 초기 단계의 가장 큰 목표는 상담의 기틀을 제대로 잡는 일이다. 상담의 기틀을 잡기에는 다음과 같은 네 가지 내용들이 포함된다.

(1) 라포 형성

라포 형성은 상담자가 내담자로 하여금 적극적인 방향으로 성장할 수 있도록 자신의 내적인 자원을 이용하게 하며 의미있는 생활을 영위할 수 있도록 개인의 잠재력을 실현하게 하는 역동적 과정이다.

한 가지 중요한 요인은 상담자와 내담자 간에 성립된 관계가 내담자 세계의 축소판이라는 점이다. 그 소세계는 내담자가 다른 사람들과 관계를 맺는 유형을 반영해 준다.

(2) 내담자의 문제 이해

내담자의 문제가 무엇이고, 그것이 어떠한 배경에서 발생하였는지를 확인하는 것은 상담의 필수 사항에 해당한다.

① 도움을 청하는 직접적인 이유의 확인.

② 문제의 발생 배경의 탐색

문제가 어떤 배경에서 나오게 되었는지를 확인함으로써 상담에서 실제로 초점을 맞춰야 할 문제 증상을 보다 명확하게 할 필요가 있다.

㉠ 왜 지금 문제가 되는가?

㉡ 과거에 비슷한 문제는 없었는가?

③ 문제 해결 동기의 평가

상담을 움직이는 힘은 어디까지나 문제를 해결하고자 하는 내담자 자신의 확고한 의지로부터 나오므로, 성공적인 문제 해결을 위해서는 내담자의 적극적인 참여와 협조가 필요하다. 비자발적 내담자들은 자신에게는 상담을 받아야만 할 아무런 문제도 없다고 믿기 때문에 상담에 대한 동기가 약하다고 볼 수 있다. 따라서 그들에게 상담이 어떤 것인지, 상담을 통해 무엇을 할 수 있고, 그것이 그들 자신에게 어떤 도움이 될 수 있는지, 그리고 상담을 활용해서 해결하고 싶은 문제는 없는지에 관한 이야기를 충분히 나누는 것이 필요하다.

2) 중기 · 후기단계와 면담기술

상담의 중기단계는 내담자 호소 문제를 이해하고 설정한 상담목표를 달성하기 위해 구체적인 작업하고 내담자문제를 좀더 심도 있게 다각적으로 탐색하고 탐색이 더해감에 따라 내담자가 자신의 문제에 대한 자각이 이루어지는 시기이다. 이때 상담자가 지닌 이론적 관점에 따라 적절히 상담(전략, 절차, 기법)들이 적극 활용한다.

3) 목표달성을 위한 상담기술

보다 깊은 심층적 공감은 내담자의 대화 속에 내포되기는 했지만 명확하게는 표현되지 않은 부분을 상담자가 파악해 내담자로 하여금 자신을 더 깊이 이해하도록 돕는 기술이다.

4) 종결 단계

내담자가 원했던 변화가 일어나게 되면 상담은 종결된다. 그러나 모든 상담이 성공적으로 종결되는 것은 아니다. 상담자로서는 여러 가지 전문적인 노력을 기울였지만 당초에 설정했던 목표의 달성에 실패하는 경우가 있다.

제 3 절 면담기술

1. 핵심도달기술

1) 면담의 목적 및 초점 유지하기

클라이언트로 하여금 적절하지 못한 이슈에서 벗어나 면담의 핵심과 목적에 충실하도록 돕는 기술로서 사회복지사나 클라이언트 사이의 라포(유대관계)나 신뢰관계를 방해하지 않으면서 면담의 목적이나 초점에 충실하도록 하는 기술로 대화가 딱딱해질 수 있다.

핵심이나 목적에서 벗어나는 이유는 첫째, 가끔은 클라이언트가 사회복지사와 면담을 하고 있기는 하지만 자신이 원하는 것이 무엇인지 혼란스러워할 수 있다. 둘째, 클라이언트들이 항상 준비된 상태에서 사회복지사에게 면담을 요청하는 것이 아닐 수 있으며, 클라이언트가 자신의 어려운 문제를 쉽게 이야기할 수 없는 경우도 있다.

유용한 시기는 이제까지 한 가지의 문제에만 지나치게 초점을 둔 나머지 다른 문제에 대해서는 다루지 못했을 때 사용된다. 또한 다룰 내용이 없어지고 같은 내용이 반복적일 때, 논의 내용이 주변적이거나 관련성이 없이 핵심에서 벗어나 있을 때, 어려운 주제에서 벗어나 이 주제에 다시 초점을 맞출 필요가 있을 때나 논의 내용 때문에 격한 정서적 감정을 불러일으켜서 진정하고 균형을 유지할 필요가 있을 때 사용된다.

2) 고취, 촉구시키기(prompting)

클라이언트가 말을 시작하거나 계속하도록 할 때 활용하는 것으로서 더 많은 이야기나 추가로 설명할 것을 권하거나, 한 가지 진술 내용과 다른 진술 내용을 연결시킴으로써 계속하여 말을 할 수 있도록 하거나, 중단된 문장이나 말을 끝맺도록 할 때 사용하는 기술이다.

주의할 점은 촉구시키기 기술을 사용하기 위해 상대방의 이야기를 차단하여 대화의 흐름을 끊을 수가 있다. 상대방에게 강압적으로 들릴 수 있으므로 배려하고 돌보기 위해서 촉구기술 사용함을 느끼게 하여야 한다. 여기에 목소리의 톤, 친절한 어조사용, 적절한 시기를 고려하여야 한다.

3) 탐색하기(probing)

클라이언트로부터 보다 구체적이거나 자세한 정보 혹은 특정정보에 대해 자세하게 알고자 할 때 활용하는 기술로서 의사소통 과정에서 종종 주제에서 벗어나는 말을 하는 클라이언트를 대상으로 정확한 정보를 수집할 때 활용하는 기술이다.

클라이언트의 경험을 이해하거나 전체적인 윤곽을 이해하는 데 도움이 되는 정보를 수집할 때 유용하며, 클라이언트가 진술한 내용 가운데 모호한 부분이 있을 때 활용한다.

탐색하기의 구분은 다음과 같다.

첫째, 명료화 탐색으로 보다 자세한 설명을 위해 탐색을 요하는 기술이고 둘째, 완결을 위한 탐색으로 빠트리거나 다루지 못한 혹은 지나쳐 버린 내용을 탐색하기 위한 기술이다.

셋째, 반응적 탐색이다. 클라이언트의 생각과 감정에 초점을 두면서, 클라이언트의 정서적 깊이를 탐색하기 위한 기술이다. 예를 들어 상황으로 직업훈련상담을 제공하는 기관에서 30대의 저소득층 여성 클라이언트와 면담한 내용으로 이 여성은 국민기초생활대상자이며, 남편은 지체장애인이다.

사회복지사: 부인께서 일하는 것에 대해 가족들은 어떻게 생각하나요?

클라이언트: 아이들 모두가 찬성을 하지요.

사회복지사: 모든 아이들이 찬성한다고요?(명료화 탐색)

클라이언트: 글쎄요. 아이들은 일하는 것이 나를 위해서도 좋다고 생각하는 것 같아요. 일을 하면 집안일 이외에 다른 취미를 가질 수도 있으니까요.

사회복지사: 그러면 남편께서는 어떻게 생각하시나요?(완결탐색)

알아보지 못했던 반응을 알아보는 것이다.

주의할 점은 다음과 같다.

첫째, 클라이언트가 자칫 방어적이거나 숨기려는 태도를 보일 수 있으며, 잘못 사용하면 마치 클라이언트를 심문하는 느낌을 줄 수 있다.

둘째, 면담을 하는 사회복지사는 적극적이지만 자칫하면 클라이언트는 수동이 되는 단점을 가질 수 있다.

셋째, 핵심적인 문제에 다가가지 못하고 주변을 맴돌 때 사회복지사는 가설(만약 -한다면)을 활용하여 주제와 연결시키도록 하며, 특정 질문을 하는 이유에 대해서도 설명해 줄 필요가 있다.

4) 침묵의 활용

(1) 침묵에 대한 잘못된 생각

첫째, 사회복지사나 클라이언트는 면담과정에서 항상 말을 해야 하며, 침묵하는 동안에는 의사전달이 없으므로 빨리 깨트려야 한다는 생각이다.

둘째, 면담과정에서 클라이언트가 지나치게 침묵하면 면담은 성공적이지 못할 것이라고 생각한다.

셋째, 침묵은 거부 혹은 거절을 의미하는 것일 수도 있어서 클라이언트가 침묵을 할 경우 사회복지사가 자신의 전문적인 능력에 대해 의구심을 갖기도 한다.

(2) 침묵에 대처하기

면담 도중의 침묵은 불안이나 위협이 아니라 오히려 기회일 수 있다고 생각하며, 조용히 생각할 기회가 마음속의 자세한 감정을 헤아릴 수 있다

둘째, 간단한 침묵의 경우 사회복지사는 조용히 인내심을 가지고 조심스러운 침묵으로 대응하는 것이 필요하며, 침묵이 길어질 경우 원인을 파악하여 대응할 필요가 있다.

예를 들어 첫째, 클라이언트가 대답하기 힘든 질문에 대해 적절한 내용의 답을 발견해 내지 못하고 있는 경우 둘째, 답을 하기에 너무 감정이 격해 있는 경우 마음이 편해지시면 말씀하세요 셋째, 질문상황 또는 면담상황 전체에 불만을 가지고 저항하고 있는 경우 등이다.

유의할 점은 다음과 같다.

첫째, 면담 상태에서 침묵이 있기 위해서는 두 사람, 즉 사회복지사와 클라이언트 모두가 침묵하고 있어야 한다.

둘째, 침묵은 무언의 의사소통 과정이기 때문에 침묵을 통해 전달하는 의사소통의 내용이 무엇인지 파악하는 것이 중요하다. 즉 그것이 '생산적인 침묵'인지 아닌지를 파악하고 이에 따라 대처해야 한다.

셋째, 짧다고 생각되는 침묵도 실제에서는 매우 긴 침묵의 시간이 될 수 있음을 주의해야 한다.

2. 질문기술

1) 개방적 질문

개방식 질문은 제가 무엇을 도와드릴까요? 선생님의 자녀들에 대해서 말씀해 주시겠습니까? 교통사고로 인해 선생님의 자녀가 받은 충격이나 피해는 어떤 것

이 있는지요?와 같이 클라이언트에게 선택의 자유를 주고 자신의 생각이나 감정을 자유롭게 표현할 수 있도록 한다.

클라이언트는 자신이 원하는 속도나 시간에 맞추어서 대답을 할 수 있으며, 특정한 문제나 염려에 대해 응답을 할 것인지 아닌지에 대한 선택의 자유를 가질 수 있다.

장점은 클라이언트가 하고 싶은 말을 충분히 하도록 함으로써 많은 정보를 수집할 수 있다.

단점은 답변내용의 범위에 제한이 없어서 필요하지 않는 정보를 얻을 수 있다. 이러한 경우에 사용할 효과적인 방법은 막연한 질문에서 구체적 질문으로 질문의 범위를 좁혀가면서 필요한 정보를 얻을 수 있다.

명료화과정으로서 사례를 들면 선생님의 자녀의 행동에 대해 말씀해 주시겠습니까? 또는 자녀의 행동 중에서 좋은 점과 나쁜 점을 말씀해 주시겠습니까? 그리고 자녀가 친절하게 한다는 것은 무엇을 의미하는지 그 예를 들어주시겠습니까? 등의 과정이다.

유의할 점은 다음과 같다.

면담 초기에는 개방질문을 많이 사용하는 것이 좋으며, 자신의 생각이나 감정을 언어로 표현하는 데 익숙하지 않는 클라이언트에게는 오히려 위협이 되거나 불안감을 줄 수 있음에 유의해야 한다. 그리고 어떤 클라이언트는 개방질문에 답하면서 자신의 무지나 무식을 두려워할 수 있다.

2) 폐쇄질문

폐쇄질문은 시간이 제약된 상황에서 사실이나 자세한 정보를 얻고자 할 때나 위기적인 상황에서 신속하게 정보를 얻고자 할 때 활용하면 유용하며, 면담을 집중해서 하거나 새로운 주제에 대해 말할 때, 혹은 면담의 방향을 전환시킬 때, 민감한 주제나 감정에 다가가거나 벗어나려고 할 때, 면담의 속도를 빨리 하고자 할 때, 그리고 빠트린 내용을 확인하고자 할 때 사용할 수 있다. 예를 들어, 선생님의 성함은 무엇입니까? 자녀는 몇 인가요?

그 때문에 부인께서 화가 나셨군요? 등으로 예, 아니요로 답할 수 있거나, 혹은 이름, 주소, 연령 등과 같은 아주 간략한 답을 할 수 있는 질문이다.

장점은 다음과 같다.

첫째, 클라이언트가 당황하거나 정신이 혼미하여 말에 초점이 없을 경우에 초점과 방향을 유도하기 위해 요긴하게 사용할 수 있고 짧게 답할 수 있도록 하였다.

둘째, 자신감이 결여되어 있는 클라이언트를 대상으로 활용할 수 있도록 하였다.

셋째, 타인을 신뢰하지 못하거나, 말이 적은 사람 혹은 자신의 생각과 감정을 표현하기 어려운 사람들에게 사용할 수 있으며, 심각한 정신적 외상이나 상처로 인한 개방적 대답이 어려운 상황이다.

단점은 다음과 같다.

첫째, 질문에 대해 클라이언트가 매우 제한된 범위 내에서 응답하게 되고 클라이언트가 심문을 당하는 듯한 느낌을 가질 수 있다.

둘째, 면담과정이 클라이언트에게 위협적일 가능성이 있거나, 딱딱하고 답답한 진행으로 인해 면담이 지루해질 가능성이 있다.

유의할 점은 다음과 같다.

첫째, 질문을 하는 사회복지사에게 더 많은 책임이 지워지기 때문에 질문을 선택하고 구성할 때와 답을 들을 때 신중을 기해야 한다.

둘째, "왜"라는 질문은 클라이언트에게 추궁받는 느낌을 갖도록 하므로 피해야 한다.

셋째, 같은 질문이라도 면담자의 목소리, 질문시기, 질문하는 단어의 선택 및 배치에 따라 다른 의미를 전달할 수 있으므로 유의해야 한다.

3) '무엇' 질문하기

질문하기 가운데 가장 많이 활용되는 기법이자 가장 중요하게 취급되어야 할 기법으로 '무엇'을 구성하는 요소가 매우 불특정하기 때문에 클라이언트가 원하는 문제나 주제에 대해 자유로운 선택이나 논의를 할 수 있다. 과거보다는 현재에 초점을 두면서 필요한 경우에 한해서 과거에 관한 질문을 할 수 있다. 예를 들면, 선생님 가정에 무슨 일이 일어나고 있나요? 학생이 이 문제로 고민하도록 하는 것이 무엇이지? 그 문제를 해결하기 위해서는 무엇이 필요합니까? 등이다.

단점은 '무엇'을 선택할 지 혼돈에 빠져 있는 클라이언트나, 궁극적으로 문제 상황에 대해서는 논의하기를 꺼려하면서 논의의 핵심을 벗어난 주변적인 주제를 클라이언트가 선택할 가능성이 있으므로 자칫 시간을 낭비할 수 있다.

4) 피해야 할 질문

(1) 유도하는 질문

클라이언트로 하여금 일정한 방향으로의 응답을 유도하기 위해 질문하는 것으로 예를 들면 당신은 그것이 잘못되었다고 생각지 않아요? 당신이 싸우고 싶어 했던 것이 사실이지요?

이러한 질문은 주어진 상황에서 클라이언트가 가졌던 감정이나 생각을 솔직하게 드러내도록 하기보다는 방어적인 입장에서 대답하거나, 사회복지사의 비위를 맞추기 위해 솔직하지 않는 대답을 하도록 압박을 가할 수 있다.

(2) 지나친 '왜'라는 질문

'왜'라는 용어는 책임을 추궁하거나, 몰아세우는 인상을 주며, 모르는 상황에서 답변을 강요할 수 있으므로 피해야 한다. 대부분의 클라이언트는 자신의 행동은 물론 타인의 행동 또는 감정에 대한 정확한 이유를 잘 알지 못함. 따라서 '왜'라는 질문을 받을 경우 짐작으로 대답하거나 사회적으로 용인될 수 있는 답을 하게 된다.

'왜'라는 용어보다는 '어떻게' '무엇이' '어디서' '언제' 등의 의문부사를 사용하는 것이 클라이언트로 하여금 방어적 자세를 예방하고, 심판 받는 느낌을 감소시키며, 보다 솔직하고 자연스러운 답변을 유도할 수 있다.

(3) 중첩 질문

첫째, 중첩 질문은 한 질문 속에 여러 가지 내용의 질문이 섞여 있는 것이며 이를 피해야 하는데 예를 들면 "말씀을 들어 보니 아들이 학교에 가지 않는 것이 걱정이시군요. 학교에 가지 않을 때 아들이 무엇을 하나요? 학교에서는 어떤 반응을 보이나요? 아들이 어떤 친구들과 주로 시간을 보내는지 알아 보셨나요? 등이다.

둘째, 중첩질문을 하면 클라이언트는 사회복지사의 질문에 순서대로 대답하기보다는 클라이언트가 대답하기 편한 질문에 우선 순서대로 대답하게 되므로, 사회복지사가 원하는 답을 얻을 수 없다.

(4) 모호한 질문

"당신에 대해 말씀해 주세요."보다는 "당신의 장, 단점에 대해 말씀해 주시죠."가 구체적이 듯이 대명사를 많이 사용하거나, 상황에서 벗어난 질문, 클라이언트가 질문의 방향을 이해하지 못하는 질문. 이를 피하기 위해 구체적인 질문이 바람직하다.

사회복지 상담의 어려움에 직면한 클라이언트를 상담한다는 것은 상담의 기법을 사용하기에 앞서 그 사람을 도와주기 위한 인간적인 노력이다. 클라이언트의 입장에서 문제를 파악해야 하고 클라이언트의 입장이 존중되어야 한다. 사회복지사는 클라이언트가 스스로 문제를 해결해 나갈 수 있도록 원조해 주는 사람의 입장이다. 사회복지 실천에서의 상담기술 면담을 위한 준비를 철저히 했을 때, 면담의 효율성을 높이며 클라이언트의 만족도를 높일 수 있다. 분위기 조성기술, 물리적 환경, 심리적 분위기 조성, 경청을 할 때에는 묵묵히 들으며 인내하는 것이 아니라, 공감하며 마치 내가 그런 상황에 처한 것처럼 같이 느끼려고 노력하면서 들어야 한다. 주의집중과 경청 침묵의 활용 사회복지 실천에서의 상담기술 표현기술 상담과정에서 말하기는 대부분이 질문하지만 질문 외에도 지지나 확인, 정보제공, 설명하기 등의 여러 상담기술의 중요성을 들 수 있다.

3. 언어적 기술과 비언어적 기술

사람과 사람간의 의사소통이 이루어지는 실제 상황에서는 언어적인 것과 비언어적인 것이 섞어져 나타나기 때문에 이를 명확하게 구분하기는 매우 어렵다고 보아야 한다.

효과적인 의사소통에 필요한 언어적 기술과 비언어적 기술은 다음과 같다.

1) 언어적 의사소통 기술

언어적 의사소통이라 함은 언어로 이루어지는 의사소통으로 어떤 사람이 말하는 것의 내용이라고 할 수 있다. 이러한 의사소통의 주된 통로로 개인의 내면적인 상태와 의도를 전달함에 있어서 가장 효과적인 방법이라고 할 수 있다. 언어적 의사소통 기술에는 다음과 같다.

(1) 적극적 경청

경청이란 의사소통의 기본적 과정으로 상대방이 전달하고자 하는 메시지 내용에 주의를 기울이고 이해하려고 노력하는 행동이다. 클라이언트가 말하고자 하는 모든 메시지에 반응하는 매우 적극적인 과정으로 모든 유형의 대화에 있어 기본적인 기술이다. 이러한 경청에는 소극적 경청과 적극적 경청의 두 가지 유형으로 구분할 수 있다.

① 소극적 경청

수동적으로 들어주는 형태로 상대방의 이야기에 대해 질문하거나 반박하는 것과 같은 외현적 표현을 하지 않고 단지 들어주는 것이다.

② 적극적 경청

외현적 표현을 하면서 듣는 형태로 다음과 같은 과정을 거치게 된다.

③ 반영

반영하기는 의사소통 과정에서 상대방이 전달하고자 하는 내용에 대해 자신이 이해하고 있는 정도를 나타내 보이는 것으로 사회복지사가 클라이언트의 입장에서 클라이언트에게 깊은 관심이 있음을 나타내는 한 방법으로 느낌, 경험, 내용의 세 가지 영역이 있으며 이러한 것은 환자의 경험을 이해하기 위함이며 또한 클라이언트가 지각하는 대로의 세계를 이해하기 위함을 그 목적으로 한다.

④ 공감

상대방이 전달한 내용에 대한 사실적인 이해의 수준을 넘어 그 사람의 주관적인 정서 상태에 대한 이해 수준을 공감이라고 하며 이러한 공감은 자신의 상황과 감정이 상대로부터 잘 이해되고 있으며 수용된다는 느낌을 받게 되어 상대방에 대한 신뢰가 높아지고 의사소통과정에서 자기노출의 정도를 높일 수 있게 한다.

(2) 나-메시지(I-message)

상대방이 나에게 무리한 요구나 무례한 태도를 보여서 내가 무시당했다고 느끼게 되고 기분이 상할 수도 있는 경우가 있을 수 있다. 그러나 상대방이 나의 불쾌한 감정을 간파하지 못하거나 혹은 잘못 알고 있다고 하더라도 원활한 인간관계를 위해서는 내가 느끼는 감정의 원인에 대해서 진술, 자신의 감정 상태에 대한 정보, 타인의 행동과 행동 변화에 대한 바람을 포함하는 메시지를 상대방에게 정확하게 전달하여야 한다.

나-메시지(I-message)의 사용은 상대방의 감정을 상하게 하지 않으면서 자신이 하고자 하는 말을 상대방에게 정확하게 전달할 수 있게 한다.

그러므로 나-메시지를 사용함으로써 상대방에게 공격적이지 않으면서 분명하게 자신의 감정을 분명하게 요구함으로써 오히려 상대방과의 관계를 개선시킬 수 있다.

(3) 질문하기

질문은 상대방에게 추가적인 정보를 묻고 상대의 감정이나 의견, 태도 등을 확인하는 것으로 상대방에 대한 관심과 호기심의 표현이 될 수 있다. 그렇지만 자칫 질문하기는 의사소통과정을 통제하는 방법이 될 수도 있으므로 이러한 것은 적절한 시기와 내용에 대한 고려가 있어야 한다.

(4) 설명하기

설명하기는 자기 자신이 알고 있는 정보를 상대방에게 정확하고 명확, 신속하게 그리고 충분하게 제공하는 것으로 설명하기는 중요한 의사소통 과정의 하나라고 본다.

(5) 자기주장

타인의 권리를 존중하면서 동시에 자신의 생각이나 감정, 신념을 솔직하고 직접적으로 표현함으로써 자신의 개인적 권리를 주장하는 것이다. 이러한 자기주장은 다른 사람의 권리를 무시하고 위협하면서 자신을 주장하는 것과는 다른 것이다. 이러한 자기주장에는 타인에게 부탁이나 요청하기, 허락하기 어려운 타인의 요구 거절하기, 자신의 긍정적 감정과 부정적 감정을 솔직하게 표현하기 등에 내용이 포함될 수 있다.

(6) 자기노출

주변 사람들에게 잘 알려지지 않은 자신의 정보를 상대방에게 의도적으로 노출하는 것이다. 시기적절한 자기노출은 상대방에게 하여금 경계심을 완화시키고 더불어 상대방의 자기노출을 할 수 있게끔 할 수 있어 솔직하고 깊이 있는 대화를 가능하게 한다는 장점이 있다.

(7) 강화주기

상대방에 대한 인정, 칭찬, 격려의 메시지를 전달하는 언어적 표현이다. 강화를 받음으로써 자기 자신이 상대방에게 이해받고 있다는 생각, 자신감과 자존심을 향상시켜 줌으로써 의사소통을 촉진시킬 수 있다.

(8) 유머

유머는 때와 장소, 상대를 고려한 적절한 유머나 농담은 의사소통을 원활하게 할 수 있게 해 주지만 그러나 때론 내용이나 상황에 부적절한 경우 오히려 부작용을 초래할 수 있으므로 주의가 필요하다.

(9) 조언

사회복지사가 흔히 하는 정보제공활동이다.

(10) 요약

클라이언트가 말하는 내용, 느낌, 말의 목적, 시기, 효과 등의 과정이 포함되는 것으로 대화가 끝난 다음에 그 동안 나눈 대화의 느낌과 사고들을 하나의 문장으로 정리하는 것이다.

2) 비언어적 의사소통 기술

비언어적 의사소통 기술은 언어를 전혀 사용하지 않고 정보를 전달하는 소통방식이다라고 생각하면 되는데 얼굴표정, 제스처, 자세 및 외모와 같은 표정 행동들을 포함하는 가시적 채널과 말의 내용이 제거되었을 때에 언어 신호에 남아있는 것 음성의 높고 낮음(고저), 크기, 속도, 음성의 질, 말소리의 억양과 같은 부언어적 채널이 이에 해당된다고 본다.

(1) 가시적 채널

① 거리

사람들은 자신 주위의 물리적인 공간을 자신의 일부인 것처럼 취급하는 경향이 있으며 이런 영역을 개인공간이라고 한다. 어떤 사람이 다른 사람에 대해서 보다 더 친하고 가깝게 느낄수록 그 사람은 더 가깝게 느껴지는데 친구들은 낯선 사람들보다 친하게 지내고 싶은 사람이나 성적인 매력을 느끼는 사람들에게 보다 더 가까이 선다. 이처럼 가까이 선다는 것은 대개 우정이나 관심의 한 신호가 되는데 친밀한 거리와 개인적 거리와 공적거리는 우연히 알게 된 사람 또는 낯선 사람들 간의 보다 공식적인 상호작용에서 나타난다고 본다.

② 얼굴표정

미소, 고개를 끄덕이거나 흔들기, 입을 우물거리기, 인상을 쓰는 것 등의 표정을 통하여 메시지를 전하는 것으로 얼굴 표정은 개인의 감정을 표현하는 비언어적 수단이다. 의사소통의 과정에서 자신의 감정을 얼굴 표정으로 드러내지 말아야하는 경우도 있고, 반대로 분명하게 표현해야 할 때도 있다. 아울러 상대방의 얼굴 표정을 통해 상대의 감정과 태도를 정확하게 알아내는 것도 의사소통에서 필요하다.

③ 눈접촉

눈은 사람의 감정에 대해 많은 것을 전달하는데 의사소통에 참여하고 있는지의 여부도 알려주고 민감하게 반응하고 있는지, 이해를 하고 있는지를 나타내기도 한다.

대화중 오랫동안의 눈접촉은 상대방에 대한 관심을 표현하는 것이 될 수 있지만 지나치게 상대방을 응시하거나 뚫어지게 쳐다볼 경우 무례하거나, 화가 난 것으로 받아들여질 수 있으므로 조심해야 한다. 그러므로 눈접촉은 친밀감과 위협적인 의미로 사용될 수 있다는 양면성을 지니며 그 정서가 긍정적, 부정적인 것인지는 맥락에 따라 달리 해석될 수 있으나 상대에 대한 큰 관여나 높은 정서적 내용을 나타내는 것이라 할 수 있다.

④ 제스처 - 신체언어(body language)

의사소통의 과정에서 손, 발, 머리, 몸 등 신체의 움직임을 적절하게 사용함으로 해서 전달하려는 메시지의 의미를 더욱 분명하게 전달하거나 강력하게 할 수 있다. 상대방의 자세나 신체적 움직임을 관찰하여 그 사람의 생각이나 말하고자 하는 내용을 정확히 알 수 있다고는 하나 제스처에 대한 의미가 항상 동일하게 해석될 수는 없으며 따라서 각각의 상화에 대한 맥락이나 행위를 하는 사람, 그리고 상대방애 속한 문화에 대한 정확한 이해가 수반되어야 하며 이러한 것들이 고려될 때 정보를 보다 정확하게 파악할 수 있다.

예) 팔짱을 끼거나 다리를 꼬는 경우 : 상대방에게 방어적인 태도를 나타냄
팔과 손이 몸의 가장자리에 있을 경우 : 개방적인 태도를 나타냄
주먹을 쥔 경우 : 분노나 불안의 표시
다리를 떠는 경우나 안정 부절 못하는 경우 : 불안이나 신경질적인 태도

(2) 부언어적 기술

부언어는 말의 내용이 제거되었을 때 언어 신호에 남아 있는 것으로서 음성의 고저, 크기, 속도, 강약, 리듬, 억양 및 지연정도와 같은 요소들을 다양한 정보에 제공한다. 부언어는 상대방의 정서적 표현을 감지하는데 중요한 단서를 제공한다.

① 목소리의 어조

목소리는 감정을 반영하게 되는데 예를 들어 크고 힘이 있는 어조는 공격성이나 자신감을 나타내며 약하고 잘 들리지 않는 어조는 철회나 두려움 혹은 자신이 없음을 뜻하고 단조로운 어조는 흥미를 잃었음을 뜻한다고 보면 된다.

(3) 피드백

피드백은 정보를 정확하게 전달하고 자신의 이해를 명료화하는 과정이라 할 수 있는데 이러한 피드백을 통해 메시지의 의미를 정확히 확인하고 사람간의 의사소통을 명료화하고 분명하게 해줄 수 있다. 상대방이 전달하고자 하는 내용이나 의미를 정확하게 이해했다는 확신이 들지 않을 때 상대방에게 자신이 이해한 바를 말해 줄 필요가 있다. 이러한 피드백을 서로가 주고받음으로써 양쪽 모두 공통된 이해를 할 수 있다.

의사소통의 과정에서 피드백을 효과적으로 사용하기 위해서는 다음 3가지 요소들이 고려되어야 한다.

① 시기적으로 적절한 시점에 제공되어야 한다.

② 의사소통 과정 중간에 적절한 빈도로 제공되어야 한다.

③ 정확하게 제공되어야 한다.

의사소통기술이라는 것은 자신의 생각이나 감정을 타인에게 정확히 전달하고 타인이 표현하는 생각과 감정을 정확히 받아들이는 기술이다. 효과적인 의사소통을 위해 말로 표현하는 언어적인 부분과 얼굴표정, 제스처, 목소리의 고저 등 비언어적인 기술을 적절히 사용함으로써 자신이 전달하고자하는 생각과 감정을 상대방에게 정확하게 전달하고 또한 상대방의 생각과 감정 등을 주관적인 관점이 아닌 객관적인 시점에서 정확히 받아들일 수 있도록 끊임없는 노력과 연구가 필요하다.

연습문제

1. 면담준비기술에 대하여 사례를 들어 설명하시오.

2. 면담기술-실천지원기술과 내용확인기술에 대하여 예를 들어 설명하시오.

3. 질문기술에 대하여 사례를 들어 설명하시오.

4. 경청에 대하여 그 의와 내용에 대하여 설명하시오.

5. 면담기술에 대하여 실제 경험적인 자료를 토대로 사례를 알아보고 소개하시오.

[선행학습 정답] : 1. ㉠ 폐쇄적 질문 ㉡ 개방적 질문 2. 치료적 면접
3. 감정이입, 통제된 정서적 관여 4. 50분

11
chapter

사회복지실천 개입기술(3)

〈선행학습〉

1. 생물학에서 유래하고 환경 속의 개인 관점은 환경요인이 인간의 기능에 미치는 영향은 인정했지만 인간의 문제를 사정할 때 개인의 행동이 환경에 영향을 주는 것을 충분히 인식하지 못한 채 환경에 대한 개인의 인식과 개인의 내적인 요인만을 지나치게 강조하는 모델은?
2. 펄만이 창안하고 진단주의와 기능주의의 절충형태로 클라이언트는 자기 자신이 문제를 해결지어야 하는 클라이언트의 자아가 중요하며 인간은 누구나 안전을 유지회복하며 문제해결에 의식적 무의식적으로 관여한 모델은은?
3. 펄먼의 4P이론이란?
4. 확대가족을 포함한 가족의 정보를 얻기 위해 사용되며 3세대 이상에 관한 정보를 주는 것으로 결혼이나 이혼 사망 등 중요한 생활사건이나 인구사회학적 특성을 알려주는 것은?

제 1 절 생태체계모델 주요 개입기술

1. 생태체계모델

1960년대에 들어서면서 전통적 사회복지실천이론이 갖고 있는 문제점들에 대한 비판이 활발해져 전통적 모델의 결점을 극복할 수 있는 새로운 대안적 방법을 모색하게 되었다. 1970년대에 들어서 사회복지 실천이론은 인간과 환경을 엄격히 구분하는 이분법적 사고를 비판하고, 인간과 환경의 교류작용(transation)에 초점을 두는 통합적 관점으로 양자 모두를 균형 있게 강조하는 국면에 접어들었다.

사회복지실천의 통합적 접근은 '환경속의 인간-PIE관점(person-in-environment)' 혹은 환경 속에서 상호작용하는 개인에 초점을 맞추는 다중체계적 관점(multisystem perspective)을 적용해 왔고 이는 생태체계적 관점(ecosystem perspective)이 근간이 되었다. Siporin(1980)은 이러한 관계를 인간과 물리적-사회적-문화적 환경의 상호작용과정, 자원의 상호 보충적인 교환과정으로 이해해야 한다고 제시한다.

생태체계(eco-system)라는 개념은 일반체계이론(Bertalanffy, 1967)에 생태학적 관점을 결합시킨 것으로, Bronfenbrenner(1979)가 인간발달을 분석하고 설명하는 가운데 체계론적 관점을 확대한 새로운 접근으로 '생태학적 체계이론(ecological systems theory)'이라는 용어를 사용하였고, Germain과 Gitterman(1980)이 '생활모델'이라는 사회복지모델을 제시하면서 사회복지실천에 자리잡게 되었다.

생태학이론은 인간·환경을 하나의 단일체계로 보고, 개인과 환경체계에 대한 개입뿐 아니라 인간과 환경과의 상호교류(transaction)에 대해 각 체계와 유사한 수준에 개입해야 함을 제시하고 있다.

생태학적 인간관은 환경 속의 인간관이라는 총체적 인간관과 더불어 낙관론적 관점 및 인간은 사회문화적 존재로 보는 시각으로 생태체계적 관점은 인간을 사고, 감정 및 관찰 가능한 행동들을 가진 생물학적·심리적·정신적·사회적 및 문화적 존재로 본다.

인간 발달과정은 진화론적이다 : 인간은 내/외부적 환경과 체계에 반응해서 변화하고 발달한다. 전통적 방법의 한계를 보완하고자 분화 및 전문화되어 있는 사회복지실천 방법을 통합하기 위해 등장한 시도이다.

생태체계이론의 개념은 크게 세 가지로 구분한다.

첫째, 인간과 환경 사이에 일어나는 상호교류와 관련하여, 적합성과 적응, 스트레스와 대처 등이다.

둘째, 인간속성과 관련, 유능성, 관계성, 역할 등이 속한다.

셋째, 환경특성에 관련, 인간성장과 발달을 촉진하는 물리적, 사회적 환경 등이 이에 속한다.

예를 들면, 클라이언트는 도시 저소득층 가족으로서 남편(34세, 지체장애3급)과 부인(32세), 아들(6세)이 쪽방 형태인 슬레이트집에서 단칸 월세 방에 살고 있다. 이 가족이 가장 우선적으로 호소하는 문제는 경제적 궁핍이었으나 가족 내의 여러 가지 문제가 있음이 나타나는 경우를 들 수 있다.

1) 사회복지실천에의 적용

(1) 적응과 부적응 관점

생태체계적 관점은 **환경 내의 인간**(Person-in-environment : PIE)에 대한 철학적 관점을 제공한다. 이 관점으로 볼 때 인간은 지속적으로 자신의 환경을 형성하고 또 그 환경에 의해 형성되어 가는 과정에 있다. 인간이 형성, 변화되어 가는 과정에 있으므로 변화를 위한 다양한 전략을 제공할 수 있다. 생태체계적 관점에서의 '부적응적'이나 '역기능적'이란 상태는 전통적 관점과는 다르다. 왜냐하면 전통적 관점에서는 고정적이었다면, 생태체계적 관점에서는 변화가능한 상태이기 때문이다.

생태체계적 이론의 실천적 모델인 "유능성"(competence model)에서는 유능성의 성취 정도에 따라 개인의 적응과 부적응을 사정한다. 여기서는 개인이 환경과의 상호작용에서 스스로 선택하고 결정할 수 있는 능력을 갖고 있으며, 자신에 대한 긍정적 시각과 능력에 대한 신뢰감을 지니고 있을 대 적응적 삶을 영위할 수 있다고 본다.

만일 개인의 욕구와 능력과 환경적 자원 사이의 불일치가 발생할 때, 심리사회적 스트레스를 경험하며, 이 때 개인의 생활문제가 발생한다. Germain과 Gitterman(1980)은 생활문제를 ① 생활전이 또는 새롭게 부과된 발달상의 요구와 역할, ② 조직적 자원과 사회관계망의 자원 또는 물리적 및 사회적 환경내에서 어려움을 포함하는 환경적 압력, ③ 가족 또는 다른 일차집단에서의 의사소통과 관계유형에서의 장애를 포함하는 부적응적인 대인관계과정이라는 상호 관련된 세 가지 생활영역이 포함되어 있다고 하였다.

(2) 개입목표

생태학적 이론에서는 개인을 개입의 기본단위로 보지만, 가족, 지역사회 또는 전체사회에 개입할 필요가 있다. 따라서 개입의 목적은 내담자의 개인적 성장을 도모하고, 개인적 독립성을 증진시키는 경험을 통하여 자존감과 문제해결능력 및 대처기술을 증진시키고, 조직 사회적 관계망 그리고 물리적 환경을 보다 양육적인 환경으로 변화시키는데 있다. 특히 환경적 수준에 개입할 경우에는 지역자원을 활성화하고, 지역사회를 조직화하며, 입법 활동이나 대변 활동 등을 통하여 정책형성에 영향을 미치는데 개입의 목적을 둔다.

(3) 치료자(원조자)의 역할

내담자 스스로가 자신의 문제를 해결할 수 있는 능력을 고양시키는데 초점을 두고 있다. 내담자와 원조자는 상호교류과정에서 상호간에 영향을 미치며, 원조자는 내담자의 주관적 현실을 경청하고 이해하여야 하며, 내담자와 함께 문제를 일으키는 요인을 판별하고, 문제표현방식을 파악하고, 문제를 경감시키기 위한 방안을 수립해야 한다. 이 때 원조자는 조력자, 교사, 촉진자, 중매자, 대변자, 조직가 등의 역할을 수행해야 한다. 또한 객관적이 중립성을 유지하기보다는 진정한 감정이입, 무조건적인 존경 그리고 진실성 등을 내담자에게 전달하여 촉진적 원조관계를 형성하여야 한다.

(4) 개입기법

생태체계학적 접근방법에는 다른 접근방법과 같은 기법과 기술을 쓰고 있지만, 내담자의 행동, 자율성, 자존감, 유능성의 증진을 통하여 적응능력을 고양하고 환경적 속성을 변화시키는 데 목적을 두고 쓰이고 있다는 점에서 다른 접근 방법과 다르다. 가장 많이 활용되는 사회적 관계망 분석, 가계도 그리고 권한강화기법에 대해서 알아보자.

(5) 사회적 관계망 분석

내담자와 환경 사이의 상호교류를 눈으로 확인할 수 있게 대표적인 도구가 생태체계도이다. 이는 생활공간 속에서 가족이 차지하는 위치를 도면으로 표시해주며, 각종 선들의 굵기나 형태를 통해 가족과 다양한 체계사이의 연결성을 파악할 수 있다. 그 외 가계도 생태도 등을 들 수 있다.

2. 일반체계 이론

생물학자 Ludwing von Bertalanfly에 의해 1940년 처음으로 제시된 이후 1960년대부터 주목을 받았다. 이 이론은 복잡한 체계의 관계 속성, 체계 내부의 상호작용특성의 이해를 위해 개발되었으며 체계요소들 간의 상호관련성과 상호의존성을 강조하는 체계적 시각을 가지고 과학적 사고의 급격하고 중요한 변화를 야기시켰다. 이 이론은 사회복지실천에 매우 중요한 영향을 미쳤으며 이러한 이론은 행동을 단순한 원인에 입각하여 설명하기보다는 다양한 변인들 간의 상호작용을 이해할 수 있는 개념적 준거틀을 제시하였다.

생태체계적 관점은 우리로 하여금 인간과 사회-문화-물리적 환경에 대한 총체적이고 역동적인 이해를 위하여 보다 큰 관점, 즉 보다 통합적이고 포괄적인 관심의 단위를 갖도록 해주었다. 생태체계적 이론은 상부구조로서, 다른 종류의 체계기능에 대한 상이한 유형의 많은 하위이론들을 결합적이고 통합적으로 사용할 수 있게 해준다. 이렇게 볼 때 전통적인 사회사업실천은 단편적 부분적이며 단선적, 제한적인 특징을 갖고 있어 정태적인 사회에서는 어느 정도 받아들여질 수 있었지만 오늘날과 같이 변화되고 동태적인 사회에서는 적용가능성이 의문시되지 않을 수가 없었다. 또한 지난날에 경시해왔던 환경을 중시하는 새로운 이론이나 지식체계들이 개발됨으로써 발전적이며 통합적인 사회사업실천방법론이 등장하게 되었다. 생태체계이론이전의 사회사업의 전문적 배경은 다음과 같다. 사회사업(social work) 가장 많이 인용되고 있는 정의는 Boehm의 것으로 "사회사업은 개인이 단독적으로 또는 집단 내에서 그의 사회적 기능을 강화시켜 주기 위한 하나의 모색이다. 사회적 기능의 강화는 인간과 그의 환경과의 상호작용으로 이루어지는 상호관계에 중점을 두는 활동이다. 이러한 활동은 세 가지의 기능으로 구별지어진다. 즉 병든 개인의 능력을 복귀시키는 기능, 개인과 사회자원을 보충시켜 주는 일, 그리고 역기능의 현상을 예방하는 기능이다"(W. W. Boehm, The nature social work) 한편 미국사회복사협회(NASW)의 Commission on Social Work Practice(1973)은 "사회사업은 개인과 집단과 지역사회를 도와서 그들의 사회적 기능을 나타내는데 필요한 능력을 회복하고 강화시켜 주는 전문적인 활동이다. 동시에 개인과 집단과 지역사회가 그들이 바라는 목표에 합당한 사회적 조건들을 창조해 낼 수 있도록 돕는다. 사회사업 실천은 사회사업의 가치관과 원칙과 기술을 다음의 목적을 위해서 적용한다. 즉 사람들로 하여금 실질적인 서비스를 받도록 도와주는 데에 적용하며, 개인과 가족과 집단에게 그들이 필요로 하는 상담과 심리 치료를 해주는 데에 적용하며, 지역사회나 어느 집단이 사회복지와 건강의 증진에 기여하고 또한 합당한 법의 입법 과정에 참여하도록 돕는데 적용된다"(조휘일 외, 『사회복지실천론』, 2001) 사회사업(social work)과 사회복지(social welfare)의 용어가 혼용되고 있으나 후자가 전문적인 전자보다 광범위하게 사용되고 있다(W. A. Friedlander, 1961).

사회사업은 전통적으로 그 대상에 따라서 개별사회사업(casework, 1917)과 집단사회사업(social group work, 1940년대: 가족, 1950년대)과 지역사회조직사업(community organization work, 1960년대)으로 구분하여 접근방식에 중점을 두고 발전하여 왔으나 한계점을 드러냈다.

1) 사회복지실천에의 적용

(1) 적응적 체계의 관점

환경속의 인간행동을 이해하는데 일반체계이론이 기여한 것은 체계가 성장, 변화하면서 안정성을 유지해가는 방법을 설명한 것이다. 일반체계이론에서는 개인의 문제와 증상은 역기능적 체계에 대한 은유인 동시에 적응방법으로 본다. 따라서 개인과 그의 정신내적 갈등에서 원인을 찾는 것이 아니라, 체계 내부 또는 체계와 환경 사이의 상호작용적 현상을 분석함으로써 증상의 원인을 찾는다. 이러한 증상은 역기능적인 것이지만 체계의 유지를 위해서는 필연적이다. 이러한 증상을 통하여 체계는 역기능적 상호작용유형을 지속적으로 유지함으로써 안정상태를 유지할 수 있기 때문이다.

(2) 개입목표

개입목표는 증상의 원인제거가 아니라, 체계 내부의 부분들 간의 상호작용이나 체계와 환경 사이의 관계를 변화시켜 증상을 제거한다. 그러므로 상호의존성과 상호관련성을 파악하여 증상을 일으키는 역기능적 상호작용유형을 제거함으로써 증상을 제거하고 개인의 기능을 증진시키는데 목적을 두고 있다. 따라서 개입의 목적은 전체 체계의 변화, 즉 2차 수준의 변화를 통한 증상의 제거이다.

이를 위해 과거보다는 현재 체계내의 역기능적 상호작용유형에 치료적 초점을 둔다. 왜냐하면 정신분석적 관점인 현재는 과거의 축적물이기 때문에 현재를 변화시키기 위해서는 과거를 변화시켜야 한다는 것과 반대로 과거는 현재 속에 용해되어 있기 때문에, 현재를 변화시키면 그 속에 녹아 있는 과거도 변화하게 된다는 이러한 점을 두고 볼 때 일반체계이론은 생물학적인 정신분석에 반하여, 실존주의적인 영향을 받았다고 할 수 있다. 왜냐하면 실존주의에서 보는 인간은 "지금 여기 이 자리에 있는 나"이기 때문이다.

따라서 체계적 접근 방법의 기본적 치료단위는 개인이 아니라 그 개인이 관계를 맺고 있는 체계 모두를 포함한다.

(3) 치료자 즉 변화대리인의 역할

치료자는 "변화대리인"(change agent)이다. Stein(1971)은 변화대리인의 역할을 다음과 같이 제시한다.

① 내담자체계가 역기능의 원천과 문제해결에 대한 자기인식을 증진하도록 원조해야 한다.

② 가족이 구조적 유형과 의사소통유형을 파악할 수 있도록 하여야 한다.

③ 가족이 문제와 어려움을 이해, 해결할 수 있도록 원조할 수 있는 현재 행동을 지적한다.

④ 가족에게 기능적 행동을 지도할 수 있는 질문과 기법을 활용한다.

⑤ 가족이 해결책과 자원을 발견하고 접근하고, 새로운 기능수준으로 옮아갈 수 있도록 한다.

2) 개입기법

개입기법이나 기술이 다양하지만, 체계적 가족치료에서 활용되고 있는 대표적인 기법에 대해 간단히 논하겠다.

(1) 상호작용 실연 및 경계선 설정

Minuchin의 **구조적 가족치료**에서 활용하는 대표적인 가족재구조화 기법이다.

상호작용 실연기법은 가족의 상호작용유형을 직접 확인하기 위하여, 말보다는 실제행동으로 재현해 보게 하는 기법이다. 예를 들어 "그때 남편에게 어떻게 하였는지 직접 보여줄 수 있으세요"라고 요청할 수 있다. 치료자는 이와 함께 의사소통유형을 변화시키기 위한 개입을 한다. 예를 들어 치료자는 관찰자로서 물러서는 것이다.

경계선 기법은 하위체계간의 독립성과 침투성을 허용할 수 있는 경계선을 만들기 위한 기법이다. 개별 성원의 경계선을 설정하기 위해서는 성원의 이야기를 경청하고 그의 관점을 인정해 주며, 다른 성원이 대신하여 답변하는 것을 통제하고, 한 성원이 가족의 기억창고(memory bank)로서의 역할을 못하게 하는 방법이 있다.

하위체계간의 경계선에는 부부하위체계, 부모하위체계, 형제하위체계, 조부모 하위체계 등이 있다. 각각의 고유한 역할을 유지할 수 있도록, 먼저 자신의 경계선을 인정하고 다른 체계의 경계선을 침범하지 않는 것 등 여러 가지 방법으로 경계선을 명확히 할 필요가 있다.

(2) 지시기법

지시기법은 직설적 지시, 은유적 지시, 그리고 역설적 지시가 있다.

직설적 지시는 치료자가 내담자에게 부 적응적 행동에 대해 직설적으로 표현하는 것이다. 은유적 지시는 가족이 문제를 밝히기를 꺼려하거나 토론하기를 원하지 않는 경우에 사용하는 기법이며, 치료자가 가족이 특정 행동을 해주었으면 하고 원할 때 그와 유사한 행동을 하도록 명령하는 기법이다. 역설적 지시기법에는 증상을 지속하게 하거나, 과장하게 하고, 자의적으로 증상을 통제할 수 있게 하는 처방, 재발을 경고하거나 변화의 속도가 지나치게 빠른 경우 지적하는 제지, 증상행동보다 더 큰 어려움이 수반되는 행동을 하게 하는 시련기법 등이 있으나 윤리적 문제를 야기시킬 수 있으므로 치료자에 대한 가족의 저항을 활용해야 할 경우에만 사용한다.

(3) 재정의

"재정의"(retraming)는 주로 행동이나 사건이 지니는 부정적 의미를 긍정적 의미로 변화시켜 주는 기법으로, "재명명"(relabeling) 또는 "긍정적 의미부여"(positive connotation)라고 불린다. 예를 들어, 부모의 잔소리를 듣기 싫어하는 청소년에게 치료자가 그것이 잔소리가 아니라 애정의 표현이라고 그 의미를 재해석해 주는 경우를 들 수 있다.

(4) 순환적 질문

순환적 질문은 개인의 증상행동을 가족성원들 간의 관계상의 문제로 재규정하기 위하여 사용하는 기법이다. 가족 상호작용 유형이나 가족관계에 대해 질문을 함으로써 가족성원들 간의 이해의 차이를 밝혀내는데 목적이 있다.

여기에는 차이에 관한 질문, 가설적 질문, 행동의 효과에 대한 질문, 3인군 질문이 있다.

차이에 관한 질문은 동일한 사건에 대해 가족들의 생각이 어떻게 차이가 나는지, 시간의 흐름에 따라 사건의 의미가 어떻게 달라지는지를 질문하는 것이다.

가설적 질문은 가족에게 미래에 가족 내에서 일어날 수 있는 창조적인 대안적 행동을 만들어내도록 하는 질문기법이다.

행동의 효과에 대한 질문은 가족성원들 간의 상호작용과정에서 나타나는 행동의 연쇄과정이나 연결고리에 대해 질문하는 기법이다.

3인군 질문은 제3자에게 두 사람의 관계속성을 질문하는 기법으로, 한 성원이 참석하지 않은 경우에는 참석하지 않은 성원이 특정 상황에서 어떤 반응을 보였을지 생각해 보라고 하는 마음읽기질문을 사용하기도 한다.

이와 같이 일반체계이론의 의의는 인간과 환경의 상호작용의 교류에서 문제의 원인과 해결책을 모색하는 분석의 틀을 제공했으나, 문제를 해결하는 방법을 제공하지는 않는다. 인과론 역시 "단선적 인과론"(linear cause-effect)에서 "순환적 인과론"(circular causality)으로 바뀌었다. 직선적(단선적) 인과관계에서는 A가 B의 원인일 때, B는 A의 원인이 되지 않는다. 이것은 환원주의에서 사용되던 원인관점이다. 순환적 인과론은 순환적 인과관계에서 A가 B의 원인이 될 때 B도 A의 원인이 된다. 그리하여 A는 B에, B는 C에, B와 C는 A에 영향을 주는 순환관계에 있게 된다. 그리고 이러한 개념은 사건의 인과관계를 새롭게 조망하는 관점의 변화를 가져왔다. 따라서 체계의 한 요소가 변화하면 그 변화는 체계내의 다른 요소와 전체 체계에 영향을 미치는 파문효과(ripple effect)를 가져온다. 이제 모든 문제의 원인과 개입초점을 개인으로부터 체계와 환경으로 전환되었다.

제 2 절 가계도와 생태도

1) 생태도의 활용

생태도의 활용 표시는 예를 들어 관계를 나타내는 선을 실선, 이중실선, 점선

(파선), 해칭(hatching)선 또는 파단선의 활용이라든지, 클라이언트 개인중심으로 작성하는지, 세대단위로 작성을 해야 하는지, 원의 크기 또는 선의 굵기로 관계를 표현한다든지 하는 것이 그것이다.

작성의 단위는 클라이언트 개인 중심으로 관계의 표현, 관계의 방향으로 화살표로 에너지의 흐름을 표시한다.

작성의 단위는 세대 단위로 작성하는 것은 가계도에서 작성하였듯이 이중으로 표현하는 것은 별다른 의미가 없어 보인다. 또한 가족구성원 간의 관계도 생태도에서 담기 위해서는 클라이언트 중심으로 표현하는 것이 보다 효율적으로 보인다.

관계의 표현은 원의 크기나 선의 굵기로 표현하는 것은 다양한 이견이 있을 수 있으며, 그 정도를 표현하는데 '적당한'이라는 한계를 갖는다. 따라서 관계의 표현과 그 정도의 표현은 다양한 선의 종류로 하여 명확히 해야 할 것이다.

관계의 방향에서 관계는 쌍방이 존재할 때 성립가능하다. 따라서 각기 다를 수 있는 한 종류 이상의 선으로 그 에너지의 흐름을 포함해 화살표로 표현해야 할 것이다.

2) 가족생태도

다음과 같은 그림에서 이 가족은 외부와 큰 관계를 가지는 폭이 적은 것 같다. 특별한 취미를 가진 것이 없어서 그런지 가족 관계 가운데 채워지는 부분이 많은 것 같다. 대부분 개개인에게 친구, 종교, 직장 같은 체계가 가장 큰 영향을 미치고 있다. 나와 어머니는 기독교에 대해 가장 접근성이 좋고 영향을 주고받는 것이 큰 편이다. 외부 활동이 적은 편이다. 그렇지만 가족이 활동이 적은 편이라고 해서 외부와 의도적으로 분리하려 하지는 않는다.

친가와의 관계에서는 할머니의 치매와 사망 이후 갈등 관계가 잘 해결되지 않아서 소원한 관계가 되어 별로 신경 쓰지 않는 편이다. 그렇지만 외가와는 우리 가족에서 중요한 체계로 영향을 받는다. 주기적이지는 않지만 가끔씩 함께 모이고, 식사하는 등 여러 가지 활동을 같이 한다.

특이한 점은 아버지께서 정년퇴직 이후 공부에 관심을 가지고 있어서 여러 가지 공부에 대한 관심을 가지고 있고, 시간이 있기 때문에 접근성이 좋은 것에

'공부'라는 항목이 추가된다.

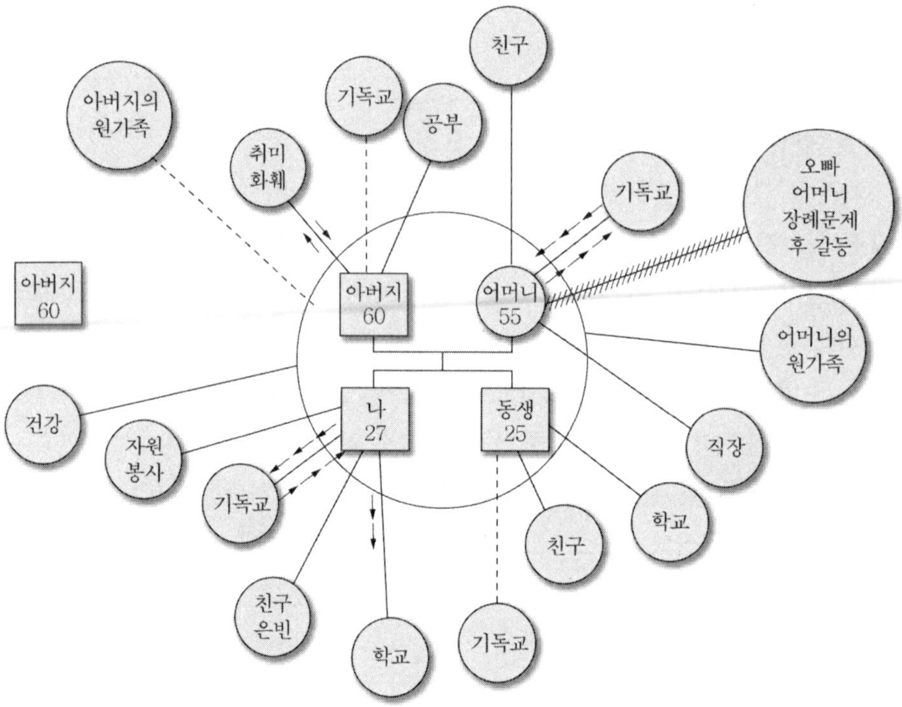

〈그림 11-1〉 가족생태도

3) 가계도의 활용

위의 가계도는 친가 중심으로 나타낸 가계도로 친가에서도 우리라는 가족 2세대와 가장 중요한 핵심 인물을 중심으로만 나열했다는 한계가 있다. 친할아버지와 외할아버지는 내가 태어나기 전에 돌아가셔서 부모님과 친척들의 이야기를 바탕으로 약간은 주관적인 경향이 드러나고 있을 수도 있다.

가계도를 살펴보면서 친가와 외가에는 가족의 분위기가 대체로 큰 차이가 났다. 친가는 서로 깊은 관계를 맺고 있지 않은 모습의 할아버지와 할머니의 소원한 관계가 대체로 전수되는 분위기였고, 외가에는 서로 친밀하지만 갈등 관계를 겪는 모습이 크게 드러나고 있었다. 가족의 분위기가 다른 아버지와 어머니의 관계에서는 2가지의 경향이 동시에 나타낼 때도 있었다. 이 가계도의 관계의 모습에서 아버지와 어머니의 지금 관계의 영향을 크게 미친 것은 할머니의 치매였다. 할머니의 치매 이후 아버지의 원가족의 관계 형태인 소원한 관계가 드러났다. 무뚝뚝한 아버지의 성격이 노력하는 어머니를 지치게 하는 결과를 가진 것 같았다. 이것 때문에 나에게도 아버지와 관계 속에서 갈등이 드러나는 계기가 되었다. 어머니와 친밀한 관계를 가지고 있기 때문에 어머니를 힘들게 하는 아버지의 무뚝뚝함과의 갈등인 것 같다. 할머니의 사망 이후 그 갈등은 점차 줄어들고 있고, 내가 더 노력하는 가운데 아버지와 나의 관계는 조금씩 원만해지고 있는 상황이다. 그렇지만 친가와의 벽은 잘 해결되지 않는 것 같다. 가족 전체가 친가보다 외가와 더 친밀한 관계를 누리고 있는 편이다.

갈등 발생할 때에 우리 가족에서 해결하는 주체는 남동생이 되고 있고, 분위기 메이커로 집안을 활기차게 하는 역할을 한다. 막내로서 습득한 모습과 원래 가지고 있는 성격이 결합된 것 같다.

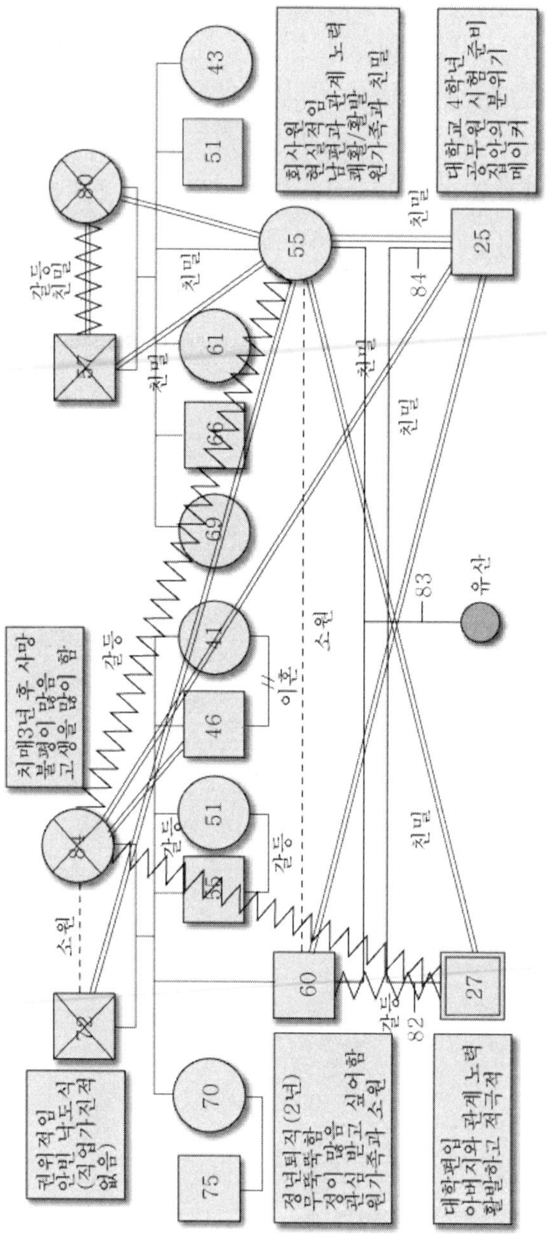

〈그림 11-2〉 가계도의 활용

제 3 절 가족상담의 과정

1. 가족상담의 준비와 초기단계의 준비

1) 가족상담 계획

첫 상담 일정잡기에 대한 고려, 가족의 선호도 고려, 자료의 준비와 관리, 의상, 가족상담자 안전에 대한 고려를 한다.

2) 첫 상담에서 다루어야 할 일

긴장완화를 위한 고려는 다음과 같다.

간단한 사교적 대화, 자기소개, 가족의 욕구, 가족상담에 대한 개괄적인 절차에 대한 소개, 가족상담의 목적과 방법에 대한 소개를 한다.

욕구사정하기는 다음과 같다.

첫 상담에 앞서 클라이언트 이해에 필요한 사전정보 획득, 가족들간의 비언어적 의사소통의 관찰, 가족들간의 상호작용 패턴 관찰, 모든 가족원의 참여와 문제와 욕구에 대한 이해를 표현하도록 격려하며, 가계도와 생태도, 생활환경 등의 내용을 조사한다.

〈표 11-1〉 가족상담의 준비와 초기단계의 준비

과 업	내 용
긴장완화를 위한 고려	간단한 사교적 대화, 자기소개, 가족의 욕구, 가족 상담에 대한 개괄적인 절차에 대한 소개, 가족상담의 목적과 방법에 대한 소개를 한다.
욕구사정하기	첫 상담에 앞서 클라이언트 이해에 필요한 사전정보 획득, 가족들 간의 비언어적 의사소통의 관찰, 가족들 간의 상호작용 패턴 관찰 모든 가족원의 참여와 문제와 욕구에 대한 이해를 표현하도록 격려 가계도와 생태도, 생활환경에 대한 공적생활영역과 사적생활영역의 차이에 대한 관심(가정방문시)
상담에서의사소통 규칙명확화	-다른 사람의 말을 경청하기, 자신의 순서를 기다리고 끼어들 않기, 비난하지 않기 -남의 생각을 넘겨짚어서 말하지 않기, 여러 주제를 동시에 말하지 않기 등 기본적인 의사소통기법 규칙을 알려주며 가족의사소통의 효과 높이기 등의 규칙을 알려준다.
관계형성	-사회복지사 자신의 긴장완화 -표정 목소리, 태도 등 자기관찰을 통해 가족이 편안하게 느낄 수 있도록 자신의 불안과 긴장을 조절, 따뜻한 시선과 고개의 끄덕임, 미소 등 온화하면서 이해심 있는 태도로 임하기 -감정이입, 온화함, 진실성을 기반으로 한 관계형성 -클라이언트와 치료적 동맹관계 형성 발전을 휘한 개입 -클라이언트와 사회복지사의 치료목표 동의, 클라이언트와 사회복지사의 긍정적·정서적 연대
치료자/사회복지사 소개	기관의 서비스 내용과 한계 사회복지사의 역할과 개입의 한계 및 책임 범위 상담과정에서의 가족의 역할과 책임
비밀보장	절대적 비밀보장과 상대적 비밀보장 비밀보장을 위한 지침

3) 상담에서의 의사소통 규칙 명료화

다른 사람의 말을 경청하기, 자신의 순서를 기다리고 끼어들지 않기, 비난하지 않기, 남의 생각을 넘겨짚어서 말하지 않기, 여러 주제를 동시에 말하지 않기 등 기본적인 의사소통기법 규칙을 알려주며 가족의사소통의 효과 높이기 등의 규칙을 알려준다.

4) 관계형성

사회복지사 자신의 긴장완화: 표정, 목소리, 태도 등 자기관찰을 통해 가족이 편안하게 느낄 수 있도록 자신의 불안과 긴장을 조절하고 따뜻한 시선과 고개의 끄덕임, 미소 등 온화하면서 이해심 있는 태도로 임하기, 가족에 대한 존중하는 태도와 공감하는 태도로 임하기, 감정이입, 온화함, 진실성을 기반으로 한 관계 형성을 가져온다.

클라이언트와 치료적 동맹관계 형성 발전을 위한 개입: 클라이언트와 사회복지사의 치료목표 동의, 클라이언트와 사회복지사의 과업 적용에 대한 동의와 협력, 클라이언트와 사회복지사의 긍정적, 정서적 연대 관계를 형성한다.

5) 지지적인 분위기조성

신뢰관계 형성, 가족이 사생활을 침해당하는 기분이 들지 않도록 배려한다.

가족원 한 사람에게 편드는 인상을 주지 않고 모든 가족원에게 동등하고 형평하게 표현과 참여의 기회를 주도록 고려한다.

한 가족원의 문제가 아니라 가족 전체의 문제라는 인식과 가족이 함께 문제해결에 책임이 있음을 인식하도록 배려한다.

6) 치료자 · 사회복지사 소개

기관의 서비스 내용과 한계, 사회복지사의 역할과 개입의 한계 및 책임의 범위, 상담과정에서의 가족의 역할과 책임을 보여준다.

7) 비밀보장

절대적 비밀보방과 상대적 비밀보장 등 비밀보장을 위한 지침을 제공한다.

2. 계약과 사정단계

첫째, 주의내용은 다음과 같다.

모든 가족원 참여시키기, 모든 가족원의 문제정의를 확인하기, 목표를 설정하고 개입과정을 명확히 하기, 모든 가족원과 계약하기 등이다.

둘째, 초기단계에서 필요한 상담기술은 다음과 같다.

경청, 언어적 의사소통과 비언어적 의사소통에 대한 민감한 대처 그리고 가족의 방어에 효과적으로 대처하기 등이다.

셋째, 상담관계 수립과 효과적 의사소통을 위한 기본기술은 다음과 같다.

① 감정이입: 반영, 목표지향적인 감정이입

② 온화함; 목소리 크기, 얼굴표정, 자세, 시선접촉, 태도 신체적 거리 등 고려

③ 진실함: 방어적이지 않은 상담, 신중하고 정직함

넷째, 가족상담에서 피해야 할 행동

편들기, 부적절한 동의나 거짓 보장, 판단적인 반응, 토론 방해 혹은 신뢰손상을 일으키는 유머 사용이나 부적절한 반응, 비난과 무시, 거짓된 겸손, 지나친 잡담, 명백한 정보를 무시하고 가족원을 지나치게 보호하는 것 등이다.

제 4 절 해결중심모델 주요 개입기술

해결 중심적 치료 모델은 미국 Palo Alto에 있는 MRI에서 시작한 문제해결을 지향하는 단기 치료 접근법을 모태로 하고 있고 전략적 치료, 위기 단기 치료, 체계론적 인식론을 기초로 하는 치료이다. 단기치료는 일반적으로 치료 횟수를 15회 이내로 제한하며, 치료 간격은 1주에서 6주의 간격을 둔다. 이 치료 모델은 Steve De Shazer와 Insoo Kim Berg 등이 주축이 되어 개발한 단기 문제 해결 모델이 확장된 것으로, 기존의 접근법에 비해 매우 혁신적인 모델이다. 해결중심 가족치료는 문제의 원인을 규명하기보다는 내담자의 자원을 활용하면서 문제 해결 방법에 중점을 둠으로써 상담 목적을 달성하고, 특유의 전제 가치들과 가정들, 철학, 그리고 여러 질문기법들과 치료 절차를 지니고 있는 것이 특징이다. 이 모델은 1970년대 Palo Alto의 MRI 단기 가족치료센터에서 함께 일하던 Steve De Shazer와 그의 부인인 Insoo Kim Berg에 의해 개발된 것이다. De Shazer는 연구와 이론화 작업 및 저술 활동에 많은 노력을 기울여 왔고, 그의 부인인 Insoo

Berg는 치료자들을 교육하고 훈련시키는데 헌신하고 있다. 이들은 1978년 Milwaukee에 단기 가족치료센터(Brief Family Therapy Center)를 세우고 전략적 접근의 단기가족치료 모델에서 파생된 해결 중심모델을 발전시켰다. De Shazer는 Milton Erickson으로부터 가치, 철학, 기술, 전략 등에서 영향을 받았으며, 그는 내담자가 치료에 가지고 오는 것과 가지고 있는 것을 활용하는 것이 치료의 기본이라고 여겼다(송정아 · 최규련 공저, 『가족치료 이론과 기법』, 1997) 현재는 해결중심치료의 명칭을 사용하며, 알코올중독, 행동장애, 관계문제, 가족문제, 개인문제, 집단문제 등 다양하게 접근법을 사용하고 있다. 해결중심치료는 인간의 잠재적인 자원, 문제해결능력, 과거의 성공적인 경험, 변화욕구 등을 중요시하고, 가족치료자로서 인간에 대한 긍정적인 가정과 전제가치를 모든 전략과 기법의 근거로 하고 있다. 해결중심치료자들은 문제보다는 해결에 관심을 두고 있기 때문에 문제가 어떻게 발생하였는지에 관하여는 거의 질문하지 않으며, 문제가 해결될 수 있는 미래에 초점을 둔다. 그리고 내담자들이 치료받으러 올 때 가지고 오는 문제성격에 관한 많은 양의 정보를 필요로 하지 않는다. 대신에 문제해결을 구축하기 위하여 내담자의 성공경험과 잠재적인 자원과 강점에 관한 정보가 필요하다(김인수 외, 『해결중심치료의 적용』, 1998.).

해결중심 단기상담은 문제의 원인을 규명하기보다는 내담자가 가진 자원(강점, 성공경험, 예외상황)을 활용하면서 문제해결방법에 중점을 두는, 단기간 내에 상담 목적을 성취하는 상담모델이다. 이 모델은 문제보다는 내담자가 상담을 통해 얻기 원하는 바에 초점을 둔다. 즉 문제가 무엇인가를 탐색하기보다는 상담을 통해 내담자가 바라는 또는 기대하는 변화가 무엇인가를 분명하게 하는 게 초점을 둔다. 이렇게 할 때 내담자는 문제에 깊이 빠져들지 않거나, 부정적인 상황에 오래 머물지 않고 첫 회부터 상담을 통한 구체적인 변화를 꿈꾸며, 변화를 위한 작은 행동을 시작할 수 있는 힘을 얻게 된다.

그리고 문제에 대한 전문가는 내담자임을 강조함으로써 내담자 속에 잠재되어 있는 해결 방법을 발견시킨다. 이것은 문제를 긍정적인 개념으로 재개념화하거나 문제에 대한 예외 상황 및 성공 경험을 발견함으로써 가능하다.

해결중심단기치료와 이야기치료에 대한 논의가 20세기 말에 활발하게 이루어진 것은 두 모델이 기존의 가족치료 모델과는 여러 면에서 다른 접근을 제시하고 있기 때문이다. 해결중심단기치료와 이야기치료는 치료과정에서 언어적인 측면을 중요시하며 내담자와 치료자의 협동적 관계를 강조하고 문제가 아닌 해결에 관심을 두며 내담자가 가지고 있는 강점에 초점을 둔다. 이 두 모델은 내담자에 대한 새로운 시각과 구체적인 접근방법을 제시하였으며 패러다임 변화의 선두에 서게 되었다. 해결중심단기치료에서 치료의 초점을 문제중심에서 해결중심으로 돌린 것은 분명 큰 시각의 변화다. 최근 해결중심접근은 다양한 개인 집단 지역사회 조직체에 적용되며 연령이나 문제의 성격에 한정되지 않고 다양하게 사용되고 있다.

해결중심단기치료는 이론체계보다는 실제적인 접근법에 관심을 두고 발전되어 왔으나 이 모델의 발전에 영향을 미친 개념과 이론적 근거를 우선적으로 살펴보는 것이 이 모델을 충분히 이해하는 데 도움이 될 것이다.

해결중심단기치료의 산실인 단기가족치료센터는 1978년 미국 위스콘신 주의 밀워키에 설립되었다. 이곳에서 개발된 치료모델을 1982년에 해결중심단기치료(solution-focused brief therapy)라고 부르기 시작했는데 이 이름은 내담자가 이미 문제가 나타나지 않은 예외상황 즉 해결책을 갖고 있음을 발견하면서 붙여졌다.

해결중심단기치료의 핵심에는 지금은 고인이 된 드세이저와 버그 부부가 있다. 드세이저는 미국 위스콘신 주의 밀워키에서 출생하였으며 위스콘신 대학교에서 사회사업학 석사학위를 받았다. 그는 팔로 알토에 있는 정신건강연구소의 단기치료센터에서 공부하였으며 다양한 악기연주에 능했다. 버그는 한국의 이화여자대학교에서 약학을 전공하다가 미국으로 건너가 1969년 위스콘신 대학교에서 사회사업학 석사학위를 받았으며 그 후 시카고 가족연구소와 메닝거재단 그리고 정신건강연구소의 단기치료센터에서 훈련을 받았다.

해결중심단기치료는 효과적인 치료기술이 무엇이며 치료 회기에서 무엇을 해야 하는지를 알고자 했던 드세이저 버그 그리고 동료들이 일방경 뒤에서 치료자의 기술을 관찰하고 치료과정에 대해 관찰팀과 의논하면서 내담자가 도움이 된다고 한 것들을 탐색하고 발견하는 귀납적 과정에 의해 발전되었다.

일반적으로 전통적인 치료모델들은 내담자가 고통을 계속 겪고 있음에도 불구하고 내담자의 문제의 원인을 분석하고 설명하는 데 많은 노력과 시간을 들였다. 이 점에 회의를 느낀 단기가족치료센터의 치료팀은 문제란 항상 일어나는 것이 아니고 적게 일어나거나 일어나지 않을 때도 있음에 관심을 두기 시작하였다. 그리하여 드세이저와 버그 동료들은 내담자의 문제를 발견하는 데 초점을 두기보다는 문제가 되지 않는 예외 상황을 발견하는 데 더 주의를 기울이게 되었다. 따라서 해결중심단기상담은 문제의 원인을 규정하기보다는 내담자가 가진 자원(강점, 성공경험)이나 예외 상황에 대한 탐색을 통하여 내담자의 문제 해결 능력을 향상시키는 데 역점을 두는 상담 이론이다.

1. 문제해결모델의 사례

1) 접촉단계

남존여비의 사상으로 아들을 원했던 전통적인 가부장적 가정이다. 그리고 폐쇄적인 의사소통형태로 인해 물질남용의 중독문제를 가지게 된 여학생이 빈번한 가출 및 과도한 가스, 본드 흡입으로 인하여 가족들에 의해 정신병원에 의뢰된 중독물질남용 클라이언트이다.

본 사례는 F종합복지관에서 물질 남용에 대한 교육 및 문제에 대한 통찰력의 증대, 클라이언트와 가족 간의 의사소통 문제 해결에 초점을 맞추어 개별면담과 집단프로그램을 통한 지지적 원조과정을 보여주고 있다.

클라이언트의 동기: 자발적이지 못해 동기가 취약하다.

2) 계약단계 ; 사정과 평가

〈표 11-2〉 클라이언트의 가족력

성명	정주고	성별/나이	여/17
거주지	강남구 역삼동	경제상태	중
학력	고1중퇴	가족관계	부모 1남5녀 중 막내
직업	까페 아르바이트	종교	무
주문제	부탄가스 및 본드흡입, 빈번한 가출 및 이성간 성(性)적 탈선		
정보제공자	어머니, 넷째언니		

(1) 가족력 : 〈표 11-2〉

(2) 가족구성원과의 관계

아버지 : 고졸 내성적, 교육열도 낮은 편이고 집안일에 크게 관여하지 않는 무관심형

어머니 : 중졸, 자녀들에게는 잔소리가 심하고 간섭도 심하나 교육열은 별로 없는 편이고 아들에 대한 편애가 심한 편임.

큰언니 : 중학교 때 공부를 잘하였으나 부모님의 반대로 여상을 진학 한 것에 대해 아쉬움이 많아 클라이언트에게는 원하는 것을 다 시켜 주려고 애썼음. 대체로 활발하고 적극적인 성격으로 아들을 원했으나 딸로 태어난 클라이언트에 대해 애정을 많이 가진 편이었는데 결혼으로 인해 클라이언트를 바로 잡아 주지 못해 자책감을 많이 느끼고 있음.

둘째언니 : 가족 일에 관심 없고 밖으로 돌기를 좋아하였음. 클라이언트 일에는 관심을 많이 가지는 편임.

셋째언니 : 자존심이 세고 다소 내성적인 편 어려서부터 매우 공부를 잘하였으나 대학진학을 못한 것에 대해 불만이 많아 클라이언트에게 공부하라는 잔소리를 많이 하는 편임.

넷째언니 : 고3 재학 중이고 학습에 대하여 의지와 열정적임 클라이언트에게 공부하라고 잔소리 하며 언행에 관심과 개전의 변화를 요구함

오 빠 : 하나뿐인 아들로 어머니의 사랑을 많이 받으며 자라서 이기적이고 고집이 센 편

(3) 개인력

① 유아기

할머니께서 아들을 원하였는데 딸이었기 때문에 실망이 컸다고 한다.

클라이언트가 4살 때쯤 아버지의 사업실패로 경제적인 어려움 때문에 어머니가 파출부 일을 다녔고 따라서 낮에는 주로 옆집 아주머니에게 맡기고 오후에는 언니들이 돌보았다고 함.

② 학령기

주로 언니들이 돌보았으며 특히 셋째, 넷째언니는 클라이언트의 성적에 관심을 많이 가졌고 공부하라는 소리를 많이 했으며 성적이 떨어지면 야단을 치기도 했다 고함.

중3학년 들어 성적이 조금 떨어져 큰언니와 셋째언니가 학원비를 마련해 학원에 보냈는데 이때 클라이언트는 같은 학원에 다니는 불량한 학생들과 어울리기 시작하면서 공부에는 관심을 갖기 않고 성적이 계속 떨어져 셋째언니에게 많이 혼나고 매도 많이 맞았다고 함.

언니들이 부모님께 말씀도 드렸으나 아버지는 집안일에 거의 관여를 하지 않으시는 편이고 어머니도 아들에게 더 신경을 쓰는 편이어서 크게 열의를 보이지 않으셨다고 함.

친구와 함께 가출하여 단란주점에 나가는 클라이언트를 찾아서 데려왔으며 4번 정도 더 가출하여 다시 데려와 다신 나가지 않겠다고 반성문을 쓰고 머리도 깎였으나 지켜지지 않고 가출하였다 고함.

결국 학교는 자퇴하였으며 둘째 언니가 운영하는 카페에서 언니와 있으면서 일을 돕겠다고 하여 보냈는데 거기서 전에 학원에서 알고 지내던 남자친구를 만나 부탄가스를 흡입하고 외박을 하여 언니가 꾸중하고 감시하자 언니 집을 나와 단란주점 술집에서 일하면서 3개월가량 지냈음. 언니와 형부의 정신병원 신고로 강제 입원시키게 됨.

3) 클라이언트의 자원과 강점

(1) 클라이언트의 자원

① 가족이 치료를 강조하는 것을 긍정적으로 받아들임.
② 자신의 물질남용이 가족을 화나게 한다는 것을 알고 있음.
③ 통제할 수 없는 자신의 상황에 대해 조치를 바라고 있음.

(2) 행동계획의 형성

① 집단교육을 통한 물질사용의 위험성에 대한 인식과 자신의 물질사용 문제

에 대한 인식증진

② 가족과의 대화를 통해 현실에서 해결하도록 유도함

③ 인지재구조화에 따른 생활변화를 유도한다. 즉 클라이언트가 자신의 기능에 부정적인 영향을 미치는 역기능적 사고와 관념을 인식할 수 있도록 돕고 이를 현실에 맞는 신념과 행동으로 대치하여 기능을 향상시킬 수 있도록 하는 기술이다.

④ 개별면담을 통해 낮아진 자존감을 향상시키도록 지지

따라서 예후는 가족들과의 관계정립과 클라이언트의 물질남용의 문제해결에 있다.

4) 행동 단계

계획의 실행 및 종결단계로서 집단교육인데 비슷한 문제로 입원한 4명의 또래로 집단을 구성하여 진행한다.

(1회) 자기소개 및 과거 생활 글짓기

(2회) 물질남용의 개념

물질남용에 대한 개괄적인 내용에 대해 교육하고 느낌을 이야기하게 함.

(3회) 물질사용의 영향

신체적 · 정신적 · 사회적으로 미치는 영향들에 대해 자료를 이용하여 교육하고 느낌을 이야기하게 함.

(4회) 물질사용으로 인해 생기는 문제들

자신 뿐 아니라 가족, 학교, 사회에 미치는 영향들에 대해 자료를 이용하여 교육하고 느낌을 이야기하게 함.

(5회) 자기경험나누기

물질을 사용하면서 자신이 경험했던 여러 가지 이야기들을 자유롭게 나누는 시간을 가졌으며 그 안에서 자신이 미처 발견하지 못한 자신의 모습을 상대를 통해 찾아보는 시간을 가짐.

(6회) 물질남용의 단계

물질을 사용하면서 자신이 경험했던 여러 가지 이야기들을 자유롭게 나누는 시간을 가졌으며 그 안에서 자신이 미처 발견하지 못한 자신의 모습을 상대를 통해 찾아보는 시간을 가짐.

(7회) 자가 진단 및 문제 규정

물질남용에 대한 교육을 통해 스스로 자신의 문제가 무엇인가를 규정하고 자가 진단을 해 보도록 함.

(8회) 가족들과의 관계정립

가족의 의미를 다시 한 번 일깨워줌.

(9회) 미래계획 세우기

검정고시, 방송고 및 독학제도를 거쳐 언니들에게 보답하고 싶다고 함.

(10회) 결과 평가 및 교육을 통해 느낀 점 공유하기

자신과 가족들에 대해 다시 한 번 돌아보는 시간이 되고 가족들을 실망시키지 않기 위해 물질남용에 관련된 행위를 자제하고 본드흡입 끊는 의지와 노력을 보이게 된다.

2. 해결중심 가족치료의 이론과 주요 개념

1) 기본원리

해결중심치료는 문제보다는 해결을 중시하는 입장이다. MRI의 단기 가족치료 모델과 해결중심 가족치료 모델은 다음과 같은 공통점을 갖는다. 즉 문제의 형태와 기능보다는 과정과 피드백 고리에 초점을 두고, 시도되었던 문제 해결책에 초점을 둔다. 문제는 어려움을 반복적으로 잘못 다룬 것으로 규정된다. 그리고 가족의 기능과 역기능적 위계에 관심을 두지 않으며, 생각과 행동에 대한 자기 강화 패턴에 초점을 두었다(Cade & O'Hanlon, 1993, 『가족치료 이론과 기법』, 1997, 재인용). 해결중심 가족치료는 전통적인 다른 가족치료 모델과 다르게 다음과 같은 기본 가정과 전제 가치, 철학을 가지고 있다(De Shazer, 1985, 『가족치료 이론과 기법』, 1997, 재인용).

① 병리적인 것 대신에 건강한 것에 초점을 둔다.

잘못된 것에 관심을 두기보다는 성공한 것과 성공하게 된 구체적인 방법을 발견하는데 관심을 둔다.

② 내담자의 강점, 자원, 건강한 특성을 발견하여 치료에 활용한다.

내담자가 원하는 결과를 성취하기 위해 내담자가 이미 가지고 있는 자원, 기술, 지식, 믿음, 동기, 행동, 증상, 사회 관계망, 환경, 개인적인 특성 등을 활용한다.

③ 탈이론적이고 규범에 매이지 않으며 내담자의 견해를 존중한다.

인간행동에 대한 이론의 가설적 틀에 맞추어 내담자를 사정평가하지 않는다.

④ 간단하고 단순한 것에서 출발한다.

복잡한 것에서 시작하지 않는다. 작고 간단한 성공적 경험이 누적되면 큰 변화도 가능하며, 한 가지 변화는 연쇄작용을 일으켜 다른 변화까지도 가져오게 한다.

⑤ 변화는 지속적으로 일어나고 있고 불가피하다.

누구에게나 변화는 삶의 일부이고 자연스런 현상이다. 치료자는 변화를 발견하고 그 변화를 해결방법으로 활용한다. 대부분의 경우 문제가 발생할 때도 있고, 문제가 발생하지 않을 때도 있다. 그러나 내담자들은 문제에만 관심을 두기 때문에 예외적인 상황을 무시한다. 해결중심 치료는 문제가 발생하지 않는 예외적인 상황을 알아보고 그 상황을 증가시킨다.

⑥ 현재와 미래를 지향한다.

과거와 문제에 관하여는 관심이 적고, 미래와 해결방안 구축에 관심을 집중한다.

⑦ 내담자의 자율적인 협력을 중요시한다.

치료자와 내담자가 함께 해결방안을 발견하고 구축하는 과정에서 협력을 중요시한다.

⑧ 해결중심 치료는 다음의 철학을 중요시한다.

첫째, 어떤 것이 잘 기능하면 그것을 고치지 않는다. 둘째, 일단 효과가 있는 것을 알면 그것을 좀더 한다. 셋째, 효과가 없다면 다음에는 같은 방법을 사용하지 말고 다른 방법을 사용한다. 무엇이 좋아졌습니까?(김인수 외, 『해결중심치료의 적용』, 1998).

2) 치료자와 내담자의 관계 유형

해결중심적 가족치료 모델은 다른 치료 모델에 비해 치료자와 내담자의 협조적 관계를 강조하므로 치료 초기에 치료자와 내담자의 관계성 유형을 정확히 파악하는 것이 중요하다. De Shazer와 Insoo Berg는 치료자와 내담자의 관계성을 방문형, 불평형, 고객형의 세 가지 범주로 대별하고, 치료자가 내담자와의 관계 형성에서 내담자의 상태를 이해하고 접근하는 것이 치료 효과를 좌우한다고 하였다. 이 유형들은 치료자와 내담자 사이에 일어나는 상호작용과 관계의 성질을 의미하는 것이지, 내담자의 개인적인 특성, 장점, 기질을 의미하는 것은 아니다. 이는 상담의 효과가 내담자만이 아니고 내담자와 치료자 양측에 의해 좌우된다는 것을 강조하는 것이며, 또한 치료자가 내담자와 협력해서 가장 좋은 치료적 관계를 만들어 나가는 것을 중시하는 것이다. 관계유형은 역동적이고 유동적인 특성을 가지며, 부부나 가족을 상담하는 경우에 각기 다른 관계 유형이 내담자와 치료자 사이에 형성되기도 한다(송정아 · 최규련 공저, 『가족치료 이론과 기법』, 1997).

(1) 방문형 관계(visitor type relationship)

이 관계 유형은 고민과 갈등만 있고 변화와 해결에 대한 기대나 소원이 적다. 일반적으로 이 유형은 법원, 직업훈련, 보호관찰관, 학교, 가족, 고용주의 명령이나 권유 등 타의에 의해서 치료에 온 상황에서 흔히 볼 수 있다. 이들은 자신의 문제를 인정하지 않고 상담받을 문제가 없다거나 또는 다른 사람에게 문제가 있다고 생각한다. 이들은 자신의 현실적 문제는 치료받으러 와야 하는 사실이라고 보기 때문에 문제 해결 동기가 약하고, 가능한 치료자와의 관계를 끝내려 한다. 내담자는 치료를 강요받는다고 느끼고 치료받아야 하는 상황 자체를 불평한다. 치료자는 가능한 겸손하게 성실한 태도를 취하고, 내담자를 수용해야 하며, 내담자의 애로사항과 괴로움을 충분히 이해한다는 것을 내담자에게 알게 한다. 다른 사람의 관점에서 질문함으로써 치료 목표를 협상할 수 있다. 치료자는 저항하거나 비자발적인 내담자를 만났다고 생각하기보다는 방문객을 만났다고 생각하고 손님처럼 친절하게 따뜻이 대해야 한다. 내담자의 의사 결정을 존중하고 자신에게 중요한 것에 대해 판단할 수 있는 능력을 믿어 준다. 타의에 의해서지만 치료에 온 것은 갈등을 최소화하려는 긍정적인 노력임을 인정해 주고 칭찬할 수 있는 것을 찾아 칭찬해 준다. 만약에 상담받을 문제가 있는 경우에 기꺼이 도와주겠다는 의사를 표시한다. 이 경우에 내담자에게 과제는 없다. 어떤 내담자는 다른 기회에 자신의 문제를 말하기 원해서 다시 치료자를 찾을 수도 있다.

(2) 불평형 관계(complainant type relationship)

이 관계 유형은 상담 중에 치료자와 내담자가 함께 상담의 목표나 불평을 찾아내긴 하지만, 내담자가 해결에 필요한 어떤 것도 구체적으로 밝혀 내지 못한 경우이다. 대개 내담자들은 매우 관찰을 잘하고, 불평과 문제 유형과 상황을 자세히 설명하며, 자신을 희생자로 인지한다. 즉 이들은 문제가 있음을 인식하고 있으며 그들의 불평이나 불만을 치료자에게 얘기함으로써 치료자에게서 이해 받기 원하고 해답을 얻기 원한다. 이들은 문제는 자신에 관한 것일 수도 있고, 다른 사람에 관한 것일 수도 있으며, 다른 사람과의 관계에 대한 것일 수 있다. 대부분의 내담자는 자신이 해결을 위해 치료자가 제안하는 것은 무엇이나 다 하겠다는 동기는 아직 없다. 즉 문제로 인해 고통을 받고 있지만, 해결책을 찾는 단계에서는 수동적이고 불분명한 반응을 보이며, 문제 중심의 대화가 특징적이다. 이 경우에 치료자는 내담자에게 이해와 공감을 표시하고, 내담자가 잘 하고 있는 점에 대해 칭찬을 해 준다. 그리고 내담자가 과거에 시도한 노력은 내담자가 원하는 성공적인 결과를 가져오지 못했으므로 증상이 있는 가족원에 관하여 생각과 관찰을 계속하지만, 과거와는 다른 방법으로 노력할 것을 격려한다.

(3) 고객형 관계(customer type relationship)

이 관계 유형은 대개 상담의 중간이나 끝 부분에 치료자와 내담자가 일치된 해결 목표와 기대를 가질 때 형성된다. 내담자는 자신이 바로 해결책의 한 부분임을 깨닫고, 언어적 또는 비언어적으로 문제해결을 위해 어떤 일을 하려는 의지를 나타낸다. 즉 문제를 시인하고 문제해결을 위해 도움을 요청하며, 해결책을 찾거나 목표를 달성할 수 있는 능력이 자신에게 있는 것을 확인하게 된다. 따라서 이 유형은 매우 긍정적이고 협력적인 치료 관계로 되기 쉽다. 치료자는 내담자가 잘 하고 있는 점에 대해 역시 많은 칭찬을 해 주고 내담자의 문제 해결을 위한 의지에 대해 지지와 동의를 표시해야 한다. 이 경우에 치료자는 내담자의 문제 해결 의지와 장점을 연결시켜 행동과제를 주며, 아울러 내담자가 다른 어떤 일을 시작할 때 자신과 가정에서 무엇이 달라지는지를 관찰하는 과제를 같이 줄 수 있다(송정아 · 최규련 공저, 『가족치료 이론과 기법』, 1997).

3. 치료목표 설정

해결중심적 가족치료에서는 해결방안과 관련된 치료목표를 가족 스스로가 설정하도록 돕는 것이 중요하다고 보았다. 그들은 바람직한 치료목표를 설정하는데 필요한 몇 가지 원칙을 가지고 있다.

1) 가족(내담자)에게 중요한 것을 목표로 한다.

치료목표는 가족(내담자) 입장에서 중요하다고 생각하는 것을 중심으로 목표를 설정하여야 한다. 목표는 구체적이고 행동적이어서 목표의 성취에 관하여 직접 관찰이 가능하고 누구나 인정할 수 있는 것이어야 한다.

2) 작은 것을 목표로 한다.

내담자에게 중요한 것을 목표로 설정하면서 아주 작은 부분을 목표로 한다. 일반적으로 내담자들은 처음부터 최종적으로 성취되기를 원하는 전체적이고 큰 것을 목표로 설정하려는 경향이 있다. 치료목표가 적을 때 내담자는 쉽게 성취하고 성공할 수 있다. 목표를 성취하고 성공할 때 새로운 희망을 갖게 되고, 변화하고자하는 동기가 강화되게 된다.

3) 구체적이고 행동적인 것을 목표로 한다.

목표를 명확하게 설명했을 때, 가족과 치료자는 진행되고 있는 것을 쉽게 평가할 수 있고 나머지 목표도 알 수 있다.

4) 없는 것보다는 있는 것에 관심을 둔다.

가족에게 지금 하고 있는 어떤 것을 하지 말라고 하기보다는 새로운 어떤 것을 시작하라고 돕는 것이 실현할 수 있는 가능성이 보다 높다. 따라서, 치료자는 있는 것에 관심을 두고 부정적인 단어를 사용하지 않는 목표가 효과적이라는 것을 알아야 한다. 그러므로, 목표는 내담자가 하지 말아야 하는 것 대신에 해야 하는 것에 관해 긍정적으로 설명되어야 한다.

5) 목표를 종식보다 시작으로 간주한다.

가족은 처음에 치료를 받으러올 때 대부분 완전한 목표를 희망한다. 그러나 이러한 목표를 성취하기 위해서는 가족이 한 단계씩 목표를 향해 나가도록 도움을 받지 않으면 안 된다. 치료자는 가족이 표현하는 목표에 대한 견해를 수용하는 한편, 원하는 결과를 성취하기 위하여 처음 단계에서 필요한 것을 명확하고 구체적으로 설명해야 한다.

6) 내담자의 생활에서 현실적이고 성취 가능한 것을 목표로 한다.

치료자는 가족의 생활환경에서 어떠한 것이 현실적으로 성취 가능한 것이며, 반대로 어떤 것이 비현실적이고 성취 불가능한 것인지를 구별할 수 있어야 한다. 그리고, 치료자는 가족이 실제로 실행할 수 있는 목표를 설정할 수 있도록 조정해야 한다.

7) 목표수행은 힘든 것이라고 인식하도록 한다.

가족이 변화하는 것이 힘든 것이라고 이해하는 것은 만일 가족이 변화를 성취하였을 때, 느끼게 되는 가족의 자기가치와 존엄성을 증대시킬 수 있다. 그리고 만일 가족이 목표에 도달하지 못했더라도 이것을 단순히 좀더 열심히 해야 할 일이 남아 있다는 신호일 뿐으로 생각하게 하는 여유를 줄 수 있다(김유숙, 『가족치료 이론과 실제』, 2003).

4. 해결중심적 가족의 치료기법

1) 질문기법

해결중심적 가족치료에서는 문제와 문제를 해결하는 과정에 가족이 능동적으로 참여하도록 개입하는 치료적 대화가 면담이라고 본다. 왜냐하면 이들은 가족에게 하는 질문은 문제해결에 도움이 된다는 가정과 믿음을 가지고 있기 때문이다. 그러므로 치료자는 면담을 통하여 가족이 해결방안을 찾아내고 과거에 성공적이었던 경험을 근거로 자신의 능력을 인정하고 치료과정에서 성취하고 있는 것을 인정할 수 있는 질문을 하려고 노력한다. 이처럼 목표를 성취하기 위해 치료자와 가족이 함께 해결방안을 구축해나가는데 관심을 두는 해결중심적 가족치료에서는 치료과정에서 문제해결방안을 구축하는 데 유용한 질문을 개발하고 발전시켜 왔다. 해결중심적 가족치료자들이 면담 이전의 변화를 묻는 질문, 예외질문, 기적질문, 척도질문, 대처질문이라는 다섯 가지 질문을 자주 사용한다(김유숙, 『가족치료 이론과 실제』, 2003).

2) 면담 이전의 변화를 묻는 질문

일반적으로 내담자들이 상담실에 전화하여 도움을 요청하는 시기가 문제의 심각 정도가 가장 높은 경향이 있다. 그리고 상담약속을 하고 오기까지 많은 생각을 정리하고 해결책을 모색하는 과정에서 변화하는 경향이 있다. 따라서 약속한 후 지금까지 발생한 변화에 대하여 질문하고 변화를 발견하기 위한 접근을 한다.

치료자는 어떻게 문제의 심각 정도가 완화되었는지를 내담자가 파악할 수 있도록 질문을 하며, 의식 무의식적으로 실시한 방법에 관하여 인정하고 칭찬을 해준다. 그리고 누구의 도움 없이 스스로 노력한 것과 해결능력을 인정하고, 그러한 사실을 강화하고 확대할 수 있도록 격려한다.

예 : 전화로 약속하고 오늘 오기까지 어떤 변화가 있어나요? 무엇이 좋아졌습니까?(김인수 외, 『해결중심치료의 적용』, 1998).

3) 예외질문

예외질문은 우연적인 성공을 의도적으로 실시하도록 하는 목적이 있으며, 사람들이 일반적으로 문제가 있는 상황에서는 정상적인 것을 예외적인 것으로 보아야 한다는 개념을 근거로 한 것이다. 문제에 관하여 주로 부정적이며 문제에 몰두하는 사고방식으로부터 해결방안을 모색하는 것에 관심을 집중하게 하는 질문이다. 중요한 것은 일생생활에서 성공적으로 잘 하고 있으면서도 의식하지 못하거나 가치를 두지 못하는 것이 있고, 그리고 우연하게 효과적인 행동을 하는 경우가 많다. 여기서는 그러한 것을 발견하고, 의식적이고 의도적으로 성공하였던 행동을 하도록 강화시키는 전략 또는 기법이다.

예 : 문제가 발생하지 않는 때는 언제입니까? 문제가 발생하지 않았다는 것을 어떻게 압니까? 문제가 발생하는 상황과 발생하지 않는 상황에 차이점은 무엇입니까? 무엇이 좋아졌습니까?(김인수 외, 『해결중심치료의 적용』, 1998).

4) 기적질문

기적질문은 문제가 해결된 상태를 상상해보고, 해결하기 원하는 것들을 구체화하고 명료화하며, 치료목표를 현실적이며 구체적으로 설정하기 위한 질문 기법이다. 기적질문 접근과정에서 자기문제를 재인식하고, 해결된 상태를 상상하고, 작은 변화가 큰 변화의 시작인 것을 인식하고 점차로 확대해 나가도록 한다. 중요한 것은 기적질문은 문제를 제거시키거나 감소시키지 않고, 문제와 해결을 분리하여 해결상태를 상상하게 하는 것이다.

예 : 밤에 잠자는 동안에 기적이 일어나 지금 염려하는 문제가 다 해결되었다

고 상상합시다. 아침에 아들이 엄마의 어떠한 모습이나 행동을 보면 지난 밤에 기적이 일어나 엄마가 변화하였다고 생각하겠습니까? 당신에게 변화가 일어난 것을 다른 가족들은 무엇을 보고 알 수 있을까요? 무엇이 좋아졌습니까?(김인수 외, 『해결중심치료의 적용』, 1998).

5) 척도 질문

척도질문은 가족이 해결방안을 찾기 위한 것과 관련된 보다 많은 정보를 제공한다. 또한 변화에 대한 동기를 강화하고 다음단계로 발전하기 위해 무엇을 해야 할지 탐색하기 위해 만들어진 질문이다. 가족에게 문제의 심각성 정도나, 치료목표, 성취 정도의 측정 등을 수치로 표현하도록 하는 질문이다.

예 : "어머님이 무척 어려운 상황에 처해 있다는 것을 저도 공감할 수 있습니다. 0이라는 숫자는 아이와의 관계가 최악일 때를 의미합니다. 10은 모든 것이 해결되어 아이와 아무런 문제가 없는 안정된 상태라면 지금 어머니는 0과 10 사이 어디에 있습니까?"(김유숙, 『가족치료이론과 실제』, 2003).

6) 대처질문

대처질문은 만성적인 어려움과 위기에 관련된 질문이다. 때로는 가족이 매우 낙담하고 좌절하고 비관적 상황에 있을 때, 치료자는 '모든 것이 잘 될테니 걱정마라', '염려마라, 긍정적인 것만을 보라' 등으로 위로하려 한다. 그러나 이런 격려는 가족을 오히려 더 비관하고 난처하게 만드는 경우가 있다. 이러한 어려운 상황에서는 가족에게 약간의 성공감을 갖도록 하는 대처방법에 관한 질문이 더욱 바람직하다. "제가 봐도 지금은 무척 힘든 상태라고 생각됩니다. 그런데 어떻게 더 나빠지지 않고 현재의 상태를 유지하고 있지요?"라고 질문한다. 이같은 질문은 가족에게 새로운 힘을 갖게 하며 가족이 자신의 자원과 강점을 발견하도록 하는데 도움이 된다. 그리고 어려운 상황에서 견뎌내고 더 나빠지지 않은 것을 강조하여, 위기에서 살아남기 위해서 해왔던 것을 발견하고 그것을 확대하기 위한 근거로 이용하는 것이다.

예 : 어떻게 모든 것을 포기하지 않고 지탱해 왔습니까? 자살을 시도한 것이

어떻게 도움이 되었습니까? 계속 반항하는 것이 어떻게 도움이 되었습니까? 오늘까지 어떻게 참고 견디어 왔습니까?(김유숙, 『가족치료 이론과 실제』, 2003).

7) 이차와 그 이후 가족치료

두 번째 면담에서 가족을 만나게 되면 치료자는 우선 지난번 치료이후 변화한 것을 이끌어내는 질문을 한다. 그들의 일상생활에서 긍정적인 변화가 있다면 누가, 언제, 어디서, 어떻게 일어났는지에 대해 자세하게 질문한다. 그리고 가족이 긍정적으로 변화한 것에 대해 인정하고 강화하면서, 한편으로는 변화의 정도와 변화에 대한 의지 등에 대한 척도질문을 한다.

예 : 지난주 동안 변화한 것을 이야기해 주세요. 아주 작은 변화라도 중요한 것이니까 말해주세요(김유숙, 『가족치료 이론과 실제』, 2003).

8) 후퇴와 악화

내담자가 변화하고 성장하였던 것이 후퇴하거나 상태가 악화되었을 때 치료자와 내담자는 실망할 수도 있다. 그러나 후퇴나 악화된 상태에서도 예전과는 다른 변화된 것이 있다고 하는 것을 전제로 하고 치료를 진행하는 것이다.

후퇴한 경우의 질문 예 : 더 이상 악화되지 않게 어떻게 했습니까? 이번의 후퇴는 과거와 무엇이 다릅니까? 실제 생활에서 과거와 무엇이 달라질까요? 나빠지는 것을 어떻게 그 정도에서 멈추게 했습니까?

악화된 경우의 질문 예 : 어떻게 대처했습니까? 어떻게 더 나빠지지 않았습니까? 극복할 수 있었던 방법은 어떤 것이었습니까? 무엇이 좋아졌습니까?(김인수 외, 『해결중심치료의 적용』, 1998).

9) 과제주기

해결중심 치료 모델에서는 내담자-치료자 관계 유형에 따라 과제를 다르게 줄 뿐만 아니라 기적에 관한 질문에 분명한 대답을 하는가, 그리고 예외적 상황이 있는가, 그 예외는 우연히 발생하는 것인가 아니면 의도적인 노력의 결과인가에 따라 다르게 과제를 준다.

10) 해결중심치료의 적용

해결중심치료는 2명 이상의 치료 팀이 일방경이나 모니터를 통하여 가족치료 진행 상황을 관찰하고, 자문역할을 하는 치료팀과 치료실 사이에 연결된 전화를 활용한다. 치료진행과정에서 전화를 통하여 자문을 하기도 하고, 좀 더 구체적인 내용을 파악하기 위하여 질문을 하기도 한다. 일반적으로 60분간 상담하는데 40분 정도 진행한 이후 치료자가 치료팀에게로 나와서 자문시간을 갖는다. 10분정도 치료팀은 주로 치료진행과정을 검토하고, 내담자에게 전달할 메시지와 과제를 만든다. 그 동안에 내담자는 치료실이나 밖에서 기다리게 된다. 메시지와 과제가 결정되면 다시 치료실로 들어가 메시지를 전달하고, 과제를 주고 종결한다. 다음에 치료를 계속하는 것에 관하여는 내담자가 결정하도록 한다. 치료 팀 없이 혼자 진행하는 경우도 10분 정도 휴식시간을 가지면서 자료를 정리하고, 메시지를 만들고 과제를 준비하여 전달한다. 치료자가 치료실을 나와서 다른 장소에서 메시지와 과제를 만드는 동안 내담자 역시 많은 질문에 응답한 것과 이야기한 것을 생각하면서 치료자의 반응에 관심을 집중하게 된다. 치료자는 내담자가 호기심을 가지고 귀를 기울이는 분위기에서 메시지와 과제를 주기 때문에 그 효과는 매우 크다. 메시지는 크게 세 부분(칭찬, 연결, 과제)으로 구성한다. 모든 메시지는 내담자가 문제, 변화하기 위해 해야 하는 것 등에 관하여 이야기한 것에 동의하는 것을 기초로 만든다. 칭찬은 내담자에게 중요하고, 내담자가 성공적으로 수행한 것, 강점이나 장점 등을 인정하고 칭찬하는 것이다. 그리고 연결은 칭찬과 과제를 연결시키는 것이다. 즉 내담자의 목표, 예외강점, 성공적으로 실행한 것 등과 연결시킴으로써 과제를 항상 주는 것은 아니지만 일반적으로 과제를 준다. 과제는 관찰하는 것과 행동을 실시하는 것의 두 가지 형태가 있다. 관찰은 해결구축에 유용한 것에 관하여 주의 깊게 관찰하도록 하는 것이고, 행동적인 과제는 잘하고 있는 것을 계속하도록 하거나 새로운 것을 시도하고 생각하는 것을 관찰이나 행동으로 시도해 보도록 하는 것도 있다. 메시지의 전달방법은 다음과 같다(무엇이 좋아졌습니까? 김인수 외, 『해결중심치료의 적용』, 1998).

① 내담자의 문제가 어렵다는 것과 그 동안의 노력을 인정한다. 특히 내담자가

실시하여 온 긍정적이고 성공적인 노력을 지적하고, 인정하고, 문제해결과 관련된 변화나 노력을 칭찬한다.

② 내담자가 사용하는 특징적인 표현과 단어를 사용함으로써 협조를 증가시킨다. 목표설정과 해결방안 구축을 위해 협조관계인 것을 강조한다.

③ 내담자가 설명하는 목표를 수용하고, 목표설정을 확인하고 가치를 부여하며 긍정적인 설명과 해석을 하기도 한다.

④ 치료자는 목표가 성취되기 어려운 것을 강조한다. 과거 목표가 실패한 것에 대 하여 긍정적인 측면에서 지적하고 격려한다.

⑤ 과제는 치료자와 내담자의 관계 유형에 따라 차이가 있지만 관찰하기, 생각하기, 긍정적으로 반응하기, 작은 것을 행동으로 옮기기, 새로운 노력을 시도하기, 등 다양하다. 그리고 과제는 내담자가 실행할 수 있는 것을 구체적으로 설명하기도 하지만, 추상적이고 분명하지 않게 전달하므로 내담자가 생각을 많이 하도록 하기도 한다.

⑥ 메시지 전달하기 : 작성한 메시지는 메모지에 적어 가지고 치료실로 들어가며, 팀이 함께 노력한 결과임을 설명하고, 내담자의 노력과 변화 결과를 인정하고 칭찬하며, 내담자의 강점과 자원을 지적한다. 그리고 내담자의 능력과 자원은 문제를 해결하고 과제를 실행하는데 도움이 될 것이라고 연결시켜 준다. 치료자는 신중하게 중요한 메시지를 천천히 전달한다.

⑦ 과제주기 : 과제는 메시지 전달과 함께 주는데 목표설정의 원칙을 적용하며, 아주 작고 분명한 과제이기 때문에 쉽게 할 수 있는 것을 주거나, 단순히 생각하고, 관찰하고, 찾아보도록 하는 과제를 줄 수 있다. 과제를 결정하는 것은 내담자 중심으로 내담자의 문제, 상황, 상태 등을 고려하여 신중하게 결정한다. 그리고 과제를 수행하는 것은 쉬운 일이 아님을 강조한다(무엇이 좋아졌습니까? 김인수 외, 『해결중심치료의 적용』, 1998).

5. 치료이론과 결과 평가

해결 중심 가족치료의 전체 가치는 치료자와 내담자의 협력을 증진하고 내담자를 강화시키며, 치료를 더 효과적이고 즐겁게 만드는 것을 지향한다. 이 치료 모델의 가정은 인간의 강점과 가능성에 초점을 두고 자신에 대한 예언을 실현하도록 돕는다. 그리고 작은 변화가 시작되면 인간은 해결책을 더 쉽고 빠르게 발견할 수 있다는 가정에 기초해서 작은 변화가 시작되면 사람들은 낙관적이고 문제 해결에 대해 자신감을 느끼며, 이런 변화는 가족원간에 역동적으로 나타난다고 본다. 변화에 관한 이런 가정과 철학을 기초로 이 치료 모델은 낙관적 현실을 창조하고, 작은 변화에서 시작해서 큰 변화를 가져오도록 하는 여러 질문기법과 과제를 주는 패턴들을 개발하였다. 이런 가정과 치료기법들은 주로 MRI모델에서 끌어 온 것이지만, 그 외에도 여러 연구 결과에 토대를 두었다. Milwaukee에 있는 치료센터에 오는 내담자들은 주로 빈곤계층에 속하고 대부분 법정에서 치료를 의뢰한 사람이다. Kiser(1988)가 센터에서 치료받은 164명(이 중 94%가 10회 이하의 치료를 받았음)을 6개월, 12개월, 18개월 후에 추후 조사한 결과, 적어도 75%가 제시되었던 문제가 해결된 것으로 보고하였다. 특히 4회 내지 10회 치료를 받았던 64사례에서 77%가 치료 목표가 달성되었다고 보고하고, 14%가 발전이 있는 것으로 나타나 93%가 치료효과를 본 것으로 간주되었다. 전체 164명을 18개월 후에 추후 조사한 결과, 그 중 51%가 문제가 해결되었다고 보고하였고, 34% 가량은 처음 치료받을 때만큼 나빠지지 않았다고 하여 85%가 전체적으로 또는 부분적으로 성공적인 효과를 보였다(Wylie, 송정아 · 최규련 공저, 『가족치료 이론과 기법』, 1997, 재인용). 이런 조사결과는 엄격하게 과학적이지 않지만 해결중심치료가 상당히 성공적인 치료효과를 나타내는 것을 보여준다(Nichols & Schwartz 1995, 송정아 · 최규련 공저, 『가족치료 이론과 기법』, 1997, 재인용). 해결중심 가족치료 운동이 확대되고 인기가 상승하는 것은 몇 가지 이유가 있다. 그 하나는 보험회사와 정신건강 기관에서 치료자에게 단기 치료를 하도록 하는 움직임과 부분적으로 관련이 있다. 그리고 다른 치료 모델과 대조적으로 이 모델은 문제에서 벗어나 강점과 해결책 모색을 지향하고, 그 결과 치료가 더 즐거운 형태로 되며 치료자도 부담을 덜 수 있다. 즉 내담자가 이미 갖고 있는 잠재력과 자원을 활용하도록 돕기 때문에 결과적으로 내담자는 자신의 문제해결을 책임지는 것이고 치료자의 책임은 상대적으로 적다. 치료자는 내담자가 후퇴하거나 악화되어도 노력 부족으로 생각하고 좀더 노력하거나 다른 방법을 시도하도록 돕기 때문에 역시 부담이 상대적으로 적다. 이외에도 치료과정 절차가 아주 분명하고 공식화되었다는 이점이 있는 것도 그 이유가 될 것이다. 이 접근은 문제의 원인을 가족이나 개인 내부에서 찾는 것에서 벗어나 삶을 개선하도록 사람의 능력을 강화시키는 것에 중점을 둔다. 내담자의 능력을 믿는 것은 질문기법에서 잘 나타난다. 그리고 이 모델은 사람이 자신의 현실을 만들어 간다는 구성주의 사고방식의 논리적 연장으로 보인다. 해결중심적 접근에 대한 비평은 그 간결함과 결과 주장의 신뢰성에 관한 것이 대부분이다. 이 접근에서는 예를 들어 긍정적인 언급으로 치료를 시작하고 문제가 계속될 때 다른 방법으로 전환시키는 방식에 대해 제시하고 있어서 조심스럽게 묘사되는 측면도 있지만, 반면 치료과정 대부분에서 거의 어떤 문제도 성공적으로 다뤄질 수 있다는 인상을 줄 정도로 너무 자신만만한 측면도 있다. 치료효과에 대한 주장도 치료자가 내담자들에게 긍정적으로 생각하고 더 강하게 느끼도록 요구함으로써 내담자들이 문제를 부인하거나 최소화시키는 방향으로 작용한 결과라는 해석도 있다(Nichols & Schwartz, 1995, 송정아 · 최규련 공저, 『가족치료 이론과 기법』, 1997, 재인용). 결론적으로 해결중심 치료는 치료자들이 내담자를 강화시킬 수 있는 치료와 일련의 질문들과 과제들을 지향하도록 하는데 기여했다. 이 모델은 다른 치료 모델과 달리 기간이 짧으면서도 효과가 크고, 전체 가족이 참여하지 않아도 적용할 수 있다는 장점이 있다.

제 5 절 클라이언트중심모델 주요 개입기술

1. 개요

클라이언트 중심 모델은 인간중심 모델로 로저스가 1940년대 처음 개발한 인간 성장과 변화에 대한 접근법으로 핵심 사항은 감정이입적 반응, 무조건적 긍정적 관심, 수용, 진정한 존중 등을 표하면 클라이언트에게 긍정적이고 건설적인 변화가 발생한다는 것으로 낙관적 관점으로 그 목적은 진정한 자아 발견과 자아 성장 실현에 있다.

클라이언트 중심 모델의 배경은 다음과 같다.

첫째, 랭크의 이론이 클라이언트 중심모델에 많은 영향을 미쳤다.

기능주의의 이론을 토대로 랭크의 이론 심리치료로 그 세 가지 요인은 개인, 치료자 그리고 개인과 치료자 간의 관계이다. 개인 클라이언트 내부의 건설적인 힘을 가지고 있고, 건전한 성장으로 향하는 의지를 형성한다. 그리고 과거 시간에 얽매이기보다는 현재 개인의 동기와 의지를 강조한 기능주의 관점의 일면으로 보고 있다.

둘째, 인본주의(humanism) 사상에 기초를 두고 있다.

① 자아실현 경향성이다.

인간은 본질적으로 성장지향적이고 진보적이며 자신의 기본적 잠재능력을 실현하려는 경향을 가진 존재로 본다. 그것은 유기체가 자신을 유지하거나 성장시키는 데 도움이 되는 방향으로 자신의 모든 능력을 개발하려는 선천적인 경향을 말한다.

② 실존적 현상학이다.

인간의 본성을 긍정적으로 보는 점과 인간의 성장 잠재력과 자아실현 능력을 존중하는 점이다. 인간은 스스로 변화할 수 있는 능력을 갖고 있다고 믿고 있는 것으로 유기체가 갖고 있는 고유의 관점에 입각하여 경험함을 강조한다.

2. 주요 실천 개념

첫째, 클라이언트 중심 모델은 자기 이해를 통한 자아실현의 성취와 자기인식으로 인한 이상적 자기와 현실적 자기의 일치, 그리고 치료자의 역할은 촉진적 분위기를 조성하는 것이다.

둘째, 감정이입인데 클라이언트 쪽에서 변화가 일어나게 하는 필요충분조건이다.

셋째, 무조건적 긍정적 존중, 일치성, 자유이다.

넷째, 유기체적인 가치화 과정으로 유기체 자신이 원하는 무엇인가를 충족시켜주는 방향으로 진행하고 있다고 판단되는 경험들을 긍정적으로 평가하는 경향을 의미한다.

다섯째, 가치의 조건들 즉 중요한 타인들이 어떤 개인들에게 긍정적인 존중을 무조건 제공하는 것이 아니라 어떤 조건 하에만 제공하게 될 때, 이것을 가치의 조건이라고 하며 가급적 유기체적 가치화가 존중 받아 자아실현상태에 이르도록 도움을 제공한다.

여섯째, 자아와 경험의 일치인데 즉 개인의 경험과 어떤 측면의 자아개념에 일치되지 않을 경우 자아경험이 상징화되어 자아개념 속에 통합된다. 따라서 자아와 체험의 일치를 증가하도록 경험의 특성과 자아개념을 재구성화한다.

클라이언트중심모델 주요 개입기술은 공감(혹은 이해), 무조건적인 긍정적 관심(긍정적 존중, 비소유적 배려 혹은 확인), 진실성(혹은 일치성)을 들 수 있다.

3. 실천과정

상담치료과정은 기본적으로 상담자와 클라이언트가 서로 만나 상호 상담계약을 작성한다.

상담자는 앞선 기본개념에서 살펴본 치료과정의 조건들 즉 공감적 이해, 무조건적 긍정적 존중, 진솔성을 제시한다. 그리고 클라이언트가 자신의 성장 잠재력을 막고 있는 불안, 의심, 걱정 등으로부터 해방되면서 클라이언트의 문제해결역량이 점차로 발현되기 시작한다.

① 상담초기

클라이언트 자신의 고통스런 부분을 자연스럽게 꺼낼 수 있도록 기다린다. 임상적으로 중요하다고 판단되는 정보를 수집하는 일이 꼭 필요한 것은 아니다. 사회복지실천에서 일반적으로 사용되는 심리사회력조사에 큰 비중을 두지 않는다.

다만 꼭 필요한 경우엔 이용하기도 한다.

② 상담중기

개인의 잠재력 발휘를 막는 걱정, 불안, 의심 등을 제거함으로써 클라이언트 자신이 고통받는 문제를 새롭게 인식하고 자기자신의 감정을 있는 그대로 받아들이며, 인지된 경험을 수정하고 자아와 경험의 불일치를 조정하며, 관계의 속성을 수정할 수 있도록 원조하는 일이 이 단계에서 이뤄진다.

Corey는 상담을 역할 없는 것이라고 표현하여 비지시적 상담 기법을 강조한 것이라고 하였고 Kcrkhuff는 말하는 상위 수준의 반응으로 클라이언트의 미묘한 흐름을 포착한 상태에서 공감적 이해반응을 보일 뿐만 아니라 한걸음 더 나아가 클라이언트의 자기이해 상태를 증진시킬 수 있는 방향이나 방법을 제시할 수 있어야 함을 의미하며 지시와 제시, 다른 접근의 지시와 제시와는 구별된다고 하였다.

③ 상담종결

자기경험, 통합, 일치됨의 변화과정 상태 이르게 된다.

4. 활용 및 평가

원조면접 영역에 큰 영향을 미치고 있으며, 집단과의 실천영역에서 로저스에 의해 개발된 참만남 집단 또는 훈련집단의 형태로 활용하고 있으며, 집단에서 경험되는 분위기로 안전한 분위기, 반응 표현, 상호이해와 개방, 환류, 학습과 다른 상황에 적용하는 것 등을 경험한다.

비판적인 면은 다음과 같다.

첫째, 인간을 너무 한 쪽 측면만 강조한다.

둘째, 비자발적 클라이언트, 협조를 거부하는 클라이언트는 자신을 정확히 표현할 수 없다.

셋째, 권위 존재로서 상담자나 사회복지사의 역할을 거부하여 파괴적 영향을 주는 기피 대상으로 본다.

넷째, 초보자들은 단순하며 상세하지 못하고 막연하다는 것으로 문제가 되기도 하다.

연습문제

1. 생태체계모델에 대한 사회복지실천현장에서의 적용에 대하여 설명하시오.

2. 일반체계이론의 사회복지실천현장에서의 적용에 대하여 설명하시오.

3. 일반체계이론의 개입기법에 대하여 알기 쉽게 설명하시오.

4. 가계도와 생태도에 대한 친인척의 환경을 중심으로 작성하여 설명하시오.

5. 클라이언트의 개입모델에 대하여 실제사례를 중심으로 설명하시오.

[선행학습 정답] : 1. 생태체계모델 2. 문제해결모델 3. 사람(person), 문제(problem), 장소(place), 과정(process) 4. 가계도

12 chapter

사례관리

〈선행학습〉

1. 사례관리의 개입원칙은 서비스 개별화, 서비스제공의 포괄성, 클라이언트의 자율성 극대화, 서비스 지속성, 그리고 [ ]이다.
2. 복합적인 욕구가 있는 클라이언트가 자신의 문제를 기능적으로 해결할 수 있도록 공식적, 비공식적 지지망을 조성하고 유지하여 지원하는 활동은?
3. 사례관리의 등장배경은 탈시설화의 영향, 복잡하고 분산된 서비스체계, 클라이언트와 그 가족에게 부과되는 과도한 책임과 그리고 다양한 문제와 욕구를 가진 [ ]이다.
4. 사례관리는 클라이언트에 대한 [㉠]접근보다는 보호의 연속성, 비용효과성, 접근성과 책임성, 일차집단의 보호능력의 향상, 사회적 기능의 향상 등 개입을 목적으로 하며 [㉡]조정과 연결 등을 강조한다.

제 1 절 사례관리의 의의

1. 사례관리의 개요

사례관리란 만성적이고, 복합적인 문제를 가진 개인 및 가족과 함께 일하면서 그들과 자원 제공자들의 기능을 향상시켜 환경 속에서 자신들에게 필요한 서비스와 자원을 스스로 획득하고, 사회적 기능을 원활히 수행할 수 있도록 돕는 통합적인 접근방법으로 요약될 수 있다. 이를 위해 사례관리자는 크게 두 가지 측면, 즉 임상 및 치료적 측면과 행정 특히, 조정 및 옹호측면에 관심을 갖는다. 따라서 사례관리자는 클라이언트나 가족을 대신하여 필요한 임상 서비스를 제공함은 물론 그들의 사회적 기능수행을 향상시키기 위해 필요한 자원을 획득하기 위하여 그들과 함께 일하게 된다.

사례관리의 목적은 첫째, 서비스와 자원들을 활용하여 가능한 한 클라이언트 자신의 생활기술을 증진시키며, 둘째, 클라이언트의 복지와 기능을 향상시키기 위해 사회적 망과 관련된 대인복지 서비스 제공자들의 능력을 향상시킨다. 셋째, 가능한 한 가장 효율적인 방법으로 서비스 및 지원을 전달하며, 서비스의 효과성을 향상시킨다.

사례관리란 생태체계적 관점을 기반으로 만성적이고, 복합적인 문제를 가진 개인이나 가족과 함께 일하면서, 그들과 자원제공자들의 기능을 향상시켜, 개인, 가족이 그들의 환경 속에서 자신들에게 필요한 서비스와 자원을 스스로 획득하여 사회적 기능을 원활히 수행할 수 있도록 돕는 체계적이고 통합적인 접근방법이다(권진숙, 2003).

NASW는 여러 가지 문제와 장애가 있는 클라이언트에게 적합한 형태로 적절한 시기에 필요로 하는 모든 서비스의 보장을 돕는 포괄적 서비스 방법(NASW)이다. 클라이언트가 주인이 되어서, 자신의 상황에 대해 알고, 멀리 보고 판단할 수 있는 지지가 되는 것으로 자신의 문제는 자신이 해결할 수 있도록 원조하는데 사례관리의 목적을 두어야 하고 공식적인 협조체계를 확보하고, 비공식체계를 파악해야 하며 서비스를 제공하기 위한 인테이크가 아닌 도움이 필요한 사람들이 도움을 원활히 받을 수 있도록 내적 자원을 강화 시키거나, 외적 자원을 활용할 수 있도록 도와야 한다. 사회복지관에서 사례관리를 하는데 있어 서비스 제공의 기준을 삼기 위해 하는 것이라면 사례관리라는 복잡한 틀은 필요 없을 것이다.

사례관리는 1980년대 이후 미국, 영국, 캐나다 등에서 정신장애인을 비롯하여 노인, 아동, 장애인 등을 포함한 다양한 고객들에 효과적서비스를 제공하려는 전략이요 방편이다(Rothman, 1991). 주요대상은 정신지체인, 발달장애를 가진 사람들, 장신장애 및 신체장애인, 임종을 앞둔 사람들, 연약한 노인 등이다. 사례관리는 다차원적 욕구를 가진 개인들의 기능과 안녕을 향상시키기 위하여 개발된 것으로 공식적 및 비공식적 지원과 활동을 조직하고 조정하며 유지하는 사회사업적 방법이라고 할 수 있다(Moxley, 1989). 특히 이 방법은 비용이 많이 드는 입원기관을 탈피하여 가족과 이웃이 있는 지역사회세팅에서 연약한 또는 만성적 손상을 입은 클라이언트들에게 광범위하고 지속적인 보호 및 훈련 서비스를 제공하여 자기 충족성을 성취할 수 있도록 돕는 수단이 된다(Goodman, 1987; Stenberg & Carter, 1983).

사례관리란 심리치료자의 임상적 기술과 지역사회 조직가의 옹호지술이 요구되는 사회사업의 새로운 실천분야로서 비공식적 지원체계가 보유하는 각종 자원을 통합하는 기능을 한다(Moore, 1987; Nelson, 1982). 구체적으로 사회사업적 사례관리의 기능은 ① 외부환경에 적응할 수 있는 클라이언트의 잠재력을 최대화하고, ② 클라이언트와 가족이 여러 서비스와 지원체계에 접근하여 이를 활용할 수 있는 방법을 습득하게 하여 가족, 이웃, 친구 등 비공식적 지원체계가 클라이언트를 충족시키는 데 있어 공식적 도움체계의 능력을 최대화시키고, ③ 클라이언트와 가족의 욕구를 충족시키는 데 있어 공식적 도움체계의 능력을 최대화하는 역할들을 수행한다(Moore, 1990).

사례관리의 첫 번째 목표는 일시적으로 취약한 상태에 놓여 있는 클라이언트들에게 제공되는 서비스의 질을 보증하는 데 있다. 두 번째 목표는 적절한 서비스나 기관 또는 자원에 대한 연결을 촉진하는 것이다. 세 번째는 가능한 한 가장 비용-효과적인 방식으로 서비스를 제공하는 것이다(Kane, 1990).

그러나 상기한 목표들이 서로 모순되는 것처럼 보일 수도 있어 사례관리의 개념이 모호하게 생각될 수도 있을 것이다. 보호의 질을 높임과 동시에 비용을 생각해야 하는 것은 상반되는 개념으로 들릴 수도 있겠지만, 사례관리는 이러한 두 가지 관심사를 균형 있게 비교하여 볼 수 있는 수단이다. 사례관리의 궁극적인 목표는 자원의 희소성이라는 현실적 문제에 맞서 클라이언트의 욕구를 충족시키는 것이다(Kane, 1988).

사회복지사에 의해 제공되는 사례관리는 기관이나 조직의 욕구보다는 클라이언트의 욕구를 충족시키기 위해 사용되어야 한다는 것을 이해하는 것이 중요하다. 진정한 사례관리는 체계중심이 아닌 인간 중심이어야 한다.

또한 사례관리의 가장 기본적인 가치는 각 클라이언트는 존엄성을 가지고 있고 만족스러운 삶을 위한 자신의 노력에 대해 지지를 받을 자격이 있다는 것이다. 사례관리는 가치는 기본권리에 대한 존중으로 모든 사람들은 자신의 삶을 목적을 성취하고 문제를 해결하고 인간으로 잠재력을 실현하기 위해 도움이 될 수 있는 자원이나 서비스에 대한 동등한 접근기회를 갖는다.

사례관리의 의의는 두 가지 모델을 포괄하는 통합적 모델이다. 첫째는 직접적 서비스로 클라이언트에 대한 대면적 서비스 등을 직접 한다. 둘째, 간접적 서비스는 지역사회정보를 기반으로 하여 복합적인 욕구를 가진 클라이언트를 대상으로 자원을 연결하고 조정한다.

사례관리는 여러 학자에 의해 다양하게 정의되어 왔는데 존슨과 루빈은 사회복지사가 보호를 필요로 하는 사람으로 하여금 적절한 서비스를 받을 수 있게 하는 것이며, 사회복지사가 책임을 갖고 다양한 서비스를 연결하여 보호를 필요로 하는 사람의 문제를 해결하는 방법이라고 설명하였다. 파커는 요보호자를 위하여 모든 원조활동을 연결·조정하는 것으로 사례관리를 정의하였고, Moxley는 선정된 사례관리자가 복합적 욕구를 지닌 클라이언트의 복지와 기능화를 최대화하기 위해 고안된 활동으로, 공식적·비공식적 지원들의 망을 조직하고, 조정하며, 유지하는 것을 강조하는 것이라 정의하였다. 로트만은 정신보건, 노인복지 아동복지 보건, 발달장애 등의 분야와 같은 인간 서비스 분야에서 폭넓게 사용되는 실천 모델이라고 보고 사례관리가 만성의 심각한 문제를 가진 클라이언트에게 지역사회에서 지속적이고 폭넓은 서비스를 제공하는 방식이라고 설명하였다. 무어는 사례관리가 가능하게 하는 차원과 촉진하는 차원으로 구성된 실천개념이라고 정의하였다. 이러한 정의를 종합적으로 살펴볼 때, 사례관리는 장기간 동안 서비스를 제공받아야 하는 복잡한 문제를 가지고 있는 클라이언트에게 제공하기 위한 중재방법이라고 할 수 있다. 앞서의 정의들을 볼 때, 사례관리에 대한 정의는 서비스의 초점을 어디에 두느냐에 따라 달라지는 것이기 때문에 학자들마다 달리 내리고 있으며, 이는 사례관리의 방향성을 설정할 때 중요한 기준이 되는 것이다.

즉, 사례관리란 복잡하고 다양한 문제나 욕구를 가진 클라이언트가 개별적인 기관이나 전문가 등의 지역사회내의 서비스제공자들을 일일이 찾아다니지 않고 사례관리자로부터 필요한 서비스를 보다 용이하고 효과적으로 받을 수 있도록 필요한 자원을 활용하고, 클라이언트로 하여금 지역사회 내에서 독립적인 생활을 할 수 있게 도와주는 통합적인 서비스전달방법이라 할 수 있다.

사례관리란 다양한 문제와 함께 사회적 기능수행의 어려움을 겪는 클라이언트를 대상으로 기능향상과 복지를 위해 그들의 욕구에 따라 지역사회 보호 서비스를 포괄적이고 체계적이며 지속적으로 전달하는데 목적을 둔 일련의 문제해결과정으로서 통합적 사회복지실천 과정을 구체화시킨 모델로서 다음과 같이 개념화될 수 있다.

첫째, 사례관리는 사례관리자와 개인 클라이언트와의 긴밀한 상호관계를 기초로 클라이언트 중심의 개별화된 접근을 하는 특징이 있다.

둘째, 사례관리의 특징으로는 클라이언트의 변화를 위한 개별지도 중심의 직접적 개입으로부터 자원의 조정을 포함하는 환경적 개입까지 사회복지 실천의 개입역할을 확대한다는 것이다.

셋째, 사례관리의 특징은 지역사회 보호를 강조하는 지역사회 중심의 접근이라는 것이다.

넷째, 사례관리는 치료보다는 보호의 개념으로서, 만성적이고 복합적인 문제를 가진 클라이언트를 지속적으로 관리한다는 특징이다.

사례관리 서비스 과정과 그 차원은 다음과 같다.

① 사정(assessment) : 다차원적인 접근을 의미(심리적, 사회적 기능·지지망, 자원)하고 클라이언트와 환경이 가지는 장·단점 모두를 사정한다.

② 계획(planning) : 사정에서 얻어진 자료를 기반으로 포괄적이고 구체적인 서비스를 계획한다.

③ 연결(linking) : 클라이언트에게 공식적·비공식적 모든 자원들을 연결하거나 타기관에 의뢰한다.

④ 점검(monitoring) : 서비스전달을 지속적으로 감시 또는 감독하는 기능으로 클라이언트의 향상 정도를 평가한다.

⑤ 권익옹호(advocacy) : 힘이 약한 클라이언트의 이익을 옹호하는 입장에서 기관 및 다양한 환경체계에 대항할 수 있게 한다. 사례관리자는 직접적 서비스의 실천가인 동시에 권익옹호가, 조력가 등의 간접적 서비스를 수행한다.

사례관리의 개입원칙은 다음과 같다.

㉠ 서비스의 개별화

개개인의 고유한 문제 해결을 위해서 적절한 서비스가 제공되며, 클라이언트의 독특한 신체적·정신적·사회적 상황에 따라 각 클라이언트의 욕구에 맞게 서비스를 제공하는 것이다.

㉡ 서비스 제공의 포괄성

제공되는 서비스가 클라이언트의 다양한 욕구들에 응할 수 있어야 하며, 지역사회에서 클라이언트의 다양한 욕구를 충족시키기 위해 필요한 광범위한 지지를 연결하고 조정, 점검하는 것이다.

㉢ 클라이언트의 자율성 극대화

클라이언트의 자율성 극대화는 클라이언트의 자기결정권을 가능한 한 보장하는 것으로 클라이언트의 선택에 대한 자유를 최대화하고 지나친 보호를 하지 않는 것을 의미한다. 이는 클라이언트의 자기결정권을 가능한 보장하고자 하는 것이다.

㉣ 서비스의 지속성

클라이언트를 장기간에 걸쳐서 지속적으로 돌볼 수 있어야 하는 것으로 사례관리자가 클라이언트의 욕구를 점검하여 서비스를 지속적으로 제공한다는 것이다. 즉 1회의 단편적인 서비스 제공이 아니라 클라이언트가 자신의 생활현장에서 잘 적응할 수 있도록 지속적으로 원조해야 한다는 것이다.

㉤ 서비스의 연계성

복잡하고 분리되어 있는 서비스 전달체계를 연결하는 것을 의미한다. 이때 사례관리자는 다른 서비스 전달체계간의 중개자 혹은 권익옹호자의 역할을 한다.

사례관리의 특성은 다음과 같다.

① 다양한 문제와 복합적인 욕구를 가진 클라이언트를 대상

② 클라이언트의 문제해결과 치료보다는 욕구충족과 보호에 더 중점

③ 클라이언트의 사회적 기능과 독립을 극대화하기 위해서 보호의 연속성과 책임성을 보장

④ 서비스의 효과성과 효율성을 높이기 위해 포괄적인 서비스를 제공, 서비스의 조정과 점검

⑤ 사회환경과의 상호작용에 관심을 집중시키며 다양한 지원체계의 광범위한 서비스를 활용

⑥ 가정방문과 출장원조, 안내와 의뢰 등과 같은 적극적인 클라이언트와의 접근을 강조

⑦ 클라이언트 수준에서 클라이언트 각자의 욕구를 개별화, 개입과정에서 참여와 자기결정을 촉진

⑧ 개별적인 실천기술과 지역사회 실천기술을 통합한 형태

2. 사례관리 목적

사례관리의 목적은 클라이언트의 다양하고 복합적인 욕구를 충족시킴으로써 사회적 기능과 자립을 극대화하려는 데 있다. 이 목적을 달성하기 위해서는 클라

이언트의 욕구를 충족시킬 수 있는 적합한 환경을 마련하여 주는 것을 기본 원칙으로 하는데 구체적으로 살펴보면 다음과 같다.

① 어떤 일정한 장소나 기간 내에서 지속적으로 서비스를 제공하는 보호의 연속성을 보장하는 것

② 일정 기간 동안 혹은 필요한 경우에는 개인의 일생을 통하여 개인의 욕구가 변화할 경우, 서비스가 개인의 욕구의 모든 영역에 제공되도록 보장하는 것

③ 서비스 이용자의 적격성, 기준, 규정, 정책, 절차 등과 관련된 서비스 접근의 장애물을 극복함으로써 개인이 필요한 서비스에 쉽게 접근할 수 있도록 원조하는 것

④ 서비스가 클라이언트의 욕구에 적합하게, 적시에, 적절한 방식으로 중복되지 않게 제공될 수 있도록 보장하는 것

이와 같은 사례관리의 목적을 충족시키기 위하여 사례관리자의 활동을 중심으로 사례관리의 긍정적 성과를 살펴보면 다음과 같다.

① 클라이언트가 서비스와 자원들에 가능한 한 용이하게 접근하도록 클라이언트 자신의 생활기술을 최대한 증진시킨다.

② 클라이언트의 복지와 기능화를 증진시키기 위해 사회적 망과 관련하여 사회복지 서비스 제공자들의 능력을 개발한다.

③ 가능한 가장 효율적인 방법으로 서비스와 지원이 전달될 수 있도록 하고 동시에 서비스의 효과성을 증진시킨다.

④ 환경의 이용을 원활히 하기 위해 각 개인의 잠재 가능성을 개발하고 그 활용을 극대화시킨다.

⑤ 가족들과 일차 집단들의 보호능력을 극대화시킨다.

⑥ 일차적인 보호자원들과 공적보호체계들을 통합시킨다.

⑦ 개인들과 일차적 집단들의 욕구를 충족시키기 위한 공적보호체계의 능력을 극대화시킨다.

사례관리의 궁극적인 목적은 클라이언트가 직면한 장애를 극복하기 위해서

직 · 간접적 서비스를 충분히 제공하고, 클라이언트를 자원과 연결시킴으로써 클라이언트가 사례관리사의 도움 없이도 자원들과의 연결을 유지할 수 있도록 하는 것이다

3. 사례관리 기능

사례관리의 기능은 사례관리 표적인구집단의 유형, 사례관리자를 고용하는 기관의 유형, 담당 사례관리 대상자의 규모, 환경의 구속 정도, 서비스 전달체계의 본질, 사례관리자의 역할과 지위, 프로그램의 특성, 서비스 제공분야 등에 따라 다양하게 나타난다.

여러 학자들에 의해 정리된 사례관리의 기능을 살펴보면 다음과 같다.

① 클라이언트와 필요한 서비스의 연결기능인데 이것은 클라이언트의 욕구를 충족시키기 위해서 필요하고 유용한 서비스와 권리를 클라이언트에게 위임하고 양도하는 것이다.

② 비공식 보호체계와 클라이언트간의 상호작용의 촉진기능이다. 비공식 지원체계를 통하여 클라이언트는 경제적 · 사회적 안정, 신체적 · 정신적인 건강, 정서적 지지, 안내, 지역사회 생활의 향상 등에서 결정적인 도움을 받고 있으며, 이것은 다른 지원체계보다 훨씬 더 클라이언트에게 실질적인 지원을 제공할 수 있다.

③ 사례관리 기관 상호간의 조정 기능이다. 기관 상호간의 조정은 공식적인 정책이나 비공식적인 기관 상호간 협정을 통하여 기관들 사이의 연계를 촉진함으로써 사례관리의 효과성을 높이는 기능이다.

④ 상담기능으로 상담은 사례관리과정에서 클라이언트에게 유용한 서비스에 접근할 수 있도록 필요한 정보를 제공하며, 그들 자신의 욕구와 문제에 대한 이해를 증진시키고, 가족에게 그들에 대한 이해를 촉구하며, 서비스 제공기관과의 접촉을 향상시키는 기능을 수행한다.

⑤ 문제해결기능은 사례관리과정에서 클라이언트에게 발생할 수 있는 성격상의 문제, 위기상황 또는 실직, 부부갈등과 같은 일상생활상의 문제 등을 잘 극복

할 수 있도록 도움을 제공하는 기능이다.

⑥ 옹호기능은 클라이언트와 클라이언트 집단의 사회적 기능을 향상시키기 위해서 그들의 무기력과 무능력을 제거하는 것이며, 명확한 욕구를 가지고 있는 개인 또는 집단에게 힘과 자원을 적절하게 분배하려는 목적을 둔 활동을 포함한다.

이상 살펴본 사례관리의 목적달성을 위한 사례관리자의 활동에 따른 사례관리의 기능들을 정리하면 다음과 같다.

① 환경으로부터의 도전들을 개인능력의 사정

② 개인의 가족과 일차집단의 보호, 존재하는 능력에 대한 사정활동

③ 공적보호체계 내에 자원들에 대한 사정활동

④ 개인이 가지고 있는 사적인 자원들을 클라이언트의 욕구 충족을 위해 사용할 수 있도록 돕는 활동

⑤ 가족과 일차집단들이 그들의 자원관리능력을 높일 수 있도록 돕는 활동

⑥ 가족 혹은 일차집단들과 공적 서비스가 제공자로부터 자원확보를 위한 효과적인 협상활동을 지원하는 기능

⑦ 개인이 가족 혹은 일차집단과 공적보호체계 등으로부터 받는 지지에 대한 적절성 평가

4. 사례관리의 역사적 배경

선진 복지국가의 경우 사례관리가 필요하게 된 배경을 Moxlery는 다음의 6가지로 정리하고 있다.

① 탈시설화의 영향

클라이언트가 생활상의 곤란을 해결하기 위해 가정과 지역사회와는 분리되어 입소시설 혹은 병원의 입원시설을 이용하던 방식에서 탈피하여 다시가정과 지역사회로 되돌아오는 것을 의미한다. 입소시설에서의 서비스 전달은 모든 서비스들이 한정된 시설 안에서 제공되도록 구조화되어 있다는 이점이 있는 반면, 입소자의 재활에 한계를 갖고 있으며 공적으로 부담해야 하는 비용이 크다는 단점을

갖고 있다. 이러한 이유로 탈시설화는 중요한 이슈가 되었다. 그런데 탈시설화의 경향은 서비스 전달상의 문제를 가져왔다. 지역사회에 기초하는 서비스들은 각 기관이 소유하는 기금과 자격요건 등으로 인하여 분산되는 경향으로 보인다. 이와 같은 상황에서 사례관리는 각 조직의 경계를 넘어 서비스들이 함께 이루어질 수 있는 장치를 제공함으로써 이와 같은 문제들이 상쇄될 수 있도록 하는 수단으로써 도움을 주게 된다.

② 서비스 전달의 지방분권화

지방을 중심으로 전개된 서비스들은 서비스들 사이의 통합을 위한 장치나 클라이언트와 관련된 서비스 기관들 사이의 조정을 위한 장치를 거의 가지지 못한 채 이루어졌다. 따라서 클라이언트와 가족의 입장에서 볼 때 분산되고 단편화된 지역사회 수준의 서비스를 이용한다는 것은 대단히 어려운 일이 아닐 수 없었다. 따라서 각 기관들의 서비스를 조직화하고 클라이언트의 욕구를 통합적으로 충족시킴으로써 지방분권화에 따른 부정적인 측면을 보충하기 위해서 사례관리가 강조되게 되었다.

③ 복합적인 욕구를 가진 인구의 증가

일반적으로 한 기관이나 단일 서비스 체계로는 복합적은 욕구를 가진 클라이언트의 문제에 대응하는 것이 불가능하다. 예를 들어 경제적으로 곤란하기 때문에 적절한 치료를 받지 못하는 노인이나, 장애 또는 정신지체로 인해 사회생활을 영위해 갈 수 없는 클라이언트의 욕구에 대응하기 위해서는 다원적인 서비스가 요구된다. 따라서 이들이 지역사회에서 살아가도록 하기 위해서는 클라이언트들이 필요로 하는 서비스를 조직화하고 통합하여 상호 연계되도록 하기 위한 사례관리가 요구되었다.

④ 기존 서비스의 단편성

복지 서비스의 대부분은 범주별로 분류되고 자격요건의 측면에서 서비스 공급주체가 다원화되어 있다. 즉 서비스 공급주체는 지방정부, 민간조직 등으로 구분되고 서비스는 연령집단별, 기능집단별, 혹은 문제영역별로 분류된다. 이처럼 복지 서비스가 통합되지 못하고 단편적으로 이루어지는 상황에서는 클라이언트의 욕구가 충족되기 어렵고 문제해결은 형식화되거나 방치되기 쉬워진다. 사례관리는 클라이언트 수준에서 서비스의 단편성을 막아 내기 위한 장치로서 필요하였다.

⑤ 사회적 지지와 사회적 망의 강조

클라이언트의 삶의 질에 대한 사회적 지지와 사회적 망의 영향력에 관한 서비스 전문가들의 인식이 높아졌다는 점이다. 공적인 서비스가 제공하는 것과 비공식적인 사회적 지원체계가 공급하는 서비스의 양적, 혹은 질적 차원에서 상당한 차이가 존재한다는 것을 인식하면서 공식적이고 전문적인 서비스와 비공식적인 지원체계와 지원망을 조장하고 통합하려는 사례관리가 주목받게 되었다.

⑥ 비용억제의 필요성

사회복지 서비스에 있어서 비용을 억제해야 한다는 필요성에서 사례관리가 강조되었다. 비용억제엔 두 가지 측면이 있는데 하나는 결핍된 자원내에서 서비스의 효과를 최대화하려는 측면이고, 다른 하나는 서비스의 전달에 소용되는 비용을 억제하려는 측면이다. 복지 서비스의 효과성, 책임성에 기초하여 서비스의 중복을 점검해야 하는 전문기술의 필요성을 절감하게 되었고 서비스의 계획을 관리하고 서비스 전달의 효율성을 최대화하는 대응책으로서 사례관리에 대한 관심이 고조되었다.

미국의 사례관리역사는 다음과 같다.

① 1863년 : 매사추세츠 주에서 공공기금과 서비스를 조정하기 위한 프로그램을 개발하여 처음으로 시작되었다.

② 1940년대 : 재활을 강조한 근로자 보상프로그램 → 현재 사례관리의 기원

③ 1985년 : 주 정부들이 의료서비스로서 사례관리를 제공하도록 장려

④ 1987년 : 특별교육법 제정

⑤ 1988년 : 가족지원법 제정으로 사례관리 발전의 계기

⑥ 현재 : 사회복지사 이외에 간호사, 의료보조자, 직업치료사, 영양사 등이 사례관리자로 활동하고 있다.

5. 사회복지실천으로서의 사례관리

사례관리는 사회복지실천의 전통적인 방법인 개별실천, 집단실천 및 지역사회복지의 몇 가지 측면을 통합적으로 적용한 사회복지실천의 핵심적인 기술 중의 하나이다. 사회복지실천 개별사회사업과 사례관리 상이에는 유사한 측면이 많음에도 불구하고, 접근방법을 포함한 여러 가지 측면에서 사례관리는 종래의 사회복지실천 방법의 개별실천과는 상이한 특성을 가지고 있다.

사회복지실천의 개별적인 접근의 경우, 사회복지사는 음주, 약물 등의 문제를 가진 클라이언트와 서비스 계약을 맺고 클라이언트의 문제를 사정하고 개입계획을 수립하고 개입실행과정을 거쳐 궁극적으로 클라이언트가 음주, 약물문제로부터 완전히 벗어나 자유롭게 정상생활을 회복할 수 있도록 돕는다. 이때 약물문제로부터 자유로워지는 것이 개입실천의 목표가 되고 목표가 달성되면 종결에 의해 자연스럽게 사회복지사와 클라이언트의 서비스 계약관계는 끝나게 된다. 물론 개입실행이 진행되는 동안 사회적·인적자원과의 연결 등 자원체계의 이용이 이루어지는 경우도 있다. 이러한 개입의 특성은 클라이언트의 문제가 뚜렷하고, 실천의 목적 혹은 목표가 명확하며, 실천의 개입방법과 수단도 구체적이다.

한편 사례관리의 주 대상인 만성정신장애인, 노인, 만성신부전장애인 등이 갖고 있는 문제는 건강문제, 경제문제, 사회문제, 이동문제, 교육문제, 자녀양육 문제 등과 같이 다양하다. 이들에게 필요한 원조를 제공할 경우 이들의 문제가 개별적인 사회복지실천으로 접근할 수 없을 만큼 복잡하고 다양하기 때문에 인적자원을 비롯한 다양한 사회적 자원의 개발이 이뤄져야 할 것이며, 공적인 제도의 뒷받침도 우선적으로 마련되어야 한다. 뿐만 아니라 이들이 지역사회 내에 구성원으로 살아가는데 있어 이들을 지역성원으로 받아들여 통합적인 생활이 가능할 수 있는 사회구성원들의 사회적 성숙 또한 선결조건으로 해결되어야 한다. 또한 이들 클라이언트에 대한 지원은 이들이 자립생활이 가능해질 때까지 지속적으로 행하여지는 경우도 있다. 이처럼 사례관리는 복합적이고 장기적이며 다양한 욕구를 가지고 있는 클라이언트를 대상으로 하여 개별적인 상황에 따른 원조계획을 세워 클라이언트 자신의 자원뿐만 아니라 가족, 친구, 이웃 등의 비공식적인 자원, 그리고 각종 수당과 급여와 같은 공적인 프로그램과 서비스 등을 연계하여 클라이언트의 복지추구와 기능의 강화, 서비스의 효과성 증진을 도모하는 서비스 체계이다. 이러한 관점에서 실천되고 있는 사례관리는 그 대상을 재가중심적 보호영역 뿐만 아니라 정신보건영역, 재활영역, 노인복지영역, 발달 장애영역 등 여려 사회복지실천 분야에서 폭넓게 활용되고 있다.

6. 사례관리의 도입 및 실천분야

1976년 전미사회사업가협회는 사회사업의 관심이 치료에서 보호로 변화되고 있으며, 사례관리는 클라이언트 보호를 위한 실천의 새로운 출발점을 나타내는 개념이라고 제언한 바 있고 이와 함께 지역정신보건분야, 가족관련분야 및 노인복지분야에서 각각 사례관리의 필요성을 지적하였다. 그 후 1990년 〈사회사업백과사전〉에서는 종래의 개별사회사업항목이 사라져 버리고 대신 사례관리 항목이 새롭게 등장하여 미국 사회사업계의 변화를 상징적으로 보여주었는데 이러한 경향이 선진국과 우리나라에도 도입되어 클라이언트에게 필요한 도움을 통합적으로 제공하고자 노력하고 있다.

구체적인 사회복지실천 분야는 다음과 같다.

① 노인복지분야에서, 노인의 경우 의학의 발달로 평균수명이 연장되었으나, 동시에 노인을 돌보아야 하는 가족의 책임감이 감소되어 지속적이며 전문적인 보호 서비스의 영역의 확대가 필요하다

② 지역사회 중심 재활 서비스에 관한 관심이 증가함에 따라 지역사회에서 생활하고 있는 신체장애인들 뿐만 아니라 지금까지 생활시설에서 재활·보호 서비스를 받던 신체, 정신장애인들까지도 자신의 가족과 자신이 속한 지역사회로 돌아가 시설이 아닌 지역사회에서 지지와 재활원조를 받을 수 있게 되었다. 따라서 지역사회 재활 프로그램 영역에서 사례관리의 필요성이 더욱 강조되었다.

③ 가족해체 그리고 아동학대를 포함한 가정폭력의 증가로 인해 사회의 지속적인 관심과 보호를 필요로 하는 아동의 수는 매년 증가하고 있다. 이에 따라 아

동복지분야에서도 사례관리의 욕구가 증가하고 있다.

④ 정신보건분야에서도 만성정신장애인들에 필요한 향정신성 약물의 출현으로 증상을 조절할 수 있게 되었고 이들이 지역사회에서 독자적인 생활이 용이하게 됨에 따라 정신병원의 탈시설화 추세가 지속화되었다. 지역사회의 자연환경 속으로 이드 클라이언트를 재배치하려는 움직임이 나타나면서 사례관리의 필요성이 더욱 강조되고 있다.

7. 사례관리자의 임무역할

① 사정자로서의 사례관리자는 클라이언트의 약점, 역기능, 질병, 결함, 증상 등과 같은 부정적인 요소보다는 강점, 능력, 성장과 발전의 가능성, 건전한 기능, 자원, 잠재력 등의 긍정적인 요소에 중점을 두고 그들의 욕구를 수집하고 분석하며, 종합한다.

② 계획자로서의 사례관리자는 클라이언트의 욕구를 충족시키기 위한 사례계획, 치료, 서비스 통합, 기관의 협력, 및 서비스 망을 설계한다.

③ 상담자로서의 사례관리자의 업무는 클라이언트에 대한 이해를 발전시키고 클라이언트가 스스로 지지망과 같은 자원을 개발하고 유지하는 방법을 알 필요가 있다는 사실을 가르치는 것이다.

④ 중개자의 클라이언트가 필요로 하는 자원을 소정의 사회기관으로부터 제공받지 못하거나, 지식이나 능력이 부족하여 다른 유용한 자원을 활용하지 못할 경우에 사례관리자가 다른 유용한 자원과 클라이언트를 연결시키는 중개자의 역할을 수행한다.

⑤ 조정자로서 사례관리자는 클라이언트의 문제와 원조자들로부터 도움이 필요한 욕구를 사정하고, 원조를 수행하는 과정에서 클라이언트의 욕구와 자원과의 관계, 클라이언트와 원조자들간의 관계에서 필요한 조정과 타협의 책임이 있다.

⑥ 평가자로서의 사례관리자는 프로그램의 효과성, 효율성 및 비용-효과성을 검토하기 위하여 사례관리과정 전반에 관한 정보와 자료를 수집하고 분석하는 것이다.

⑦ 옹호자로서의 사례관리자는 클라이언트가 스스로 자신을 대변하고 옹호할 수 있는 능력이 부족할 때 그들을 대변하여 그들의 요구사항을 만들어내고, 가능한 한 자원이 적절히 공급되어질 수 있도록 노력하며, 클라이언트의 옹호자로서 활동한다.

제 2 절 사례관리의 과정과 단계별 기능

사례관리과정은 사례관리와 개별사회 복지실천의 기본적인 기술과 인간관계 양상을 파악하고 실천에 임하는 것을 전제로 한다. 이 과정은 사례관리를 좀더 구체적이고 일관성 있고 효율적으로 수행하는 데 지침이 된다. 사례관리의 과정을 단계적으로 설명하면 다음과 같다.

1. 사례관리과정

(1) 기관접촉

클라이언트는 타기관, 가족, 지역사회의 조직, 교회, 경찰, 학교 등으로부터의 의뢰과정이나 스스로의 방문과정을 통해 기관과 접촉하게 된다. 대부분은 의뢰를 통해서 클라이언트와 접촉을 하게 되는데 다른 접촉방식으로는 사례관리자가 기관 밖으로 클라이언트를 찾아나서는 아웃리치방식이 있다. 이러한 접근방식은 서비스가 가장 필요하나 스스로는 기관과 접촉하지 않는 클라이언트(부랑인, 노인들, 장애인, 문제청소년)를 찾아 나서는 경우에 해당된다.

(2) 접수, 사정, 실천계획 및 목표설정

접수의 기능은 클라이언트의 문제와 상황을 밝혀내는 것이다. 접수과정은 개인의 일반적인 사회 심리적인 정보를 모으고 신청서를 작성하고 일상적인 지시를 하는 등의 공식적인 과정이다. 접수의 기능은 개입과정의 시작, 즉 계약이라고도 불린다.

사정단계에서는 좀더 철저하게 문제를 확인하기 위해 클라이언트의 사회·심리적, 신체적 기능수행 정도를 자세히 파악해야 한다. 사정은 클라이언트의 발전과 성장을 가져올 수 있는 상황의 강점을 파악하기 위하여 노력하는 동시에 클라이언트의 제한점도 함께 인식한다. 기관내의 여러 분양의 전문가들이 사정에 참여할 필요가 있는데 이를 위해서는 적절한 사정기간이 필요하고 적합한 사정도구가 개발되어 사용되어야 한다.

사정은 클라이언트의 주위환경을 포함한 그의 상황을 이해하는 집중적이고도 체계적인 과정이며, 구체적으로 이루어져야 할 분야이다. 이에는 첫째, 욕구 및 문제 사정으로 클라이언트의 욕구 및 해결해야 하는 문제들로서 사례관리자는 클라이언트와 함께 욕구 및 문제 목록을 만들고 이 중 우선순위를 정한다.

둘째, 자원사정으로 클라이언트가 문제를 해결하는 데 있어서 유용하게 활용할 수 있는 자원, 셋째, 장애물 사정으로 클라이언트가 자원을 활용하는데 있어서의 장애물들을 파악한다.

특히 자원사정은 문제를 해결하는 데 도움이 되는 공식적·비공식적 자원을 클라이언트와 함께 사정하는데 자원목록의 검토로 이용성, 적정성, 적절성, 수용성, 접근성 등을 고려하여 목록을 작성한다.

자원은 내부자원과 외부자원으로 구분되며, 내부자원은 개인적 강점으로 문제를 해결하고 욕구를 충족시키기 위해서 사용될 수 있는 개인의 성격 또는 가족생활의 질을 말한다. 예를 들어 개인 자원으로는 특별한 지식, 능력, 또는 태도나 신체적 특성의 형태의 자원이고, 가족은 정서적 지지를 강조하거나 제공하는 능력, 분명하게 의사소통할 수 있는 능력이며, 외부자원으로는 개인 또는 가족이 합리적이고 질적인 생활을 유지하도록 재화와 서비스를 제공하는 사람이나 조직을 말한다.

자원의 사정은 생태도 등을 활용하여 체계적으로 접근하여야 하며, 이 때 전체적이고 포괄적인 시각을 가지고 생태학적 관점에 기초를 두는 것이 바람직하다.

〈표 12-1〉 외부자원의 공식적 비공식적 자원

<table>
<tr><th colspan="2">역할유형</th><th>내 용</th></tr>
<tr><td rowspan="3">공식자원</td><td colspan="2">거관, 조직체, 전문가들이 해당되며 이들은 정책이나 규칙에 따라 도움</td></tr>
<tr><td>공적자원</td><td>세금으로 충당되며 법에 의해 통제, 공적자원에 의한 서비스 비용을 직접적으로 지불하지 않는 경우도 많다.
예) 실업자들에게 재정적 혜택 실업수단, 직업능력개발 등 제공하는 경우</td></tr>
<tr><td>민간자원</td><td>기부금에 의해 재정을 충당하는 기관들이 포함
공식적 정책이나 절차에 의해 통제, 복지관, 구세군, YMCA/YWCA와 같은 개인적으로 기금이 조성되는 조직</td></tr>
<tr><td rowspan="2">비공식자원</td><td>자연적 원조자</td><td>친척, 친구, 이웃, 동아리 모임</td></tr>
<tr><td>자원봉사자</td><td>행정안전부, 보건복지부 소속기관에 의한 민간비공식자원봉사</td></tr>
</table>

장애물 사정은 다음과 같다.

클라이언트가 문제가 있고, 이를 해결하기 위한 자원도 존재하지만 '왜 클라이언트가 이를 적극적으로 활용하지 못하는가?' 하는 장애문제이다.

여기에는 첫째, 외부장애물인데 클라이언트가 처한 환경에서 다음 사항 중 적어도 한 가지 이상이 부족한 상황이 발생할 수 있다.

① 자원이 없거나 욕구를 충족시키기에는 부적합하다. ② 자원이 일반적으로 유용하지만, 어떤 클라이언트에게는 유용하지 않다. ③ 유용한 자원이 있으나 정보, 교통수단, 아동보호 등의 부족으로 접근하기 어렵다.

둘째, 선천적인 무능력이다. 장애나 약물중독 같은 클라이언트의 통제 밖의 것으로 실천과정에서 클라이언트 효과적인 의사소통과 적극적인 참여를 제한시키는 것

셋째, 내부장애물로 클라이언트가 가지고 있는 신념, 태도, 가치 등의 장애를 말한다.

서비스의 조정과 같은 경우는 계획 수립 단계에서 연결될 수 있다.

클라이언트에게 기관에서 제공되지 않는 서비스가 필요하다면, 지역사회 안에서 그러한 자원을 찾고, 클라이언트가 그러한 자원을 사용하도록 연결하고, 지지해 주는 것이 사례관리자의 책임이다.

다양한 전문가와 서비스들을 조정하는 것은 다음과 같은 이점이 있다.

① 서비스 조정을 통해 클라이언트는 다양한 서비스를 접할 수 있다. ② 클라이언트가 필요로 하는 서비스에 대한 접근성을 용이하게 해 준다. ③ 서비스 조정은 효과적이고 효율적인 서비스 전달을 가져온다.

서비스 조정단계에서의 사례관리자의 역할은 중개자로 이해할 수 있다. 중개자는 지역사회 내 사용 가능한 자원들과 기관들의 정책과 절차를 모두 알고, 서비스를 찾는 사람과 서비스를 제공하는 사람들을 연결해 준다. 의뢰과정에서 중개자의 역할은 ① 제공되는 서비스들에 대해 클라이언트와 토론하기 ② 의뢰하기와 동원자 ③ 의뢰 후 관리

실천계획 및 목표설정이다.

서비스 목표는 사정에 기초하여 종합적인 서비스 계획을 수립하는 것을 말한다. 실천계획이나 목표를 설정할 때에는 클라이언트의 한계를 고려하여 현실적인 면을 고려하는 것이 중요하다. 현재의 상황을 유지하거나 곤란을 감소시킬 수 있는 구체적인 프로그램 개발과 같은 것이 주요 목표일 수도 있다.

개입단계이다.

내부자원 : 직접적 서비스 제공자로서의 역할자, 이행자, 안내자, 교육자, 정보제공자, 지원자

외부자원 : 간접적 서비스 제공자로 중개자, 연결자, 옹호자

사회적 망에 대한 개입을 통해 클라이언트의 사회적 지원체계의 확장을 도모하며 공식적 대인서비스 제공, 사회적 망, 구성원과의 기술적 조력 및 협력 등의 기능을 한다.

(3) 개입계획 수립과 자원개발

개입계획이다.

상담과 치료를 포함하는 치료계획과 좀더 실질적인 원조를 위해 외부기관에 클라이언트를 연결시키는 일 등을 포함하는 서비스 실천전략이다. 보통 단기목표와 장기목표를 성취하기 위한 방법 등이 모두 포함된다. 개입계획을 수립하는데

있어 고려하여야 할 사항은 다음과 같다.

계획 가운데 실행해야 할 관련 욕구영역에 대한 특정화는 다음과 같다.

-주요 목표의 명확화

-서비스와 지지적 목표들에 대한 분류화와 항목화

-계획된 목표달성을 위해 고안된 특정활동을 수행할 활동자의 선정

-각각의 목표달성을 위한 시간안배

-그리고 각각의 목표들이 달성되었을 시 기대되는 변화에 관한 진술을 포함한다.

계획단계이다.

사정에서 수집한 정보를 클라이언트에게 도움이 되는 일련의 활동으로 전환하는 과정으로 공식적이고 구조화된 4단계로 구분된다.

① 1단계 : 상호간의 목적 수립하기로 사례관리자는 클라이언트와 함께 목적을 수립한다.

첫째, 사례관리자는 클라이언트 사이의 신뢰관계를 형성

둘째, 욕구, 요구사항, 능력 및 자원에 대한 충분한 사정을 통해 클라이언트의 현재 상황을 파악

② 2단계 : 우선순위 정하기는 클라이언트의 중요한 욕구를 명확히 하고 문제를 파악하여 목적들 우선순위를 정한다.

첫째, 클라이언트가 가장 중요하다고 인식하는 것

둘째, 클라이언트의 삶에 즉각적인 위험을 미칠 가능성이 있는 것

셋째, 달성하기 쉬운 것 등이다.

③ 3단계 : 전략 수립하기인 단계로 목적달성을 위한 방법을 선택하는 것으로 기법, 전략, 개입이라고 하며 전략수립은 클라이언트와 함께 하며, 브레인스토밍 등의 방법을 활용한다.

④ 4단계 : 최선의 전략 선택하기로 클라이언트의 현재 상황, 즉 능력, 보유자

원 등을 기초로 최선의 전략을 선택하여 현실과 실행가능성을 고려한 선택이다.

⑤ 5단계 : 전략 실행하기로 선택된 전략을 실행하기 위해 시간과 절차 등을 구체화한다.

자원확인과 개발이다.

유사한 서비스 자원과 정보자원에 대한 접근이 용이하도록 자료를 조직하는 것이다. 기관들과의 전화접촉, 기관 대표자 회의, 비공식적 망, 사무실 보관문서의 확인이나 주소록 확인과 같은 많은 자원확인 방법이 있다.

(4) 클라이언트와 서비스 체계와의 연결

사례관리자는 클라이언트를 위탁하기에 앞서 우선적으로 클라이언트에게 필요한 서비스의 내용과 서비스 방법을 결정해야 하고, 그 다음에 클라이언트가 서비스를 받을 수 있도록 조건과 환경을 조성하고, 필요한 또 다른 서비스에 연결될 수 있도록 하는 등 계속적으로 그 서비스를 이용하는 데 있어 필요한 모든 노력을 다하여 클라이언트와 서비스 체계와의 연결이 순조롭게 진행되도록 돕는다. 사례관리자는 서로 다른 유형의 자원들과 지역사회기관 그리고 클라이언트를 연결함으로써 클라이언트에 대한 서비스와 지원계획을 적용할 수 있는 매개자의 역할을 수행하게 된다. 효과적인 연결은 특정 지역사회의 대인 서비스 전달체계에 관한 사례관리자의 지식수준에 달려있다. 이러한 지식은 사례관리 사정과정에서 생겨나는 자원목록의 확보를 통해서 발전되고 확대된다. 클라이언트와 자원체계간의 연결기능이 효율적으로 이루어지려면, 연결과 관련하여 클라이언트를 준비시키는 일이 중요하다.

(5) 점검과 재사정

① 점검

점검은 서비스와 지원이 잘 이루어지고 있는가?'에 대해 점검하는 것으로 클라이언트를 위해 수립된 실행계획에서 정해진 서비스의 전달과정을 추적하는 방법으로서 사례관리자에 의해 행해지는 활동적이고 유동적인 과정이라는 뜻을 지니고 있다.

사례관리자가 행하는 점검의 내용은 다음과 같다.

- 클라이언트 지원망의 구성원들이 목표를 달성하기 위하여, 특정행동을 수행하고 그들의 책임을 수행하는데 적절한 시간안배가 이뤄지고 있는지를 점검한다.
- 클라이언트에 대한 계획이 수립된 시점에서 욕구를 충족시킬 수 있는 필요한 서비스와 자원을 가지고 있는지를 점검한다.
- 클라이언트에 대한서비스와 지원계획이 어느 정도 잘 이해되고 있는지를 점검한다.
- 그 계획이 성공적인지 혹은 역행적 결과를 가져오고 있는지 즉 서비스와 지지의 산출결과를 검토하는 일 등을 점검한다. 요약하면 서비스 계획이 적절하게 이루어지는지 그 정도를 검토하며, 클라이언트에 관한 서비스와 지원계획의 목표에 대한 성취를 검토하고 그리고 서비스와 사회적 지지의 산출을 검토하고 클라이언트와 욕구 변화를 점검하여 서비스 계획의 변화여부를 검토한다.

사례관리자가 점검기능을 수행하는데 필요한 접근방법은 크게 두 가지인데

첫째는 일정한 형식을 갖추지 않은 채 이루어지는 것으로서 사례관리자 자신의 판단에 근거하여 클라이언트에 대한 서비스와 지원계획이 적절하게 이행되고 있는지 그리고 바라는 결과가 나타나고 있는지 검토하는 것이다

둘째는 구조화되고 절차화되고 공식화되어진 방법에 의해 점검을 수행하는 것이다.

② 재사정

클라이언트에 대해 장기간 보호 목적을 전제로 할 때에는 상황에 따라 클라이언트 관리상황의 반복적인 평가를 실시하는 것이 필수이며, 이러한 평가는 시간적인간격을 두고 설정된 시점에 따라 공식적으로 요구되어지기도 한다. 일반적으로 재사정은 순차적으로 새로운 자원과의 연결이나 배치, 새로운 개입계획이나 수정된 개입목표와 관련되어 이루어지게 된다.

(6) 결과평가

사례관리의 맥락에서 평가라 함은 사례관리자에 의해 형성·조정되는 서비스 계획, 구성요소, 활동들이 과연 시간을 투자할 만한 가치가 있느냐 없느냐를 측정하기 위해 이용되는 과정이다. 사례관리평가의 내용은 다음과 같다.

- 개입계획시 구성된 전문인력, 서비스 그리고 자원들이 목표로 삼은 사례관리 목적을 달성하기에 적정한 것인가의 여부를 평가하는 투입에 대한 평가
- 클라이언트에 대한 서비스와 지지계획에서 정해진 활동과 과업이 적절한 방법으로 수행되고 있는가의 여부를 평가하는 과정에 대한 평가
- 클라이언트에 대한 서비스와 지원계획은 클라이언트의 욕구에 부응 될 수 있는 것인가, 특히 클라이언트 지지망에 대한 계속적인 사정과 점검을 통해 드러나 욕구와 관련해서 볼 때 이 계획은 여전히 욕구에 부응할 수 있는 것인가의 여부를 평가하는 연관성 평가

평가는 '사례관리자에 의해 형성되고 조정되는 서비스 계획, 구성요소, 활동 등이 과연 시간을 투자할 만한 가치가 있는 여부를 측정하는 과정'이다.

여기서, 평가에 관한 접근이란 첫째, 클라이언트에 관한 서비스와 개입계획에 관한 평가 둘째, 목적 달성에 관한 평가 셋째, 사례관리 서비스의 전반적인 효과성에 관한 평가 넷째, 클라이언트의 만족도에 관한 평가를 일컫는다.

(7) 기관간의 조정

기관들간의 조정기능은 공식적 정책을 통하거나 조직간의 비공식적 동의에 의해 연결기능을 원활하게 하는 기관관의 관계를 수립하는 것이다. 사례관리자는 기관간의 조정활동을 원활히 하기 위하여 기관 전체와의 공식적 조정보다는 조직 내 개인과 비공식적이고 개별적인 서비스 조정을 하는 일도 중요하다. 기관간의 조정은 클라이언트와 서비스 체계간의 성공적인 연결을 조장하는 수단으로 기관간의 상호의존적이고 의미 있는 교환을 요구하고 있다. 이 때 기관들간의 교환활동이란 클라이언트에 대한 정보의 공유, 상호의뢰, 시설의 공동 활용, 직원의 교류 등을 포함한다.

(8) 상담

상담은 통상 전통적인 치료처럼 심리 내적인 것이 아니며, 주거문제, 재정문제, 양육, 그리고 고용과 같은 영역에서의 문제해결, 현실검증, 사회화 기술, 그리고 실제적 도움이 전 과정에 걸쳐 요구되는 기술이다. 효과적인 상담은 기본적 생활 기술을 가르치는 일, 역할놀이의 활용, 그리고 바람직한 행동에 대한 모델링 등을 포함한다.

(9) 치료

치료는 개인의 정신 내적인 문제로서 내면 깊이 자리잡은 성격문제에 초점을 두는 장기치료와 실직, 결혼갈등과 같은 즉각적인 생활문제에 초점을 두는 단기치료로 구분할 수 있다. 치료는 클라이언트가 일상생활 상황을 다루도록 돕는 "지금-여기에"(here and now)를 강조를 해야 한다.

(10) 옹호

클라이언트를 옹호하는 일은 사례관리 전체과정 가운데 매우 초기에 필요할 수도 있고, 기관이 서비스를 제공하기를 거절하는 연결시기에 일어날 수도 있다. 이 기능은 많은 사람들이 종종 간과하거나 실행하기가 어렵다고 여기는 중요한 기능이다. 사례관리에 있어 옹호는 두 가지 차원에서 행해진다.

① 클라이언트체계 차원의 옹호는 클라이언트가 적절한 서비스를 제공받지 못하거나 부당한 처우를 받을 때 클라이언트를 돕는 확실하고 단언적인 접근이다.

② 서비스체계 차원의 옹호는 서비스를 제공하는 데 겼게 되는 부당한 처우에 대한 접근이다.

2. 사례관리자의 역할

1) 직접적서비스 역할과 내용

(1) 이행자

위기상황에서 클라이언트의 기능이 매우 제한되어 스스로 문제 극복이 어려울 때 제한적으로 사용한다.

(2) 교육자

교육과정은 ① 기술의 명료화 ② 모델화 ③ 역할연습 ④ 환류 ⑤ 훈련 이전의 단계를 거친다.

(3) 안내자, 협조자

클라이언트와 서비스와 지원을 위한 결정에 함께하고, 서비스 및 지원 전문가, 사회망 구성원을 확보하는 과정 전반에 걸쳐 클라이언트를 안내한다.

(4) 진행자

클라이언트에게 도움이 될 수 있는 적절한 서비스의 선택 과정을 돕고 지지한다.

(5) 정보전문가

지역사회에서 클라이언트가 이용 가능한 대인서비스, 급부체계, 기회 등에 대한 지식을 확보한다.

(6) 지원자

클라이언트가 자기지향을 향해 나갈 수 있도록 지원하고 자기 옹호를 충분히 할 수 있도록 지원한다.

2) 간접적서비스 역할과 내용

(1) 중계 및 연결

클라이언트 욕구를 충족하기 위한 서비스 유무를 명백히 하고 기관을 선정하며 연결하는 역할. 자원목록에는 ① 서비스에 대한 이용성, 적절성, 수용성, 접근성 ② 서비스를 위한 자격기준 ③ 과거 서비스의 질 평가 사항 ④ 서비스 제공자의 능력 ⑤ 특수한 클라이언트를 위한 서비스 ⑥ 기관의 주요 서비스 기록이 있다.

(2) 조정

상호적 기관망의 맥락에서 적합한 방법으로 서비스를 획득하는 노력 조정촉진을 위한 전략은 ① 클라이언트의 욕구를 강조 ② 조정능력 ③ 조정되어야 할 부분을 구체화 ④ 조정 시 이점을 밝힌다.

(3) 옹호

서비스 제공을 거부한 기관을 상대로 도움을 주도록 동기화하는 전략

① 직접담당자에게 항의하는 것

② 특수한 지식을 활용하는 것

③ 담당자의 상관에게 항의하는 것

④ 공식적 민원 신고를 이용하는 것

⑤ 외부 권위에 항의하는 것

⑥ 법적 대응이 포함된다.

(4) 조력

보호수준을 발전시키기 위해 원조자들을 돕는 것으로 사회지원망 구성원들을 위한 교육, 그들을 위한 이차적 지원(스트레스 관리, 야유회), 대안적 지원체계의 확립 등을 마련한다.

(5) 협의

서비스 조직이나 기관의 변화와 혁신을 장려하는 전략으로 이를 수행하기 위해 사례관리자는 전문적 지식과 기술을 가지고 있어야 한다.

기관 대표와 만나 서비스에 대한 새로운 지식이나 정보를 제공하거나 클라이언트의 욕구와 특성을 기관에 교육하는 것, 서비스 전달 상의 문제를 해결하기 위한 방법을 개발하는 것 등이 포함된다.

3) 사례관리의 실천적 함의

사례관리가 사회적 서비스 측면의 다양한 문제를 다루고 장기보호를 필요로 하는 집단과 다양한 욕구를 가진 클라이언트에게 적합하다는 것은 일반적이다. 특히 지역사회 거주 정신장애인들에게 가장 적합한 방법으로 대두되고 있다.

재가 중심적 보호영역, 정신보건영역, 직업재활영역, 노인복지서비스 영역, 발달장애영역 등에서 활발히 활용된다.

제 3 절 사례관리를 위한 지역사회 기반 조성

사례관리가 성공적으로 수행되기 위해서는 단지 사례관리자 개인의 능력이나 노력만으로는 충분하지 않다. 사례관리가 수행되기 위해서는 선결되어야 할 과제가 있다. 그것은 지역사회 기본조성이다. 사례관리는 지역사회를 단위로 하여 지역사회의 다양한 자원을 활용하는 것에 초점을 두어지는 것이기 때문에 효과적이고 효율적인 사례관리를 위해서는 지역사회의 다양한 자원들의 활용이 가능하도록 하는 기반이 조성되어야 한다. 사례관리를 위한 지역사회의 기반조성을 다음과 같은 측면에서 정리할 수 있다.

① 지역단위로 필요한 기본적인 사회복지 서비스 제공기관을 확보하여야 한다.
② 지역사회의 복지 서비스기관간 협력체계가 구축되어야 한다.
③ 사회복지 서비스 제공기관에 대한 정보공급체계의 구축이 필요하다.
④ 사례관리자에 대한 계속교육이 제공되어야 한다.

1. 재가노인 사례

사례관리의 개요는 다음과 같다.

Moxley(1989)는 사례관리란 복합적인 니드를 가진 사람들의 기능화와 복지를 위해 공식적 · 비공식적 지원과 활동의 네트워크를 조직 · 조정 · 유지하는 것이고, 이러한 활동을 통해서 사례관리자는 다음과 같은 목적들을 성취하려고 한다고 규정하고 있다.

첫째, 서비스와 지원들을 이용하고 접근하는데 있어서 가능한 한 클라이언트 자신의 생활기술을 증진시키도록 하는 것

둘째, 클라이언트의 복지와 기능화를 증진시키기 위해 사회적 망과 관련 대인

복지 서비스 제공자들의 능력을 발전시키도록 하는 것

셋째, 가능한 한 가장 효율적인 방법으로 전달되는 서비스 및 지원이 되도록 하고, 동시에 서비스의 효과성을 증진시키도록 하는 것이다.

Jonson, P. & Rubin, A.(1983)은 사례관리 접근의 기본원칙은 사례관리자가 클라이언트의 복잡한 서비스 전달체계를 연결시켜 클라이언트로 하여금 적절한 서비스를 받을 수 있게 하는 책임을 가지는 것이라고 말하고 있다.

Barker(1991)는 클라이언트의 이익을 위해 다양한 기관과 직원들로부터 제공받을 서비스를 계획하고 추구하며 검토하는 일련의 절차이다. 이는 기관 내의 혹은 타 기관에 속한 실천가가 전문적인 팀워크를 통해 클라이언트에게 제공될 서비스를 조정하고, 필요한 서비스의 제공을 확대할 수 있게 해주는 것이다. 사례관리는 또한 클라이언트의 욕구가 필요로 하는 전문 서비스의 진전을 점검하고 평가하며 재사정하는 것을 포함한다.

〈표 12-2〉 사례관리 절차

절 차	내 용
1. 초기단계	자신이 직접 의뢰, 동사무소, 이웃 의뢰 및 대외추적프로그램을 통해 대상자 발굴(사례관리자의 적극성 요구)
2. 보호진입단계 (클라이언트사항 조사지활용)	-인테이크(Intake): Ct의 문제와 상황 확인 -사정 : Ct의 욕구내용과 그 정도 파악, 욕구에 대응하는 Ct의 능력 평가, Ct의 비공식적 자원체계의 보호제공 능력 평가, 공식적 지역사회 자원체계의 역량에 대한 평가 -목적설정 : 사정과정을 통해 즉각적으로 해결이 요구되는 증상에 대한 대처와 장기적으로 대처해야 할 것을 구분하여 목적 설정
3. 보호계획수립 (클라이언트사항 조사지 활용)	목적달성을 위해 지역사회에 이용 가능한 자원을 개발·결정하고 그것을 바탕으로 개입계획 수립.
4. 보호계획의 실행	-직접적 서비스 : 교육, 상담, 지지, 격려, 위기개입 등의 기법에 대한 임상적 지식과 기술을 활용하여 대상노인의 서비스접근과 활용기술 및 능력을 증진 -간접적 서비스 : 대상노인을 대신하여 체계의 변화를 유도하는 것으로 대상노인에게 필요한 자원체계와 서비스를 연계
5. 보호계획의 수정	모니터링 : 대상자와 전화통화 및 직접방문을 통해 서비스가 실제로 제공되는 동안 기존의 계획대로 대상노인에게 서비스가 제공되었는지 여부와 만족스러웠는지를 점검하여 어떤 변화가 필요한 가를 지속적으로 알아보는 것 재사정 : 개입계획이 어느 정도 적절히 실시되고 있는지 확인하며, 계획에

	담고 있는 사례목표가 달성되고 있는지, 개개의 서비스나 지지의 내용이 적절한지, 계획의 변경을 요하는 대상노인의 새로운 요구가 생겨나고 있는지 등을 평가
6. 평 가	서비스 전달 상황을 재평가: 재가노인의 경우 종결이란 것이 별 의미가 없으므로 재사정단계가 더욱 중요한 기능을 하고 있음.

사례의 시례는 다음과 같다.

(1) 인적사항

성 명 : 최○○(남자), 황○○(여자) 부부
나 이 : 최○○ 78세, 황○○ 76세
학 력 : 무학, 초학
직 업 : 없음, 없음
종 교 : 없음, 없음
부양가족 : 최○○ 1남2녀, 황○○ 1남4녀
거 주 지 : 중소도시(영구임대아파트 10평 거주)
생활구분 : 거택보호 및 시각장애 1급
참고사항 : 최○○, 황○○씨는 각기 사별후 20년 전 만나 동거하게 됨
최○○씨는 시각장애 1급이며, 2010년 8월 편평상피암으로 사망함

(2) 가족사항

① 클라이언트(할머니)

남편과 사별한 후 20년 전쯤에 전 남편에게서 낳은 1남 4녀와 함께 생활하던 중 할아버지를 만나 동거하게 됨. 그 후 최근 사망한 남편의 자녀 1남 2녀와 함께 생활함. 몸집은 작고 대체로 조용한 성격이나 매일 식사는 하지 않고 막걸리로 대신하며 항상 취해 있는 상태이다. 가끔 주변사람들과 언쟁을 한다. 집주변을 돌아다니며 소일한다.

② 클라이언트(할아버지)

아내와 사별한 후 현재의 부인을 만나 부인의 자녀 1남4녀의 자식들과 본인의 자녀 1남2녀를 양육시켰다고 한다. 막노동을 하며 생활을 하다가 60세쯤 갑자기

실명을 했다. 그 후 아내의 도움 없이는 생활할 수가 없었다. 최근 1년 전부터 목에 종양이 생긴 후 편평상피암이라는 진단을 받고 치료받던 중 사망함.

③ 둘째 · 넷째 딸(할머니 자녀)

클라이언트와 가까운 지역에 거주하며, 가끔씩 방문하여 밑반찬을 가져다주거나 보조금 수령 등을 해 준다. 부모와의 관계가 좋은 편은 아니다.

그 외의 기타 가족들은 연락도 없고 연락처도 모르며 지낸다.

(3) 클라이언트의 주요 호소문제

① 초기접수

1차(2011년 2월 20일):대상자 요구 및 실태 기초조사

접수내용 : ① 최○○씨의 시각장애에 대한 장애인등록 요구
② 지속적 관심요구(전화, 방문을 통한 잦은 접촉요구)
③ 생필품 요구(냉장고, 세탁기, 보행보조기)

2차(2011년 4월 4일) : 가정방문 상담

· 상담내용: ① 생활력 파악(가족배경 및 환경)
② 경제적 요구
③ 문화적 경험요구
④ 주민센터(동사무소)와 연계의 요구

② 초기접수후 접수자 의견 및 서비스계획

㉠ 친밀한 관계형성을 위한 접촉
㉡ 정서적 서비스제공(말벗, 전화방문, 녹음도서 서비스제공)
㉢ 관공서와 연계작업(장애인 등록절차 및 기관의뢰의 건)
㉣ 동행서비스(외출시 보조 및 산책)
㉤ 생필품 보조를 위한 후원자 개발
㉥ 장애인 수발에 대한 자원봉사자 교육(돌보미 바우처지원)
㉦ 관내프로그램 이용(무료급식 및 한방진료, 물리치료, 이 · 미용)
㉧ 위생을 위한 관리(관내 목욕탕 이용서비스)
㉨ 가정봉사원 파견(돌보미 바우처지원)

③ 중간접수 및 점검

중간접수내용 : 2009년 8월 긴급상태(할머니, 할아버지의 건강약화)

할머니는 습관성 결식상태(막걸리만 드심)로 건강검진

할아버지는 목에 종양이 생겨 병원의뢰 및 검진

접수후 서비스계획 : ① 가정봉사원 파견(청소, 취사, 심부름, 말벗, 병원동행)

② 병원의뢰 및 보건위생수발

③ 식사 및 영양을 위한 지속적 관심(지역사회 Food Bank)

④ 병악화를 대비한 준비

(4) 개입기간 2011년 2월 20일부터 2011년 12월 현재(21개월)까지 관리 진행중

(5) 사례관리의 과정

① 사례발견 및 접수(인테이크)

② 사정

③ 서비스 계획

④ 연결 및 조정

⑤ 점검

⑥ 평가

2. Case Management 내용분석

1) 사정

(1) 클라이언트의 요구에 근거한 사정(Assessment)

요구의 종류	요구의 내용
장애인 등록의 요구	할아버지의 시각장애에 대해 장애인으로 등록하여 혜택을 받을 수 있는지 알고 싶고, 등록절차에 대해 대리등록을 원함
지속적 관심의 욕구	찾아주는 사람 없고 집에만 있게 됨으로써 소외감과 말벗이 없어서 외로움으로 인한 지속적 관심을 요구함.
생필품 및 생활비 부족의 요구	세탁기, 냉장고의 필요성 및 생활비부족에 대한 호소
문화생활 경험 요구	책과 신문, 놀이, 여가 등을 접할 수 있는 방법에 대하여 문의함.
주민센터(동사무소)와의 연계 요구	동사무소 직원(특히 사회복지사들과 친하게 지내고 싶어함)
병원검진 및 치료의 요구	할아버지의 목에 생긴 종양의 검진과 치료에 대한 요구

(2) 접수면접을 통한 생활환경에 근거한 사정

구 분	사정내용	비고
생활사의 변천	10년전 두 분 모두 사별하고 각기 자녀들을 데리고 살던 중 만나서 동거를 시작하게 되었다. 할아버지는 성격이 깐깐하고 사람들이 잘 붙어주지 않는 성격이었다. 젊어서는 생활력이 강하여 막노동을 해가며 모두 2남6녀의 자녀를 양육하여 출가시켰다. 60세쯤부터 시각장애를 갖고 있으면서도 할머니가 숫자와 문자를 전혀 해독할 수 없는 관계로 통장관리와 전화번호 등을 관리하는 생활을 맡아하셨다. 할머니는 알코올성 치매상태에 있어서 물건을 두면 하루 종일 찾아다녀야만 할 정도이다. 항상 할아버지를 모시고 복지관 무료급식을 통하여 점심식사를 제공받지만 본인은 종일 막걸리로 하루를 지내며 집주변을 돌아다니며 소일을 하는데 앞 못 보는 할아버지를 귀찮게 여김	

(3) 접수면접을 통한 생활환경에 근거한 사정

구분	사정내용	비고
환경적 상황	동사무소에서 지급되는 보조금(약 30만원)에 의존하여 생활하고 있으며, 거주지는 영구임대아파트 10평형(방 1, 거실, 화장실)에서 거주함. 할아버지와 할머니가 성격이 맞지 않아 각기 다른 방을 사용하며 지내고 집은 비교적 잘 정돈되어 있는 편이다. 하지만 얼마 전 할아버지의 목에 생긴 종양에서 염증이 생겨 악취가 많이 났다. 할머니는 병에 대한 지식도 없고 할아버지에 대한 애정도 많지 않아 보건위생관리와 치료에는 무관심하였다. 종양이 심해져 염증이 흐르는 체 무료급식을 배식하러 식당에 가면 그곳 분들에게 심한 저항을 받아 따돌림을 당하곤 했다. 할아버지는 상피암진단을 받고 영양상태가 불량하고 병이 악화되자 전혀 바깥출입을 하지 못하다가 2010. 8월에 사망함. 현재 할머니 혼자서 생활	
대 인 관 계	할아버지는 시각장애와 깐깐한 성격으로 사람들이 집에 오는 것을 거부하였고 자원봉사자들의 방문도 꺼려했었다. 더구나 자원봉사자들의 지속적인 방문이 되지 않아 거부감이 더욱 많았다. 하지만 지속적인 관심을 갖자 병이 발병한 후에는 방문하는 사람들에게 호의적이었고, 감사해 하였다. 할머니는 옆집 할머니와 막걸리친구로서 관계를 형성할 뿐 그 외의 사람들은 친하게 지내지 않는다. 항상 취한 상태에 있기 때문에 노인정에서도 잦은 말다툼이 생기고 따돌림을 당하는 경우가 많다. 할머니의 둘째·넷째 딸만이 가까이 살기 때문에 가끔씩 집에 들러 일을 봐주고 반찬정도를 가져다주는 데 관계가 좋은 편이 아니다. 그 외의 자녀들은 연락도 하지 않고 지내며 자녀들의 연락처도 없이 지내고 있다. 할아버지가 사망하였음에도 장의절차를 상의할 자식도 없고, 자녀들 처지도 되지 않아 복지관에서 장례식을 주관하였다. 가끔 왕래하는 딸들만 장례식에 참석하였다	

2) 목표설정 및 서비스 계획(Planning)

구분	문제	목표설정	개입방법
생활의 변천	일상생활 및 신변처리의 어려움 · 시각장애와 만성알코올중독상태로 인한 심리적 소외감 · 장애인등록절차에 대한 문의	일상생활가능과 신변처리의 해결 · 심리적 고독감 해소 · 장애인 등록	기관 내, 목욕탕, 이·미용실, 물리치료실, 은혜의 식당 등을 이용하여 욕구충족 및 일상생활 도움 · 사회복지사, 가정봉사원 등이 가정을 방문하여 지속적 관리, 관내 프로그램에 참여, 집단 및 개인상담을 통한 소외감 해소 · 시각장애인으로 등록
환경적 상황	주거환경개선 · 경제적 빈곤문제 · 시각장애와 문자해독	보건위생과 청결 · 부업알선, 권유 및 후원자 개발	가정봉사원과 간호사가 방문하여 보건위생지도, 청소, 소독하여 관리 · 종이상자 접기, 구슬방석 꾀기 등

	이 안 되는 부부의 행정적, 일상적 문제 ·결식으로 인한 영양상의 문제와 발병 및 악화로 인한 사 후처리	·행정적 일처리, 일상적 문제해결 ·식습관의 변화, 병의 치료 및 악화, 사망의 대비	부업연결, 결연후원자 연결. ·세금, 민원서류에 대한 동행처리, 의뢰 ·1일3식에 대한 습관형성, 식사후 음주습관. 신경통, 종양발병에 대한 물리치료, 한방진료, 염증치료에 대한 관내 이용과 의료진 의뢰 및 조문
대인관계	사람들을 부정적인 시각으로 바라봄으로써 원만한 관계유지의 어려움 ·노인정에 있는 노인들과 언쟁이 많고 따돌림을 받는 점	지역주민들과의 유대적 강화를 위한 연계 ·노인정 이용과 원만한 인간관계 형성을 위한 지속적 관심과 평가	가족, 친지, 지역사회 자원과의(이웃, 워커, 간호사, 프로그램강사, 관리사무소 직원, 동사무소 직원, 자원봉사자, 노인정가족 등) 지속적인 정서적 지지와 방문상담을 통한 관계형성

3) 개입(Intervention)

(1) 정서 · 심리적 고독감 해소

① 사회복지사의 접수를 통한 접촉과 관계형성

② 가정봉사원 및 도우미(1주 2명)를 통한 말벗, 정서적 지지 제공

③ 녹음음악과 육성독서 및 신문 읽어주기를 통하여 문화적 경험

④ 담당 워커와의 지속적 안부전화, 면접상담을 통한 지지, 긍정적 강화

⑤ 명절 지원서비스(추석, 설) 전달방문, 타기관 지원품(LG전자 등)을 통한 사랑나누기

⑥ 관내 행사초청(어버이날, 재롱잔치, 노인지원프로그램행사, 실버복지 작품전시회)

⑦ 효도관광(봄, 가을)을 통한 화합과 공감의 장을 마련

⑧ 가족, 친척관계 조사를 통한 관심표명을 위한 연계

⑨ 지역사회 인적자원(주민센터, 복지기관, Food bank, 관리사무소, 노인정, 자원봉사자 등)과 친밀감 형성을 위한 연계와 지원

(2) 경제적 지원

① 부업알선(일자리센터, 종이상자접기, 구슬방석꿰기, 원예, 공작 등)을 통한 자력 양성

② 결연후원자 연결(월 일정액 후원, 사회복지공동모금회)

③ 현물물품 지원(의류, 생활용품, 의료보호 등)

(3) 환경개선

① 가정내 위생과 청결을 위한 소독과 청소, 보건위생교육

② 시각장애인등록, 보장구지원요청

③ 행정업무, 병원이송, 지역사회복지관 연계 등 서비스지원 및 대행업무

(4) 일상생활 및 신변처리

① 기관내 목욕탕(이동목욕, 방문목욕), 이·미용실, 물리치료실을 이용하도록 제공 또는 방문서비스

② 가정봉사원파견(종합복지관) 을 통한 신변처리 보조

(5) 건강보호 및 장제

① 1일 3식 습관형성(1식 점심제공 및 Food Bank, 무료급식제공 등)을 위한 전화, 방문안부

② 한방무료진료를 통한 매월 건강점검과 치료

③ 복지기관연계하여 물리치료, 보건소와 연계하여 염증 소독 및 치료

④ 종합병원을 통한 종합검진과 치료의뢰

⑤ 식사 후 음주습관형성으로 만취상태 배제

⑥ 의원을 통한 의약품보조(치료제 및 영양제)

⑦ 사망 후 장례절차 주관을 통한 안정과 문제점 해결

4) 점검(Monitoring)

(1) 클라이언트가 느끼는 심리적 고독감 해소의 문제

기관의 워커와 자원봉사자, 간호사와의 관계는 좋은 편이나 가족, 친척의 무관심으로 인하여 관계가 호전되지 못한 상태이다. 제일 많이 충돌이 되었던 곳, 노인정에서의 소외감(종양의 염증이 흐르는 것을 보고 역겨워함)을 식사비 지원요구를 함으로써 기관에 대한 투사적 반응을 보였다. 그 후 할아버지의 사망으로

인하여 노인정에서의 저항감이 사라졌다. 기관내 노인초청 행사에 적극 참여하는 등의 관심을 보여 조금이나마 위로가 된다고 하며 더 많은 즐거움이 있기를 원하고 있다.

현재는 남편의 사망으로 적적함을 표현하나 남편을 생각하면 복 있는 사람으로 생각하며 때로는 아직도 살아있는 느낌을 갖는다고 한다. 이웃집 할머니가 놀러와서 술친구가 되어주고 매일 만나는 지역사회기관 내 워커의 지속적 관심에 항상 감사하다고 한다.

(2) 경제적 문제와 건강문제

부업을 알선하고 연계해도 자력에 대한 습관이 형성되지 않아 지속적으로 하지 못하고 마냥 돌아다니는 일로 소일하며 지낸다. 정부보조금(약 30만원) 외에 전혀 도움받는 곳이 없다. 결연후원자를 연결하여 매월 일정액을 보조하고 있으며, 생필품 지원과 후원물품이 지원될때마다 대상자로서 혜택을 주고 있을 뿐이다.

할머니건강문제는 오래전부터 습관화된 음주습관을 그대로 유지하나 현재는 기관 워커의 관여로 인하여 술안주를 마련해서 마시며 식사도 거르지 않는다. 음주는 남편의 사망 후 많이 횟수가 줄어든 상태이다. 매월 한방 무료진료를 이용하여 신경통 치료와 약을 조제해가고 있으며 물리치료도 가끔 하곤 한다.

5) 평가(Evaluation)

이 사례는 2009년 3월에 접수하여 2010년 12월 현재까지 총 23개월간 진행되고 있는 사례이다. 상당기간 case management가 이루어져 왔기 때문에 워커들과 함께 팀워크를 이루어 중간접수 및 점검 단계를 거쳐 재평가도 해 보았다. 하지만 클라이언트가 너무 고령자이고 검사도구에 대한 이해가 부족한 점으로 인하여 본 연구자의 주관적 면접조사자료에 의한 평가가 되었다는데 한계가 있다. 따라서 클라이언트에 대한 서비스를 통하여 정서・심리적 고독감과 경제적 문제, 환경개선 문제, 일상생활 및 신변의 처리, 건강문제에 대해 클라이언트의 요구를 중심으로 문제에 개입하고 구체적 클라이언트의 면접을 통한 평가결과는 다음과 같다.

먼저, 정서·심리적 고독감 해소의 문제에 대해서는 사람들을 경계하고 싫어하던 초기접수시에 비해 워커와 가정봉사원들의 관심과 지속적인 지원으로 클라이언트들이 병약하고 생활의 궁핍함에 대해 많은 경계심을 완화시켰고, 기관내 프로그램을 통한 클라이언트의 적극적인 참여는 지속되지는 않았지만 가정봉사원이 녹음된 음악을 들려주고 책을 읽어 주는 등의 정성이 심경의 변화를 가져다 준 것 같다.

더욱이 클라이언트(할아버지)의 사망과 관련하여 기관에서는 찾아오는 이 없는 클라이언트의 가정에 빈소를 마련하고 장례의식을 행해주는 등 죽음에 대한 위로가 현존해 있는 클라이언트에게는 크나큰 위로와 감사를 느끼게 한 것 같았다.

그 이후 기관내 워커들과 가정봉사원들을 만날 때마다 감사의 표현을 한다.

둘째, 경제적 지원문제에 대해서는 부업연결에 대한 클라이언트의 부적응의 문제와 습관화되지 않았던 생활방식이 지속적인 부업을 통한 자력양성에 대해 도움이 되지 못하였다. 또한 부업재료가 너무도 빈약하고 노인들에게 한계가 되는 일들, 그리고 너무나 적은 임금이 지속적으로 부업을 할 수 없게 하는 데 일조를 하였다고 본다.

따라서 경제적 지원에 대한 방편으로 결연후원자를 연결하여 월 2만원을 후원하게 하였으며, 자체행사(명절선물, 김장김치 나누기 등) 및 타기업 지원품 등을 지원하게 되었다.

셋째, 환경개선 및 신변처리의 문제에 대해서는 7평형 임대아파트에 거주하는 클라이언트의 좁은 공간은 비교적 잘 정돈되어 있는 편이다. 하지만 노인들이어서 그런지 청결한 상태는 아니었다. 따라서 부분 소독과 함께 가정봉사원을 통한 청소서비스가 지속적으로 실시되었다. 또한 접수초기에 클라이언트가 요구한 장애인등록을 하여 시각장애 1급으로 등록하였다.

또한 일상생활과 신변처리에 대한 민원업무와 이송서비스, 대행업무 동행서비스 등을 통하여 어려움을 해결해 주고, 기관내 이·미용서비스, 목욕탕 이용 또는 방문서비스 등을 통하여 신변처리를 하도록 하였다.

마지막으로 건강보호 및 장제의 문제는 상시프로그램인 물리치료와 매월 실시되는 한방 무료진료를 통해 검진 및 치료를 지속적으로 받고 있으며, 1일 1식과 종일 취한 상태로 생활하는 클라이언트(할머니)에게 1일 3식을 할 수 있도록 관리하여 식습관이 보완된 상태이며, 안주없이 술을 마시던 습관도 안주를 마련하여 마실 수 있도록 관심을 보였다. 식습관과 음주습관은 크게 변화되지 않았지만 노력하려는 의식의 변화는 보여지는 것으로 판단된다.

장제의 문제는 클라이언트의 남편이 종양 발병 후 약 1년간 투병하다가 편평상피암으로 사망하게 되자 어떻게 해야 될지 모르는 클라이언트에게 기관에서는 장례의식을 주관하여 장례식을 마치게 되었다.

그러나 아쉬움으로 남는 점은 오랫동안 클라이언트 가족의 복잡하고 미묘한 감정들과 현재 가족들의 생활상 궁핍에서 오는 가족관계의 결속이 없는 상황하에서 가족들의 유대와 친밀감을 형성하는 데는 아직도 많은 어려움이 남아 있다. 따라서 가족들과의 연계가 잘 이루어지도록 밀접한 관계를 유지하고 향상시키기 위한 체계적 관리가 앞으로 남아 있는 커다란 과제이며, 중점적으로 재점검하고 목표를 재설정하여 서비스를 실시하고 관리해야 할 점이다.

3. 사례관리의 모델

1) 클라이언트 중심모델

(1) 클라이언트 중심모델은 사례관리의 기능을 수행함에 있어서 중심 초점을 클라이언트와 케이스 매니저와의 관계에 두는 모형이다.

(2) 사례관리자는 클라이언트를 적극적인 행동의 주체로 보고 그들의 강점, 잠재력, 성장가능성, 능력 등을 확인하고 개발하는데 역점을 둔다.

특성	클라이언트 중심모델	제공자 중심모델
클라이언트의 기본개념	인식과 행동의 주체	인식과 행동의 객체
사례관리자의 활동 대상	확인·개발해야 할 대상으로서의 클라이언트의 강점	확인 대상으로서의 문제와 관리 대상으로서의 병리 현상
사례관리자의 활동 양태	적극적인 참여, 결점 수정, 방향 설정 등	서비스 계획에 수동적으로 적응
사례관리의 목표	긍정적인 방향, 실행단계, 자신감 등	-서비스 소비패턴의 개선 -환자로서의 역할 행동
사례관리의 욕구사정	클라이언트의 방향 계획 및 목표로부터 직접적으로 결정됨	서비스 제공자의 설정 및 결과에 따라 직접적으로 결정됨
연결	-비공식적인 사회적 네트워크 강조 -지역사회 전체를 자원으로 활용	기존의 서비스 제공자에게 의뢰하고 공식적인 체계를 이용함
감시	방향계획과 관련해서 과정을 상호 평가함	치료계획을 잘 준수했는지 확인
평가	-자율성의 증가 -사회적 환경(필수적) -자신감의 성장 -비공식적인 네트워크와의 연결성 등	-소비된 서비스 단위의 증가 -입원 일수의 감소 -치료계획에 대한 준수성의 향상 여부
중점	-강점 및 목적 달성에 대한 장애요인 확인 -사회적 네트워크의 개발, 클라이언트를 임상적 판단 및 멸시에서 벗어나게 함 -서비스 체계의 역할이 지원적인지 장애적 인지 평가	-문제·확인·의뢰·치료계획준수성 보장 -클라이언트의 행동 및 기능에 지속적으로 주목 -가족과의 상호작용, 약속 이행 여부

2) 개인적 강점모델(Personal Strengths Model)

(1) 클라이언트의 능력을 먼저 파악하고, 클라이언트가 목적을 달성할 수 있도록 그들의 강점을 최대한 발휘할 수 있는 환경을 만든다.

(2) 사례관리자는 직업교육, 사회적 지지, 의료보호, 주거시설 등의 자원을 클라이언트가 획득하도록 도와준다.

3) 완전 지지모델(Full Support Model)

(1) 가장 광범위하게 연구되고 있는 모델이다. 사례관리자는 직접적인 보호도 제공하고, 클라이언트에게 필요한 다른 서비스들을 연계시켜 주는 중개자 역할도 한다.

(2) 임상적 서비스 이외에도 다양한 지지적 역할을 수행한다.

4) 강점 관점(Strength Perspectives) 사례관리의 지침

(1) 클라이언트가 정직하고 신뢰할만한 사람이라는 것을 믿는다.

(2) 클라이언트의 상황을 보다 좋게 만드는 클라이언트의 능력, 기술, 풍부한 자원, 등기 등을 나타내는 지표에 귀 기울이고 클라이언트에게 환기시킨다.

(3) 클라이언트의 정체성과 명확성, 기관에서 기대하는 것을 정교화하도록 도와준다. 클라이언트가 특별히 자신의 상황에 관해 변화하고 싶어 하는 것을 설명하도록 돕고 격려한다.

(4) 클라이언트를 자신의 행동, 삶, 상황, 변화노력, 치료계획의 수행에 대해 잘 알고 있는 '전문가'로 가정한다. 상황에 대한 클라이언트 자신의 인식과 이해에 일차적 주의를 둔다. 클라이언트를 원조과정의 '지시자'로 본다.

(5) 사정 및 서비스 계획과정을 사회사업가와 클라이언트와의 공동활동으로 본다.

(6) 진단은 클라이언트 강점이 아닌 영역에 관심을 갖고 병리, 일탈, 결핍 등에 초점을 두기 때문에 사정을 하되 진단은 하지 않는다.

(7) 클라이언트나 다른 사람이 이전에 해야만 했던 것이나 하지 말았어야 했던 비난적인 것 등에 대한 논의는 피한다.

(8) 클라이언트의 가족, 사회적 관계망, 지역사회를 잠재적 자원의 오아시스로 보면서, 공식적·비공식적 자원 모두를 활용할 수 있다.

(9) 개입계획은 클라이언트와 그의 상황에 따라 구체적이고 개별화하여 세운다.

연습문제

1. 사례관리의 내용에 대하여 실제 사례를 들어 설명하시오(청소년, 아동, 노인, 장애인 등).

2. 사례관리의 과정과 단계별 기능에 대하여 설명하시오.

3. 사례관의 실제 현장에서 이루어지는 과정에 대하여 실제 사례를 들어 설명하시오(청소년, 아동, 노인, 장애인 등).

4. 사례관리자의 역할에 대하여 실례를 제시하여 설명하시오.

5. 종합사회복지관의 실제 사례관리의 실례를 조사하여 발표하시오.

[선행학습 정답] : 1. 서비스연계성 2. 사례관리 3. 클라이언트의 증가
4. ㉠ 치료적인 ㉡ 서비스

13
chapter

사회복지실천기록과 평가

〈선행학습〉

1. 목표달성도를 점검하고 사후지도를 하기 위한 있는 그대로의 기록유형은?
2. 실천과정을 사회복지사가 재구성하는 것으로 융통성이 있어 중요하다고 생각하는 것을 포괄적으로 기록할 수 있으며 시간이 많이 소모되고 정보를 쉽게 복구할 수 없는 기록은?
3. 기록에 포함되어야 할 기본적인 내용은 클라이언트의 인구학적인 특성, 서비스를 제공하게 된 사유, 클라이언트의 현재 및 과거의 문제나 욕구, 사회복지사의 소견과 사정, 서비스의 목적, 제공된 서비스의 특성, 서비스종결 방법과 사유, 사회복지실천 활동 결과 요약 그리고 [ ]이다.
4. 사회복지실천에서 활용하는 주요 평가 방법으로 개입 전 상태와 개입 후 상태를 비교하는 것으로 흔히 AB설계라고도 하는 평가방법은?

제 1 절 기록의 목적과 내용

1. 기록(Recording)의 의의

사회복지 실천에 있어서 '기록' 기술은 매우 중요한 부분으로서 사회복지사의 책무성과 밀접하게 연관되어 있으며, 효과적인 면담과 이에 따른 기록을 통해서 보다 나은 서비스가 제공될 수 있으며, 기록은 사회복지사에게나 클라이언트에게 성장의 도구가 될 수 있다. 사회복지사가 기록의 중요성을 잘 이해하고 기록에 대한 구체적 기법과 지침을 알게 되면, 기록에 대한 부정적인 생각을 버리게 될 것이며 효과적으로 주어진 업무를 수행할 수 있을 것이다. 사회복지 실천 기록은 기록의 표준화 정도, 범위, 선택성, 유형 원칙에 따라서 다양하게 사용되고 있다.

사회복지실천에 대해 기록하는 것은 사회복지실천과정의 일부이며, 잘 작성된 기록은 좋은 사회복지실천과 밀접한 관련이 있다. 기록을 하는 이유와 방법은 다음과 같다.

첫째, 책무성이다. 사회사업 실천가들은 자신의 서비스를 기록하고 설명하고 평가함으로 클라이언트와, 기관, 지역사회에 대한 법적, 윤리적 책임을 져야 하며 이는 사회복지사의 당연한 의무이다.

둘째, 효율성이다. 기록을 통해 개입하고 있거나 개입한 사안에 대해서 효율적으로 검토할 수 있을 뿐더러 기록에 있어 어떻게 효율적으로 기록할 것인가도 포함되다.

셋째, 사적권리이다. 클라이언트의 사적인 비밀을 최대한 보장하면서 기록해야 한다.

넷째, 서비스 중심의 기록이다. 기록은 서비스 중심으로 기록한다.

사회복지실천의 기록은 클라이언트나, 사회복지사 중심이 아닌 서비스 중심이어야 한다.

좋은 기록의 특징은 다음과 같다.

첫째, 신속하고 정확하며 간결하다.

클라이언트에게 가능한 빠르게 서비스를 제공하기 위해 신속하고 정확한 기록이 이루어져야 한다.

또한 누가 보더라도 클라이언트의 상황을 이해할 수 있도록 관련된 상황만을 간결히 기록한다.

둘째, 지워지지 않는 잉크로 기록한다.

공신력을 위해 수정이 어려운 유성펜 사용을 권한다. 수정 시 수정한 사람의 서명도 필수이다.

셋째, 기록자의 이름이 기록되어 있다.

기록에 대한 책임성 강화함과 동시에 기록 검토 중 추가사항에 대해 확인이 이루어질 수 있도록 하기 위함이다.

넷째, 기록일자를 명확히 기록한다.

첫 부분이나 끝부분에 기록 일시를 명확히 기록한다.

다섯째, 기록은 검토자가 필요한 정보를 가능한 빨리 파악할 수 있도록 문단에 소제목을 붙인다.

클라이언트의 전반적 상황을 비롯해 서비스의 과정과 평가 등 내용이 다양해짐으로 빠른 정보 확인을 위해 소제목을 붙인다. 주제별 소제목을 달아주는 것이 바람직하다.

여섯째, 상식에서 벗어난 기호, 용어 혹은 전문용어, 모호한 말 등을 사용하지 않는다.

기록을 검토하는 모든 사람이 이해할 수 있도록 기관 내 합의된 모두 공통으 사용하는 기호와 용어를 사용해야 한다. 기록공유를 위해 전문용어의 사용을 피하는 것이 바람직하다.

일곱째, 누구나 알아볼 수 있는 필체를 사용한다. 기록의 해독이 잘못될 경우 복지실천의 효과성이 저해되거나 클라이언트에게 불이익이 발생할 수 있으므로 누구나 명확히 해독할 수 있도록 정자(正字)로 기록해야 한다.

여섯째, 클라이언트와 한 번 이상의 접촉을 설명하는 데는 요약기록을 활용한다. 기록은 시간이 지남에 따라 양이 증가하고 기록내용의 검색이 어려워진다. 반복 접촉의 경우 이야기체보다 요약기록이 바람직하다.

2. 기록의 목적

① 사회복지 실천 활동의 문서화이다. 사회복지사들은 사례의 개시부터 종결까지 클라이언트에 관해서, 클라이언트에게 제공되는 서비스의 내용과 과정, 목표 달성에 있어서의 성과 등을 기록으로 남겨서 문서화하게 된다. 그리고 사회복지 실천활동을 정당화하기 위해서이다. 기록은 필요시 클라이언트에게 유효한 법적 증거로도 활동될 수 있다.

② 슈퍼바이저는 사회복지사가 기록한 내용을 검토함으로써 수퍼비전을 통해 효과적인 서비스를 제공했는지 점검할 수 있게 한다.

③ 사례의 지속성을 유지할 수 있게 한다. 클라이언트가 이전에 이야기했던 것을 다시 반복하지 않고, 사회복지사가 이직한 경우에도 클라이언트에게 지속적인 서비스를 제공할 수 있다.

④ 클라이언트를 돕는 다른 전문직과의 의사소통을 원활히 할 수 있다.

⑤ 클라이언트에게 사회복지실천 과정에 대한 정보를 제공함으로써 클라이언트가 사회복지실천 활동에 적극적으로 참여하게 도울 수 있다. 사회복지사는 클라이언트가 자신에 대해 기록한 파일에 접근할 권리가 있음을 기억해야 한다.

⑥ 사회복지실천의 발전을 위한 자료로 활용할 수 있다. 예를 들어 통계 자료는 서비스 개발의 지침으로 활용될 수 있다.

⑦ 사회복지활동개시부터 종결까지의 모든 실천 내용의 문서화, 사회복지사의 사고를 구조화하는데 도움이 된다.

⑧ 효과적인 서비스를 위한 점검, 평가, 수정 등을 위한 기초자료, 서비스의 효과성과 효율성, 서비스의 질을 평가한다.

⑨ 사회복지실천활동을 문서화할 수 있다. (개입~종결)

⑩ 서비스에 대한 모니터 역할을 한다.

⑪ 사례의 지속성을 유지하여 서비스 중복을 막고, 시간을 절약할 수 있다.

⑫ 수퍼비전을 활성화하여 기록을 교육도구로 사용할 수 있으며 질적인 서비스 향상을 가져온다.

Kagle & Wilson은 기록의 목적을 첫째, 전문가 간 의사소통의 활성화와 사회복지실천활동의 문서화에 있으며, 둘째, 클라이언트의 정보 공유와, 효과적인 서비스를 위한 모니터, 넷째, 조사연구를 위한 자료제공, 사례의 지속성 유지, 다섯째, 슈퍼비전의 활성화와 행정적 자료의 제공에 있다.

사회복지실천에서 기록은 일반적으로 다음과 같은 용도를 가지고 있다(Ames, 1999 ; Kagle, 1997).

(1) 클라이언트의 욕구를 파악하고 개입을 위한 기초자료를 얻는다.

(2) 해당기관의 서비스수급자격을 입증할 문서로 사용된다.

(3) 클라이언트와 서비스에 관한 정보를 이용할 수 있게 보존한다.

(4) 서비스를 전달하는 전문가들 사이의 공조체계를 원활히 해준다.

(5) 사회복지사가 부득이하게 교체되어야 하는 경우에도 기록을 통해 사례에 대한 현재까지의 전행과정을 알 수 있어 사례의 지속성이 보장된다.

(6) 사회복지사의 사고를 조직하는데 도움을 준다.

(7) 클라이언트와 사회복지사 간의 정보공유를 통하여 의사소통을 촉진시킨다.

(8) 수퍼비전, 자문, 동료 전문가의 검토를 위한 근거를 제공한다.

(9) 교육훈련과 연구조사의 자료로 사용된다.

(10) 서비스의 효율성, 효과성과 질을 평가하는데 사용된다.

(11) 사회복지사와 사회복지기관이 행정절차상의 규정이나 기준을 준수하고 있는가를 보여준다.

(12) 실무와 행정상의 절차를 위한 정보를 제공한다.

(13) 전달된 서비스에 대한 비용청구와 프로그램 실시를 위한 재원확보에 사용된다.

(14) 사회복지실천과 행정에 매우 중요한 역할을 한다.

3. 기록의 내용

일반적으로 기록의 내용은 클라이언트와 만난 날짜, 클라이언트에 관한 기본적인 정보, 클라이언트 접촉 사유 클라이언트의 문제와 상황에 관한 보다 자세한 정보, 수행과정의 측면, 사후지도 정보, 슈퍼바이저와 다른 사회복지사와 토의할 문제, 기록이 책무성을 나타내기 위해서는 서비스의 근거, 내용, 결과들이 문서상에 잘 나타나야 한다(Kagle, 1997). 기록에 포함되어야 할 기본적인 내용은 다음과 같다.

(1) 클라이언트의 인구학적인 특성
(2) 서비스를 제공하게 된 사유
(3) 클라이언트의 현재 및 과거의 문제나 욕구
(4) 사회복지사의 소견 및 사정
(5) 서비스의 과정 및 목적과 계획
(6) 클라이언트의 사회력(Social History)
(7) 제공된 서비스의 특성
(8) 서비스 종결방법과 사유
(9) 서비스 활동과 결과에 대한 요약
(10) 사후관리(클라이언트의 기능 점검)
(11) 기록의 범위 : 클라이언트의 상황에 대한 확인·사정·기술, 개입과정 및 결과, 서비스의 목적·과정·영향
(12) 서비스 단계별 기록 내용

위에서 클라이언트의 사회력(social history)은 클라이언트 문제, 욕구, 생태학적 맥락에서 이해하고 클라이언트의 현재·과거에 대한 정보를 얻을 수 있다. 사회력의 중요성은 문제원인과 해결에 대한 자원을 찾을 수 있으며, 클라이언트의 욕구 결핍, 감정 대처 능력, 클라이언트에게 어떤 서비스와 프로그램이 적합한지를 정하고, 서비스 활동상황과 결정 등을 문서화하는데서 중요하다.

사회력에 포함되는 정보는 가족력, 신체기능, 건강상태, 장애유무, 영양 결핍 상황, 교육배경, 지적기능, 심리적, 정서적 안정유무, 종교, 대인관계, 고용, 소득 작업환경, 클라이언트의 감정에 대한 대처 방식, 문제 해결능력, 주거한경, 지역사회, 이웃, 차량, 교통수단, 최근에 서비스를 받았는지에 대한 유무 등의 클라이언트에 관련되는 모든 것을 기록하려고 노력한다. 클라이언트에 대한 기본적인 정보 즉 나이, 성별, 연령, 직업, 교육수준 및 사회적 상황, 가족에 대한 정보, 전문적인 서비스의 경험이나 내용 등이 포함된다.

① 사회력은 사회적 사정보고서라고도 하며, 클라이언트의 문제발견 및 강점과 대처능력을 발견하기 위해 사용된다.

② 기관의 구조화된 양식에 따라 작성되기도 하고, 이야기체로 서술되기도 한다.

③ 정보 자체만으로도 유용하며 사정의 도구로도 활용된다.

④ 클라이언트의 욕구나 문제를 역사적 · 생태학적 맥락에서 이해하기 위해 사용된다.

서비스 단계별 기록내용은 다음과 같다.

〈표 13-1〉 서비스 단계별 기록내용

구분	기록 내용
서비스 탐색단계	-서비스를 개시하는 이유 -클라이언트의 특성 -자원과 제약 -현재와 과거의 내담자 및 상황에 대한 서술 -사정: 조작의 가설, 사회복지사의 사정 등
서비스 형성단계	-서비스 목적과 계획 -서비스 특성 -서비스에 영향을 미치는 결정
서비스 실행단계	-중간노트(Interim Notes) -서비스 재검토: 중간 요약
서비스 종결단계	-서비스 활동과 결과에 대한 요약: 종결 요약 -서비스 종결의 방법과 사유 -추후 점검

기록은 사회복지기관의 기능과 업무에 따라 다양하기 때문에 일반화하기는 어렵지만, 일반적으로 포함되어야 할 정보의 유형을 제시하면 다음 7가지 내용이 중요하다.

① 클라이언트와 만난 날짜

간단하기 때문에 신속하게 기록할 수 있다.

② 클라이언트에 관한 기본적인 정보

클라이언트에 관한 기존적인 사항을 확인하는 것이다.

③ 클라이언트 접촉 사유

클라이언트의 문제와 상황은 무엇인가? 클라이언트는 왜 찾아왔으며 기관에서 도울 수 있는가?

④ 클라이언트의 문제와 상황에 관한 보다 자세한 정보

사회복지사는 클라이언트뿐 아니라 클라이언트의 주변 인물들을 통해 얻게 된 정보를 연대순 또는 주제별로 기록하게 되는데, 이를 사회력(social history)이라고 한다. 사회력은 클라이언트의 과거와 현재에 관한 깊이 있는 설명으로 인지 및 신체적 발달, 정신적, 신체적 건강상태, 행동·반응 유형, 감정과 정서적 반응, 교육, 직업, 재정, 법적 문제, 결혼, 가족 상황, 가족관계, 동료관계, 비공식적 지지망, 문화적 배경, 지역사회 자원과 특성, 주거 환경, 교통 등에 관한 정보를 중심으로 작성하는 것이 일반적이다.

⑤ 수행과정의 측면

이 정보는 상황 속의 클라이언트의 사정에 관한 사회복지사의 인상, 중재를 위한 구체적인 계획, 클라이언트와 이 사례에 연류된 다른 사람들과의 접촉, 진전된 정도, 사례가 어떻게 종결되었는가에 관한 정보를 포함한다.

⑥ 사후지도 정보

⑦ 슈퍼바이져와 다른 사회복지사와 토의할 문제

기록의 유의사항은 다음과 같다.

① 기록은 개입이 끝난 후 이루어지기 때문에 사회복지사의 기억을 돕기 위해 개입 도중에 메모를 하거나 개입 과정을 녹음 또는 녹화하는 방법을 활용할 수 있다. 어느 방법이든 중요한 것은 반드시 클라이언트에게 기록의 필요성을 이야기하고, 메모, 녹음, 녹화에 대해 허락을 받아야 한다는 것이다.

② 기록하기 전에 반드시 클라이언트의 동의를 얻어야 한다. 클라이언트가 동의하지 않는 경우에는 메모, 녹음, 녹화를 중단해야 하며, 클라이언트가 동의한 경우에도 메모나 문서화된 기록, 녹음 및 녹화 테이프는 보관에 특별히 주의하여 비밀보장의 원칙을 준수해야 한다.

③ 기록은 정확한 표현을 사용해야 한다. 기록보관을 하기 위해서 시간과 자원이 필요하다. 각각의 기록체계를 개발하는 데 있어서 효율성을 기억해야 한다.

④ 기록 중에 잘 모르는 부분은 피하지 말고 잘 모른다고 정직하게 기록하여 다음 면담 때 확인할 수 있게 해야 한다.

⑤ 간결하게 핵심적인 내용을 중심으로 작성해야 한다.

⑥ 가능하면 6하원칙에 따라 누가, 언제, 어디서, 무엇을, 어떻게, 왜 했는지에 대해 기술함으로써 상황파악을 용이하게 해야 한다.

⑦ 진단명은 의료진에 의한 정확한 진단에 의한 것이 아니라면 사용에 주의한다.

그 외 클라이언트의 사생활을 존중해야 한다. 정보정리를 위한 형식, 양식, 지침이 필요하다.

좋은 기록의 특징은 다음과 같다.

① 서비스의 결정과 행동에 초점을 둔다.

② 사정, 개입, 평가의 기초가 되는 클라이언트와 상황에 대한 정보가 들어 있어야 한다.

③ 각 단계에서 목적, 목표, 계획 과정과 진행을 포함하여 서비스 전달에 관한 정보가 들어 있어야 한다.

④ 상황묘사와 사회복지사의 견해가 명확하게 분리되어 별도의 제목아래 쓰여져 있어서 읽는 사람들이 사회복지사의 관찰 사항과 해석을 구분하여 이해할 수

있도록 해야 한다.

NASW 윤리강령에 나타난 기록에 대한 지침은 다음과 같다.

① 사회복지사가 준비한 문서는 가능하면 적절한 한도로 클라이언트의 사생활이 보호되도록 해야 하며, 이러한 문서에는 서비스 전달과 직접적인 관련이 있는 정보만이 포함된다.

② 사회복지사는 기록이 포함된 문서가 정확하며 제공된 서비스를 반영한다는 것을 보장하는 적절한 조치를 취해야 한다.

③ 사회복지사는 서비스의 전달을 촉진하고 앞으로의 클라이언트에 대한 서비스의 지속성을 보장하기 위해 충분하며 시기적절하게 기록을 문서화해야 한다.

④ 사회복지사는 장차 쉽게 찾아볼 수 있도록 하기 위하여 서비스가 종료된 후의 기록을 보관해야 한다. 주의 법률이나 관련 계약서에 명시된 기간 동안 기록이 보관 및 유지되어야 한다.

제2절 기록의 유형

좋은 기록의 특징은 첫째, 서비스의 결정과 행동에 초점을 둔다. 둘째, 사정, 개입, 평가의 기초가 되는 클라이언트와 상황에 대한 정보가 있어야 한다. 셋째, 각 단계에서 목적, 목표, 계획 과정과 진행을 포함하여 서비스 전달에 관한 정보가 있어야 한다. 넷째, 상황묘사와 사회복지사의 견해가 명확하게 분리되어 별도의 제목아래 쓰여져 있어서 읽는 사람들이 사회복지사의 관찰 사항과 해석을 구분하여 이해할 수 있도록 해야 한다.

1. 과정기록

사회복지실천의 초창기에 사회조사가 중요한 목적일 때, 과정의 기록을 통하여 클라이언트 및 그들의 사회적 상황에 대해 말하고, 행동하고, 관찰하고 추측한 것을 사회복지사가 기억할 수 있는 한 모두 기록하는 방법이었으며, 사회복지교육에서 학생들이나 초보 사회복지사들이 기본적인 기술 학습 및 진단적인 사고를 돕기 위한 교육용도구로서 광범위하게 사용되고 있다.

목적은 사회복지실습이나 교육방법으로 지도·감독하며, 클라이언트가 실제로 말했던 것을 정확하게 상기할 수 있게 그대로 기록하는 것이다. 사회복지사와 클라이언트의 의사소통을 있는 그대로 기록하는 방식으로 클라이언트와의 교류를 준비하고 상기하고 기록하고 분석하며 과정기록에 대한 지도감독자의 비평에 반응함으로 클라이언트와 서비스의 상호교류에 관해 학습한다.

과정기록의 장점은 수퍼비전이나 교육적 도구로 매우 유용하다. 실무교육과 학습수단으로 사회복지 교육에서 널리 사용된다. 초보 사회복지사나 실습생 등이 자신의 활동에 대한 점검과 수퍼비전 또는 자문을 받을 때 유용하다.

과정기록의 단점은 서비스의 상호교류에서 실제로 일어났던 일에 대해 완벽하게 기록하는 것은 불가능하므로 정보가 불완전하며 왜곡될 수 있다. 작성하는데 시간이 너무 소요되어 비효율적이다. 따라서 일반적으로 많이 사용되지 않으며 기록의 목적이나 사례 등에 따라 선택적으로 사용된다. 면담이나 서비스 제공 등에 대해 사회복지사가 기억하는 능력에 따라 기록의 유용성이 좌우된다. 사회복지사가 많이, 정확하게 기억하면 좋은 기록이 되지만 반대의 경우 유용성이 떨어진다.

과정기록은 구체적이고 아주 상세한 기록 양식이다.

(1) 과정기록의 작성 요령

① 과정기록에서는 면접을 진행하는 동안 일어났던 모든 것을 기록해야 하므로, 면접과 과정기록 작성사이의 시간은 짧을수록 좋다.

② 기록 작성은 어느 정도의 기억작업이 요구되는 일이다.

③ 과정기록은 경험이 많지 않은 사회복지사의 서투른 면접장면이 모두 드러나게 되는 부담스러운 작업 중의 하나이다.

④ 과정기록이 클라이언트에 대한 비밀 보장을 침해하지 않도록 최선의 노력을 한다.

⑤ 면접시 약간의 필기를 하여 면접후의 기록 작성에 도움이 되도록 노력한다.

(2) 과정기록의 내용

과정기록은 클라이언트와 사회복지사의 상호작용과 반응, 클라이언트에 대한 사실, 감정, 관찰내용은 물론이고, 이러한 반응과 관찰내용에 대한 사회복지사 스스로의 감정까지 분석적 사고와 개입계획을 진행시켜야 한다.

2. 요약기록

요약기록은 클라이언트의 문제, 클라이언트에게 제공된 서비스, 그리고 클라이언트의 진전과정에 대한 요약 혹은 초록으로서, 클라이언트와 원조과정 중 일정 기간마다, 혹은 서비스 중반부나 종결시에 사용될 수 있는 기록형식이나, 사회복지사의 면접에 대한 과정기록의 대안으로 사용되기도 한다.

시간의 경과에 따라 변화된 상황, 개입활동, 중요한 정보 등을 요약하여 기록한다.

시간의 경과에 따라 일정한 기간의 간격을 정하여 기록하는 것으로 사례가 장기간 지속될 경우 유용하며, 주로 클라이언트에게 일어난 변화에 초점을 두어 기록한다.

사회복지기관이나 상담 장면에서 많이 활용되며, 시간의 경과에 따라 정보의 변화 내용을 요약하여 기록하며, 장기간의 사례에 유용하다.

요약기록의 장점은 사례가 장기간 지속될 경우 유용하고, 전체 서비스의 과정을 고려하면서 쉽고 짧게 사용할 수 있다.

단점은 클라이언트의 언어적 표현이나 비언어적 표현 등이 사실적으로 전달되지 않거나 클라이언트나 사회복지사의 생각이나 느낌이 잘 드러나지 않을 수 있다.

3. 이야기체 기록

사회복지실천분야에서 보편적으로 활용하는 방법의 하나로서 이야기하듯이 서술해 나가는 기록형태로서 면담 내용 혹은 서비스 제공과정에서 이야기한 것을 그대로 대화 형태로 표현하는 것이 아니라 내용이 정리되어 재구성하여 서술된다. 이야기체기록은 일정한 틀이나 양식이 있지 않으므로, 즉 표준화나 구조화가 덜 되어 있기 때문에 총괄적인 기록이 가능하며, 클라이언트의 상황, 서비스 교류의 특별한 특성들을 잘 나타낸다.

클라이언트와 그 상황, 그리고 서비스가 갖는 나름의 특수한 본질을 개별적으로 반영할 수 있다.

단점과 한계를 보완하기 위해서 사례노트를 사용한다. 사례노트는 사례가 진행되는 동안 시간에 따른 활동을 매일 매일 간단히 적어두는 것으로 특히 사례가 장기화되어 길어지는 경우 필요하다.

이야기체 기록의 장점은 중요한 정보는 기재하고 그렇지 않은 것은 기재하지 않을 수 있으므로 기록에 융통성이 있고 이점 때문에 널리 활용된다.

이야기체 기록의 단점은 과정기록에 비해 시간이 덜 들지만 기록할 것과 하지 않을 것을 구분하고 재구성하기 때문에 역시 시간이 많이 소요된다. 지나치게 단순화되거나 초점이 흐려질 우려가 있고, 기록자의 관점에 많이 좌우될 수 있다.

이야기체 보고서는 비구조화되거나 비조직화되어 있지 않고 오히려 주제별 시간별로 조직화되어 있다. 이야기체 기록은 개별적이며 가장 독특한 기록 방식이다. 이것은 이야기체 기록의 강점인 동시에 약점이다.

이야기체 기록은 클라이언트 상황과 서비스 교류의 특수한 본질을 반영할 수 있어 임상실천을 문서화하는데 특히 적합하다. 이야기체 기록은 인간행동, 사회복지의 이론과 실천, 서비스 제공, 기록에 대한 사회복지사의 지식을 반영하게 된다. 그러나 한편으로는 미완성적이며, 지나치게 단순하거나, 길고 초점이 분명하지 않았을 수 있다. 그에 따르는 단점은 기록시간이 길고 비용이 많이 든다는 점이다. 그리고 간략하게 정보를 검색하는 것이 어려울 수 있다. 하지만 이야기체 기록은 일반적으로 널리 사용되고 있기 때문에 사회복지사들의 활용능력이 요구된다.

가장 먼저 기록해야 할 것은 첫째, 클라이언트의 특성과 왜 이 사례를 시작하게 됐는지에 대한 것을 일목요연하게 기록 제시하여야 한다. 서비스를 개시하는 방법과 사유이다. 서비스 개시 이유는 프로그램의 목표와 다를 수 있다. 클라이언트가 집단 폭력과 관련해서 경찰에 인계되어 서비스를 의뢰받아 서비스가 시작되었다. 개입과정에서 심각한 신체적 질병과 가정학대받은 사항이 들어나서 개시이유와 다른 실천목표가 세워지는 경우를 들 수 있다. 둘째, 현재와 과거의 클라이언트 상황에 대해서 기록한다. 셋째, 자원과 제약이다. 클라이언트나 관계상황이 가지고 있는 활용자원과 제약사항이다. 넷째, 사정이다. 자료를 수집한 후 워커의 판단과 결정(주장과 견해)이다.

즉 사실에 대한 기술과 사정을 분리해야 한다. 주어진 사항에 따른 판단으로 클라이언트의 정신, 행동에 관계된 사실을 기술하고 그 사실에 근거한 사회복지사의 진단적인 견해나 판단을 써야 한다.

다섯째, 서비스에 영향을 미치는 결정들 여섯째, 서비스 목적을 기술함에 있어 명확하고 구체적으로 한다.

일곱째, 서비스 계획을 기록한다. 여덟째, 서비스 특성에 대해서 기록할 필요가 있다.

체크목록은 상담, 교육, 의뢰 형태로 서비스 형태를 일목요연하게 알 수 있다. 순서도활용은 서비스 진행사항을 그림으로 표현한 것이다.

아홉째, 서비스 특성에 대해서 기록할 필요가 있다. 체크목록은 상담, 교육, 의뢰 형태로 서비스 형태를 일목요연하게 알 수 있다. 역시 순서도활용은 서비스 진행사항을 그림으로 표현한 것이다. 서비스 진행표는 서비스 진행과정이 어떤 순서대로 진행될 것인가이다.

그 외 중간노트로 클라이언트 상황에 대한 중간평가를 말한다. 서비스를 재검토 하는 것이 필요하다.

서비스 종결의 방법과 사유를 기록한다. 서비스 활동과 결과에 따른 요약을 한다든지 추후 지도사항을 기록한다.

4. 문제중심기록

문제중심기록은 병원 또는 의료적 프로그램에서 자주 사용되는 기록 형식의

한 방법이며 사회복지기관에서도 널리 사용하고 있다. 문제중심기록은 문제들을 나열하는 구체적 양식과 문제해결을 위해 이루어지는 진행을 노트에 기록하는 다른 양식을 사용하는 것을 의미한다.

병원 또는 정신보건센터의 세팅에서 여러 전문직이 함께 일할 때 광범위하게 사용되는 기록 방법으로 현재 제시되고 있는 문제를 중심으로 구성되며, 문제 영역을 규명하거나, 시정하고 각 문제에 대하여 무엇을 할 것인지에 대한 계획을 기록하는 것으로 사회복지사나 모든 실무자들이 하나의 기록부에 같은 형태로 기록하므로 각각의 팀멤버가 규명된 문제에 대해 무슨 일을 하는지 한눈에 볼 수 있다.

단순 기록만이 아니라 문제해결에 도움을 주기위한 기록으로 현재 제시된 문제를 중심으로 구성되며, 문제영역을 규명하고 사정하여 그 문제에 대해 무엇을 할 것인지를 계획을 기록한다.

문제에 따라 목표를 설정하며 목표달성을 위한 계획을 수립하여 개입하고, 이에 대해 목표의 달성정도를 점검할 수 있으며 타 전문직과 함께 일하는 현장에서 효과적이나 전체보다는 부분에 치중, 환경과의 상호작용적 관점이 결여될 수 있다.

진행기록은 SOAP의 형태를 취한다.

S(subjective information)는 주관적 정보로 환자와 가족으로부터 얻은 주관적 정보이고, 클라이언트가 호소한 것으로 클라이언트의 상황에 대한 인식과 느낌이 여기에 해당하며 O(objective information)는 면담과 관찰로부터 얻은 객관적 정보이며 사회복지사가 직접 관찰한 것으로 임상적 실험 혹은 검사한 것이며, 체계적인 자료에 의해 얻어진 것을 기록한 것이다. A(assessment)는 사정으로 주관적, 객관적 정보를 전문적 지식에 근거하여 검토한 결론에 해당한다. P(plans)는 계획으로 사회복지사가 특정의 문제와 이를 해결할 행동전략을 제시한다.

문제중심기록의 장점은 타전문직과 의사소통을 촉진해 정보공유 원활하게 하고 모든 치료계획에 대해 문서화된 추후점검으로 책무성을 향상시키며, 단순 기록의 차원을 넘어 문제해결접근 방법을 반영하므로 문제에 대한 접근 방식 파악이 용이하다. 문제 해결의 점검과 사후추적조사가 용이하다. 문제의 복잡성과 특수성을 제시하기 쉽다. 간결한 기록을 장려하는 특성을 가진다. 특정한 문제에 초점을 맞추도록 하고, 문제해결의 진전에 대한 모니터링과 사후지도를 쉽게 할 수 있도록 하는 장점이 있다.

단점은 기록방법의 특성상 부분화를 강조함으로써 통합적, 체계적인 쟁점들을 왜곡시킬 우려가 있고, 개인을 강조하여 복잡성을 간과하고 단순화할 우려가 있다.

좋은 기록은 서비스의 결정과 행동에 초점을 두고 기록이 간결, 구체적, 수용된 이론에 기초한다. 전문가적 윤리를 바탕으로 클라이언트의 관점을 포함하며 상황묘사와 사회복지사의 견해가 명확히 분리되어 정보를 효과적으로 문서화된 기록을 말한다.

유의사항은 다음과 같다. 면담이 끝난 직후 잊어버리기 쉬운 사실을 간단하게 기록하며 면담 중 메모하는 것을 최소한으로 줄이며, 기록하기 전에 클라이언트의 허락을 받고 면담도중 클라이언트가 불안, 불편해하면 즉시 중단하고 감정을 교환한다. 그리고 사실적 내용, 약속 등은 정확하게 메모하는 것이 요구된다.

문제중심기록의 네 가지 구성요소는 다음과 같다.

첫째, 문제 파악을 위한 데이터베이스의 구축 : 인테이크 단계 동안 수집한 정보로 구성, 클라이언트의 문제를 확인하고 개념화시키기 위한 근거를 제공한다.

둘째, 문제의 분류 번호가 매겨진 특정한 문제의 목록특정한 문제의 목록이다. 사례계획과 개입의 초점을 제공, 각 문제는 번호를 붙여 행동적인 언어로 기술한다. 진단적 유형화는 되도록 피하는 것이 좋다.

셋째, 각 문제에 대한 행동계획의 개발이다. 서비스 제공자들은 목록으로 작성된 문제의 계획을 세우고, 각 계획에는 번로를 붙인다.

넷째, 계획의 실행이다. 행정에 요구되는 정보제공이나 종결계획의 수립, 효과의 평가, 책임성 유지 등과 관련하여 진행노트를 활용할 수 있다.

5. 시계열기록

시간의 순서에 따라 기록하는 방법이다. 이는 시계열 성과 지표로 나타나게 되는데 현재 성과 지표의 계산을 목표로 한 과거 성과 지표의 결산과 미래성과 지표의 추산으로 구성된다.

시계열기록의 특징은 다음과 같다.

첫째, 시간의 순서에 따라 기록하는 방법이다. 둘째, 서비스의 목표를 달성하는 과정에 대한 정보를 제공하는 것이 목적이다. 셋째, 행동적인 개입과 단일주체에 관한 조사, 설계, '과학자-실천가' 패러다임과 밀접히 관련된다. 넷째, 행동적인 실천뿐만 아니라 비행동적인 실천을 기록하는 데에도 사용될 수 있다.

장점은 첫째, 반응의 변화 여부나 대상의 행동과 태도에 대해 시각적·통계적 분석이 가능하다.

둘째, 클라이언트와 실천가가 목적을 설정하고 성취하는데 초점을 둔다.

단점은 시간 소모가 많고 실천 방해요소가 있으며, 소송의뢰인과 기관, 다루어야 하는 문제에 적합하지 않을 수 있고, 측정과정이 개입효과나 개입과정에 영향을 줄 수 있다. 그리고 클라이언트의 행동 위주로 기록하고 실천한다.

제 3 절 사회복지실천평가

1. 평가의 의의

1) 평가의 개념

평가란 서비스의 욕구를 지닌 대상에게 정확한 서비스가 효율적으로 이루어지고 있는지 파악하는 행정관리의 수단이다.

사회복지프로그램 혹은 기관의 계획, 활용, 수행 등 포괄적 활동들을 체계적으로 판단하는 것을 뜻하며 사회복지사가 개입활동에 초점을 맞춘다(Rossi & Freeman).

변화의 유무에서 변화가 있다면 얼마나 일어났는지를 설명할 수 있는 측정도구나 절차를 선택하고 설계하도록 한다. 사회복지실천의 평가는 사회복지사가 투입된 내용과 결과를 가지고 개입의 효율성, 효과성, 복지대상자의 변화 정도를 점검한다.

2) 평가의 중요성

기관의 운영자나 정책의 결정자 내지 임상사회복지실천가, 복지대상자에게 중요하다.

개입의 효과성과 효율성을 측정한다. 효과성은 목표의 달성 여부, 효율성은 사용된 자원 즉 비용, 시간, 노력 등 과 얻어진 성과 간의 비율을 말한다.

서비스의 효과성에 대한 신뢰성의 검증이 요구됨에 따라서 중요성이 더욱 증대되고 있다. 재정적인 자원이나 지역사회의 승인이 필요할 때 이에 대한 근거를 제시하는 계획안이 된다. 사회복지사가 개입 내용을 점검하여 반성할 수 있는 기회를 제공하며, 부족한 점을 새로운 활동에 참고하여 효과적인 개입을 할 수 있게 해준다.

1997년 사회복지사업법의 평가규정으로 평가도입의 법적 근거가 마련되었다.

2. 평가유형

(1) 평가과정

평가과정이란 개입의 효과성과 효율성을 측정하는 것을 말한다. 사회복지실천이 목표를 달성해야 효과적·효율적이라 할 수 있으므로 효과성의 유무와 그 정도가 평가의 일차적 관심이 되고 평가과정을 통해 사회복지실천을 촉진시키는 기능이 있다. 그리고 개입이 효과적·효율적으로 이루어지는 것이 바람직하다. 개입의 효과성이 높다고 해도 목표달성을 위한 시간과 노력 등의 자원이 많이 소요되는 경우가 있어 효율성이 낮은 경우가 있다. 개입의 효과성 여부를 알려주는 것이 평가의 주기능이며, 사회복지사가 반복적인 평가를 통해 효과성의 여부를 일반화시키게 되면 평가는 새로운 지식의 형성에도 기여할 수 있다.

사회복지실천의 효과성 정도 결정조건(Blythe, Tripodi, Briar ; 1994)은 다음과 같다.

① 목표달성이다. 사회복지실천의 효과성이란 특정한 개입에 대해 개입의 목표가 달성된 정도를 말한다.

② 일반화이다. 개입과 목표달성의 관계가 특정 클라이언트에게 지속적으로 나타나거나, 또는 비슷한 문제나 다른 문제를 가진 클라이언트에게 일반화될 수 있을 때 사회복지실천의 효과는 향상될 수 있다.

③ 개입과 목표달성의 관계이다. 사회복지실천의 효과성은 성공적인 목표달성이 개입과 상호 관련되어 있거나 인과적으로 관련되어 있는 정도를 뜻한다.

사회복지실천의 효과성을 평가하는 이유(Bloom, Fischer, Orme ; 1999)는 다음과 같다.

첫째, 서로 다른 문제, 특성, 환경을 가진 클라이언트들에게 상대적으로 효과적인 개입방법을 선정하기 위해 실시한다.

둘째, 전문가집단, 클라이언트, 기관, 지역사회에 대한 책무성을 향상시키기 위해 실시한다.

셋째, 개별클라이언트에 대한 특정 개입의 효과성에 관한 정보를 통하여 클라이언트에게 최대한 도움이 되어야 한다.

(2) 평가의 유형

첫째, 평가차원에 따른 평가의 분류이다. 이에는 성과평가, 과정평가, 사회복지사평가로 구분한다. 성과평가는 목표에 비추어 성취된 결과를 평가하며 평가단계에서 결정된다. 상담이나 질문지를 사용할 수 있다. 과정평가는 긍정적인 변화를 유발할 수 있는 일반적인 요소를 실천에 통합시켜 치료적 효과를 향상시키기 위한 것으로 클라이언트에 대한 도움 여부, 원조과정 인식과 관련된다. 개입과정의 원조기술에 대한 클라이언트의 피드백을 근거로 한다.

과정평가(process evaluation)는 프로그램이 어떠한 경로를 거쳐서 효과를 발생하였는지를 파악할 수 있는 것으로 형성평가(formative evaluation)라고도 한다.

과정평가는 시간이 흐름에 따라 고객이 이동하는 방향을 추적해서 개입 하나 하나에 따른 변화를 파악해 가는 연속적인 평가작업이다.

과정평가에는 운영과정평가와 고객시간분석 등의 평가 종류가 있다.

사회복지사평가는 사회복지사가 제공한 서비스에 대한 만족도 외에 구조적인 문제에 대해서도 평가한다. 긍정적 피드백은 사회복지사로 하여금 자기 강점을 더 잘 알게 하고 미래에 활용하게 한다. 부정적 피드백은 주의산만, 매너리즘, 반치료적 행위나 태도 등을 알려준다.

둘째, 평가주체에 따른 분류이다. 이에는 내부평가(Inside-evaluation), 외부평가(Outside-evaluation)가 있다.

내부평가는 프로그램의 집행과 결정을 맡은 사람들 또는 이들이 소속한 조직체의 다른 구성원이 평가의 주체가 된다.

외부평가는 정책의 집행과 결정을 담당하는 기관이 아닌 조사연구기관이나 대학의 전문교수 등 외부의 제 3자가 평가의 주체가 된다.

셋째, 평가 자료의 속성에 따른 분류로서 양적 평가(Quantative evaluation)와 질적 평가(Qualitative evaluation)가 있다. 양적 평가(Quantative evaluation)는 설문지와 표준화된 척도, 계량적 정보, 2차 자료를 이용하는 방법으로 계량화가 가능하며 소수 전문 인력의 단기적 투입과 광범위하고 수량화할 수 있는 영역표현, 객관성 확보 등의 장점이 있다. 하지만 통계적 능력에 따른 변이와 표준화된 척도개발이 어렵다는 단점을 가지고 있다.

질적 평가(Qualitative evaluation)는 수량화할 수 없는 내면적·변화적 영역을 표현하는데 용이하며 실제사례이므로 체감성이 높아 폭넓은 정보제공이 가능하지만, 소수 전문 인력을 지속적으로 투입해야 하며 자료의 속성 계량화와 객관성 확보, 일반화된 평가가 어렵다는 단점을 지닌다.

넷째, 평가목적 혹은 시점에 따른 분류이다. 이에는 형성평가와 총괄평가가 있다.

형성평가는 사회복지사의 개입과정을 사정하고 주기적으로 진전 상황을 평가한다. 활동진행과정의 부분적 수정과 보완, 개선에 필요한 정보획득을 위해 실시한다.

총괄평가는 활동이 종결되었을 때, 사회복지사의 개입방법의 효과성·효율성을 사정하는 평가로 방법에 따라 결과평가와 평가적 연구로 분류할 수 있다. 기관의 사명, 프로그램의 목적·목표, 프로그램의 목표달성 여부 결정방법, 평가자료 활용방법, 목표달성 여부 등을 고려해야 한다.

평가절차는 목표의 구체화, 적절한 측정도구 선택, 기초선 자료수집, 개입 실행과 지속적 점검, 변화 사정, 효과성 추론 등의 절차가 있다.

평가와 사례활동의 종결은 다음과 같다.

(1) 사회복지사가 개입한 전체 내용에 대해 참여자들이 같이 평가를 하고 종결을 위한 프로그램을 진행함으로써 사례활동이 끝나게 된다.

(2) 평가는 사회복지사가 개입한 사례의 과정과 결과에 대한 효과성과 성취도를 합당한 틀에 의해 규명하는 작업이다.

(3) 사회복지사는 평가를 통해 실적과 함께 부족한 점의 발견이나 보완사항을 찾아낼 수도 있다.

(4) 평가는 대체로 목표달성 여부와 과정의 적법성을 확인한다.

(5) 평가의 주체에 따라서 지도감독자, 복지대상자, 담당 사회복지사, 다른 참여자가 평가할 수 있다.

(6) 평가의 도구와 자료로는 설문지, 문제 상황의 변화정도, 행동체계에 참여한 사람의 반응 등이 쓰인다.

(7) 사회복지사의 개입활동을 계획에 따라 끝냄을 종결이라 한다.

(8) 대체로 계획된 기간을 마치거나 목표를 성취할 때 종결되며 계획 중간에 중단되는 경우가 있다.

(9) 사회복지사는 보고서를 작성하면서 계획, 문제해결, 탐색, 평가와 종결단계를 총체적으로 정리, 새로운 계획을 세우는 데 중요한 참고자료를 제시할 수 있다.

3. 단일사례연구설계

1) 단일사례연구설계(Single System Design)의 의의

단일사례연구에 있어서의 자료기록방법은 조사실시 전에 미리 결정되어야 하고 표준화된 양식에 의하여 관찰되고 기록되어야 한다. 표적행동에 대한 관찰 및 기록은 같은 상황 하에서 같은 행동을 하는 같은 시기에 이루어지는 것이 바람직하다. 표적행동에 대한 구체적인 판단기준과 자료기록규정을 조사시작 전에 준비하여야 하는데 이를 행동관찰규정(behavior observation code)이라고 한다. 여기에는 표적행동에 대한 조작적 정의, 기록원칙, 기록의 예 등에서 제시되는 것이 일반적이다.

관찰·기록자의 선정과 관련하여 영구적 생산물기록방법을 제외한 모든 기록방법은 표적행동의 직접적인 관찰에 의하여 기록되어야 한다. 관찰기록자는 개입상황의 자연적 환경에 속하여 자연적으로 관찰이 가능한 자, 개입의 자연적 환경에 속하지 않는 외부인, 실천가, 조사연구자, 조사연구 또는 개입의 대상자가 될 수 있다.

조사상황에의 접근이 가능하면 실천가, 조사연구자가 관찰·기록자가 될 수 있고 어떤 의미에서 이들에 의한 자료는 보다 정확할 수 있으므로 실천가, 조사연구가에 의한 관찰·기록은 바람직하다. 비용을 적게 들이고 쉽게 이용할 수 있는 관찰·기록자는 조사상황의 자연적 환경에 속하는 사람들로서 예를 들면 교사, 부모, 배우자, 동료 등이다.

절차관찰 및 기록방법으로 대표적인 것이 시간간격기록(interval recoding)이다.

시간간격기록은 일정한 관찰기간을 같은 간격의 짧은 시간으로 나누어 조사대상자의 표적행동을 직접 관찰·기록하는 것인데 시간간격이 짧으면 짧을수록 더 정확히 관찰될 수 있다. 시간간격은 10초로 하는 것이 일반적이다. 기록하는 방법은 정해진 시간간격(예를 들면 10초)내에 처음 일어나는 행동만 기록하고 그 후에 몇 번이 일어나도 그것은 기록하지 않는다. 예를 들어 10초의 시간간격에 있어서 손을 빠는 행동이 두 번 이상 일어나도 처음 일어난 행동만 기록하는 것이다. 다시 말해서 시간간격기록은 정해진 시간간격내에 표적행동이 일어났느냐 일어나지 않았느냐를 기록하는 것이다. 이러한 시간간격기록은 빈도가 아주 높은 행동의 관찰에 적합하다.

개입방법수정으로 단일사례연구설계에서의 개입후의 자료는 계속되고 있는 개입으로인 한 변화 정도를 나타내는 것이므로 개입 도중에 자료를 검토하여 개입의 효과를 판단할 수 있으므로 개입의 효과가 없는 것으로 판단되면 새로운 개입방법을 수립하거나 개입방법을 수정함으로써 효과적인 개입을 할 수 있는 길을 열어준다. 사회과학의 기초이론이나 개입의 임상이론은 불확실한 면이 많기 때문에 계획한 한 가지의 이론에 의한 개입이 반드시 성공한다는 보장은 없다. 그러므로 효과가 없는 것으로 판단되면 다른 개입방법을 사용하여 문제해결을 할 수 있는 길을 신속히 강구해야 한다. 이러한 면에서 보면 단일사례연구설계는 적용중인 개입방법의 효과를 알 수 있는 판단의 근거가 될 수 있는 것이다.

단일사례연구의 절차는 다음과 같다.

첫째, 문제의 확인 및 정의

클라이언트에게 해결되어야 할 문제를 말하며 문제는 클라이언트 자신에 의해서 확인되거나 아니면 제3자에 의해서 확인될 수 있다. 해결되어야 할 문제가 복잡하고 다양한 경우 일차적으로 한 가지 또는 두 가지 정도에 초점을 맞추는 것이 필요하다.(Schuerman, 장인협 외, 1986:50)

해결되어야 할 문제가 확인되고 나면 그 문제는 구체적이고 명확히 규정되어야 한다. 문제가 구체적이고 명확히 정의되지 못하면 개입의 목표를 명확히 설정할 수 없고 문제해결의 과정이 성공적으로 되지 못하게 된다. 예를 들면, "학교에서 아동의 행동이 좋지 않다" "학생과 부모와의 관계가 좋지 못하다"는 등의 문제 규정은 너무 추상적이고 불명확하다. 이런 경우는 문제를 좀더 구체적으로 몇 가지로 나누어 명확히 할 수 있다. 학교에서 아동의 행동이 좋지 않은 것은 구체적으로 나누어 "친구들을 때리고 욕을 잘하고 왕따시키고 선생님의 말에 반항한다."는 식으로 구체화할 수 있다.

둘째, 개입목표의 선정

문제를 구체적으로 명확히 규정한 후 개입의 목표를 설정해야 한다. 목표는 문제를 제거하거나, 문제의 영향을 감소시키거나 또는 문제에 관련된 요인들을 조정하도록 하는 것이다. 개입의 목표는 구체적이고 명확하고 측정 가능해야 한다. 예를 들면 학교에서의 아동의 문제행동에서 "친구들을 때리는 회수를 현재의 수준에서 절반 정도로 줄이는 것" "욕을 하는 횟수를 학교시간 동안 3회 이하로 줄이는 것"등으로 개입의 목표를 설정할 수 있다.

목표는 경우에 따라서 장기적인 궁극목표와 단기적인 중간목표로 나누어 설정될 수 있다. 문제해결의 성격상 궁극목표를 직접적으로 달성할 수 없을 경우 중간목표를 설정하고 중간목표의 달성을 통하여 궁극적 목표에 도달할 수 있다.(Compton & Galawats, 1984: 359 - 360)

셋째, 조사 설계

개입의 목표가 설정되고 나면 실제로 문제를 해결하기 위한 개입의 구체적인 계획이 수립된다. 구체적인 개입계획수립과 병행하여 다음과 같은 내용을 포함하는 조사설계 및 계획이 수립되어야 한다.

1) 구체적 설계형태: AC, ADA, ARAB, BIB, 복수기초선설계 등의 형태가 있다.

2) 기초선 관찰(자료수집)의 시기, 횟수 등

3) 개입의 시기 및 기간, 자료수집방법

4) 자료의 출처: 자료는 클라이언트 자신, 개입자(사회사업가), 클라이언트 주변의 제 3자를 통하여 수집될 수 있다.

5) 자료수집방법: 행동의 직접관찰, 면접, 질문지법 등의 방법이 있다.

6) 자료기록방법: 시간간격, 빈도, 지속시간, 정도, 간헐적 점검, 영구적 생산물 등의 방법이 있다.

넷째, 조사 실시(자료수집)

선택된 조사 설계에 의하여 개입활동실시 전 및 실시중에 자료를 수집한다. 수집된 자료는 즉시 도표로 표시하고 자료에 의한 변화경향을 검토한다. 검토결과 변화가 없는 것으로 판명되면 개입의 계획 또는 방법 등을 수정, 변경할 수 있다.

다섯째, 개입의 평가(자료 분석)

자료수집이 완료되고 이에 따른 도표가 완성되면 일차적으로 도표에서 나타난 변화의 파동, 변화의 경향, 변화의 수준 등을 검토하여 개입의 효과를 판단하게 되며 개입효과의 유의미성을 판단하기 위하여 통계적인 절차를 이용할 수도 있다.

단일사례연구설계의 기본구조는 다음과 같다.

모든 단일사례연구설계에는 두 가지의 기본적인 국면이 있다. 하나는 개입 전의 국면과 다른 하나는 개입의 국면이다. 개입 전의 국면은 실천가 및 조사 연구자가 개입활동을 실시하기 전에 표적행동의 상태를 관찰하는 기간을 말하며 이를 기초선(baseline)이라 부른다. 기초 선은 개입 전의 기간에 관찰된 표적행동이 상태를 표시하는 자료를 의미하는 경우도 많다. 설계의 구조를 설명하는 데 있어서 기초선을 일반적인 'A'로 표시한다. 기초선의 국면을 설정하는 이유는 개입이 없는 상태에서 문제의 정도를 정확히 파악하고 개입으로 인하여 그러한 상태가 어떻게 변화되고 있는지를 알아보기 위해서이다. 기초 선에 있어서 적어도 세 번 이상의 관찰(자료수집)이 필요한데(Reid & Smith, 1981:105), 개입 전 표적행동의 변화가 심할수록 기초 선에 있어서의 관찰의 횟수는 증가되어야 한다. 개입전의 표적행동이 일시적인 심한 변화를 벗어나 안정적인 유형을 보일 때까지 기초선의 관찰횟수 또는 기간을 연장하는 것이 바람직하지만 현실적인 제약조건 때문에 기초선 연장이 불가능한 경우가 많다. 또한 기초선의 길이는 개입의 힘에 따라 달라질 수 있는데 개입의 힘이 강할수록 기초 선은 짧을 수 있다.

단일사례연구설계의 다른 하나의 기본적인 국면은 개입의 국면인데 이는 표적행동에 대한 개입활동 및 치료활동이 이루어지는 기간이고 이 기간 동안 표적행동의 상태에 대한 관찰이 병행되어야 한다. 관찰의 횟수는 기초 선에 있어서와 같이 적어도 3회는 되어야 하고 개입기간에 있어서의 관찰의 횟수 또는 기간은 기초선과 같은 정도로 하는 것이 바람직하다.(Reid & Smith, 1981:106) 단일사례연구설계의 구조를 설명하는 데 있어서 개입국면을 일반적으로 'B'로 표시한다.

단일사례설계(Single System Design : SSD)의 개념은 다음과 같다.

① 단일사례설계(Single System Design : SSD)는 단일체계설계, 단일사례실험, 시계열조사라고도 한다.

② 사회복지사의 실천 활동을 모니터링하고 그것을 평가하는 방법이다.

③ 사회복지실천에서 집단설계를 수행하는데 생기는 한계를 극복하기 위해 도입된 방법이다.

④ 개입의 효과성을 평가하는 여러 방법 중 사회복지실천과정에 통합될 수 있다는 측면에서 주목을 받고 있는 방법이다.

단일사례연구설계(Single System Design)의 기본 특징은 다음과 같다.

그 특징은 목적은 가설검증이 아닌 개입의 효과성을 분석하는데 있다. 표본의 크기 = 1, 분석단위 = 1, N = 1로서 통제집단이 없으며, 개입전후 비교하고 반복적인 관찰을 통하여 즉각적인 환류하고 수정하는데 있다.

기본 개념으로 기초선(Baseline)은 단일사례연구설계에서 변화의 정도를 측정하기 위해 개입 시점에서 설정하는 기준선이며, 개입 이전 단계(A), 개입단계(B)를 표기한다.

A는 개입 전 국면, 보통 설정된 기초선을 의미하며, B는 개입단계, 복수의 개입유형이 사용될 경우 C, D 등으로 표기하기도 한다.

① 단일사례설계의 평가 대상은 하나의 클라이언트체계(사례 수 = 1)로, 실천과정에서 클라이언트체계 하나에 초점을 둔다.

② 전체가 아닌 개별클라이언트체계에 초점을 맞추었으므로 집단실험설계와는 달리 클라이언트의 독특한 변화를 알 수 있게 한다.

③ 개입 전, 개입 중 혹은 개입 후를 비교할 목적으로 각 단계별 구분이 명확하다.

④ 개입 전 단계(A), 개입단계(B)로 불리는데, 개입단계는 개입의 내용이 차별성을 가지는 경우, C, D단계 등으로 구분하여 나타내기도 한다.

⑤ 개입 전 단계(A)는 기초선 단계라 불린다.

⑥ 단일사례설계는 측정과 관련된 내적 타당도에 대한 위협을 통제하기 위한 반복측정을 특징으로 한다.

⑦ 반복측정의 횟수 정도(Bloom, Fischer, Orme ; 1999)는 측정과 관련된 내적 타당도에 대한 위협을 어느 정도 통제하기 위해 필요하다. 따라서 문제나 상황을 사정하는데 충분한 기간이어야 한다. 매일 한 번씩 측정이 이루어지는 경우에는 1주일 정도가 실용적이다. 적어도 10번 정도가 통계학상 바람직하다고 여겨지고 최소한 3번 정도의 측정이 필요하다. 이러한 단일사례설계의 이점은 첫째, 사회복지실천과정상의 주요 결정에 필요한 정보를 체계적으로 제공할 수 있으며, 상대적으로 이해하고 활용하기 쉽다. 둘째, 기본 특징을 이해하면 상황 또는 사례에 맞게 발전시켜 이용할 수 있다. 셋째, 클라이언트를 측정과정에 참여하게 함으로써 문제완화나 해결을 위한 동기자극제로 이용할 수 있다. 넷째, 개입의 전 과정에 걸쳐 규칙적인 간격으로 반복측정을 함으로써 일정기간 개입 후에 기대했던 개입의 효과성이 나타나지 않을 경우 개입 내용 변경이 용이하다.

2) 단일사례설계(Single System Design)의 유형과 측정

(1) 단일사례설계의 유형

① AB설계

하나의 기초선 단계에 하나의 개입단계를 포함하는 설계로서 개입 전과 개입 후를 비교하는 기본적인 연구설계이다. 설계가 간단하여 사회복지실천 적용이 용이하며, 반복측정을 통한 개입 효과성의 경험적·논리적 자료를 제공하고 변화의 필요성이 있을 때 즉각적인 피드백을 제공한다. 그리고 클라이언트의 변화에 대한 설명탐구, 사회복지사들이 대화문제 변화 감시의 기능을 가지며, 연구의 타당성을 위협하는 많은 요인을 통제하기 어려워 개입의 효과성이나 인과관계 추정의 어려움이 있다.

② ABAB설계

ABAB설계는 두 번째 기초선 단계와 개입단계를 도입한 설계로, 외부사건을 보다 더 잘 통제하기 위해 필요하다. 첫 번째 개입으로 인한 변화의 개입을 철회하면 두 번째 기초선 단계의 개입 이전 상태로 머물 것이며, 개입을 재도입하여 같은 변화가 반복된다면 개입이 변화의 원인임이 입증될 수 있다. 많은 상황에서 측정의 대상이 되는 문제는 기초선의 상태로 되돌릴 수 없으며, 클라이언트에게 해를 끼칠 수 있는 실천적 · 윤리적인 문제가 있다.

③ BAB설계

BAB설계는 기초선의 측정 없이 바로 개입할 때 사용하는 설계로 클라이언트가 위기상황에 처해 있어 즉각적인 개입이 필요한 경우 이용된다. 문제가 어느 정도 극복되면 개입을 잠시 중단하고 A단계의 자료를 얻는다. 첫 번째 B단계와 A단계를 비교 또는 A단계와 두 번째 B단계 자료를 비교하여 효과성을 판단할 수 없다.

그리고 개입의 잔여효과가 기초선 기간에 지속될 수 있고, 첫 번째 기초선 자료가 없으므로 문제가 얼마나 개선되었는지 아는데 한계가 있다.

④ 다중기초선설계

둘 이상의 기초선을 정하기 위해 개입을 중단하는 대신 둘 이상의 기초선을 동시에 시작하여 각 기초선의 다른 시점에서 시작하는 설계이고, 둘 이상의 상황 또는 문제나 둘 이상의 클라이언트체계에 있어 AB설계를 반복하여 외부사건을 통제하는 설계이다.

그리고 결과의 해석이 명확하지 않을 수 있기 때문에 가능한 다른 클라이언트의 재현을 통해 같은 결과를 얻는지 확인하는 과정이 필요하다.

⑤ 다중요소설계

다중요소설계는 ABC, ABAC, ABACA 설계 등이 사용되며, 개입의 변화가 미치는 영향을 분석하기 위해 사용하는 설계로서 클라이언트에게 효과가 없는 것으로 보이는 개입을 변형시키고자 할 때 사용하기 좋다.

순서효과, 이월효과 및 우연한 서간과 연관되어 있는 한계로 주의를 기울여 사용하며, 특정한 하나의 개입방식으로 클라이언트의 문제가 해결되지 못할 때 다른 개입을 시도하는 설계이다.

(2) 단일사례설계와 실험 · 통제집단설계의 특성 비교

구분	단일사례설계	실험 · 통제집단설계
연구기간	서비스 제공기간에 따라 다양, 변화 가능	미리 정해진 기간
연구목표의 선정	클라이언트와 사회복지사의 합의	조사연구자
조사연구 설계변경	가능함	불가능
연구주제의 범위	목표 행동의 습득, 일반화와 유지효과의 입증을 위한 연구주제에 한정	다양한 주제 가능
연구에서 가치의 역할	클라이언트의 가치가 목표와 절차의 선정에 반영	조사연구자 또는 연구비 지원자의 가치가 반영
관련 클라이언트 수	한 개인, 한 집단	최소한 두 집단
자료분석	통계적 추론	그래프 통한 시각적 분석
반복된 측정의 수	개입 전, 중, 후에 걸친 규칙적 측정	개입 전과 후, 약 2~3회
비용	시간과 노력이 비교적 적음	외부연구자, 자료수집 및 분석비용
실천이론의 이용	이론에 구애받지 않음	이론에 나온 가설이용
개입결과의 활용	해당 클라이언트에게 직접적 · 즉각적으로 결과 이용	참여자에게 직접적인 영향이 적으며, 유사문제를 가진 타집단에 차후 활용 가능
평가시 비교집단 이용	개입 전 정보이용 기초선이 비교기준이 되어 자체통제가 가능	실험집단과 유사조건을 가진 서비스를 받지 않은 통제집단에 이용
피드백	즉각적 피드백에 의한 개입의 내용변경이 가능	연구과정 중 피드백이 거의 없고 수용하기 힘든 구조이므로 실제변경 불가능

단일사례 조사연구의 절차는 개입목표의 설정으로 측정도구의 선택하고 기초선 및 정보수집과 개입 및 모니터링을 하고 변화·사정단계를 거쳐 효과성을 평가한다.

3) 측정방법과 자료의 해석

측정방법은 직접관찰, 표준화된 측정도구, 자기보고 평가척도 등이 있다.

직접관찰은 변화 여부의 관찰, 심리적 상태 평가를 위해 행동적인 용어로 구체화해야 한다.

표준화된 측정도구는 결과를 측정하는 방법으로 신뢰도, 유용성, 도구의 타당도, 민간성, 적용의 용이성, 비반응성 등을 고려해 절차와 기준에 따라 기입한다. 그리고 자기보고 평가척도는 클라이언트의 내적 상태 평가에 유용하지만 주관적일 수 있다는 단점이 있다.

단일사례설계 자료의 해석은 첫째, 실질적 · 통계적 · 이론적 유의성을 검토해야 하며, 둘째, 결과해석에 있어 시각적 방법과 통계적 방법을 사용하고, 셋째, 모호한 자료의 해석에 유의한다.

모호한 자료의 해석에 유의해야 하는 점은 다음과 같다.

첫째, 클라이언트나 관련된 사람들의 자문을 통해 변화의 진정성을 확인한다.

둘째, 자료의 형태가 변화하는 시점에서 클라이언트의 노력이나 서비스 제공 등에 변동이 없었는지 알아본다.

셋째, 측정 장소, 시기, 서비스 과제수행에 비일관성이 없었는지 검토한다.

4) 프로그램 평가

(1) 프로그램 평가의 의의

프로그램 발전을 위한 프로그램 기획, 진행의 과정과 종결에서 나타나는 긍정적 · 부정적 요인의 원인을 체계적 · 총체적인 탐색의 과정을 통해 진단한다. 진단을 통한 새로운 의사결정 또는 기준의 프로그램의 문제점을 개선할 수 있는 정보를 얻을 수 있다.

프로그램 평가의 목적은 다음과 같다.

첫째, 프로그램 결과와 프로그램 영향에 관한 피드백을 제공하여 기획가 및 정책결정자에게 프로그램의 효율성과 사회적 개입 가설의 타당성을 규명할 수 있도록 한다.

둘째, 평가로 인해 긍정적인 결과뿐만 아니라 부정적인 내용을 알게 되고, 사회정책이나 프로그램 설계에 있어서 필요한 변화 또는 수정조치가 내려진다.

셋째, 새로운 프로그램의 개발, 현재 시행 중인 프로그램설계의 확정 및 프로그램 개발비 산출 등의 설계적인 목적을 가진다.

넷째, 기관운영의 책임성, 합리적인 자원배분, 서비스 전달체계의 개선 등의 평가목적이 있다.

프로그램 평가의 유형에는 총괄평가(Summative evaluation)와 형성평가(Process evaluation)가 있다.

총괄평가는 프로그램 운영이 끝날 때 내리는 평가이며, 운영과정을 평가대상으로 하고, 비용까지 감안하는 효율성 평가도 포함한다. 그리고 목적 달성 여부와 관련하여 그 요인을 분석하는 평가로 프로그램의 효과를 파악하는 데 주요 목적이 있다. 총괄평가(summative evaluation)는 결과와 효과성에 관심을 두며, 과정평가 도는 형성평가는 활동과정을 고찰하고, 서비스를 제공하는 여러 단계 동안의 활동이 최종결과에 얼마나 영향을 미쳤는가에 관심을 두고 있다. 총괄평가는 프로그램의 최종적 효과를 파악하는 작업이다. 즉, 프로그램이 집행되고 난 후에 그 프로그램이 고객과 사회에 미친 영향을 추정하는 조사활동이다.

총괄평가는 흔히 결과(outcome) 또는 산출(output)의 평가라고 한다. 이 총괄평가에서는 효과성과 효율성을 다같이 평가해야만 한다.

형성평가는 과정평가라고도 하며 운영 도중에 이루어지는 평가로 운영의 관리, 전략의 보완 및 수정을 위한 평가로서 집행과정을 검토하여 프로그램의 효과 발생과정을 알아내고 보다 바람직한 운영전략을 수립하기 위한 평가이고 사회복지실천을 중심으로 진전 상황을 주기적으로 평가한다. 그리고 활동의 진행과정에서 수정 · 개선 · 보완하는 데 필요한 정보를 얻기 위하여 실시하는 평가이다.

(2) 프로그램 평가의 기준

투입요소는 프로그램의 진행을 위해 투입되는 인적 · 물적 자원이다. 평가기준으로는 다음과 같다.

노력성은 클라이언트의 참여, 목표달성을 위해 필요한 프로그램 활동량과 종류 및 투입시간, 담당자의 제반활동 등을 말한다. 효율성은 효율성 = 산출 / 투입 = 효과 / 비용으로 비용효과성(Cost - Effectivness)으로, 경제학적 비용 - 편익분석(Cost - Benefit Analysis)으로 측정한다.

효과성은 프로그램이 이루고자 하는 목적과 목표가 실제로 달성된 정도, 이용자 수, 횟수 등의 실적이고, 대응성은 클라이언트의 욕구, 문제에 대한 대처 등의 평가이다. 능률성은 심리사회적 측면이 강한 효율성과 유사한 개념이고, 충분성은 클라이언트의 욕구와 문제해결에 충분한 양의 프로그램이 제공되었는지 평가하며, 형평성은 필요한 대상에게 적절하게 분배되었는지, 분배가치 실현에 초점을 둔다. 그 외에 적합성, 접근성, 예상치 못한 결과에 대한 평가 등이다.

프로그램 평가의 중요성은 다음과 같다.

사회복지분야의 책임성이 지속적으로 요구되며, 사회복지기관의 정체성 확립에 기여하고, 프로그램 수행을 위한 인적·물적 자원을 보다 효과적이고 효율적으로 운영하는 데 중요한 역할을 하며, 전문성 형성, 사회복지프로그램과 관련된 객관적 이론의 정립에 기여한다. 그리고 운영방향으로 일관성, 프로그램의 내용이나 운영이 수혜자의 욕구에 부응하여 편의를 제공하는지 평가하여 수혜자 중심이 되도록 하고 있다.

5) 종결

종결과정은 실천과정의 최종단계로서 원조관계가 원활하고 만족스럽게 이끌어 갈 수 있도록 하여야 한다.

종결과정의 중요한 목표는 종결의 시기를 결정해야 하며, 클라이언트와 사회복지사간의 종결로 인한 정서적인 반응을 처리해야 한다. 클라이언트들이 이룩한 성과가 클라이언트의 일반 사회적 관계로 전환될 수 있도록 그 동안 이룩한 성과를 강화시키고 유지시키는 것이다. 그리고 필요한 경우 클라이언트를 기관의 내부 혹은 외부로 의뢰하는 것이다.

종결의 유형은 다음과 같다.

첫째, 일반적인 조기종결은 원조과정에서 참여자들이 목표를 달성했기 때문에 함께 종결을 계획하는 것이고,

둘째, 시간제한으로 결정된 계획된 종결은 정해진 시간에 따라 서비스를 제공하는 기관이나 조직에서 그에 부합하는 종결을 계획하는 것이다.

셋째, 시간제한 양식에 따라 계획된 종결은 서비스 연장, 후속계약, 지속적인

보호차원에서의 종결 포함한다.

넷째, 개방형 종결양식을 포함한 계획된 종결은 종결 시기를 정하는 것이 가장 중요한 과업이 된다.

다섯째, 사회복지사가 종결을 재촉하는 경우는 때때로 사회복지사는 고용관계 변화나 업무 재배정으로 클라이언트나 집단과 종결해야 할 경우가 생기게 된다.

종결에 대한 반응은 다음과 같다.

첫째, 긍정적인 종결반응이다. 성공과 진전에 대한 긍정적 감정, 치료경험에 대한 만족감, 치료에서 얻은 성과와 독립에 대한 자긍심 등 성취한 이득으로 인해 종결로 인한 상실감의 충격이 감소하게 된다. 사회복지사가 강점중심과 문제해결접근법을 사용하는 경우 클라이언트와 사회복지사 모두는 성취감을 느끼게 된다.

둘째, 부정적인 종결반응이다. 치료와 사회복지사에게 집착, 과거문제 재발, 새로운 문제 호소, 사회복지사에 대한 대리인 발견으로 클라이언트가 의존할 다른 대상을 찾아 현재의 사회복지사를 상실한 것에 대한 보상하는 경우 사회복지사는 클라이언트가 이러한 역동을 인정하고 자신이 선택한 것이 어떠한 결과를 가져올지 숙고할 수 있도록 도와주어야 한다.

연습문제

1. 기록의 유형에 대하여 설명하시오.

2. 진행기록의 SOAP에 대하여 설명하시오.

3. 단일사례설계의 유형에 대하여 설명하시오.

4. 사회복지실천기록의 내용에 대하여 초기, 개입 전, 중기, 종결에 대하여 설명하시오.

5. 이야기체 기록에 대하여 사례를 들어 설명하시오.

[선행학습 정답] : 1. 과정기록 2. 이야기체기록 3. 사후관리 4. 단일사례설계

참고문헌

강철희 · 정무성(2006), 『지역사회복지실천론』, 나남.
강홍구(2007), 『의료사회복지실천론』, 학현사.
권육상 외 6인(2005), 『사회복지실천론』, 유풍출판사.
김기태 외(1999), 『사회복지의 이해』, 박영사.
김경호(2005), 『사회복지실천기술론』, 청목출판사.
김경희(1997), "21세기 재가노인복지사업의 전망과 과제". 『제7회 재가노인복지세미나』, 한국재가노인복지협회.
김만두(1993), 『사례관리론』, 홍익제.
김신실(1996), "장애인종합복지관에서의 사례관리적용에 관한 연구". 서울여자대학교 대학원 석사학위논문.
김성이 · 김상균(1994), 『사회과학과 사회복지』, 나남.
김영모(1983), "현대사회사업의 동향과 그 비판-급진적 관점을 중심으로". 『사회복지연구』, 제15집, 중앙대학교 사회복지학과.
김윤희(1995), "재가복지서비스에 있어서 사례관리활용의 개선방안에 관한 연구". 숭실대학교 대학원 석사학위논문.
김예숙(1977), "여성상담에 대한 대상관계이론의 접근", 이화여자대하교 석사학위논문.
김용일 · 조홍식 · 김연옥(1995), 『사회사업실천론』, 나남.
김영모(1999), 『사회복지학』, 한국복지정책연구소 출판부.
김유숙(2003), 『가족치료 이론과 실제』, 학지사.
김태성 외(1998), 『사회복지 전문직과 교육제도』, 소화.
김형태(2006), 『집단상담의 이론과 실제』, 동문사.
김혜란 외(2005), 『사회복지실천기술론』, 나남.
국가 청소년 위원회(2005), 「지역사회와 연계성을 가진 청소년 약물중독치료 프로그램의 개발 연구」.
남세진 · 조흥식(1996), 『한국사회복지론』, 나남.
류상열(1997), "재가복지봉사센터에 있어서 Case management 실제에 대한 사회복지사들의 인식에 관한 연구". 한국사회복지학회 발표집.
______(1997), "재가복지봉사센터에 있어서 Case management 과정에 관한 연구". 『한국사회복지학회』, 통권 제33호.
류종훈(2006), 『사회복지실천기술론』, 유풍출판사.
류종훈(2006), 『사회복지실천론』, 청목출판사.
박경일 외(2000), 『사회복지학강의』, 양서원.

박용순(1999), 『사회복지개론』, 학지사.

박홍식(1999), 『내부 고발의 논리』, 나남.

신은주(1995), 아내학대에 대한 페미니스트접근에 관한 사회사업적 분석, 서울대학교 박사학위논문.

서울대 사회복지실천연구회(1998), 『사회복지실천기법과 지침』, 나남.

서진환・이선혜・정수경 공역(2001), 『현대사회복지실천이론(말콤페인 저)』, 나남.

신홍권(1996), "한국재가노인복지사업의 전망과 과제", 한국재가노인복지협회.

이영철 외(2000), 『사회복지학』, 양서원.

이용교 편(1993), 『이야기 사회복지』, 은평천사원 출판부.

이윤로 외 공역(2005), 『사회사업실천기술론』, 학현사.

이윤로(2005), 『사회복지실천기술론』, 학지사.

이준우(2004), 『사회복지실천론』, 인간과 복지.

양옥경 외(2005), 『사회복지실천론』, 나남.

장인협 외(1999), 『사회복지학』, 서울대학교 출판부.

조휘일 외 공저(2005), 『사회복지실천기술론』, 학현사.

전재일 외(1999), 『사회복지개론』, 형설출판사.

전재일 외(2006), 『사회복지실천기술론』, 형설출판사.

전재일・이준상(1998), 『사례관리의 기초』, 사회복지개발연구원출판부.

조성희(2003), "지역사회복지관에서의 재가노인을 위한 사례관리실천 연구", 서울신학대 대학원.

임사사회사업연구회 역(1992), 『임상사회사업기술론(Dorfman, R. 저)』, 홍익제.

엄명용 외(2001), 『사회복지실천의 이해』, 학지사.

엄명용・김성천・오혜경・윤혜미(2001), 『사회복지실천의 이해』, 학지사.

엄명용・노충래・김용석(2007), 『사회복지 실천기술의 이해』, 학지사.

오혜경(1999), "사회사업실언에 있어서 세력화에 관한 연구", 급진주의 사회사업실천, 한국사회복지, 4호.

윤혜미(2000), "미국의 복지개혁과 공공부문 사회복지의 역할의 변화", 한국사회복지학회 춘계학술자료집.

이수정(2006), "새터민 청소년의 학교적응에 관한 연구: 반차별-반억압관점", 중앙대학교 석사학위논문.

차흥봉(1997), "노인소득보장과 노령수당제 실시방안", 한국사회복지정책학회.

최옥채(1999), 『사회복지실천론』, 인간과 복지.

최윤희. "가정봉사서비스에 관한 연구", 성심여자대학교 대학원 석사학위논문, 1990.

최영민 역(2007), 『EMP와 사회복지실천』. 나남.

최명민(2006), 사회복지사 윤리적 민감성 검사도구(Swest)개발 및 활용에 관한 연구.

최준식(2003), 『한국인에게 문화가 있는가』, 사계절.

최현미(2004), "의료사회복지에서의 강점모델적용 연구", 『평택대학교 논문집』, 제18집.

한국형사정책연구원(2004), 『청소년의 약물 남용 예방전략』.

한인영 외 2인(2007), 『의료사회복지실천론』, 학지사.

Ansbacher, R. A.(1956), *Individual Psychology of Alfred Adler*, New York: Basis Books

Bailey, R., &Brake, M.(Eds.)(1975), *Radical Social Work*, London: Edward Arnold

Beck, A. T.(1979), *Cognitive therapy and the emotional disorders*, New York: International Universities

Berg. I. K.(1994), *Family based Services: A solution focused approach*, New York : W. W. Norton & Company

Cavanagh, K., & Gree, V. E.(1996), *Working with Men: Feminism and Social Work*, London : Routledge

Dominelli, L.(2002), *Feminist Social Work theory and Practice*, New YorkPalgrave

Ellis, A(1962), *Reason and emotion in psychotherapy*, New York : Stuart

Friedlander, W. & Apte, R.(1980), *Introduction to Social Welfare*, Englewood Cliffs, N.J.: Prentice-Hall.

De Jong, P. & Berg, I. K.(1997), *Interviewing for solutions*, Books : Cole Publishing Company

De Shazer, S.(1985), *Keys to solution in brief therapy*, New York : W.W. Norton & Company

De Shazer, S.(1998), *Cluse Investigation solutions in brief therapy*, New York: W.W. Norton & Company

De Shazer, S.(1998), *Putting difference to work*, New York: W.W. Norton & Company

Haley. J.(1986), Uncommon therapy: The Psychiatric techniques of Milton H. Erickson, M. D., New York: W.W. Norton & Company

Fisher, J.(1978), *Effective casework practice: An electric approach*, Springfield, Ill: Charles C. Thomas

Gambrill, E.(1983), *Casework: A competency-based approach*, Englewood Cliffs, NJ:Prentice-Hall

Green. H.(1954), *Social Work Practice in Community Organization*, NY:Whiteside and Morrow Press.

Gilbert, Neil & Paul Terrell(1997), *Dimensions of Social Welfare Policy*, Allyn & Bacon.

Goldberg, G. & Elliot, J.(1980), "Below the belt", *Journal of sociology & social welfare*, 7

Harper, E. & Dunham, A(1959), *Community Organization*, in Action, NY: Association Press

Merton, R.(1967), *On Theoretical Society*, NY:Free Press

Morris, D & Hees, K.,(1977), *Neighborhood Power*, Boston:Houghton, Mifflin Co.

Murphy, C.(1954), *Community Organization Practice*, Boston: Houghton, Mifflin Co.

Park, R. & Burgess, E.(1921), *Introduction to the Science of Sociology*, Chicago University of Chicago Press

Perman, R. & Gurin, A.,(1972), *Community Organization and Social Planning*, NY:John Wiley & Sons

National Association of Social Worker(1995), *Encyclopedia of Social Worker*, 김만두 외역(1999), 『사회복지대백과사전』, 나눔의 집.

O'Hanlon, W. H. & Weiner-Davis, M. (1989). *In search of solutions : A new direction in psychotherapy*. NY:Norton

Payne, M. S.(1997), *Modern Social Work Theory*, London : Macmillan Press LTD

Pincus, A., & Minahan, A.(1973), *Social work practice: Models and Methods*, New York: Peacock Publishers

Rank, O.(1936), Will therapy: New York:Knopf

Raskin, N.(1995), Client-centered therapy. In S. J. Lynn and J. P. Garske(Eds) *Contemporary Psychotherapies Models and Methods*(pp.155-200), Columbus L. Charles E. Merrill

Reid, W. J.(1977), *The task centered practice*, New York: Columbus University

Ross, M.(1955), *Community Organization : Theory and Principles*, NY : Harper &Brothers

________,(1955), *Community Organization: Theory*, Principles & Practice (2nd ed.), NY : Harper & Row

Robert L. Barker(1987), *Social Work Dictionary*, 중앙사회복지연구회 역(1996), 『사회사업사전』, 이론과 실천.

Roberts, R. W. & Nee, R. H.(1972), *Theories of Social Casework*, The University of Chicago Press

Rogers, C. R.(1957), The necessary and sufficient conditions of therapeutic personality change: *Journal of Counselling Psychology*, 21

Rothman, G. C.(1985), Philanthropists, *Therapists and Activists-A Century of Ideological Conflict in Social Work*, Ma shenkman pub. com. ING

Rowe, W.(1996), Client centered theory : A person centered approach, In F. J. Tuner(Ed), *Social Work Treatment :Interlocking Theoretical Approaches*(4th ed.,):New York:Free Press

Ruah, A. J., Khatami, M., Beck, A. T.(1975), Cognitive and Behavioral therapy, in chronic depression Behavior Therapy, (6)

Sheafor, B., Horejsi, C., & Horejsi, G(1997), *Techniques and guidelines for social work practice* (4th.ed), Boston : Allyn and Bacon

Sturdivant, S.(1980), *Therapy With Women*, New York: Springer Publishing Co

Specht, H.(1994), Unfaithful angels N.Y: The Free Press

Steiner, J.(1930), *Community Organization*, NY : Century

Thompson, N.(2001), *Anti-discriminatory Practice*, London : Palgrave Macmillan.

Turner, F. J.(1986), *Social work treatment: interlocking theoretical approaches*(3rd ed.), New York: The Free Press

Turner, F. J.(Ed.)(1996), *Social work treatment*(4th ed.), New York: The Free Press

Vic George & Paul Wilding(1976), *Ideology and Social Welfare*, London: Routledge & Kegan Paul; 원석조 역(1987), 『이데올로기와 사회복지』, 홍익재.

Wachtel, E.(1994), *Treating Troubled children and their families*, New York: Guilford Press

Walz, T. & Groze, V.(1991), The Mission of Social Work Revisited An Agenda for the 1990s, *Journal of Social Work*, 36(6)

Warren, R.(1973), *The Community in America*, Chocago : Rand McNally & Company

Werner, H. D.(1986), Cognitive theory, in F.J. Turner(Ed), *Social Work Treatment*, New York: Free Press

White, R. W. & Watt, N. F.(1981), *The abnormal personality*, New York: Wilet

Wylie, M. S. (1990). Brief therapy on the couch. *Family Therapy Neworker*(송정아·최규련 공저, 1997, 재인용).

Zastrow. C.(1901), Self-talk: A rational approach to understanding and treating child abuse Social Casework, 62

한국디지털대학교 www.koreadu.ac.kr

한국복지교육원 www.welfare.pe.kr

미국사회복지사협회 www.naswdc.org

보건복지부 www.mohw.go.kr

복지인마을 maeul.welfare.net

사회복지공동모금회 www.chest.or.kr

사회복지정보원 www.welfare.co.kr

한국사회복지사협회 kasw.or.kr

기초노령연금http://bop.mw.go.kr

노인장기요양보험http://www.longtermcare.or.kr/portal/site/nydev/

저소득층 복지정책http://team.mw.go.kr/blss/

오송생명과학단지http://team.mw.go.kr/osong/

마약류 대책협의회http://team.mw.go.kr/drug/

사회서비스 바우처http://www.socialservice.or.kr/index.jsp

국립중앙의료원http://www.nmc.or.kr
국립암센터http://www.ncc.re.kr/
대한적십자사http://www.redcross.or.kr
대한결핵협회http://www.knta.or.kr/
한국보건복지인력개발원http://www.khrdi.or.kr
한국장애인개발원http://www.koddi.or.kr
한국보건의료인국가시험원http://www.kuksiwon.or.kr
한국사회복지협의회http://kncsw.bokji.net/
한국국제보건의료재단http://www.kfih.org
두드림http://dodreamfund.com/
국민건강보험공단http://www.nhic.or.kr/
국민연금공단http://www.npc.or.kr/
건강보험심사평가원http://www.hira.or.kr/
한국보건산업진흥원http://www.khidi.or.kr/
한국노인인력개발원http://www.kordi.or.kr
한국사회서비스관리원http://www.socialservice.or.kr
(재)한국보육진흥원http://www.kcpi.or.kr NGO
월드비전http://www.worldvision.or.kr/
굿피플http://www.goodpeople.or.kr/
굿네이버스http://www.goodneighbors.kr/
한국보건사회연구원http://www.kihasa.re.kr/
한국보건의료연구원http://topic.neca.re.kr
한국보건복지정보개발원http://www.khwis.or.kr
세계보건기구 WHO (World Health Organization)
http://www.who.int/en/ WHO Center For Health Development In KOBE
http://www.who.or.jp/ 세계보건기구/유럽 WHO/EUROPE (World Health Organization)
http://www.euro.who.int/en/home 국제장애인연맹 (Disabled Peoples' International)
http://v1.dpi.org/lang-en/ 국제아동구호기금(UNICEF)
http://www.unicef.org/ 경제협력개발기구(OECD)
http://www.oecd.org/ 국제통화기금(IMF)
http://www.imf.org/ 세계무역기구(WTO)
http://www.wto.org/ 국제표준화기구(ISO)
http://www.iso.org 미국인구연구소(Population Research Institute)
http://www.pop.org/ 미국 알코올 및 약물남용 정보센터 (National Clearinghouse for Alcohl and Drug)
http://ncadi.samhsa.gov/ 암관련연구소(The Cancer Group Institute)
http://www.cancergroup.com/ 어린이들을 위한 거리

http://kidsavenue.home/mindspring.com/frconten.htm 미국암협회(American Cancer Society)
http://www.cancer.org/ 어린이암센터
http://www.childrenscancercenter.org/ Drug Free Resource Net
http://www.drugfreeamerica.org/ 캐나다 약물남용 센터(Canadian Center on Substance Abuse)
http://www.ccsa.ca/ 미국 보건복지부(Department of Health & Human Services)
http://www.os.dhhs.gov/ 미국 보건복지부 약물남용과 정신건강 홈페이지
http://www.samhsa.gov/ 미국 사회보장국 (Social Security Administration)
http://www.ssa.gov/ 미국 연방정부
http://www.fedworld.gov/ 미국 질병관리본부(CDC) Home Page
http://www.cdc.gov/ 미국 Public Health Services
http://phs.os.dhhs.gov/phs/phs.html 미국 국립보건원(NIH) home page
http://www.nih.gov/ 미국 식품의약품안전청(FDA)
http://www.fda.gov/ FDA Center for Food Safety & Applied Nu trition
http://vm.cfsan.fda.gov/ U.S. National Library of Medicine (NLM)
http://www.nlm.nih.gov/ 미국 백악관
http://www.whitehouse.gov/ 일본 후생노동성
http://www.mhlw.go.jp/ 일본 사회보험청
http://www.sia.go.jp/ 호주 보건복지부
http://www.health.gov.au/ 대만 보건부
http://www.doh.gov.tw/

찾아보기

〈기타〉

[저자 약력]

국민대 대학원 행정학과(사회복지 및 정책전공)
프랑스Institut de management public et de gouvernance territoriale (IMPGT) Antipolis Faculty Group 이수

〈주요경력〉
前 공보처 KFL 홍보조사부장
前 경기도 정책자문위원
前 국가민주평통자문위원

現 한국사회복지연구소 정책자문위원
現 한국운동재활협회부회장, 사회복지자문위원, 경기도사례관리전문요원, 성남시사회복지정책위원, 성남시사회복지협의회회장,
現 을지대 중독재활복지학과 교수

〈관심분야〉
- 지역복지/사례관리/복지행정/복지정책/Program 개발과 평가지도
- 지역사회임상사례관리, 사회복지정보네트워크, 사례관리,

사회복지실천기술론

2011년 8월 25일 초판인쇄
2011년 8월 30일 초판발행

저 자 김 경 우
발행인 유 성 열
발행처 **청목출판사**
서울특별시 영등포구 신길로 40길 20
전화 (02) 849-6157(代) · 2820 / 833-6090~1
FAX (02) 849-0817
등록 제318-1994-000090호

파본은 바꾸어 드립니다. 값 20,000원

http : //www.chongmok.co.kr

ISBN 978-89-5565-424-0

※ 인지는 생략합니다.